HEINRICH SCHLIEMANN · MYKENAE

V.

Das Schatzhaus nahe beim Löwenthor. Ausgegraben von Frau Schliemann.

HEINRICH SCHLIEMANN

MYKENAE

BERICHT ÜBER
MEINE FORSCHUNGEN UND ENTDECKUNGEN
IN MYKENAE UND TIRYNS

MIT EINEM VORWORT ZUR NEUAUSGABE
UND EINER LITERATURTAFEL VON
ERNST MEYER

1983
WISSENSCHAFTLICHE BUCHGESELLSCHAFT
DARMSTADT

Diesem reprographischen Nachdruck
liegt die Ausgabe Leipzig 1878 – ohne die Vorrede von W. E. Gladstone – zugrunde

Text und Abbildungen dieser Neuausgabe sind gegenüber der Originalausgabe auf fotografischem Wege um ein geringes (etwa 1/9) verkleinert. Beim Betrachten der Abbildungen ist daher zu berücksichtigen, daß die Größenangaben in dieser Neuausgabe sich auf die ein wenig größeren Abbildungen in der Originalausgabe beziehen

'Επὶ δ' ἐγδούπησαν 'Αθηναίη τε καὶ Ἥρη
τιμῶσαι βασιλῆα πολυχρύσοιο Μυκήνης.
Hom., *Ilias*, xi, 45. 46.

Πρὸς ἡμῶν
κάππεσε, κάτθανε, ἡμεῖς καὶ καταθάψομεν
οὐχ ὑπὸ κλαυθμῶν τῶν ἐξ οἴκων
Aesch., *Agamemnon*, 1552–1554.

Ὦ τοῦ στρατηγήσαντος ἐν Τροίᾳ ποτὲ
'Αγαμέμνονος παῖ, νῦν ἐκεῖν' ἔξεστί σοι
παρόντι λεύσσειν, ὧν πρόθυμος ἦσθ' ἀεί.
Τὸ γὰρ παλαιὸν Ἄργος οὑπόθεις τόδε,
τῆς οἰστροπλῆγος ἄλσος 'Ινάχου κόρης·
αὕτη δ' 'Ορέστα, τοῦ λυκοκτόνου θεοῦ
'Αγορὰ Λύκειος· οὑξ ἀριστερᾶς δ' ὅδε
Ἥρας ὁ κλεινὸς ναός· οἷ δ' ἱκάνομεν,
φάσκειν Μυκήνας τὰς πολυχρύσους ὁρᾶν·
πολύφθορόν τε δῶμα Πελοπιδῶν τόδε.
Sophokles, *Electra*, 1–10.

CIP-Kurztitelaufnahme der Deutschen Bibliothek

Schliemann, Heinrich:
Mykenae: Bericht über meine Forschungen u. Entdeckungen in Mykenae u. Tiryns / Heinrich Schliemann. – Diesem reprograph. Nachdr. liegt d. Ausg. Leipzig 1878 – ohne d. Vorr. von W. E. Gladstone – zugrunde, 4., unveränd. Aufl. / mit e. Vorw. zur Neuausg. u. e. Literaturtaf. von Ernst Meyer. – Darmstadt: Wissenschaftliche Buchgesellschaft, 1983.
ISBN 3-534-03290-X

2 3 4 5

Bestellnummer 3290-X

4., unveränderte Auflage

Druck und Einband: Wissenschaftliche Buchgesellschaft, Darmstadt
Printed in Germany

ISBN 3-534-03290-X

INHALT.

ZWEITES KAPITEL.

TOPOGRAPHIE VON MYKENAE,

DAS LÖWENTHOR UND DAS SCHATZHAUS DES ATREUS.

DRITTES KAPITEL.

GESCHICHTE VON MYKENAE UND DER FAMILIE DES PELOPS.

DIE GRÄBER DES AGAMEMNON UND SEINER BEGLEITER.

DIE KÖNIGLICHEN GRÄBER

FÜNFTES KAPITEL.

FORTSETZUNG DER AUSGRABUNGEN IN DER AKROPOLIS UND DEM SCHATZHAUSE.

DAS LÖWENTHOR UND DIE AGORA.

SECHSTES KAPITEL.

DAS ZWEITE GROSSE SCHATZHAUS; DIE AKROPOLIS; CYCLOPISCHE ÜBERRESTE IN DER NACHBARSCHAFT VON MYKENAE.

SIEBENTES KAPITEL.

DAS ERSTE, ZWEITE UND DRITTE GRAB IN DER AKROPOLIS.

ELFTES KAPITEL.

GOLDSACHEN GEFUNDEN IN DEM GRABE UNMITTELBAR SÜDLICH VON DER AGORA.

VERZEICHNISS DER ABBILDUNGEN.

I. KAPITEL: TIRYNS.

II. KAPITEL: MYKENAE.

III. KAPITEL: MYKENAE.

IV. KAPITEL: MYKENAE.

V. KAPITEL: MYKENAE.

VI. KAPITEL: MYKENAE.

VII. KAPITEL: DAS ERSTE, ZWEITE UND DRITTE GRAB.

VIII. KAPITEL: VIERTES GRAB.

IX. KAPITEL: ERSTES GRAB.

X. KAPITEL: DIE KÖNIGSGRÄBER.

XI. KAPITEL: DAS GRAB SÜDLICH VON DER AGORA.

FARBENDRUCKTAFELN.

Farbendrucktafeln A—D mußten aus technischen Gründen wegfallen. Ihre Vorlagen finden sich als Schwarzweißdrucke in den Textabbildungen 2—11, 111—118, 159—161 und am Schluß des Bandes auf den Tafeln XVI—XIX, Nr. 90—110.

PLÄNE.

(Am Ende des Bandes.)

VORWORT ZUR NEUAUSGABE

Als Vater Schliemann in Ankershagen seinem noch nicht achtjährigen Sohn von dem zehnjährigen Kampf um Troja erzählte, da sah der Junge bald hinter der Sage den Dichter der Ilias und der Odyssee, Homer, und glaubte das Erzählte und hielt es für geschichtliche Wahrheit, weil ein Knabe in diesem Alter noch nicht den Unterschied von Dichtung und Wirklichkeit ganz erfassen kann. Daneben aber herrschte an den deutschen Universitäten die mit F. A. Wolf einsetzende Homerkritik der Aufklärungszeit, die die großen Epen nur als Zeugnis dichterischer Phantasie wertete. Dieser Homerkritik standen Vater und Sohn Schliemann jedoch fern. Neben den Helden der Trojaner wuchs für den Sohn Agamemnon, der König der Griechen, in die überragende Stellung des obersten Heerführers hinein. Troja einmal auszugraben, hatte ihm der Vater auf seine Zweifelsfragen geraten. Das wurde auch tatsächlich das Ziel des Sohnes. Darin eingeschlossen war auch die Bergfestung des Agamemnon, Mykene. Denn beide Burgen entstammten der gleichen homerischen Vorstellung. Bis zur Ausgrabung Mykenes dauerte es nach dem Beginn in Troja allerdings noch sechs Jahre; der Weg dahin erfolgte in Etappen.

Der erste Anlauf führte zu seiner Reise in die Lande Homers von Ithaka über die nordpeloponnesischen Burgen nach Troja (1868). Sie brachte für Troja wie für Mykene die entscheidenden Eindrücke und Entschlüsse. Damals hat er Mykene eingehend besichtigt, das auf einer Plattform über einem Abhang von mehreren Terrassen lag, im nördlichsten Winkel der argolischen Ebene. Von dort hatte man den Blick frei über Tiryns zu dem nahen Argos und fernhin bis zum Meer. Schliemann sah die Landschaft stets mit der ganzen Tracht ihrer Geschichte. Er hatte die antiken Geschichtsschreiber und Dichter im Kopf und führte den Reiseschriftsteller des Altertums, Pausanias (2. Jh. n. Chr.), mit sich, in dem die berühmte Stelle über das Grab der Gattenmörderin Klytaimnestra und ihres Buhlen Aigisthos stand, die als Unwürdige außerhalb der Burg begraben wurden. „Von all diesen Grabdenkmälern ist jetzt keine Spur mehr vorhanden; aber man würde sie durch Nachgraben ohne Zweifel wieder auffinden.“ So spricht hier der künftige Ausgräber, bereits im Jahre 1868! Er bewundert die mächtigen, teilweise aus vieleckigen Steinen zusammengesetzten Mauern, die eine Dicke von 5—7 m und je nach dem Gelände eine Höhe von 5—12 m haben. Ausführlich beschreibt er das „Löwentor“, nachdem er alle Winkel der Oberburg durchsucht hatte und sogar in die unterirdische Zisterne der Perseïs-Quelle auf der schlüpfrigen Wendeltreppe hinabgestiegen war, bis er vor den Schlangen dort unten flüchtete. Abschließend stellt er fest: „Die ganze Bodenfläche der Zitadelle ist mit Stücken von Ziegeln und Topfwaren bedeckt.“

Eingehend schildert er dann seinen ersten Eindruck vom sogenannten Atreusgrab. Mit Staunen sieht er über dem Eingang den mächtigen Querbalken aus Stein von über 9 m Länge und 1 m Höhe; drinnen ist er gefesselt von den Ausmaßen der gewaltigen Kuppel mit ihren sich nach oben verengenden Steinringen. Zur Rechten erkennt er die niedrigere Tür des eigentlichen Grabes. Später findet er die ganze Baustelle des alten Mykene, außerhalb der Burg, „mit Trümmern von Ziegeln und Topfwaren bedeckt“, für ihn ein Beweis einer großen Stadt in alter Zeit. Innerhalb von drei Stunden hatte er die wichtigsten Stellen der von Homer mehrfach genannten Bergfestung genau besehen und ihre Eindrücke unverlierbar in sich aufgenommen. Trotz der Fülle des Neugesehenen ritt er dann noch zum argivischen Heraion und von da nach kurzer Besichtigung weiter nach Argos.

Nach dieser Orientierungsreise[1] folgte der zweite Anlauf schon im Frühjahr 1870. Schliemann hatte mit Eustratiades,

---

[1] Heinrich Schliemann: Ithaka, der Peloponnes und Troja. 1869; Neuausgabe (E. Meyer) 1963, S. 88—98.

dem Leiter der griechischen Altertümer, einen gemeinsamen Besuch von Mykene verabredet, der dann aber wegen der herrschenden Unsicherheit im Lande unterbleiben mußte. Schon damals hatte er sich bereit erklärt, dort nur für den Ruhm zu graben und für das Recht der Erstveröffentlichung. Seitdem taucht das Thema der Ausgrabung Mykenes in seinen Briefen immer wieder auf.

Im Frühjahr 1874 erfolgte der dritte Anlauf. Er hatte einen Antrag auf Ausgrabungserlaubnis eingereicht und begann in seiner Ungeduld, noch ohne Genehmigung, mit der Grabung. Auf Eingreifen der Regierung mußte er nach einer knappen Woche sein Vorhaben aufgeben. Immerhin hatte diese Zeit ausgereicht, um an 34 Stellen der gesamten Akropolis Suchlöcher zu graben; dabei war er auf der obersten Plattform schon in 1,3 m Tiefe auf den Fels gestoßen. Entscheidend aber war, daß er auf den zwei untersten der sieben Terrassen des Westabhangs in 14—20 Fuß (4,5—6,5 m) auf den gewachsenen Boden stieß und dabei eine „große Menge höchst merkwürdiger, uralter, wundervoll bemalter Gefäße und Topfscherben“ sowie eine Menge von Idolen in Frauen- und in Kuhform fand. Diese Idole zu beschaffen hatte Max Müller-Oxford ihm nahegelegt. Er selbst faßte sie als Abbilder der mykenischen Schutzgöttin Hera auf. Sein Blick für das Grabungsgelände wies ihn auf die abschwemmende Wirkung der Winterregen an den Bergabhängen hin. Damit gewann er ein Kriterium für die geringe Ergiebigkeit des Bodens an Haushalten aus der Vorzeit. Einen großen Korb mit Scherben lieferte er persönlich bei dem Polizeivorsteher in Nauplia ab. Diese keramischen Bruchstücke hatten nach einer späteren Feststellung von G. Karo Belege bis ins 3. Jahrtausend hinauf enthalten. In seinem Buch „Mykenae“ (1878) erwähnt Schliemann dieses eigenmächtige Unternehmen nur kurz. Doch verfügen wir aus dem Nachlaß in Athen über einen Bericht an das „Institut de France“ und über einen ausführlichen Brief an A. Conze. Die wenige Tage danach eingetroffene Grabungserlaubnis konnte vorerst nicht mehr wahrgenommen werden.

Zwei Jahre danach war Schliemann am Ziel. Die Geräte waren beschafft, die Genehmigung des Ministeriums lag vor.

Am 27. August 1876 traf Schliemann mit Frau Sophie in Mykene ein. Wie bei seiner ersten Reise in die Welt Homers 1868 nahm er auch diesmal keine Rücksicht auf die Gluthitze dieses heißesten Monats im Jahr. Bald tobten Sandstürme über die Landschaft, und zwei Monate später setzten fast ohne Übergang überreiche Dauerregen ein, die wiederholt zur Unterbrechung der Arbeit zwangen. Beide Male liefen ihm seine Zeichner davon. Das Buch „Mykenae", das in gewissem Umfang noch eine Art Tagebuchstil darstellt, spricht mit seinem Text und seinen Abbildungen für sich selbst. Darüber hinaus aber sind wir in der glücklichen Lage, Schliemanns englisch geschriebenes Mykene-Tagebuch in der 1938 in Athen gefertigten Abschrift von dem Original und einem vollständigen Kontrollfilm verwerten zu können, außerdem die in drei Bänden vorgelegten Briefe und Gegenbriefe Schliemanns [2]. Tagebuch wie Briefe vermitteln uns die ganze Frische und Unmittelbarkeit der Arbeit des homerbegeisterten Ehepaares im Aufundab der Stimmungsskala von gespannter Erwartung, gelegentlicher Enttäuschung und dem endlich sich einstellenden Finderglück. Aus dem Tagebuch wird die gesamte Organisation der Ausgrabung im Tagesablauf ersichtlich, auch die Sorgen um das Geschirr und die zweirädrigen Pferdekarren zum Abtransport des Schuttes, die Einteilung der durchschnittlich 120 Arbeiter aus fünf Dörfern und im Tagebuch die griechischen Quittungen der Vorarbeiter für empfangene Lohnsummen.

Nach der Feststellung der Fundierung der Eingangsmauer zum Atreusgrab durch eine kurze Untersuchung spielte sich die eigentliche Grabung an drei Stellen ab, zuvörderst an dem eingestürzten Kuppelgrab der Klytaimnestra, 100 m westlich der Burg, unter Sophiens Leitung. Unter Schliemanns Führung stand die Arbeit vor und hinter dem Löwentor sowie später innerhalb des Plattenrings bis zum westlichen Bogen der Kyklopenmauer. Ende August wurde der erste Grabstein gefun-

[2] Ernst Meyer, Briefe von Heinrich Schliemann, W. de Gruyter, Berlin-Leipzig 1936. Ders., Schliemann-Briefwechsel I (1842—1875) Berlin 1953, II (1876—1890) Berlin 1958, Gebr. Mann.

den – im ganzen wurden es mit der Zeit fünf. Daraufhin wurde in die Tiefe gegraben, schließlich bis über 7 m hinab. Ende Oktober wurde bei strömendem Regen das erste Grab aufgedeckt, doch mußte die Grabung zeitweilig aufgegeben werden. Die Kreisform des Gräberrunds (Plattenring) wurde Ende November erkannt nach anfangs irrtümlicher Vermutung einer dreifachen Gräberreihe. Im November wurden insgesamt fünf Gräber[3] mit einem fast unglaublich reichen Ertrag an Gold aufgedeckt: Gesichtsmasken, Gürtelspangen, Ringe, Halsketten und Diademe. Sp. Marinatos hat den Gesamtertrag an Gold neuerdings mit „fast 15 kg" festgestellt. Dazu kamen Bronzewaffen, Langschwerter und eingelegte Dolche. Auch das Ergebnis an reichbemalten und älteren einfachen Vasen war überwältigend. Beim Ausräumen des vierten Grabes schafften die beiden Gatten im Schlamm der 7 m tiefen Grube, auf den Knien liegend und mit dem Taschenmesser in der Hand tastend und suchend nach Fundstücken, von winzigen Goldperlen bis zum Langschwert aus Bronze. Und am Abend folgte bei Kerzenlicht, oft bis nach Mitternacht, das Ordnen, Reinigen und Beschriften der Einzelfunde und danach noch die Niederschrift des Tagebuchs mit ersten Feststellungen, Deutungsversuchen und Zweifeln; daneben stand die Erledigung der Korrespondenz und der Zwischenberichte für die Presse.

Das alles wurde geleistet in der gespannten Atmosphäre zweier Männer ganz verschiedenen Charakters, die sich gegenüberstanden: Stamatakis, der aufsichtführende Ephoros, Facharchäologe von pedantischem Eigensinn, und Schliemann, ein Forscher von fast unheimlich drängender Dynamik, ein Willens-

---

[3] Bezeichnung der Gräber

nach Schliemann	nach Stamatakis (Nat.-Mus. Athen)
1	5
2	1
3	3
4	4
5	2
–	6

mensch. Zwischen ihnen stand, vielfach vermittelnd, Frau Sophie, die gar oft mit Briefen und Telegrammen an Regierungsstellen in Athen unterwegs nach Nauplia war. Hinter den sechs großen Berichten über seine Grabungsergebnisse, die in acht Nummern der Londoner „Times“ in die Welt gingen, stand der deutsch geschulte Sprachforscher Max Müller-Oxford, anregend, helfend und zu wissenschaftlicher Auffassung hinlenkend. Aus dem Telegramm an Georg I., König der Hellenen, spricht bei aller Bescheidenheit der Stolz des glückhaften Forschers, der er aus eigener Kraft geworden war. Heute erfüllt sich Schliemanns dort ausgesprochene Hoffnung, Griechenland durch seine Funde bereichert zu haben. Seit Jahren fahren Zehntausende aus aller Welt zu seinem Grabungsgelände in Mykene und bewundern im National-Museum in Athen seine reichen Funde. Den Erfolg verdankte er seiner neuartigen Auslegung der Pausaniasstelle, daß, entgegen der damaligen Auffassung der Wissenschaft, die Gräber der Atriden nicht in der Unterstadt, sondern innerhalb der Akropolis zu finden seien. Und da fand er sie denn auch. Von da wird sein abschließendes Wort verständlich: „Mein fester Glaube an Homer und die Tradition . . . veranlaßte mich, die Ausgrabungen in der Akropolis von Mykene zu machen, und führte mich zu der Entdeckung der fünf Gräber mit ihren ungeheuren Schätzen.“ – Gegen Ende Januar 1877 stieß Schliemanns Beauftragter, der Ingenieur Drosinos, in der Südwestecke auf einen kleinen Goldschatz, der vom Winterregen freigewaschen worden war. Ende des gleichen Jahres legte Stamatakis westlich hinter dem Löwentor noch ein sechstes Grab, ebenfalls mit reichen Beigaben an Gold, Waffen und Gefäßen, frei. Schon wenige Wochen nach dem Abschluß der Grabung erschienen die ersten Aufsätze in den Fachzeitschriften, darunter vier von den deutschen Gelehrten E. Curtius, Fr. Adler, W. Christ und Lg. Lindenschmit d. Ä. Sie alle wiesen auf die Vielseitigkeit der Funde und ihre Bedeutung hin, nicht zuletzt auch auf den Zusammenhang mit Troja, Ägypten und Kreta. Die sechs Schachtgräber gehören in die Mitte des 16. Jahrhunderts v. Chr. Seit Mitte des 15. Jahrhunderts sind die Kuppelgräber als Ruhestätte der Fürsten in Gebrauch. Ende des

14. Jahrhunderts entstand der Palast auf der Höhe der Akropolis, das Löwentor und die kyklopische Mauer als Stütze und Schutz der Schachtgräber.

Nach Mykene ging Schliemann nicht mehr, wie er in seinem Buch „Troja" (1884) begründet hat. Als er dann doch 1886 auf Drängen von Perrot und Virchow die Weiterführung der Grabung in Zusammenarbeit mit W. Dörpfeld vorbereitet hatte, kam ihm Ch. Tsuntas von der Griechischen Archäologischen Gesellschaft zuvor. Er legte in sorgfältiger Arbeit den eigentlichen Palast auf der obersten Plattform frei, fand dabei ein vorgeschichtliches Megaron im Stil von Troja II (1882) und von Tiryns (1884/85) und darüber die Reste eines archaischen Tempels. Einige Jahre später nahm er sich Schliemanns „kyklopische Häuser" vor, die um den Plattenring herum lagen. Seit 1923 griff die Englische Schule unter der Leitung von Wace das Gesamtproblem „Mykene" in einer großzügigen Überarbeitung auf und widmete sich anschließend der Unterstadt, wo die Freilegung des „Hauses des Ölhändlers" und des „Hauses des Weinhändlers" gelang. Dabei war der wichtigste Fund ein kaufmännisches Archiv von über hundert Tontäfelchen, wie sie vorher schon Sir A. Evans in Knossos und danach Blegen in Pylos ans Licht gebracht hatten. Die 1956 vorgelegten „Documents in Mycenaean Greek" in Linear B-Schrift waren in einem frühgeschichtlichen Griechisch abgefaßt. Sie setzen eine mehrere Jahrhunderte dauernde Herrschaft der Festlandgriechen unter mykenischer Führung auf Kreta voraus. Die Entzifferer haben ihr Werk Schliemann gewidmet, als dem „Vater der Mykene-Forschung". Bereits 1952 war außerhalb der Akropolis ein zweiter Plattenring mit Dutzenden von Gräbern freigelegt worden. Aus einem derselben kam eine goldene Gesichtsmaske ans Licht, die neben anderen Beigaben die Gesamtanlage in die erste Hälfte des 16. Jahrhunderts verweist.

Mit Mykene wurde der Blick für die großen Zusammenhänge mit der Vorgeschichte von Troja, vor allem aber mit Kreta frei, nachdem Evans dort seit 1900 den ausgedehnten Palast von Knossos aufgedeckt und uns den Blick geöffnet hatte für die sogenannte minoische Kultur. Aufschlußreich wird die unten folgende Literaturtafel. In ihr sind erst noch Werke wie die von Furtwängler-Löschke zur mykenischen Keramik führend. Aber bald nach Evans' Veröffentlichungen tritt Kreta in den Vordergrund, und schließlich dominiert die kretisch-mykenische Kultur in ihrem Zusammenhang. So ist die Nachwirkung und Reichweite von Schliemanns Mykene-Grabung mindestens so bedeutsam wie seine mit letztem Einsatz geleistete Forschungsarbeit in Troja. Heute sprechen wir von der ägäischen Kultur, die die mykenische (helladische) und die minoische (kretische), die troische (westkleinasiatische) und die der ägäischen Inseln (kykladische) in sich zusammenfaßt und uns einen mächtigen Eindruck von der Kultur des östlichen Mittelmeerraumes, der umliegenden Festlandsgebiete und seiner Inseln vermittelt.

Berlin, im Oktober 1963

Ernst Meyer

LITERATURTAFEL

A. Furtwängler-G. Löschke, Mykenische Tongefäße. 1879

Dieselben, Mykenische Vasen. 1886

Ch. Tsuntas, Mykene und die mykenische Kultur, Athen 1893 (Griech.)

A. Evans, The Palace of Minos, 6 Bde. u. Indexband, London 1921—1936

D. Fimmen, Die kretisch-mykenische Kultur. 2. Auflage 1924

M. P. Nilsson, The Minoan-Mycenaean religion. Lund 1927, 2/1950

Gg. Karo, Die Schachtgräber von Mykenai. I Text, II Tafeln 1930—33

K. Bittel, Prähist. Forschungen in Kleinasien. 1934

Ders., Kleinasiat. Studien. 1942

Ders., Grundzüge der Vor- und Frühgeschichte Kleinasiens. 2/1950

H. Th. Bossert, Alt-Kreta. 3. Aufl. 1937

A. Furumark, Mycenaean pottery. 1941

Ders., The Chronology of pottery. 1941

A. J. B. Wace, Mycenae, an archaeological history and guide, Princeton, N. Y., 1949

Ders., Festschrift für B. Schweitzer 1954, 10 ff.; BSA 49, 1954, 233; JHS 74, 1954, 170

F. Matz, Die Ägäis, in: Hdb. d. Archäol. 2 (1954) 179 ff.

Ders., Kreta, Mykene, Troja. 1956

Ders., Die Katastrophe der mykenischen Kultur. Atti del settimo congr. intern. di archaeol. classica I, 1961, 197—209

H. Biesantz, Kretisch-Mykenische Siegelbilder 1954

Fr. Schachermeyr, Die ältesten Kulturen Griechenlands. 1955

Ders., Ursprung und Hintergrund der griechischen Geschichte. Prop.-Weltgeschichte III 1962, 27—68 und 5 Seiten Schl.-Brief in Faksimile (Slg. Dr. Meyer)

M. Ventris — J. Chadwick, Documents in Mycenaean Greek. 1956

R. Hampe, Die Homerische Welt im Lichte der neuesten Ausgrabungen. Gymnasium 63, 1956, 18 ff.

G. E. Mylonas, Ancient Mycenae. Princeton Univ. 1957

Spir. Marinatos, Kreta und das mykenische Hellas. 1959

Archaeology. Vol. 13, 1—75. New York 1960. Beiträge von Bennet Jr., Wace, Hood u. a.

C. W. Blegen, Troy. London 1963, besonders p. 110—174

E. Grumach, Bibliographie der kretisch-mykenischen Epigraphik 1964

Lord William Taylour, The Mycenaeans. Cambridge 1964. Mit reichhaltiger Bibliographie

Die Akropolis von Tiryns.

Nr. 1. Karte der Argolis.

ERSTES KAPITEL.

AUSGRABUNGEN IN TIRYNS.

Lage der Stadt. — Beschreibung derselben von Pausanias. — Cyclopische Mauern: Bedeutung dieses Epithetons. — Der Steinbruch. — Der Fels von Tiryns und seine Ringmauer. — Galerien, Thor und Thurm. — Mauern und Terrassen der Akropolis. — Mythische Traditionen und Geschichte von Tiryns. — Seine Zerstörung durch die Argiver. — Seine Beziehung zur Herculesfabel. — Sümpfe in der Ebene von Argos. — Die Mauern von Tiryns sind das älteste Denkmal in Griechenland. — Töpferwaare zur Bestimmung der Chronologie. — Anfang der Ausgrabungen. — Cyclopische Hauswände und Wasserleitungen. — Entdeckte Gegenstände. — Terracotta-Kühe und Frauenidole mit Kuhhörnern. — Beide stellen die Göttin

Hera Boopis dar. — Ein Idol mit Vogelkopf. — Eine Statuette von Bronze: das einzige Stück Metall in Tiryns, ausser Blei. — Keine Werkzeuge von Stein gefunden. — Töpferwaare. — Griechische Trümmer ausserhalb der Citadelle, welche die ursprüngliche Stadt war. — Beweise von Ansiedelung in verschiedenen Zeitabschnitten. — Die spätere Stadt Tiryns. — Die archaische Töpferwaare von Tiryns ist der von Mykenae gleich. — Ihre Formen und Ornamentation zeugen von höherer Civilisation als nach der Roheit der Mauern zu erwarten wäre. — Aeltere Töpferwaare auf dem Urboden, aber keine Kühe oder Idole. — Wahrscheinlicher Zeitabschnitt der zweiten Nation in Tiryns, ungefähr 1000—800 v. Chr., der cyclopischen Mauern ungefähr 1800—1600 v. Chr. — Keine Aehnlichkeit mit irgendeiner der Töpferwaaren in den Schuttschichten von Hissarlik mit Ausnahme der Becher. — Ein Menschengerippe gefunden. — Spinnwirtel. — Berechnung der in Tiryns fortzuschaffenden Schuttmasse. — Grössere Wichtigkeit von Mykenae.

Tiryns, 6. August 1876.

In der südöstlichen Ecke der Ebene von Argos, auf der niedrigsten und flachsten jener Felshöhen, welche dort eine Gruppe bilden und sich wie Inseln aus der sumpfigen Niederung erheben, nur acht Stadien oder gegen 1500 Meter vom Golf von Argos entfernt, lag die uralte Citadelle von Tiryns [1], jetzt

---

[1] Vgl. Plan A und Tafel I. Die Etymologie des Namens Tiryns, eines pelasgischen Wortes, ist ungewiss. Höchst wahrscheinlich wurde die Stadt zuerst Likymnia genannt, denn Strabo (VIII, §. 373) sagt, dass eine Citadelle dieses Namens 12 Stadien von Nauplia lag, und diese Entfernung stimmt vollkommen mit jener von Nauplia bis Tiryns überein. Strabo sagt zwar nicht deutlich, dass er Tiryns meint, dies ist jedoch wahrscheinlich, denn Pindar sagt (Ol. 7, v. 47):

καὶ γὰρ Ἀλκμήνας κασίγνητον νόθον σκάπτῳ θένων
σκληρᾶς ἐλαίας ἔκταν' ἐν Τί-
ρυνθι Λικύμνιον, ἐλθόντ' ἐκ θαλάμου Μιδέας
τᾶς δέ ποτε χθονὸς οἰκιστὴρ χολωθείς.

(denn er [Tlepolemos] tödtete im Zorn, mit einem Stock vom harten Olivenbaum, Alkmenens Bastardbruder Likymnios, der Mideas Kammer entsprossen, einst der Gründer dieser Stadt). Apollodor (II, 8, 2) bestätigt dies, sagt aber, dass Tlepolemos ihn zufällig erschlagen habe: Τληπόλεμος οὖν, κτείνας οὐχ ἑκὼν Λικύμνιον (τῇ βακτηρίᾳ γὰρ αὐτοῦ θεραπεύοντα πλήσσοντος ὑπέδραμε), Tlepolemos tödtete gegen seinen Willen Likymnios, welcher sich ihm näherte, als er seinen Diener mit dem Stock schlug. Eustathius (ad loc.) sagt, dass der erste Name von Tiryns Haliis oder Haleis gewesen sei, da Fischer

Palaeocastron genannt. Sie stand in hohem Ansehen als Geburtsort des Hercules und war berühmt durch ihre cyclopischen Mauern, von denen Pausanias (II, 25, 8) sagt: „Die Ringmauer, welche das einzige Ueberbleibsel (von Tiryns) ist, wurde von den Cyclopen gebaut; sie besteht aus unbehauenen Steinen, deren jeder so gross ist, dass ein Gespann von zwei Maulthieren nicht einmal den kleinsten von der Stelle bewegen könnte; die Zwischenräume sind mit kleinen Steinen ausgefüllt, um die grossen Blöcke noch mehr in ihrer Lage zu befestigen“. [1]

Die Steine der Ringmauer sind gewöhnlich 7 Fuss lang und 3 Fuss dick, jedoch mass ich mehrere, die 10 Fuss lang und 4 Fuss dick waren. Nach der Masse der gefallenen Steine zu urtheilen muss die Ringmauer, als sie unversehrt war, eine Höhe von 60 Fuss gehabt haben. Bestände sie aus behauenen Steinen, so wäre sie bestimmt schon vor Jahrhunderten verschwunden, denn die Steine würden dann zu den Bauten in den Nachbarstädten Argos und Nauplia benutzt worden sein; aber die riesige Grösse der Blöcke bewahrte die Mauer, denn die spätern Baumeister fanden es viel leichter und bequemer, sich das ihnen nöthige Material am Fusse der Felsen abzuhauen als die Mauer zu zerstören und die kolossalen Steine zu zerschlagen.

Es mag hier am Orte sein zu erwähnen, dass die Benennung „cyclopische Mauern“ durchaus missbräuchlich ist und der mythischen Sage entstammt, dass die Cyclopen ausgezeichnete Baumeister waren. Nach Strabo (VIII, 6) kamen diese, sieben an Zahl, aus Lykien und errichteten in der Argolis Mauern

---

sich zuerst auf jenem Felsen niedergelassen hätten. Dies wird auch von Stephanus Byzantinus s. v. Tiryns, bestätigt. Pausanias (II, 25, 8) sagt, dass die Stadt ihren Namen vom Helden Tiryns, einem Sohn des Argos, erhielt.

[1] II, 25, 8. Τὸ δὴ τεῖχος, ὃ δὴ μόνον τῶν ἐρειπίων λείπεται, κυκλώπων μέν ἐστιν ἔργον, πεποίηται δὲ ἀργῶν λίθων, μέγεθος ἔχων ἕκαστος λίθος ὡς ἀπ' αὐτῶν μηδ' ἂν ἀρχὴν κινηθῆναι τὸν μικρότατον ὑπὸ ζεύγους ἡμιόνων· λίθια δὲ ἐνήρμοσται πάλαι ὡς μάλιστα αὐτῶν ἕκαστον ἁρμονίαν τοῖς μεγάλοις λίθοις εἶναι

und andere Bauten, die man „cyclopische Mauern“ nannte. Nach Apollodorus (II, 2, 1) und Pausanias (II, 16, 4) bauten sie die Mauern von Tiryns und Mykenae. Wahrscheinlich wurde infolge dessen die ganze Argolis das „cyclopische Land“, γᾶ κυκλωπία (Euripides Orestes 965) genannt. Man kann jedoch vernünftiger Weise nicht daran zweifeln, dass Mauern aus sehr grossen Blöcken ohne jeglichen geschichtlichen Grund den Namen „cyclopische Mauern“ von dem fabelhaften Riesengeschlecht der Cyclopen erhalten haben. Da diese Benennung aber in den allgemeinen Gebrauch übergegangen ist, so kann ich nicht umhin sie anzuwenden. Wohlverstanden wird nicht jede von Steinen ohne Verbindungsmittel errichtete Mauer „cyclopisch“ genannt; es verdienen diesen Namen nur 1) die Mauern aus grossen unbehauenen, durch kleine Steine verbundenen Blöcken, 2) die aus grossen, wohl zusammengefugten Polygonen bestehenden Mauern und 3) die uralten Mauern (wie wir sie neben dem Löwenthor in Mykenae sehen), wo ungeheure, grob behauene Blöcke kunstlos in horizontalen Schichten zusammengelegt sind und bei der nicht ganz geraden Richtung der Fugen kleine Zwischenräume zwischen den Steinen bleiben. Haus- oder Festungsmauern von wohlbehauenen viereckigen Steinen, die ohne Cement eng zusammengefugt sind, können nie „cyclopische“ genannt werden, und somit können selbst die grossen unterirdischen Schatzhäuser in Mykenae und Orchomenos keineswegs diese Benennung erhalten, wenn sie auch aus uralter Zeit stammen mögen[1].

[1] Es ist auch wohl zu beachten, dass diese drei Bauarten nicht immer fortschreitende Stufen des Alterthums und der Baukunst darstellen. Unbehauene Blöcke, ungleich gebrochene Steine und solche, die ihrer Natur nach eine vieleckige Spaltung hatten, wurden oft der Bequemlichkeit wegen von Baumeistern benutzt, die sehr wohl im Stande waren, Bauten aus geraden viereckigen Steinen zu errichten; dies beweisen am besten diejeni-

Der Steinbruch, aus welchem die Steine dieser Mauern genommen sind, ist leicht zu erkennen am Fusse eines Felsens, der eine halbe Stunde entfernt ist und auf dessen Gipfel eine Kapelle des Propheten Elias steht. Aber dieser Steinbruch bildet keine Klüfte wie die Steinbrüche in Syracus, Balbek oder Korinth. Ganz so wie in Mykenae haben sich die cyclopischen Baumeister damit begnügt, die Blöcke von der felsigen Oberfläche abzuhauen.

Der flache Fels von Tiryns, welcher 900 Fuss lang, 200—250 Fuss breit und 30—50 Fuss hoch ist, erstreckt sich in gerader Linie von Norden nach Süden und trägt auf seinem Rande die besagte cyclopische Ringmauer, die 25—50 Fuss dick und ziemlich gut erhalten ist; sie ist aber nicht überall massiv, denn sie wird von inneren Gängen oder Galerien, deren oberer Theil einen Spitzbogen bildet, durchschnitten. Vier dieser Galerien sind leicht erkennbar. Die eine davon, welche 90 Fuss lang, 7 Fuss 10 Zoll breit und hoch und frei von Schutt ist, hat in ihrer äusseren Mauer sechs thorförmige Nischen oder Fensteröffnungen, welche bis auf den Fussboden hinabreichen; ihre Spitzbögen sind dadurch gebildet, dass die beiden oberen Steinblöcke nach innen vorragen (vgl. die einzelnen Abbildungen auf Plan A). Diese Nischen waren wahrscheinlich für die Bogenschützen bestimmt; die Galerien dagegen müssen als Zufluchtsorte für die Besatzung gedient und nach Waffenplätzen, Wachthäusern oder Thürmen geführt haben. Von den übrigen drei innern Galerien sieht man an der südöstlichen Ecke zwei, welche parallel neben einander herlaufen; die dritte durchschneidet die westliche Mauer, scheint als Ausfallspforte gedient zu haben und muss auf irgendeine

---

gen Mauern, in welchen die zuerst genannten Arten über die letztere gelegt sind, vgl. E. H. Bunbury's „Cyclopean Remains in Central Italy", sowie „Classical Museum", 1845, II, 147 fg., und den Artikel „Murus" in Dr. Smith's „Dictionary of Greek and Roman Antiquities".

Weise verborgen gewesen sein.[1] Das einzige Thor, 15 Fuss breit, befindet sich an der Ostseite. Der Zugang ist auf einer 20 Fuss breiten, von cyclopischem Mauerwerk gebildeten Rampe (Auffahrt).[2] Die rechte Seite des Thors ist durch einen 43 Fuss hohen und 33 Fuss breiten Thurm gedeckt, der die Tirynthier in den Ruf gebracht haben mag, den Thurmbau erfunden zu haben (vgl. Aristoteles et Theophrastus apud Plinium H. N. VII, 56).[3] An dieser Stelle ist die Ringmauer besser erhalten als anderswo, und sie erhebt sich beträchtlich über die Fläche des Berges innerhalb der Akropolis oder Citadelle. Diese besteht aus zwei durch eine kleinere cyclopische Mauer getrennten Plateaus, das eine derselben ist an der Nordseite und 14 Fuss höher als das andere an der Südseite, beide sind fast von gleicher Grösse. Die sie trennende kleine cyclopische Mauer scheint einer späteren Zeit anzugehören als die Ringmauer, denn ich bemerke darin mehrere behauene und sogar einige ganz quadratförmige Steine. Auf dem oberen Plateau sind mehrere durch cyclopische Mauern gestützte Terrassen.

Im ganzen Alterthum hat man die Mauern von Tiryns als ein Wunderwerk angesehen; Pausanias (IX, 36) stellt sie als Wunderwerk noch über die Pyramiden Aegyptens, und Homer drückt seine Bewunderung durch das Epitheton „τειχιόεσσα“

---

[1] Edw. Dodwell (A Classical and Topographical Tour through Greece) und Ernst Curtius (Peloponnes) glauben, dass diese Galerie als zweites Thor gedient habe; ich halte dies aber für unmöglich, da sie gerade in die Ebene führt.

[2] W. M. Leake (Travels in the Morea, II., 351) sagt, dass der Haupteingang von Tiryns auf der Südseite, neben der südöstlichen Ecke sei. Er hat recht, wenn er von der Citadelle spricht, so wie sie jetzt ist, denn in der That hat man an der von ihm bezeichneten Stelle in neuerer Zeit einen Weg gemacht, welcher im Zickzack den steilen Abhang hinaufführt; aber niemals ist dort im Alterthum ein Thor oder Eingang gewesen.

[3] Der erstere schreibt die Erfindung des Thurmbaues den Cyclopen, der zweite den Tirynthiern zu.

aus, welches er Tiryns gibt, Ilias, II, 559: οἵ δ' Ἄργος τ' εἶχον Τίρυνθά τε τειχιόεσσαν.

Nach alter Tradition wurde Tiryns von Proetus (circa 1400 v. Chr.) erbaut, welcher der erste König der Stadt war und dessen Sohn Megapenthes sie an Perseus, den Gründer von Mykenae, abtrat. Dieser gab sie an Elektryon, dessen Tochter Alkmena, die Mutter des Hercules, den Amphitryon heirathete, welcher von Sthenelus, dem Könige von Argos und Mykenae, vertrieben wurde. Hercules eroberte Tiryns und hatte lange Zeit hier seinen Wohnsitz, weshalb er häufig der Tirynthier genannt wird. (Pindar Ol., XI, 40; Ovid. Met., VII, 410; Virgil. Aen., VII, 662).

Bei der Rückkehr der Herakliden (achtzig Jahre nach dem trojanischen Kriege) wurde Mykenae selbst sowie Tiryns, Hysiä, Mideia und andere Städte gezwungen die Macht von Argos zu vergrössern und verloren ihre Unabhängigkeit. Tiryns blieb nichtsdestoweniger in den Händen seiner achäischen Bevölkerung, welche — zusammen mit Mykenae — 400 Mann zur Schlacht von Platää schickte (Herod., IX, 28). Infolge davon wurde der Name der Stadt Tiryns, zusammen mit den Namen der übrigen griechischen Städte, welche sich an jener Schlacht betheiligt hatten, auf die bronzene Säule mit goldenem Dreifuss eingravirt, welche die Spartaner als zehnten Theil der Beute dem pythischen Apollo in Delphi widmeten. Der Ruhm, den Tiryns hierdurch erlangte, erregte die Eifersucht der Argiver, welche gar nicht am persischen Kriege Theil genommen hatten und ausserdem anfingen die Stadt als einen gefährlichen Nachbarn zu betrachten, besonders als sie in die Hände ihrer aufständischen Sklaven (Γυμνήσιοι) gefallen war, welche sich eine lange Zeit hindurch hinter ihren cyclopischen Mauern behaupteten und das Land beherrschten. Endlich wurden die Insurgenten bezwungen (Herod., VI, 83), aber bald nachher (Ol., 78, 1 oder 468 v. Chr.) zerstörten die Argiver die Stadt, zertrümmerten einen Theil ihrer cyclopischen Ringmauer und zwangen die Tirynthier sich in Argos niederzulassen (Paus., II, 17, 5 und VIII, 27, 1). Aber nach Strabo (VIII, p. 373) flohen sie nach Epidaurus. Pausanias (II, 15, 9) erwähnt zwischen Tiryns und dem Meerbusen die „θάλαμοι“ der wahnsinnigen Töchter des Proetus, von welchen jetzt keine Spur sichtbar ist; wegen des tiefen Morastes können sie unmöglich unterirdisch gewesen sein.

Theophrast ap. Athenaeum (VI, p. 261) erzählt, dass die Tirynthier einen ausserordentlichen Hang zum Lachen hatten, der sie zu jeder ernsthaften Arbeit unfähig machte [1].

Der Mythus von Hercules Geburt in Tiryns und den ihm von Eurystheus, dem König des benachbarten Mykenae auferlegten zwölf Arbeiten, erklärt sich, wie ich glaube, durch seine doppelte Natur, als Sonnengott und als Heros (Max Müller, Essays, II, 79). Es ist natürlich, dass ihn, den stärksten aller Helden, die Fabel zwischen den mächtigsten Mauern der Welt, welche als das Werk überirdischer Riesen angesehen wurden, geboren werden liess; und als Sonnengott muss er viele Tempel in der Ebene von Argos und einen berühmten Cultus in Tiryns gehabt haben, denn die sumpfige Niederung, von der letzteres umgeben ist und

---

[1] Theophrast fügt hinzu, „dass die Tirynthier wünschten, ihren Hang zum Lachen los zu werden und das Orakel befragten, wie sie dies erreichen könnten. Der Gott antwortete ihnen, dass das Uebel sofort verschwinden würde, wenn sie, ohne dabei zu lachen, dem Poseidon einen Ochsen opfern und diesen ins Meer werfen könnten. Die Tirynthier, welche fürchteten nicht im Stande zu sein den Befehl des Gottes zu erfüllen, hatten den Kindern verboten, beim Opfer gegenwärtig zu sein. Aber eines derselben hatte davon gehört und sich unter die Menge gemischt. Man vertrieb und schalt das Kind, als es plötzlich ausrief: Fürchtet ihr denn, dass ich euch das Opfer umstosse? Hierüber lachten alle laut auf und die Tirynthier überzeugten sich, dass der Gott beabsichtigt hatte ihnen zu zeigen, dass eine seit langer Zeit eingewurzelte Gewohnheit nicht zu beseitigen sei“.

die noch jetzt wegen der zu grossen Nässe beinahe unfruchtbar ist, war im hohen Alterthum nichts als ein tiefer Morast, welcher sich weit in die Ebene ausdehnte, pestilenzialische Fieber erzeugte und nur allmählich durch unausgesetzte Menschenarbeit und den wohlthätigen Einfluss der Sonne verschwinden konnte.

Für die einstige Existenz ungeheurer Moräste in der Ebene von Argos haben wir das Zeugniss des Aristoteles (Meteorol., I, 14), welcher sagt: „Zur Zeit des trojanischen Kriegs war das Land von Argos morastig und konnte daher nur eine geringe Bevölkerung ernähren, das Land von Mykenae dagegen war gut und wurde hochgeschätzt. Jetzt aber ist das Gegentheil eingetreten, denn das Land von Mykenae ist vertrocknet und liegt daher brach, während das Land von Argos, welches ein Morast war und daher brach lag, jetzt gutes bebaubares Land geworden ist“.

So wird die Fabel ganz natürlich erscheinen, dass Hercules, als Sonnengott, für Eurystheus, den König von Mykenae, dem die ganze Ebene von Argos gehörte, die zwölf Arbeiten zu verrichten hatte, die, wie längst anerkannt ist, nichts anderes sind als die zwölf Zeichen des Thierkreises, welche die Sonne in dem alljährlichen Umlauf der Erdkugel zu passiren scheint.

Die Topographie der Ebene südlich von Tiryns scheint sich seit der Zeit des Aristoteles nicht verändert zu haben, denn das nördliche Ufer des Golfes besteht aus tiefen Morästen, welche sich noch jetzt eine halbe Stunde weit ins Land hinein erstrecken.

Ich theile vollkommen die allgemeine Ansicht, dass die cyclopischen Mauern von Tiryns das älteste Denkmal in Griechenland sind; da jedoch nach meiner Ueberzeugung keine Stadt- oder Festungsmauer älter sein kann als die älteste Töpferwaare der von ihr umgebenen Baustelle, so konnte ich dem Verlangen nicht widerstehen, die Chronologie der tirynthischen Mauern durch systematische Ausgrabungen zu erforschen. Ich reiste daher am 31. Juli nach Tiryns, in Begleitung meiner Frau und meiner geehrten Freunde, der Professoren der Alterthumskunde Castorches, Phendikles und Pappadakes von der Universität Athen.

Ich nahm dort 51 Arbeiter, zog auf dem hohen Plateau der Akropolis einen langen und tiefen Graben und grub dort ausserdem dreizehn Schachte von 6 Fuss Durchmesser.[1] Ferner grub ich drei Schachte auf dem niedrigeren Plateau der Citadelle sowie vier Schachte in einer Entfernung von 100 Fuss aussersalb der Mauern. Auf dem hohen Plateau erreichte ich den Fels in einer Tiefe von 11½—16½ Fuss, auf dem niedrigeren in 5—8 Fuss, und ausserhalb der Akropolis den Urboden in 3—4 Fuss Tiefe.

In sieben oder acht Schachten in der obern Citadelle deckte ich auf dem Felsen gebaute cyclopische Hausmauern auf, und in drei Schachten fand ich cyclopische Wasserleitungen sehr primitiver Art, bestehend aus unbehauenen Steinen, die ohne irgend ein Bindemittel zusammengefügt sind. Obgleich diese Wasserleitungen auf dem Fels ruhen, so begreife ich doch nicht, wie jemals Wasser hat durch dieselben laufen können, ohne sich in den Zwischenräumen zwischen den Steinen zu verlieren.

Weder in dem langen und tiefen Graben, noch in den zwölf oder dreizehn Schachten fand ich Steine, und schliesse daraus, dass es hier viele Häuser aus ungebrannten Ziegeln gab, die noch jetzt das Baumaterial der meisten Dörfer in der Argolis ausmachen. Auch mag es hier Häuser von Holz gegeben haben und die cyclopischen Hausmauern waren wahr-

---

[1] Die hier in Fuss angegebenen Masse sind auf Plan A genauer verzeichnet.

scheinlich nur der Unterbau hölzerner Gebäude. Natürlich bleiben alle meine Schachte in Tiryns offen, und ich lade Besucher ein sie zu besichtigen.

Was die gefundenen Gegenstände betrifft, so erwähne ich zuerst die kleinen Kühe von Terracotta, deren ich elf sammelte (vgl. Nr. 2—7 und die colorirte Tafel A, Figur a, b); sie scheinen ein grosses Problem zu lösen und sind jedenfalls von grosser Wichtigkeit für die Wissenschaft. Fast alle haben Ver-

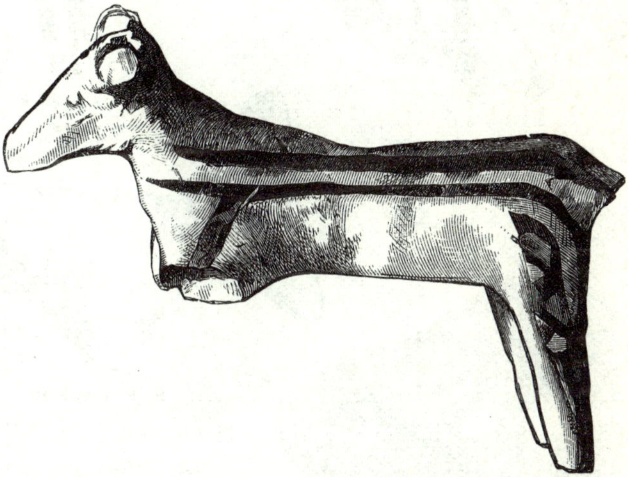

Nr. 2. Kuh von Terracotta aus Tiryns. (1½ M.) Natürliche Grösse.

zierungen von lebhaft rother Farbe; nur eine hat schwarze. Auch fand ich neun weibliche Idole, wovon sieben rothe und zwei schwarze oder dunkelgelbe Verzierungen haben (vgl. Nr. 8—11 und die colorirte Tafel A, Figur d). Dieselben haben ein sehr zusammengedrücktes Gesicht, keinen Mund und einen „polos“ auf dem Kopfe; von dem Idol Nr. 8 fehlt der Kopf, auch hat Nr. 10 ein breiteres Gesicht und einen unbedeckten Kopf; die Brüste aller dieser Idole sind hervorstehend, und unterhalb derselben tritt auf jeder Seite ein langes Horn hervor, auf solche Weise,

Nr. 3. ($2^1/_2$ M.)

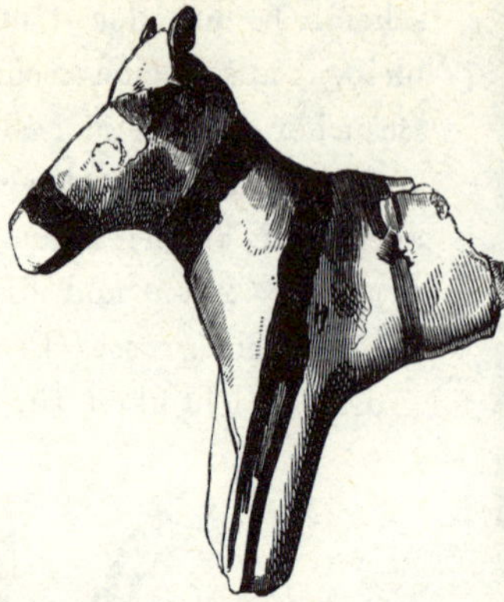

Nr. 4. ($2^1/_2$ M.)

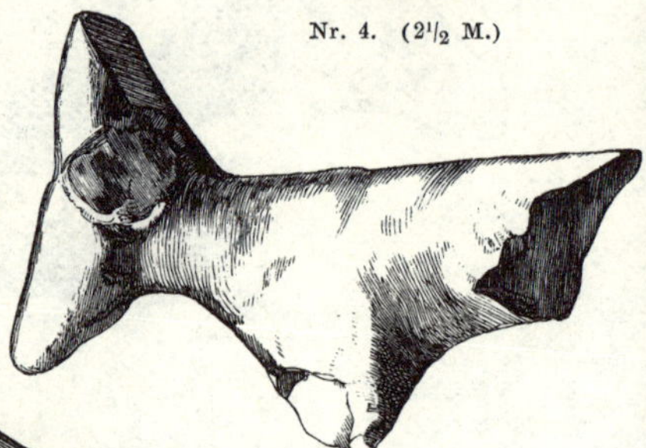

Nr. 5. ($1^1/_2$ M.)

Nr. 7. (3 M.)

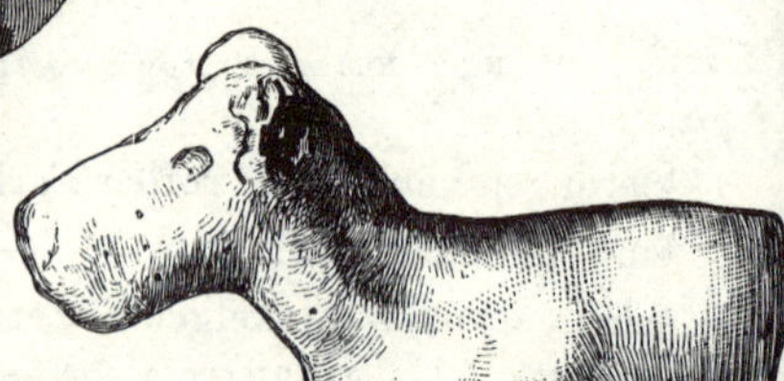

Nr. 6. ($2^1/_2$ M.)

Nr. 3—7. Kühe von Terracotta von Tiryns. Natürliche Grösse.

dass beide Hörner zusammen entweder den Halbmond oder die beiden Hörner der Kuh oder gleichzeitig das eine und andere darstellen sollen. Ich fand vollkommen ähnliche Kühe und

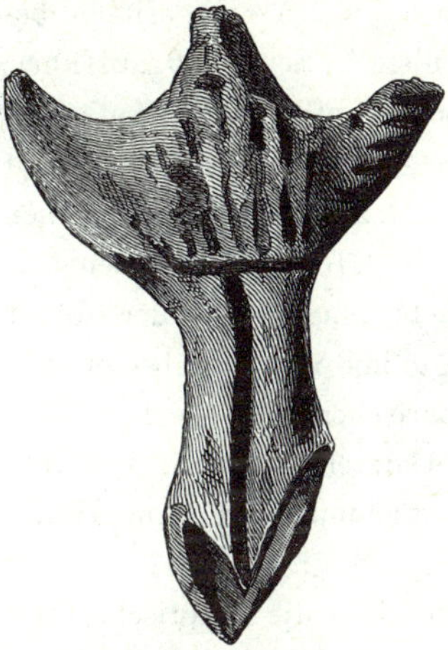

Nr. 8. (1 M.)

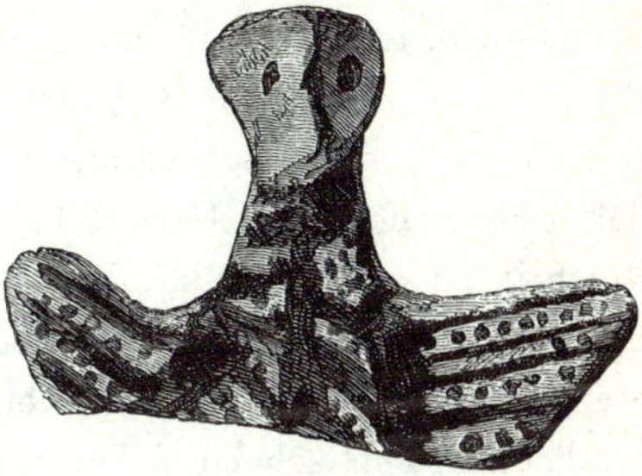

Nr. 10. (2 M.)

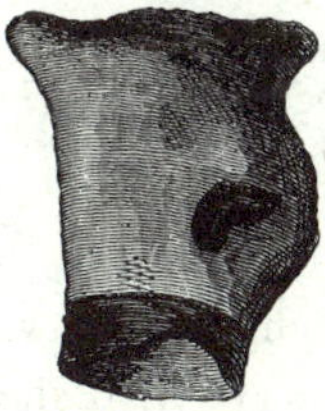

Nr. 9. (2½ M.)

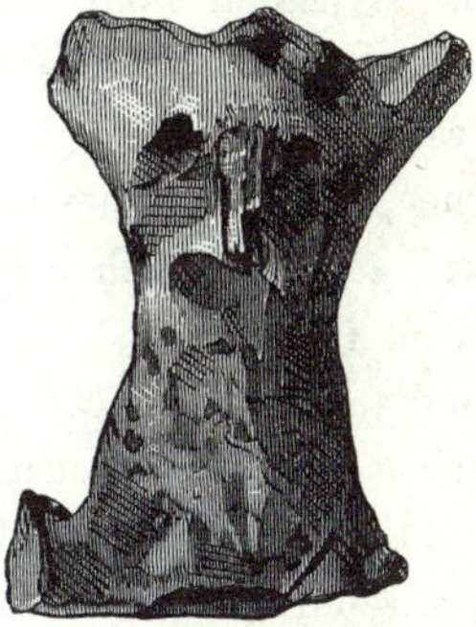

Nr. 11. (1 M.)

Nr. 8—11. Idole von Terracotta von Tiryns. Natürliche Grösse.

Idole vor drei Jahren in den 34 Schachten, die ich in der Akropolis von Mykenae grub, welche Stadt dicht bei dem grossen Heräon lag und durch ihren Cultus der Hera berühmt war, deren Kuhcharakter und Identität mit der pelasgischen

Mond- und Kuhgöttin Io, mit der böotischen Göttin Demeter Mykalessia und mit der ägyptischen Mondgöttin Isis ich genügend bewiesen zu haben glaube. [1]

Meine Meinung ist auch von der hohen Autorität des Herrn W. E. Gladstone angenommen, welcher in seinem bekannten Werke „Homeric Synchronism“, Seite 249 ausführt: „Die Göttin Isis ist, mit Osiris gepaart, auf einigen ägyptischen Monumenten mit einem Kuhkopf dargestellt [2]; Herodot erkennt ihre Identität mit Demeter an; aber Demeter und Hera stehen sich sehr nahe, und Hera scheint im Homer die hellenische Gottheit zu sein, welche die Demeter aus vielen der dieser eigenen Traditionen beinahe verdrängte und ihr die unbedeutende Stellung gab, welche sie in den homerischen Epopeen hat. Das Epitheton *boopis* scheint daher eine Darstellungsweise der Hera anzuzeigen, welche aus Aegypten stammte und vom Hellenismus verfeinert worden ist.“

„Es ist jedoch wohl zu beachten, dass die ägyptische Darstellung nicht bloss auf die Augen beschränkt war, sondern das volle Gesicht und den Kopf des Ochsen oder der Kuh umfasste; und ferner, dass das homerische Epitheton nicht auf Hera beschränkt, sondern auch auf Klymene, eine der Dienerinnen der Helene (Ilias, III, 144) und auf Philomedusa, Weib des Areithoos (Ilias, VII, 10) angewandt ist. Auch ist es der Halie, einer der nereidischen Nymphen (Ilias, XVIII, 40) gegeben. Mit Wahrscheinlichkeit, obwol nicht mit Gewissheit, können wir daraus schliessen, dass zu Homer's Zeit das Epitheton (boopis) schon seinen spätern und generalisirenden Sinn hatte und dass die Erinnerung an die Kuh verwischt war.“

Ich möchte jetzt auch behaupten, dass Hera identisch ist mit der syrischen und phönizischen Ashtoreth,

---

[1] Vgl. Anmerkung „Hera Boopis“ am Schluss dieses Kapitels, S. 22.

[2] Vgl. Bunsen, Aegyptens Stelle in der Weltgeschichte, I.

„Astarte, *queen of heaven*, *with crescent horns*,
To whose bright image nightly, by *the moon*,
Phoenician virgins paid their vows and songs“

(Milton, Paradise Lost, I, 439—441).

Ich zögere daher nicht zu erklären, dass sowol die Idole in Kuhform als die in Gestalt einer Frau mit zwei Hörnern jedenfalls Idole der Hera sind, welche die Schutzgöttin von Tiryns und Mykenae war.

Alle vorerwähnten Idole in Kuhform oder in Gestalt einer gehörnten Frau wurden in einer Tiefe von 3—11½ Fuss unter der Oberfläche gefunden, keins in grösserer Tiefe.

Es wurden ferner mehrere Idole verschiedener Form aus Terracotta ausgegraben; eins davon in einer Tiefe von 8 Fuss (vgl. die colorirte Tafel A, Figur c); es scheint auch ein weibliches Idol zu sein, es hält beide Hände vereint auf der Brust, vielleicht ein Symbol der Abundanz; der Kopf ist unbedeckt und sieht einem Vogelkopf sehr ähnlich, und beim ersten Anblick glaubt man unwillkürlich, dass dies Idol nach einer der gemalten Figuren modellirt ist, welche man auf jenen, in der kleinen Sammlung von Alterthümern im Ministerium für Volksaufklärung in Athen befindlichen attischen Vasen mit geometrischen Mustern sieht.[1] Diese Art von Vasen ist bisjetzt, mit Unrecht, als die älteste Töpferwaare in Griechenland angesehen worden; ich hoffe auf nachstehenden Seiten beweisen zu können, dass sie einer spätern Zeit angehört.

Von dem Idole Nr. 11 ist nur Hals und Kopf erhalten, welcher letztere einem Eulenkopfe sehr ähnlich sieht.

Ausser Blei war das einzige Stück Metall, welches zum Vorschein kam, eine schöne männliche Figur aus Bronze, mit einer phrygischen Kappe und anscheinend im Begriff eine

[1] Publicirt von Dr. G. Hirschfeld (Vasi arcaici Ateniesi, estratto dagli Annali dell' Instituto di Corr. Archeol., 1872, Rom).

Lanze zu schleudern (vgl. Nr. 12). Wenn aber den Tirynthiern das Eisen unbekannt war, so müssen wenigstens Kupfer und Bronze stark in Gebrauch gewesen sein, denn ich fand hier nicht ein einziges Werkzeug aus Stein.

Was Töpferwaare betrifft, so sieht man an der Oberfläche spärliche Topfscherben aus dem Mittelalter, wahrscheinlich aus der Zeit der fränkischen Herrschaft, denn diese Epoche glaubt man in dem Kalkpflaster einer Villa und ihrer Nebengebäude zu erkennen.

Nr. 12. Bronzene Figur von Tiryns. (3 M.) Natürliche Grösse.

Diese Topfscherben, auch ganze Töpfe gleicher Art, findet man manchmal bis zu einer Tiefe von 3 Fuss, aber unmittelbar darauf folgen archaische Topfscherben, die man gewöhnlich auch schon einige Zoll unter der Oberfläche antrifft. Es ist daher bestimmt anzunehmen, dass die Baustelle der Akropolis von Tiryns seit der Zeit der Eroberung durch die Argiver (468 v. Chr.) bis 1200 n. Chr. nicht bewohnt gewesen ist. Aber in den von mir ausserhalb der Citadelle gegrabenen vier Schachten bringe ich nur Ueberbleibsel von Haushaltungsgeschirr aus hellenischer Zeit ans Licht, welche, nach den Topfscherben zu urtheilen, dem 2., 3. und 4. Jahrhundert v. Chr. anzugehören scheinen. Ich sehe diese meine Meinung durch einen Schatz von kleinen tirynthischen Kupfermünzen bestätigt, der vor einigen Jahren am Fusse der Citadelle entdeckt wurde und augenscheinlich aus macedonischer Zeit stammt. Die Medaillen, welche ganz ausgezeichnet geprägt sind, zeigen auf einer Seite einen Apollokopf mit Diadem, auf der andern eine Palme mit der Exerge ΤΙΡΥΝΣ. Es kann daher keinem Zweifel unterliegen, dass die uralte Stadt Tiryns auf den kleinen Raum innerhalb der cyclopischen Mauern der Citadelle beschränkt war, und dass die neue Stadt gleiches Namens nach der Eroberung, wahrscheinlich im Anfang des 4. Jahrhunderts v. Chr., ausserhalb derselben gebaut worden ist. Die letztere scheint sich besonders an der Ost- und noch mehr an der Nordseite der Citadelle ausgedehnt zu haben, wo man auf der nach Mykenae führenden Strasse mehrere tirynthische Hausmauern sieht. Da Topfscherben aus späterer Zeit fehlen, so ist anzunehmen, dass die neue Stadt schon vor der römischen Herrschaft in Griechenland verlassen worden war; sie scheint nur unbedeutend gewesen zu sein, denn sie wird von keinem alten Schriftsteller angeführt.

Die archaische Töpferwaare von Tiryns ist von ganz gleicher Arbeit und hat ganz dieselbe Art von gemalten Verzierungen wie die von Mykenae: man findet dort dieselben Dreifüsse mit einer bis fünf Durchbohrungen in jedem Fuss, dieselben grossen Vasen mit durchbohrten Griffen und Löchern im Rande des Fusses zum Aufhängen an einer Schnur, dieselben phantastisch geformten kleinen Vasen, Kannen, Töpfe, Teller, Näpfe — alle auf dem Töpferrade gedreht und gewöhnlich auf hellrothem Grunde mit den verschiedenartigsten gemalten, lebhaft rothen Verzierungen geschmückt, welche ganz unverwüstlich zu sein scheinen, denn die Tausende von Topfscherben, womit die Baustelle von Mykenae übersäet ist, haben nichts von ihrer Farbenfrische verloren, obwol sie seit mehr als 2300 Jahren der Sonne und dem Regen ausgesetzt gewesen sind.

Ich habe in Tiryns eine Menge Bruchstücke von Bechern aus Terracotta aufgegraben, die, wie in Mykenae, von weissem Thon sind und keine gemalten Verzierungen haben, ganz wie der auf Seite 78, Nr. 83 abgebildete Becher; sie werden jedoch nur bis zu einer Tiefe von 8 Fuss unter der Oberfläche gefunden. In einer Tiefe von 8—10 Fuss fand ich nur Becher von grünlicher oder dunkelrother Farbe. Alle haben die Form der grossen modernen Bordeauxweingläser.

Alle diese herrliche Töpferwaare bezeugt eine hohe Civilisation, wie sie die Erbauer der cyclopischen Mauern kaum gehabt haben können. Daher ist sie entweder importirt, oder — und dies scheint wahrscheinlicher — sie rührt von der Nation her, die den Erbauern der cyclopischen Mauern nachgefolgt ist, und diesen letztern muss alle die mit der

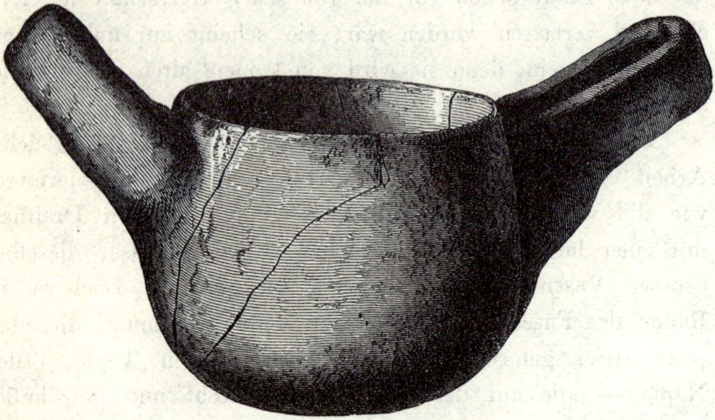

Nr. 13. Gefäss von Terracotta aus Tiryns. (3 M.) Halbe natürliche Grösse.

Hand, ohne Töpferrad gefertigte einfarbige Töpferwaare gehören, welche ich in Tiryns auf und neben dem Urboden finde. Die Farbe dieser Töpferwaare ist die des Thons selbst, welcher bei den meisten kleinern Vasen durch Glätten mit Polirsteinen ein glänzendes Ansehen erhalten hat; fast alle schwarzen mit der Hand gefertigten Vasen sind auf diese Weise sowol auswendig als inwendig polirt und sehr niedlich. Alle mit der Hand gefertigten grossen Krüge, sowie viele der andern grossen Gefässe sind plump, viele derselben haben an jeder Seite einen kleinen horizontalen Henkel mit einem runden Loch, durch welches eine Schnur zum Aufhängen gezogen sein wird. In diesem Stratum fand ich weder Kuh- noch Frauenidole. Von dieser mit der Hand gemachten Töpferwaare habe ich das Glück gehabt, ausser Hunderten von Bruchstücken, zwei ganze Vasen zu finden, deren Bilder ich hier gebe (vgl. Nr. 13 und 14).

Ganz besonders mache ich hier darauf aufmerksam, dass bei jedem Gegenstande auf den Tafeln die genaue Tiefe in Metern bemerkt ist, so z. B. bedeutet $3^1/_2$ M. = $3^1/_2$ Meter Tiefe.

Nr. 14. Gefäss von Terracotta aus Tiryns. ($3^1/_2$ M.) $^2/_3$ natürlicher Grösse.

Der Meter hat 3.33 Fuss englisch. Um dem Leser die Mühe zu sparen, die Meter auf Fuss und Zoll zu reduciren, auch um etwaigen Irrthümern vorzubeugen, gebe ich im Anhang eine vergleichende Tabelle des Metermasses mit dem bei meinen Angaben im allgemeinen angewandten englischen Mass.

Was das Alter der tirynthischen Töpferwaare betrifft, so könnten wir, wenn die Datirung auf 1400—1200 v. Chr., in welche Zeit man die ältesten attischen Vasen verlegt, bei diesen richtig wäre, vielleicht dieselbe Epoche für die Niederlassung der zweiten Nation in Tiryns annehmen, denn aus derselben Zeit muss das vorhin erwähnte Idol mit Vogelkopf [1] und eine Menge Bruchstücke uralter Vasen mit gemalten Verzierungen stammen; jedoch bin ich aus mehreren Gründen, die ich, wie gesagt, später auseinandersetzen werde, nicht im Stande, diesen Vasen ein höheres Alter als 1000—800 Jahre v. Chr. zuzugestehen und möchte daher auch die Niederlassung der zweiten Nation in Tiryns keiner frühern Zeit zuschreiben. Wahrscheinlich wird das Alter der mit der Hand gefertigten Töpferwaare auf und neben dem Urboden für immer ungewiss bleiben; wenn wir jedoch annehmen, dass die älteste um 800 Jahre älter ist als die ältesten bemalten Vasen der zweiten Nation, und dass folglich die cyclopischen Mauern von Tiryns ungefähr 1800—1600 Jahre v. Chr. erbaut sind, so vermuthe ich, dass wir annähernd das richtige Alter treffen.

Vergeblich habe ich mich bemüht, eine Aehnlichkeit und Verwandtschaft zwischen der primitiven tirynthischen Töpferwaare und der irgend einer der vier vorhistorischen Städte in Troja zu entdecken. Bei genauer Betrachtung finde ich, dass durchaus keine Aehnlichkeit vorhanden ist, mit Ausnahme der Becher, deren Form auch in der ersten und ältesten vorhistorischen Stadt in Hissarlik vorkommt.

Einer der interessantesten Gegenstände, die ich in Tiryns fand, war das Gerippe eines Menschen in 16½ Fuss Tiefe. Ein Theil der Knochen war versteinert, jedoch schreibe ich dies lediglich der Natur des Bodens zu, worin das Gerippe lag. Einige der Knochen waren durch die Feuchtigkeit bedeutend angeschwollen, und dies mag auch mit dem untern Kinnbacken der Fall sein, welcher ausserordentlich dick ist. Leider habe ich nur einen Theil des Schädels retten können.

Ich habe noch zu erwähnen, dass ich in allen vorhistorischen

---

[1] Vgl. Seite 15 und die colorirte Tafel A, Figur c.

Schuttschichten eine Menge sehr kleiner Messer von Obsidian fand, aber, wie oben gesagt, sonst weder ein Werkzeug noch eine Waffe von Stein. Viele kleine kegelförmige Kreisel von blauem oder grünem Stein (vgl. Nr. 15), die am Spinnrocken gebraucht sein müssen und vollkommen den in Mykenae gefundenen gleich sind, fand ich in den Strata der zweiten Nation, aber nur zwei sehr grob gefertigte von Thon.

Wenn ich nach dem Masstabe der von mir gegrabenen Schachte die mittlere Tiefe des Urbodens auf dem obern und untern Plateau der Akropolis auf 11.66 Fuss annehme, so finde ich nach genauer Berechnung, dass die in Tiryns abzugrabende Schuttanhäufung nicht weniger als 36000 Kubikmeter beträgt.

Nr. 15. Spindel von Stein, in Mykenae gefunden. (5 M.) Natürliche Grösse.

Hiervon ist übrigens in Abzug zu bringen der kubische Inhalt der cyclopischen Hausmauern, der merkwürdigen Wasserleitungen und einiger Cisternen, von denen ich indess nur eine am Südende der Burg fand. Ich beabsichtige diese Arbeit später einmal zu machen; aber vor allen Dingen muss ich mich jetzt erst mit der sehr viel wichtigern Ausgrabung in der Akropolis von Mykenae beschäftigen; auch werde ich dort das nahe beim Löwenthor befindliche grosse Schatzhaus ausgraben und sofort ans Werk gehen. Ich weiss, dass ich nach der Ausgrabung von Troja der Wissenschaft keinen grössern Dienst erweisen kann, als wenn ich in Mykenae ausgrabe, denn wenn, wie es wahrscheinlich ist, die cyclopischen Mauern seiner Akropolis so alt sind wie die Mauern von Tiryns, so gehört doch der Bau seiner Schatzhäuser einer spätern Zeit an, und es kann keinem Zweifel unterliegen, dass die Architectur der letztern in allgemeinem Gebrauch war zur Zeit Homer's, welcher sie beschreibt als θάλαμοι ξεστοῖο λίθοιο (Gemächer von behauenen und polirten Steinen).

Meine geehrten Freunde, die Professoren Castorches, Phendikles und Pappadakes kehren heute nach Athen zurück.

HERA BOOPIS.

Ich mache den folgenden Auszug aus meiner am 17. August 1875 in der Aula der Universität Rostock gehaltenen Rede: „Mein verehrter Freund, Professor Max Müller, behauptet in der «Academy» vom 10. Januar 1874: «Was γλαυκῶπις auch bedeuten mag, es kann nicht eulenköpfig bedeuten, es sei denn, dass wir annehmen, dass Hera βοῶπις als ein kuhköpfiges Ungeheuer dargestellt worden sei». Ich habe zwar in meinen Ausgrabungen in Troja drei prächtige Kuhköpfe von Terracotta mit langen Hörnern gefunden (vgl. Atlas der „Trojanischen Alterthümer", Tafel 149, Nr. 2952 und Tafel 173, Nr. 3345) und glaube, dass sie von Idolen der Hera stammen, kann dies aber nicht beweisen. Dagegen aber lässt sich beweisen, dass diese Göttin einst mit einem Kuhgesicht dargestellt wurde, von dem ihr homerisches Epitheton βοῶπις stammt. Als im Kampfe zwischen den Göttern und den Riesen jene Thiergestalten annahmen, wählte Hera die Gestalt einer weissen Kuh (nivea Saturnia vacca, Ovid. Met., V, 330). Wir sehen einen Kuhkopf auf den Münzen der Insel Samos, welche den ältesten Tempel der Hera hatte und durch den Cultus dieser Göttin berühmt war (Mionnet, Descr. des Médailles Ant., Tafel LXI, 6). Wir finden ferner den Kuhkopf auf den Münzen von Messene, einer samischen Kolonie in Sicilien (Millingen, Anc. Coins of Greek Cities, Tafel II, 12). Die Verwandtschaft der Hera mit der Kuh wird ferner durch den Namen Εὔβοια bewiesen, welcher ihr Epitheton (Pausanias, II, 22, 1 und 2), ferner der Name einer ihrer Ammen (Plut. Quaest. Symp., III, 9, 2; Etym. Mag., 388, 56), ferner der Name der Insel, wo sie erzogen wurde (Plut. Fr. Daedal., 3), und endlich der Name des Berges war, an dessen Fuss ihr berühmtester Tempel, das Heräon, stand (Pausanias, II, 17, 1). Aber im Namen Εὔβοια ist das Wort βοῦς enthalten. Hera hatte in Korinth das Epitheton βουναία (Pausanias, II, 4, 7), in welchem das Wort βοῦς gleichfalls enthalten ist. Weisse Kühe wurden der Hera geopfert (Pausanias, IX, 3, 4; Hesych. ἄγαν χαλκεῖος). Die Priesterin fuhr mit einem Gespann von zwei weissen Stieren zum Tempel der Argivischen Hera (Herodot, I, 31). Io, die Tochter des

Die Westseite d

Im Hintergrund die 2500 Fuss hohe Haupt-Kuppe

; von Mykenae.

ɔea mit einer offenen Kapelle des Propheten Elias.

Inachus, des ersten Königs von Argos, wurde von Hera in eine Kuh verwandelt (Lucian. Θεῶν Διάλ., 3; Diod. Sic., I, 24, 25; Herodot, II, 41). Io war Priesterin der Hera: κληδοῦχον Ἥρας φασὶ δωμάτων ποτὲ Ἰὼ γενέσθαι τῇδ' ἐν Ἀργείᾳ χθονί (Aesch. Suppl., 299; Apollod., II, 1, 3), und wurde wie die Kuhgöttin Hera dargestellt (Creuzer, Symbolik, II, 576). Io's Kuhgestalt wird ferner bestätigt von Aesch. Prom., 573 und Hygin. fab., 145. Die aegyptische Göttin Isis war in Argos geboren und war identisch mit der Io in Kuhgestalt (Diod. Sic., I, 24. 25; Apollod., II, 1, 3), sie (Isis) wurde in Aegypten als Frau mit Kuhhörnern dargestellt, so wie Io in Griechenland (Herodot, II, 41). Eustath. apud Dionys. Perieg., 92, 94 sagt: Ἰὼ γὰρ ἡ σελήνη κατὰ τὴν τῶν Ἀργείων διάλεκτον. Heyne ad Apollod., p. 100 sagt: «fuisse suspicor nomen hoc caputque feminae cornutum symbolum Lunae apud Argivos antiquissimum.» Die kuhgestaltige Io wurde in Hera's geweihtem Hain in Mykenae vom hundertäugigen Argus bewacht, welcher von Hermes auf Befehl des Zeus getödtet wurde; Hera schickte der Io darauf eine Bremse, welche sie zwang umherzuirren (Apollod., II, 1, 3); Aesch. Prom., 585 sagt: Πῶς δ' οὐ κλύω τῆς οἰστροδινήτου κόρης τῆς Ἰναχείας (wie sollte ich nicht das von der Bremse getriebene Mädchen, nicht des Inachus Tochter hören). Aber die herumirrende Io ist nichts anderes als der Mond, welcher rastlos auf seiner Bahn forteilt. Dies beweist auch der Name Io (Ἰώ), welcher der Wurzel I (in εἶμι, ich gehe) entstammt. Sogar noch im classischen Alterthum wurde Io häufig als Kuh dargestellt, so z. B. in Amyklae (Pausanias, III, 18, 13). Io blieb der alte Mondname in den religiösen Mysterien zu Argos (Eustath. ap. Dionys. Perieg., 94; Jablonsky, Panth., II, 4 fg.). Apis, König des Argivischen Reichs, war der Sohn des Phoroneus, somit der Enkel des Inachus und Neffe der Io. Nach ihm (Apis) wurde sowol der Peloponnes als Argos Apia genannt; nach seinem Tode wurde er, unter dem Namen Serapis, göttlich verehrt (Apollod., II, 1, 1; Schol. Lykophr., 177; Schol. Apoll. Rhod., IV, 263; Steph. Byz.). Nach einer andern Tradition trat Apis sein Reich in Griechenland an seinen Bruder ab und wurde König von Aegypten (Euseb. Chron. I, 96, 127, 130, ed. Aucher; Augustin, De Civit. Dei, XVIII, 5), wo er, als Serapis, in Gestalt eines Stieres göttlich verehrt sein wird. Aeschylus lässt die Wanderungen der Io in Aegypten ein Ende nehmen, wo Zeus ihr die frühere Gestalt wiedergibt; sie gebiert dort den Epaphus, welches ein zweiter Name des Stiergottes Apis ist. Die Kuhhörner sowol der pelasgischen Mondgöttin Io, aus welcher später die argivische Hera entstand, die vollkommen mit ihr identisch ist, als auch die der Isis waren den symbolischen Hörnern der Mondsichel entlehnt (Diod. Sic., I, 11; Plut. de Is. et Os., 52, vgl. Plut. ibid. c. 39; Macrob. Sat., I, 19; Aelian. Hist. Anim., X, 27). Ohne Zweifel hatte die pelasgische Io, die spätere Hera, einst ausser ihren Kuhhörnern auch ein Kuhgesicht. Hera hatte unter ihrem alten pelasgischen Mondnamen Io einen berühmten Tempel auf der Baustelle von Byzantion, welche Stadt nach der Tradition von ihrer Tochter Keroëssa, d. h. der gehörnten, gegründet wurde (O. Müller, Dorier, I, 121; Steph. Byz. Βυζάντιον). Der

Halbmond, welcher im ganzen Alterthum und während des ganzen Mittelalters das Symbol von Byzantion war, und welcher jetzt das Symbol des türkischen Reichs ist, ist in gerader Linie eine Erbschaft von Byzantions mythischer Gründerin Keroëssa, der Tochter der Mondgöttin Io (Hera), denn es ist ganz sicher, dass die Türken es nicht aus Asien mit sich brachten, sondern dass sie es als Emblem von Byzantion vorfanden. Hera, Io und Isis müssen jedenfalls auch identisch sein mit Demeter Mykalessia, welche das Epitheton „die brüllende“ von ihrer Kuhform hatte. Ihr Tempel war zu Mykalessos in Böotien; sie hatte als Pförtner den Hercules, dessen Amt es war, ihr Heiligthum am Abend zu schliessen und am Morgen wieder zu öffnen (Pausanias, IX, 19, 4). Somit ist sein Dienst ganz gleich dem des Argos, welcher die kuhgestaltige Io am Abend an den Olivenbaum bindet und sie am Morgen wieder löst (Ovid. Metam., I, 630); dieser Olivenbaum war im heiligen Haine von Mykenae, ganz nahe beim Ἡραῖον (Apollod., II, 1, 3). Die argivische Hera hatte als Symbol der Fruchtbarkeit einen Granatapfel, welcher ebenso wie die Blumen, womit ihre Krone geschmückt war, ihr einen tellurischen Charakter gab (Panofka, Argos Panoptes, Taf. II, 4; Cadalvène, Recueil de Méd. Gr., Taf. III, 1; Müller, Denkm., XXX, 132; Duc de Luynes, Etudes numismat., p. 22—25). Wie in Böotien das Epitheton Mykalessia, die „brüllende“ (welches von μυκᾶσθαι stammt), der Demeter wegen ihrer Kuhgestalt gegeben wurde, ganz ebenso wurde in der Ebene von Argos der Name Μυκῆναι, welcher ebenfalls von μυκᾶσθαι stammt, der Stadt gegeben, die Hera als Schutzgöttin hatte und durch ihre Verehrung besonders berühmt war. Dies ist aber nur durch ihre Kuhgestalt erklärbar. Ich kann hier auch noch anführen, dass Μυκάλη der Name des Berges und Vorgebirges an der Küste von Kleinasien war, gerade gegenüber und dicht neben der durch den Cultus der Hera so sehr berühmten Insel Samos.

In Betracht der vorhergehenden langen Reihe von Beweisen und Thatsachen kann niemand daran zweifeln, dass Hera's homerisches Epitheton βοῶπις auf ihr einstiges Kuhgesicht hinweist, ebenso wie Athene's homerisches Epitheton γλαυκῶπις beweist, dass diese letztere Göttin einst ein Eulengesicht gehabt hat. Aber in der Geschichte dieser beiden Epitheta βοῶπις und γλαυκῶπις sind offenbar drei Zeitabschnitte, in denen sie einen verschiedenen Sinn hatten. In ihrem ersten Zeitabschnitt bildete man sich, wie mein verehrter Freund, Professor Max Müller, sehr richtig bemerkt, den idealen Begriff der beiden Göttinnen und gab ihnen ihre Namen, in welchen die Epitheta rein ideal oder figurativ waren. Hera (Io) als Mondgöttin muss ihr Epitheton βοῶπις von den symbolischen Hörnern des Halbmondes und dessen schwarzen Flecken erhalten haben (in welchen wir als Kinder ein Gesicht mit grossen Augen zu sehen glaubten), während Athene als Göttin der Morgenröthe ohne Zweifel ihr Epitheton γλαυκῶπις erhalten hat, um die Dämmerung des anbrechenden Tages auszudrücken.

In dem zweiten Zeitabschnitt der Geschichte der beiden Epitheta wurden die Göttinnen durch Idole dargestellt, in welchen der frühere bloss ideale Begriff der Epitheta vergessen und diese in ein Eulengesicht für Athene und ein Kuhgesicht für Hera materialisirt wurden. Ich wage die Behauptung, dass es ganz unmöglich ist, eine solche Frauenfigur mit Kuh- oder Eulengesicht durch irgend welche andere Epitheta zu beschreiben, als durch βοῶπις und γλαυκῶπις. Das Wort πρόσωπον für Gesicht, welches so oft bei Homer vorkommt und wahrscheinlich Jahrtausende älter ist als der Dichter, kommt niemals in zusammengesetzten Worten vor, während Wörter mit dem Suffix -ειδης sich auf die Aehnlichkeit im allgemeinen beziehen. Somit, falls Hera das Epitheton βοοειδής und Athene γλαυκοειδής hätte, würden wir unmöglich etwas anderes darunter verstehen, als dass erstere die Gestalt und Form einer Kuh und letztere die einer Eule hätte. In diesen zweiten Zeitabschnitt gehören alle vorhistorischen Trümmer in Hissarlik, Tiryns und Mykenae.

Der dritte Zeitabschnitt in der Geschichte der beiden Epitheta βοῶπις und γλαυκῶπις ist der, in welchem, nachdem Hera und Athene ihrer Kuh- und Eulengesichter beraubt waren und Frauengesichter erhalten hatten, und nachdem die Kuh und die Eule Attribute dieser Göttinnen geworden und als solche ihnen zur Seite gestellt waren, βοῶπις und γλαυκῶπις, als durch den Gebrauch der Jahrhunderte geheiligt, auch fernerhin die Epitheta der Göttinnen blieben, aber wahrscheinlich fortan nur die Bedeutung „grossäugig“ und „eulenäugig“ hatten. In diesen dritten und letzten Zeitabschnitt gehören die homerischen Gesänge.“

Nr. 16. Ruinen der cyclopischen Brücke in Mykenae. [1]

ZWEITES KAPITEL.

TOPOGRAPHIE VON MYKENAE,

DAS LÖWENTHOR UND DAS SCHATZHAUS DES ATREUS.

Der Weg von Argos nach Mykenae. Die Ebene von Argos, ihre Flüsse, Berge, Pferde und Vegetation. — Mythus bezüglich ihres dürren Bodens. — Moräste im südlichen Theil und die Fabel der lernaeischen Hydra. — Frühe sociale Entwickelung hier. — Legende von Phoroneus. — Das pelasgische Argos. — Die achaeischen Staaten von Argos und Mykenae. — Lage von Mykenae. — Die Citadelle und ihre cyclopischen Mauern. — Drei Arten

---

[1] Im Hintergrunde ist die 2000 Fuss hohe zweite Kuppe des Berges Euboea, welche sich gleich südöstlich von der Akropolis von Mykenae erhebt.

von Mauerwerk, die keine verschiedenen Zeitabschnitte bezeichnen. — Das „Löwenthor“. — Das hintere Thor. — Cisternen. — Die Vermischung von Argos und Mykenae bei den Dichtern.

Die Unterstadt: Hausmauern, Brücke, Schatzhäuser und Töpferwaare. — Die sie theilweise umgebende Ringmauer. — Die unbefestigte Vorstadt mit ihren grossen Bauten. — Ihre Ausdehnung. — Die beiden einzigen Brunnen in Mykenae. — Drei Schatzhäuser in der Vorstadt. — Schatzhäuser in der Unterstadt. — Beschreibung des „Schatzhauses des Atreus“. — Dodwell's Beweisführung, dass das Gebäude ein Schatzhaus ist. — Diese Gebäude sind einzig in ihrer Art. — Ausgrabung des Schatzhauses durch Veli Pascha.

MYKENAE, 19. August 1876.

Ich kam hier am 7. d. M. an, auf demselben Wege, den Pausanias (II, 18, vgl. die Karte auf Seite 1) beschreibt. Die Entfernung von Argos nach Mykenae ist 50 Stadien oder $1^1/_4$ deutsche Meile. Pausanias sah auf der Seite von Argos, welche Mykenae gegenüber liegt, den Tempel der Lucina (Εἰλείθυια), darauf den Altar der Sonne, welcher am Ufer des Inachus gewesen zu sein scheint. Nachdem er diesen Fluss überschritten hatte, sah er zu seiner Rechten den Tempel der mysischen Demeter, weiterhin zu seiner Linken das Mausoleum des Thyestes, Bruders des Atreus und Onkels des Agamemnon; auf diesem Grabmal stand ein Widder aus Stein zum Andenken an Thyestes Ehebruch mit seines Bruders Frau. Noch weiter, zu seiner Rechten, sah er den Tempel (ἡρῷον) des Perseus, des Gründers von Mykenae. Aber von allen diesen Monumenten sieht man jetzt keine Spur; ich glaube indess mit Bestimmtheit die Stelle zu kennen, wo die beiden letzteren, wenigstens wo eins derselben zu finden ist.

Der erste Fluss, den ich, von Argos kommend, passirte, war der alte Χαράδρος, jetzt Rema genannt, ein Nebenfluss des Inachus, an dessen Ufer, wie uns Thucydides (V, 60) berichtet, die Argiver die Gewohnheit hatten, bei der Rückkehr ihrer Armeen vom Ausland ein Kriegsgericht über sie zu halten, ehe sie ihnen erlaubten in die Stadt zu ziehen. Bald darauf passirte ich das breite Bett des berühmten Flusses

Inachus, jetzt Bonitza genannt, welcher die Ebene von Argos in ihrer ganzen Länge durchschneidet. Beide Flüsse haben nur Wasser, wenn in den Gebirgen starker Regen fällt, und dies scheint schon zur Zeit des Pausanias der Fall gewesen zu sein, denn er sagt (II, 25, 3), dass er die Quellen des Inachus auf dem Berge Artemisium fand, dass aber die Wasserfülle ganz geringfügig war und der Strom nur eine kurze Strecke lief. Dies scheint zu beweisen, dass schon damals die arkadischen Gebirge gerade so baumlos waren wie jetzt.

Da jedoch der Inachus in den mythischen Legenden der Argolis eine so bedeutende Rolle spielt, diese ihn zum Gemahl der Meleia und zum Vater des Phoroneus, des ersten Königs von Argos, und der Mondgöttin Io, der späteren Hera, machen, so unterliegt es kaum einem Zweifel, dass in vorhistorischen Zeiten der Inachus ein ziemlich bedeutender Fluss gewesen ist; dies ist jedoch nur denkbar, wenn wir annehmen, dass die arkadischen Gebirge damals bewaldet waren. Auch haben wir Beweise dafür, dass einst der Inachus viele Jahrtausende lang ein starker Strom gewesen ist, denn die ganze Ebene von Argos ist aus den Anschwemmungen ihrer Flüsse entstanden, hauptsächlich jedoch aus denen des Inachus.

Weiterhin auf dem Wege von Argos nach Mykenae passirte ich ein drittes, schmäleres Strombett, welches der von Pausanias (II, 15, 5) erwähnte Cephisus (Κηφισός) zu sein scheint.[1] Da ich von den Flüssen der Ebene von Argos spreche, muss ich auch die beiden Ströme Eleutherion und Asterion erwähnen, zwischen welchen das berühmte Heraeon am Fusse des Berges Euboea lag. Beide sind jetzt trocken und haben nur Wasser bei heftigem und langanhaltendem Regen; sie scheinen jedoch noch im classischen Alterthum das ganze Jahr hindurch reich-

---

[1] Die ganz kleinen Flüsse sind auf der kleinen Karte, S. 1, nicht angegeben.

lich Wasser gehabt zu haben, denn der Eleutherion war das geheiligte Tempelwasser, welches bei den religiösen Ceremonien gebraucht wurde, während an den Ufern des Asterion die Asterionpflanze (eine Art Aster) wuchs, die der Hera geweiht war und aus deren Blättern Kränze für die Göttin geflochten wurden. Auch der Name des Berges Euboea scheint anzudeuten, dass er einst aus schönem Weideland bestand, während er jetzt gerade so kahl und unfruchtbar ist wie die Ufer der beiden Ströme.

Die Ebene von Argos wird auf der West- und Nordseite eingeschlossen vom Hochlande von Artemisium, auf der Ostseite von dem des Arachnaeon. Von ersterem aus erstrecken sich mehrere parallele Bergrücken in die Ebene; der nördlichste derselben ist der Berg Lycone; dieser endigt mit dem 900 Fuss hohen Berge Larissa, auf dem die Akropolis von Argos liegt; die Stadt selbst liegt am Fusse des Berges in der Ebene. Der zweite Bergrücken ist der Chaon, an dessen Fusse der Fluss Erasinus als reichlicher Strom hervorsprudelt; derselbe ergiesst sich in den Golf von Argos, nachdem er zahlreiche Mühlen getrieben hat. Dieser Fluss ist im ganzen Alterthum als identisch mit dem Stymphalus angesehen worden, der in zwei unterirdischen Kanälen unter dem Berge Apelauron in Arkadien verschwindet. Der dritte parallele Bergrücken ist der Pontinus.

An der Ostseite fallen kleinere und mehr vereinzelte Hügel sanft nach der Ebene ab. An der Nordseite sind die Berge sehr rauh und steil; nördlich und südöstlich von der Akropolis von Mykenae sind die beiden höchsten Kuppen des Berges Euboea[1], auf der nördlichen, die 2500 Fuss hoch ist, steht eine offene Kapelle des Propheten Elias.

Im Alterthum war die Ebene von Argos durch ihre Pferdezucht berühmt, und siebenmal preist Homer in der Ilias (II, 287, III, 75 und 258; VI, 152; IX, 246; XV, 30; XIX, 329) die

[1] Dieser Name des Berges wird von Pausanias II, 17, 2 bestätigt.

ausgezeichneten Weideplätze der Ebene durch das Epitheton ἱππόβοτος; so auch Horaz Carm. I, 7, 8, 9:

Plurimus in Junonis honorem
Aptum dicet equis Argos ditesque Mycenas.

Wegen der grossen Dürre des Landes kann jetzt Wein und Baumwolle nur in der fruchtbaren niederen Ebene gebaut werden, während etwas Korn und Taback jetzt die einzigen Producte des Hochlandes sind. Sogar noch zu Anfang der griechischen Revolution (1821) muss hier mehr Feuchtigkeit gewesen sein, denn damals war die ganze Ebene und sogar ein grosser Theil des Hochlandes mit Maulbeer-, Orangen- und Olivenbäumen bewachsen, welche jetzt ganz verschwunden sind.

Das Epitheton πολυδίψιον, welches Homer der Ebene von Argos gibt, passt sehr wohl auf ihren jetzigen Zustand, sowie auch auf den von Pausanias (II, 15) erzählten Mythus: „Poseidon und Hera stritten um den Besitz des Landes (der Ebene von Argos) und Phoroneus, Sohn des Flusses Inachus, der Cephisus, der Asterion und der Inachus selbst hatten zu entscheiden. Sie theilten die Ebene der Hera zu, worauf Poseidon das Wasser verschwinden liess. Daher hat jetzt weder der Inachus noch irgend ein anderer der genannten Flüsse Wasser, es sei denn, dass Zeus Regen schickt (Ζεὺς ὕει); im Sommer sind alle jene Flüsse trocken, ausgenommen die Lerna (-Quellen)". Dagegen stimmt das Epitheton πολυδίψιον durchaus nicht mit der obenerwähnten Stelle des Aristoteles (Meteorol., I, 14), welcher behauptet, dass zur Zeit des trojanischen Krieges das Land von Argos morastig, das von Mykenae dagegen gut gewesen sei.

Der südlichste Theil der Ebene von Argos hat zu allen Zeiten einen Ueberfluss von Wasser gehabt, jedoch von geringem oder keinem Nutzen für den Ackerbau, denn das Meerufer ist mit ungeheuren, fasst unpassirbaren Morästen bedeckt, und der sich aus dem Berge Chaon ergiessende Fluss Erasinus mündet nach sehr kurzem Lauf in den Golf von Argos.

Ferner bilden die Quellen am Fusse des Berges Pontinus die berüchtigten Sümpfe von Lerna, wo nach der Fabel Hercules die Hydra tödtete. Wahrscheinlich ist dieser Mythus die symbolische Erzählung von einem einst gemachten Versuch die Sümpfe auszutrocknen und Ackerland daraus zu machen.

Wegen ihrer grossen Fruchtbarkeit und ausgezeichneten Lage an dem herrlichen Golf ist diese Ebene der natürliche Mittel- und Ausgangspunkt aller politischen und socialen Entwickelung des Landes gewesen und verdient daher den ihr von Sophokles (Elektra 4) gegebenen Namen „das alte Argos". Hier hatte, wie die Sage ging, Phoroneus, Sohn des Inachus und der Nymphe Meleia, mit seiner Frau Niobe zuerst die Bewohner, welche bis dahin zerstreut lebten, in eine Gemeinde vereinigt und eine Stadt gegründet, die er ἄστυ Φορωνικόν nannte (Pausanias, II, 15, 5; vgl. Plato Tim.), und die von seinem Enkel Argos genannt und zum Mittelpunkt eines mächtigen pelasgischen Staates gemacht wurde (vgl. Aesch. Suppl., 250). Unwiderlegbare Beweise für diese pelasgische Niederlassung finden wir in den Namen Argos und Larissa, welche pelasgisch sind (ersteres bedeutet Ebene, letzteres Festung), ferner in dem Mythus der alten pelasgischen Mond- und Kuhgöttin Io, die, wie vorerwähnt, hier geboren und eine Tochter des Flusses Inachus sein soll. Der pelasgische Staat kam später unter die Herrschaft der Pelopiden, unter denen das Land in zwei Theile getheilt wurde, wie wir es noch in der Ilias finden. Der nördliche Theil, mit der Hauptstadt Mykenae, war unter dem Scepter Agamemnons, der südliche, mit der Hauptstadt Argos, stand unter der Herrschaft des Diomedes, der aber nur ein Vasall des ersteren war. Jedenfalls war Argos zur Zeit des Einfalls der Dorier in den Peloponnes der mächtigste Staat der Halbinsel und wurde daher dem Herakliden Temenos, dem ältesten Sohn des Aristomachos, zugetheilt.

Die Lage von Mykenae ist ausgezeichnet beschrieben von

Homer (Odyssee, III, 263) durch μυχῷ Ἄργεος ἱπποβότοιο „im äussersten Winkel des rossenährenden Argos“, denn es liegt in der Nordecke der Ebene von Argos, in einer Nische zwischen den vorerwähnten beiden erhabenen Kuppen des Berges Euboea, von wo es den obern Theil der grossen Ebene und den wichtigen Engpass beherrschte, durch welchen die Strasse nach Phlius, Kleonae und Korinth führte. Die Akropolis lag auf einer mächtigen Felshöhe, welche vom Fusse des hinter ihr befindlichen Berges in Gestalt eines unregelmässigen Dreiecks nach Westen hervortritt (vgl. Tafel II und Plan B, C, D). Die Felshöhe hängt über einer tiefen Schlucht, welche die ganze Südseite der Akropolis beschützt. Durch die Schlucht schlängelt sich ein

Nr. 17. Mauern der ersten Epoche.

Strombett, welches gewöhnlich beinahe trocken ist, da es kein anderes Wasser hat als das der 800 Schritt nordöstlich von der Akropolis gelegenen reichlichen Quelle Perseia. Diese Schlucht dehnt sich zuerst von Osten nach Westen und darauf in südwestlicher Richtung aus. Nach Norden fällt die Felshöhe ebenfalls sehr steil in eine Schlucht ab, welche sich in gerader Linie von Osten nach Westen ausdehnt. Zwischen den beiden Schluchten erstreckte sich die untere Stadt (vgl. Plan D). Die Felshöhe der Citadelle ist auch an der Ost- und Westseite mehr oder weniger steil und bildet dort sechs natürliche oder künstliche Terrassen.

Die Akropolis hat eine 13—35 Fuss hohe und durchschnittlich 16 Fuss dicke cyclopische Ringmauer, die noch in ihrem ganzen Umfange vorhanden, aber einst viel höher gewesen ist;

sie besteht aus schöner, harter Breccia, welche man in den umliegenden Bergen in Ueberfluss findet; sie folgt den Wendungen des Felsens und zeigt drei verschiedene Arten von Architektur. Bei weitem der grössere Theil zeigt ganz die-

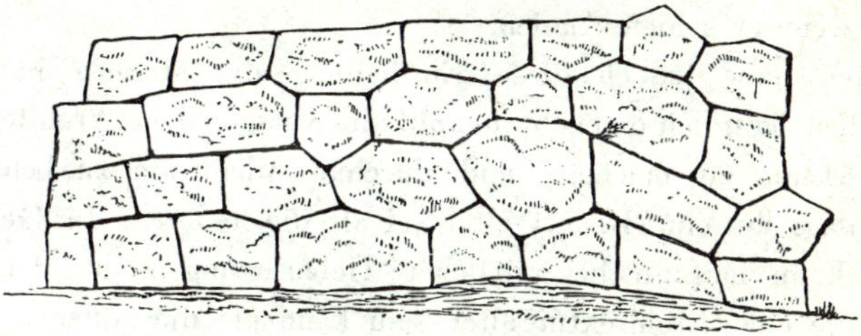

Nr. 18. Mauern der zweiten Epoche.

selbe Bauart wie die Mauern von Tiryns, ist aber weniger massiv; und da man diese Bauart allgemein als die älteste ansieht, so habe ich sie auf dem nebenstehenden Bilde (Nr. 17) mit den Worten „Mauern der ersten Epoche" bezeichnet. Ein grosses Stück der Mauer an der Westseite nenne ich auf der Abbil-

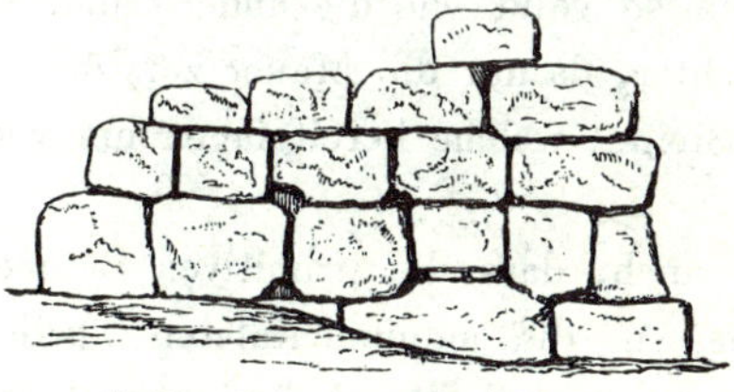

Nr. 19. Mauern der dritten Epoche.

dung (Nr. 18) „Mauer der zweiten Epoche", denn es besteht aus sehr künstlich zusammengefügten Polygonen, die ungeachtet der unendlichen Verschiedenheit der Fugen gewissermassen eine feste und schöne Felswand bilden; diese Bauart aber, die man in Griechenland und Unteritalien so häufig findet, wird allgemein als aus späterer Zeit wie die vorhergehende stammend angesehen. Endlich habe ich im Bilde (Nr. 19) mit „Mauern der dritten Epoche" die Mauern rechts und links vom „Löwenthor" bezeichnet, denn dieselben bestehen aus fast viereckigen Blöcken, die in ganz horizontalen Schichten liegen; ihre Fugen aber sind nicht ganz senkrecht und zeigen mehr oder weniger schiefe Linien.

Ich habe jedoch diese Eintheilung der Mauern in drei Epochen lediglich gemacht um auf die verschiedene Architektur aufmerksam zu machen, und durchaus nicht um zu behaupten, dass die eine Bauart älter sei als die andere. Im Gegentheil kann ich mir bei reiflicher Ueberlegung nicht denken, dass die eine Architektur älter sein kann als die andere, denn nachdem die grosse Ringmauer einmal aus ungeheuern, unbehauenen Blöcken aufgeführt war, ist es kaum möglich, dass man in späterer Zeit einen Theil davon niedergerissen haben sollte, um ihn durch eine Mauer anderer Art zu ersetzen; und wäre wirklich ein Theil der ursprünglichen Mauer vom Feinde geschleift worden, so wäre kein Grund gewesen ihn nicht in demselben Stil wiederaufzubauen, denn diese Bauart war vollkommen so solid wie die andern und ausserdem viel billiger und leichter, da nur die Mauer zerstört werden konnte, nicht aber die Steine, welche bereit lagen um wieder aufgelegt zu werden.

Es scheint auch, dass die primitiven Baumeister sich angelegen sein liessen, die monumentaleren Theile ihres Werks mit mehr Symmetrie und Regelmässigkeit herzustellen, und somit gebe ich zu, dass die drei Bauarten schon in jenem hohen Alterthum, als die Ringmauer von Mykenae gebaut wurde, gleichzeitig in Gebrauch waren, dass jedoch in späterer Zeit die von mir mit „Mauer erster Epoche" bezeichnete Bauart aus der Mode kam und die beiden übrigen Baustile allein in Gebrauch blieben. Mauern aus polygonen Blöcken sind in Griechenland bis zur macedonischen Zeit in Gebrauch geblieben, zum Beweise können z. B. sowol die Mauerwerke der Gräber bei der Hagia Trias in Athen, als auch die der Festungswerke auf der Insel Salamis dienen, von denen wir mit Bestimmtheit wissen, dass sie aus dem 4. oder 5. Jahrhundert v. Chr. stammen.[1] Seit 16 Jahren sind Mauern aus polygonen Blöcken in Schweden und Norwegen sehr in Anwendung gekommen, besonders als Unterbau bei Eisenbahnbrücken.

Die erste, westliche Terrasse ist an ihrer Ostseite auf eine Strecke von 166 Fuss begrenzt von einer 30 Fuss hohen, mit der grossen Ringmauer parallel laufenden cyclopischen Mauer, auf der man die Trümmer eines Thurms sieht und die

Nr. 20. Eingang zu der spitzbogenförmigen Galerie in der Mauer der Citadelle von Mykenae.

ohne Zweifel zu einem zweiten Festungswerk gehörte. Eine gute Ansicht dieser wunderbaren Mauer sieht man im Hintergrunde von Tafel VI, welche die Ichnographie der in der Akropolis entdeckten Gräber darstellt (vgl. Kapitel V). Spuren fernerer innerer Mauereinfassungen sind etwas weiter die Felshöhe hinauf zur Linken, sowie auch auf der Ostseite der Burg. Ein zweiter innerer Thurm scheint an der Südwestecke des Gipfels gestanden zu haben.

Nahe an der nordöstlichen Ecke der Akropolis wird die Ringmauer durchschnitten von einer 16½ Fuss langen Galerie mit Spitzbögen, ganz so wie die Galerien in Tiryns (vgl.

---

[1] Vgl. Emile Burnouf, La Ville et l'Acropole d'Athènes.

Nr. 20). Ausser auf der ersten östlichen und westlichen Terrasse sind überall in der Citadelle Spuren von cyclopischen Hauswänden oder Fundamenten sichtbar.

Ungeachtet des hohen Alterthums von Mykenae sind seine Ruinen viel besser erhalten als die irgend einer anderen Stadt in Griechenland, die Pausanias (ungefähr 170 n. Chr.) in blühendem Zustande sah und deren Prachtgebäude er beschreibt; wegen seiner abgelegenen und abgeschlossenen Lage und der Plumpheit, Grösse und Festigkeit der Ruinen ist

Nr. 21. Das Löwenthor.

es kaum denkbar, dass seit der Zeit jenes Reisenden in dem allgemeinen Anblick von Mykenae irgend eine Veränderung stattgehabt haben sollte.

In der nordwestlichen Ecke der Ringmauer ist das grosse Löwenthor (vgl. Plan C, Tafel III und Nr. 21 und 22) aus herrlicher harter Breccia, dessen Oeffnung sich von oben nach unten erweitert; diese ist 10 Fuss 8 Zoll hoch und oben 9 Fuss 6 Zoll, unten 10 Fuss 3 Zoll breit. In dem 15 Fuss langen und 8 Fuss breiten Thürsturz sieht man die 6 Zoll tiefen, runden Löcher für die Thürangeln, und in den beiden Thürpfosten sind vier viereckige Löcher für die Bolzen und

Das Löwenthor. Der Haupteingang zur Akropolis von Mykenae.

Riegel. Ueber dem Thürsturz ist eine dreieckige Nische in der Mauer, die von den schräge zusammenlaufenden Mauerseiten gebildet wird. Der Zweck derselben war, den Druck der daraufliegenden Mauer vom flachen Thürsturz zu entfernen.

Die Nische ist ausgefüllt durch einen 10 Fuss hohen, 12 Fuss langen und 2 Fuss dicken dreieckigen Block von derselben schönen Breccia, aus welcher das Thor und die Ringmauer bestehen. Auf der nach aussen gewandten Seite des Blocks sind zwei sich gegenüberstehende Löwen in Relief dargestellt; sie stehen auf ihren langgestreckten Hinterfüssen und stützen ihre Vordertatzen auf beide Seiten eines Altars. In der Mitte des letztern steht eine Säule mit einem Kapitäl von vier Kreisen, die von zwei horizontalen Leisten eingeschlossen werden. Die allgemeine Meinung, dass die Köpfe der beiden Löwen abgebrochen seien, ist falsch, denn bei näherer Untersuchung finde ich, dass sie ganz und gar nicht zusammen mit den Löwen aus demselben Block geschnitten, sondern dass sie besonders gemacht und mit Bolzen auf den Körpern der Thiere befestigt waren. Die geraden Schnitte und die Löcher für die Bolzen in den Hälsen der Löwen können in dieser Hinsicht keinen Zweifel übrig lassen. Wegen des geringen Raumes aber müssen die Köpfe nur sehr klein, müssen hervorstehend gewesen sein und das Gesicht dem Betrachtenden zugewandt haben. Ich vermuthe sogar, dass diese Köpfe von Bronze und vergoldet gewesen sind. Die Schwänze der Löwen sind nicht breit und buschig, sondern dünn und denen ähnlich, die man auf den ältesten ägyptischen Sculpturen sieht.

Man glaubt allgemein, dass diese Sculptur ein Symbol darstellt, aber sehr verschieden sind die Meinungen über die Deutung desselben. Der eine glaubt, dass die Säule auf den persischen Cultus der Sonne hindeute, ein anderer hält dieselbe für das Symbol des heiligen Feuers und für ein Pyratheion oder Feueraltar, dessen Wächter die Löwen seien, ein dritter vermuthet, dass sie den Apollo Agyieus, nämlich den „Wächter des Thorwegs", darstelle. Ich schliesse mich dieser letztern Meinung an und glaube, dass dies ganz dasselbe Symbol des Gottes ist, welches Sophocles (Electra 1374) Orestes und Electra anrufen lässt, als sie ins väterliche Haus treten. Was nun aber die beiden Löwen betrifft, so scheint mir die

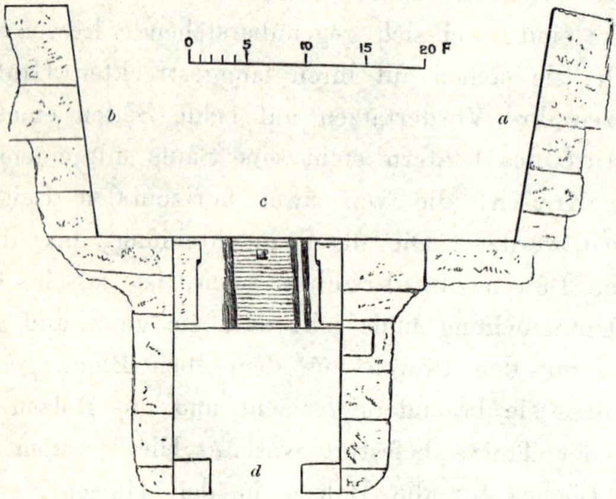

Nr. 22. Plan des Löwenthors.
a Mauer der Akropolis an der Ostseite; *b* Mauer an der Westseite; *c* Thorweg und Zelle; *d* inneres Thor.

Deutung derselben noch einfacher zu sein: Pelops, Sohn des phrygischen Königs Tantalus (Schol. Eurip. Or., 5; Apollod., III, 5, 6; Soph. Ant., 818), wanderte aus Phrygien ein, wo die Göttermutter, Rhea, deren geheiligtes Thier der Löwe ist, einen berühmten Cultus hatte; höchst wahrscheinlich hat er also die Verehrung der Schutzgöttin seines Mutterlandes mit nach Argos gebracht und den ihr geheiligten Löwen zum Symbol der Pelopiden gemacht.

Aeschylus (Agamemnon 1259) vergleicht sogar den Agamemnon mit einem Löwen: λέοντος εὐγενοῦς ἀπουσίᾳ; auch stellt er (Agamemnon, 1258) Agamemnon und Aegisthus in einem Vergleich als Löwen und Wolf gegenüber. Somit sind die beiden Löwen über dem Thor entweder als der Rhea geheiligte Thiere oder als Symbol der mächtigen Dynastie der Pelopiden mit dem Symbol des Apollo Agyieus, des Thorwächters, vereinigt. Links von der Sculptur, vom Beschauer aus gerechnet, ist ein grosses viereckiges Fenster in der Mauer angebracht.

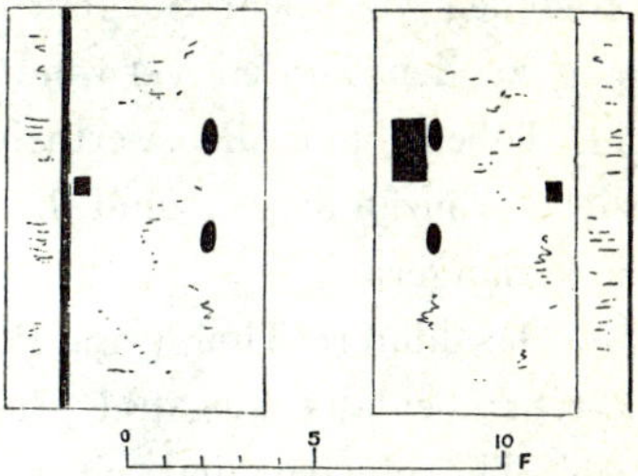

Nr. 22. Der rechte und linke Thorpfosten des Löwenthors.

Das grosse Thor steht unter rechtem Winkel mit der daranstossenden Mauer der Citadelle. Der Zugang zu dem Thore besteht in einer 50 Fuss langen, 30 Fuss breiten Galerie, gebildet von der erwähnten und einer andern äussern Mauer, die beinahe parallel mit jener läuft und zu einem der Vertheidigung des Eingangs dienenden grossen viereckigen Thurm gehört.[1] Zwischen diesen Mauern konnte der Feind nur mit einer geringen Front von vielleicht sieben Mann vorrücken und war den Pfeilen und Steinwürfen von drei Seiten ausgesetzt. Ein im Zickzack angelegter, auf gewaltigem cyclopischem Unterbau ruhender Weg, der jetzt mit grossen, von der Mauer ge-

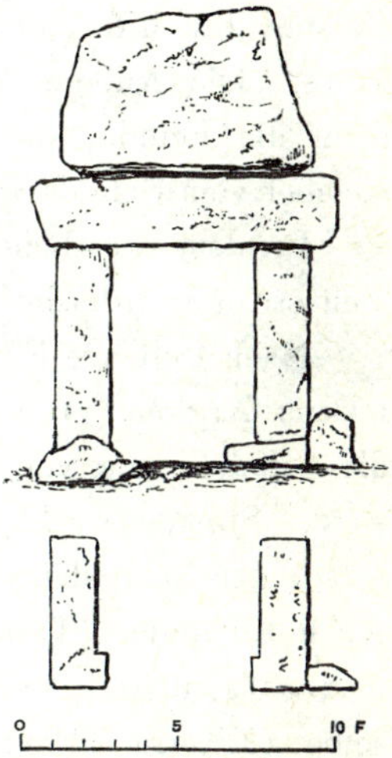

Nr. 23. Höhenansicht und Grundplan des hintern Thors.

[1] Wegen der Aufdeckung des Grundrisses des Löwenthors und seiner riesigen Schwelle vgl. Kapitel V.

fallenen Steinen bedeckt ist, führte zum Eingang der Galerie des Thores.

Leake sagt mit Recht, dass die ältesten Baumeister der Citadellen viel mehr Sorgfalt als ihre Nachfolger auf den Zugang zu den Thoren verwandt und verschiedene Mittel ersonnen haben, um die Vertheidigung des Innern durch zahlreiche Einzäunungen und Erschwerungen der Communication zu verlängern.

Das hintere Thor (vgl. Plan C und die Abbildung Nr. 23) besteht ebenfalls aus drei grossen behauenen Steinen, nämlich zwei Thürpfosten und einem Thürsturz. Die Oeffnung des Thores erweitert sich ebenfalls von oben nach unten, oben ist sie 5 Fuss 4 Zoll, unten 5 Fuss 11 Zoll breit. Ueber dem Thürsturze steht ein dreieckiger Block, mit dem zusammen das Thor 14 Fuss hoch ist. Die Einschnitte in den Pfosten für die Thürbolzen sind viereckig und ungewöhnlich gross. Die Anlage dieses Thores ist nicht besonders günstig, denn die Feinde, die es angriffen, hatten ihren linken Arm, welcher vom Schilde geschützt war, auf der Seite der Citadelle.

In dem westlichen Abhange des Burgfelsens sieht man mehrere unterirdische Cisternen.

Nach Plut. De Fluv. (18, 7) war der erste Name des Burgfelsens Argion (τὸ Ἄργιον ὄρος). Sehr bedeutsam ist es, dass die Citadelle nie von den alten Classikern Akropolis genannt wird. Sophocles (Electra) nennt sie δῶμα Πελοπιδῶν oder Residenz der Pelopiden, auch οὐράνια τείχη (himmlische Mauern). Auch Euripides (Troad. 1088) nennt sie: τείχη λάϊνα κυκλώπια οὐράνια (steinerne, cyclopische, himmlische Mauern); und derselbe (Electra 1158): κυκλώπεια οὐράνια τείχη (cyclopische, himmlische Mauern); diese Ausdrücke müssen sich auf die gewaltige Grösse der Mauern und Thürme beziehen.

Strabo (VIII, 377) macht die richtige Bemerkung, dass wegen der unmittelbaren Nachbarschaft von Argos und Mykenae die tragischen Dichter oft die Namen dieser beiden Städte verwechseln und den einen für den andern setzen. Dies ist jedoch zu entschuldigen, da im Alterthum das Reisen sehr beschwerlich und gefahrvoll war; auch gab es keine Archäologen, und obgleich jeder das tiefste Interesse für die Geschichte Griechenlands fühlte, so gab sich doch niemand die Mühe oder setzte sich der Gefahr aus auch nur die Orte zu besuchen, welche die Schauplätze der glorreichsten Thaten seines Vaterlandes gewesen waren. Ich glaube keinen bessern Beweis dafür anführen zu können als den, dass kein alter Schriftsteller den Wiederaufbau von Mykenae nach der Zerstörung, 468 v. Chr., erwähnt. Selbst Homer hat sich dem Anschein nach des Fehlers schuldig gemacht, die Namen Argos und Mykenae zu verwechseln, denn er legt dem Agamemnon in Bezug auf Chryseïs die Worte in den Mund (Ilias, I, 29—31):

Τὴν δ' ἐγὼ οὐ λύσω πρίν μιν καὶ γῆρας ἔπεισιν
Ἡμετέρῳ ἐνὶ οἴκῳ, ἐν Ἄργεϊ, τηλόθι πάτρης,
Ἱστὸν ἐποιχομένην καὶ ἐμὸν λέχος ἀντιόωσαν

(Ich werde aber jene nicht lösen, ehe sich das Alter ihr nahet, in unserm Hause zu Argos, wo sie ferne vom Vaterlande um den Webstuhl gehen und sich meinem Bett zugesellen wird).

Aber unter Argos versteht Homer hier die Landschaft Argolis und vielleicht den ganzen Peloponnes; hierüber kann eine andere Stelle (Ilias, II, 108) keinen Zweifel lassen:

πολλῇσιν νήσοισιν καὶ Ἄργεϊ παντὶ ἀνάσσειν
(über viele Inseln und ganz Argos zu regieren).

Dasselbe mag mehr oder weniger bei den spätern tragischen Dichtern der Fall sein und durchaus muss es sich bei Euripides so verhalten, denn er kannte Mykenae zu wohl, um hinsichtlich des Namens einen Irrthum zu begehen. Iphig. Taur., 845 nennt er Mykenae:

κυκλωπίδες ἑστίαι, ὦ πάτρις, Μυκήνα φίλα
(O cyclopische Häuser, o Vaterland, o mein liebes Mykenae).

Electra 710 sagt er:

πετρίνοις τ' ἐπιστὰς
κάρυξ ἰάχει βάθροις
ἀγοράν, ἀγοράν, Μυκηναῖοι
στείχετε, μακαρίων ὀψόμενοι τυράννων
φάσματα, δείματα

(Auf [oder neben] den steinernen Stufen stehend ruft der Herold laut: zur Agora, zur Agora, o Mykenier, um die Wahrzeichen und Schreckbilder der glückseligen Könige zu sehen).

In der Iphigenia in Aulis (152) nennt er Mykenae κυκλώπων θυμέλαι (die Altäre der Cyclopen); Vers 265 Μυκῆναι κυκλωπίαι (das cyclopische Mykenae); in den Versen 1500—1501:

καλεῖς πόλισμα Περσέως,
κυκλωπίων πόνον χερῶν;

(nennst du die Stadt des Perseus, das Werk der Cyclopenhände?).

Weiter, in den Versen 1498—1499:

Ἰὼ γᾶ μᾶτερ ὦ Πελασγία,
Μυκηναῖαί τ' ἐμαὶ θεράπναι

(O mein Vaterland, o Pelasgia, o meine Heimath Mykenae).

Ferner Orestes 1246—1248:

Μυκηνίδες ὦ φίλαι, τὰ πρῶτα κατὰ
Πελασγὸν ἕδος Ἀργείων

(Ihr Frauen von Mykenae, erste an Rang im pelasgischen Staat der Argiver).

Ferner im Hercules furiosus 943—946:

πρὸς τὰς Μυκήνας εἶμι λάζυσθαι χρεὼν
μοχλοὺς δικέλλας θ', ὡς τὰ κυκλώπων βάθρα
φοίνικι κανόνι καὶ τύκοις ἡρμοσμένα
στρεπτῷ σιδήρῳ συντριαινώσω πόλιν

(Ich gehe nach Mykenae; Hebel und Hauen will ich ergreifen, um mit gedrehtem Eisen die Stadt zu zerstören, die Mauerschwelle der Cyclopen, welche mit dem purpurnen Richtscheit und dem Steinhammer wohl zusammengefügt ist).

Diese Beschreibung kann sich aber nur auf cyclopische Mauern beziehen, die aus gut zusammengepassten Polygonen bestehen, so wie wir sie in dem westlichen Theil der grossen Ringmauer sehen (vgl. Tafel II), ausserdem wusste Euripides genau, dass die Agora mit den Königsgräbern in der Akropolis war; somit ist es als gewiss anzunehmen, dass er Mykenae besucht hat und dass die grandiosen Mauern der Akropolis sowie die heilige Stätte der kreisförmigen Agora mit den geheimnissvollen Mausoleen der ruhmreichsten Helden des Alterthums einen tiefen Eindruck auf ihn machten, denn sonst ist es nicht erklärlich, dass er so oft von den riesigen Mauern spricht, sogar ihre Bauart und dazu die in der Akropolis gelegene Agora (vgl. Kapitel V) beschreibt.

Seneca sagt von den Mauern von Mykenae:

majus mihi
Bellum Mycenis restat, ut cyclopea
Eversa manibus saxa nostra concidant;

ferner:

cerno Cyclopum sacras
Turres, labore majus humano decus;

und endlich (Epistul. Mor., 66, 26): Ulixes ad Ithacae suae saxa sic properat, quemadmodum Agamemnon ad Mycenarum nobiles muros.

Ungefähr eine viertel deutsche Meile weit nach Westen, Südwesten und Süden von dieser Akropolis, und zwar genau zwischen den oben erwähnten beiden tiefen Schluchten, erstreckte sich die untere Stadt (vgl. Plan D), deren Baustelle deutlich bezeichnet ist durch zahlreiche Trümmer cyclopischer Unterbauten von Häusern, durch eine cyclopische Brücke (vgl. Seite 26, Nr. 16), durch fünf Schatzhäuser und endlich durch die Bruchstücke ausgezeichneter bemalter archaischer Töpferwaare, womit der Boden überstreut ist. Die Baustelle der untern Stadt wird in ihrer ganzen Länge durchschnitten von einem Bergrücken, der rechts allmählich nach der Ebene und links ziemlich steil nach der tiefen Schlucht abläuft, welche zwischen dem Burgfelsen und der zweiten Kuppe des

Berges Euboea hervortritt. Der Gipfel dieses Bergrückens ist augenscheinlich zu zwei Zwecken künstlich geebnet, erstens für die Hauptstrasse der Stadt, welche von dem Löwenthor ausging und an der vorerwähnten cyclopischen Brücke endete, und zweitens für die Stadtmauer, welche rechts an der Strasse bis zur selben Brücke hinlief und sie ohne Zweifel neben dem Löwenthor an der nordwestlichen Ecke der Akropolis mit dieser verband.

Ein anderer Arm dieser Stadtmauer erstreckte sich von der Brücke am westlichen Ufer des einst von ihr überspannten Stroms entlang und schloss sich ohne Zweifel an die südwestliche Ecke der Akropolis an. Von diesen beiden Mauerarmen sind zahlreiche, aber fast unbemerkbare Spuren vorhanden. Somit war ein Theil der untern Stadt, aber kaum der dritte Theil derselben, von einer Ringmauer eingeschlossen. Diese war nur geringfügig, denn ihre Dicke auf dem Bergrücken ist nur 6 Fuss und am Stromufer ist sie noch dünner. Sie kann daher nicht hoch gewesen sein und hat wahrscheinlich keinen andern Zweck gehabt als den, die cyclopischen Mauern der Akropolis noch mehr zu befestigen und zu verhüten, dass das Löwenthor geradezu ins offene Land hinausführe. Bei sorgfältiger Prüfung der Trümmer der Stadtmauer an vielen Stellen finde ich, in Betracht ihrer Schwäche, keinen Grund zu bezweifeln, dass sie weniger alt ist als die Ringmauer der Akropolis.

Der übrige Theil der Stadt ist eine grosse und, wie die Haustrümmer zeigen, gut gebaute Vorstadt gewesen, von wo die Einwohner, wenn sie von einem Feinde angegriffen wurden, gegen den ihre eigenen Vertheidigungsmittel nicht ausreichten, sich in den befestigten Stadttheil und in die Akropolis zurückziehen konnten. Einige Gebäude dieser Vorstadt waren sehr gross und zeigen ein schönes cyclopisches Mauerwerk. Ich mache besonders aufmerksam auf die Ruinen des grossen Gebäudes unmittelbar am Ufer der tiefen Schlucht westlich vom Löwenthor, von dem noch alle vier Wände sichtbar sind; es ist 93 Fuss lang und 60 Fuss breit und mag ein Tempel gewesen sein; ferner auf die Fundamente eines grossen cyclopischen Gebäudes, vielleicht eines Tempels, auf dem Gipfel eines Hügels südsüdwestlich von der Akropolis und nördlich vom Dorfe Charvati. In der Richtung nach diesem Dorf zu lag dieser Hügel am Ende der Vorstadt, denn die mykenischen Topfscherben hören weiterhin auf; ich fand dort zwei schön polirte Aexte von Diorit.

In zwei Schluchten nahe bei diesem Hügel sind die beiden einzigen Brunnen von Mykenae; die neben ihnen sichtbaren Trümmer von cyclopischen Bauten sowie die sich bis hinter dieselben ausdehnenden mykenischen Topfscherben lassen keinen Zweifel darüber, dass sie noch innerhalb der Vorstadt gelegen haben. [1]

Aber nicht alle cyclopischen Mauern in der Vorstadt sind Hausmauern, sehr viele derselben hatten keinen andern Zweck als den die Terrassen zu stützen.

Aber noch viel interessanter als alle Gebäude der Vorstadt sind die Schatzhäuser, die wegen ihrer Aehnlichkeit mit Backöfen jetzt von den Dorfleuten φοῦρνοι genannt werden. Das eine derselben ist gleich ausserhalb der Stadtmauer, auf dem Abhange des Hügels, nahe bei dem Löwenthor; die Thür ist sichtbar, liegt aber beinahe ganz unter der Erde; der Eingang ist 18 Fuss lang, 7 Fuss 9 Zoll breit und von drei grossen, dicken Steinplatten überdacht; von dem domförmigen Gebäude ist jetzt nur ein kleiner Theil der untern kreis-

---

[1] E. Curtius hat merkwürdigerweise die Steinbrüche in Charvati für Trümmer der Stadtmauer angesehen, und daher auch noch dieses Dorf mit in die Baustelle von Mykenae eingeschlossen; dies ist jedoch ein grosser Irrthum.

förmigen Mauer sichtbar; der obere Theil ist wahrscheinlich schon vor Jahrhunderten eingestürzt.[1]

Den Bergabhang in südwestlicher Richtung hinabgehend kommt man zu einem kleineren Schatzhause, dessen Eingang gleichfalls von drei grossen, dicken Steinplatten überdacht und $15\frac{1}{2}$ Fuss lang, $7\frac{1}{2}$ Fuss breit ist. Ein Theil der kreisförmigen untern Mauer des domförmigen Gebäudes ist auch hier sichtbar und zeigt, von den Platten des Eingangs aus gemessen, einen Durchmesser von 25 Fuss; somit wird der Durchmesser des Gebäudes auf dem Fussboden wol 32 Fuss sein. Wenn man von dort in südlicher Richtung den Abhang des Bergrückens hinaufgeht, so kommt man nahe am Gipfel desselben zu einem dritten Schatzhause, von dem nichts sichtbar ist als der von fünf grossen Steinplatten überdachte, 20 Fuss lange und 5 Fuss 3 Zoll breite Eingang.

Da die ganze Baustelle der grossen Vorstadt aus Bergabhängen besteht und, wie bei ihrer Ausdehnung zu vermuthen, nur spärlich bewohnt gewesen ist, so ist dort die Schuttanhäufung nur äusserst gering und übersteigt selten $1\frac{1}{2}$ Fuss Tiefe; sie ist jedoch gleich westlich und nordwestlich vom Löwenthor viel bedeutender.

Obgleich die Baustelle der mauerumschlossenen Stadt ebenfalls auf Bergabhängen liegt, so ist doch dort, wegen des geringen Raumes und der stets grössern Bevölkerung, die Schuttanhäufung im allgemeinen beträchtlicher, namentlich auf der West- und Südwestseite der Akropolis. Aber an Punkten, die von dieser entfernt sind, und besonders auf den steilen Bergabhängen, wo die Ueberbleibsel der Haushaltungen vom Regen weggewaschen sind, übersteigt die Schuttanhäufung nicht die der Vorstadt. Es ist bemerkenswerth, dass, ausgenommen unmittelbar vor der westlichen Mauer der Akropolis, die Bau-

[1] Alle Schatzhäuser sind auf Plan D bezeichnet.

stelle der ummauerten untern Stadt weit weniger cyclopische Baureste aufzuweisen hat als die Vorstadt. Aber gleich jenseits der cyclopischen Brücke, an dem andern Rande der Schlucht, sieht man die Trümmer von zwei grossen Gebäuden, welche Festungswerke zur Vertheidigung der Brücke gewesen sein mögen. Es mag hier am Orte sein zu bemerken, dass Spuren der alten, von Mykenae nach Tiryns führenden cyclopischen Hochstrasse noch auf einige Entfernung hinter der Brücke sichtbar sind.

Auf der Baustelle der ummauerten Stadt sind die beiden grössten Schatzhäuser: das eine ist das berühmte Schatzhaus, welches die Tradition dem Atreus zuschreibt; das andere, in unmittelbarer Nähe des Löwenthores, scheint ganz mit Erde bedeckt und daher in historischer Zeit unbekannt gewesen zu sein. Der obere Theil des Doms dieses Schatzhauses ist eingestürzt, aber es ist mir nicht gelungen mit Gewissheit zu erfahren, ob, wie einige der Bewohner der Argolis behaupten, dies zufällig geschehen, oder ob es, wie andere sagen, das frevelhafte Werk von Veli Pascha, dem Sohne des berüchtigten Ali Pascha ist, der gegen Ende des Jahres 1820 den Versuch gemacht haben soll, auf diesem Wege in das Schatzhaus zu gelangen, aber, wie behauptet wird, durch den Ausbruch der griechischen Revolution verhindert wurde fortzufahren.

Das „Schatzhaus“ des Atreus, welches ungefähr 400 Schritt südlicher liegt, war ganz unterirdisch; es war unter dem östlichen Abhang des Bergrückens gebaut, welcher die Stadt durchschnitt, und der Schlucht desselben Strombettes zugewandt, das an der Südseite des Burgfelsens vorbeigeht. Auf dem Bergabhange unterhalb des Schatzhauses ist eine Plattform von cyclopischem Mauerwerk, von der ein 20 Fuss 7 Zoll breiter „dromos“ zwischen zwei Mauern aus grossen behauenen Steinen zum Eingang des Gebäudes führt, der oben 8 Fuss 6 Zoll, unten 9 Fuss 2 Zoll breit und 18 Fuss hoch ist (vgl. Tafel IV). Er ist überdeckt von zwei gewaltigen, herrlich behauenen und polirten Blöcken, von denen der innere 3 Fuss 9 Zoll dick, auf der unteren Seite 27½ Fuss, auf der oberen 29 Fuss lang ist; seine Breite beträgt 17 Fuss, und man berechnet darnach, dass sein Gewicht annähernd 1500 Kilo beträgt.

Das grosse Gemach hat die Gestalt eines Doms oder eines ungeheuren Bienenkorbes; es ist 50 Fuss hoch, hat am Fussboden 50 Fuss im Durchmesser und besteht aus schön behauenen Blöcken von harter Breccia, die in regelmässigen Schichten liegen und mit der grössten Genauigkeit, ohne Bindemittel zusammengefugt sind. Nach auswärts aber sind die nach innen so glatten und schön zusammengepassten Steine unbehauen und sehr unregelmässig, und sind (im Widerspruch mit der allgemeinen Ansicht) nicht sogleich mit Erde, sondern mit grossen Massen von Steinen bedeckt, durch deren grosses Gewicht alle Steine des kreisförmigen Mauerwerks in ihrer Lage erhalten werden. Somit ist, wie Leake richtig bemerkt, das Princip dieser Architektur das einer bogenförmigen (archshaped) Mauer, welche ein grosses auf ihr lastendes Gewicht trägt und ihre Stärke und ihren Zusammenhang durch dies Gewicht selbst erhält; dieselbe Form, welche dem cyclopischen Architekten den Gedanken eingab, die Mauern kreisförmig zu machen, veranlasste ihn auch die Seiten senkrecht zu krümmen, denn durch diese Form erhielten sie eine grössere Stärke dem Seitendruck zu widerstehen.

Die Steine der unteren Schichten sind 1 Fuss 10 Zoll hoch und 4—7 Fuss lang, aber nach der Spitze des Doms zu werden die Schichten immer schmäler. Der Fussboden des grossen Gemaches, welches vollkommen ausgegraben ist, ist natürlicher Fels. Es sind nur einige grosse Steine liegen geblieben, welche

IV.

Das Schatzhaus des Atreus.

merkwürdigerweise die Reisenden zu dem irrigen Glauben veranlassen, als sei dort noch viel Schutt.

Von der vierten Schicht an aufwärts sieht man in jedem Stein zwei gebohrte Löcher und in vielen derselben Reste von Bronzenägeln, welche, nach Sir W. Gell (Argolis) 88% Kupfer und 12% Zinn enthalten. Diese Nägel, von denen mehrere vollständige Exemplare gefunden worden sind, hatten breite, flache Köpfe und konnten nur den Zweck haben, die polirten bronzenen Platten festzuhalten, mit denen einst das ganze Innere des Saals geschmückt war, zumal wir aus den Schriften des Alterthums wissen, dass die Griechen in frühester Zeit ihre Gebäude auf diese Weise ausstatteten, denn anders können wir uns die ehernen Häuser und Zimmer, welche die alten Dichter und Historiker erwähnen, nicht erklären. [1]

---

[1] So lesen wir z. B. bei Homer (Odyssee, VII, 84—87)

ὥςτε γὰρ ἠελίου αἴγλη πέλεν ἠὲ σελήνης,
δῶμα καθ' ὑψερεφὲς μεγαλήτορος Ἀλκινόοιο.
Χάλκεοι μὲν γὰρ τοῖχοι ἐρηρέδατ' ἔνθα καὶ ἔνθα,
Ἐς μυχὸν ἐξ οὐδοῦ· περὶ δὲ θριγκὸς κυάνοιο

(Wie die Sonne oder der Mond im hellen Glanze strahlen, so erglänzte der hohe Palast des hochherzigen Alkinoos; denn die ehernen Wände erstreckten sich von der Schwelle des Thors bis auf den Grund des Gebäudes; ihr Simswerk war von blauem Stahl).

Ferner scheint man sich auch die Paläste der Götter auf dem Olymp als mit bronzenen Platten geschmückt gedacht zu haben, denn Homer (Ilias I, 426) sagt: Διὸς ποτὶ χαλκοβατὲς δῶ (zur ehernen Behausung des Zeus).

Auch finden wir bei Pausanias (II, 23): ἄλλα δέ ἐστιν Ἀργείοις θέας ἄξια· κατάγαιον οἰκοδόμημα, ἐπ' αὐτὸ δὲ ἦν ὁ χαλκοῦς θάλαμος, ὃν Ἀκρίσιός ποτε φρουρὰν τῆς θυγατρὸς ἐποίησεν· Περίλαος δὲ καθεῖλεν αὐτὸν τυραννήσας· τοῦτό τε οὖν τὸ οἰκοδόμημά ἐστι (in Argos gibt es noch andere sehenswerthe Merkwürdigkeiten: ein unterirdisches Gewölbe, über welchem sich das kupferne Zimmer befand, das Acrisius seiner Tochter (Danaë) als Gefängniss anwies; unter Perilaus Regierung wurde es zerstört; das Gebäude aber ist noch jetzt vorhanden).

Mein geehrter Freund, Chs. T. Newton vom British Museum, macht mich auf Mure's Artikel im Rheinischen Museum, VIII, 272 aufmerksam, worin der Verfasser ausführt: General Gordon habe ihm erzählt, er besitze in seiner Sammlung in Schottland Bruchstücke nicht nur von den Nägeln, sondern auch von den bronzenen Platten des Schatzhauses des Atreus. Gleichzeitig führt Mure die Stelle aus Sophocles (Antigone 944—947) an:

ἔτλα καὶ Δανάας οὐράνιον φῶς
ἀλλάξαι δέμας ἐν χαλκοδέτοις αὐλαῖς
κρυπτομένα δ' ἐν τυμβήρει θαλάμῳ κατεζεύχθη

(Auch der Leib der Danaë erduldete es, das himmlische Licht gegen die Finsterniss in den mit bronzenen Platten bekleideten Hallen zu vertauschen; in einer Grabkammer versteckt, war sie mit Fesseln gebunden).

Das einzige ausserdem noch übrige Beispiel von Gebäuden, die einst diese Art von Ausschmückung hatten, bietet das Schatzhaus des Minyas in Orchomenos, welches aus herrlichem weissem Marmor erbaut ist, aber im übrigen die grösste Aehnlichkeit mit dem Schatzhause des Atreus hat, nach demselben Princip erbaut ist, von gleichem Alter zu sein scheint und ohne Zweifel zu demselben Zweck errichtet ist. Jeder Stein dieses Schatzhauses zeigt gleichfalls zwei oder mehr gebohrte Löcher mit häufigen Resten von bronzenen Nägeln, die einst die bron-

---

Ferner bei Horaz (Odyssee III, 16):

Inclusam Danaën turris ahenea
Robustaeque fores et vigilum canum
Tristes excubiae munierant satis
Nocturnis ab adulteris ......

(Ein eherner Thurm, feste Thüren und die strenge Wache unheimlicher Hunde waren für die eingeschlossene Danaë eine hinreichend starke Schutzwehr gegen nächtliche Buhler).

Noch erwähne ich den Tempel der Athena Chalkioekus (Χαλκίοικος) in Sparta, in welchem der König Pausanias ermordet wurde. Schon der Name dieses Heiligthums weist auf die Ausschmückung der Wände mit bronzenen Platten hin.

zenen Platten hielten, welche die inneren Wände des Gebäudes schmückten.[1] Es steht daher fest, dass im fernen Alterthum, ehe Bildhauerkunst und Malerei zur Ausschmückung der Wände benutzt wurden, polirte Metallplatten dazu dienten, den Häusern der Reichen Würde und Pracht zu geben.

Die Aussenseite des Thürsturzes im Schatzhause des Atreus hat zwei parallele Simse, welche auch auf die Thürpfosten hinuntergehen. Oberhalb des Thürsturzes sieht man viele runde Löcher, welche zum Befestigen von bronzenen Verzierungen gedient haben müssen. Noch mehr solcher Löcher sieht man in der flachen Wand oberhalb des Eingangs, und alles zeugt von der prachtvollen äusseren Ausstattung des Gebäudes.

Oberhalb des Eingangs ist eine gleichseitige, dreieckige Nische, jede Seite 10 Fuss lang; sie ist ganz so gemacht wie die dreieckige Oeffnung über dem Löwenthor, nämlich die Steinschichten sind nach der Gestalt der Nische gebildet, und sie kann keinen anderen Zweck gehabt haben als den, die Last zu beseitigen, welche andernfalls auf den Thürsturz gedrückt haben würde. An der Aussenseite stand einst vor jedem Thürpfosten eine Halbsäule, deren Basis und Kapitäl fantastische Sculpturen in persepolitanischem Stil trugen. In der Mitte des Einganges sieht man die Löcher für die Thürangeln und Riegel der Thür. In gleicher Linie mit diesen befindet sich eine Reihe runder Vertiefungen von etwa 2 Zoll Durchmesser und ungefähr $^1/_2$ Zoll Tiefe, auf deren Grunde man zwei ganz kleine Löcher erkennt, in welchen bronzene Nägel gesteckt haben, von denen noch Reste vorhanden sind. Ohne Zweifel

[1] Pausanias (IX, 38) sagt über dieses Schatzhaus: „Das Schatzhaus des Minyas ist das wunderbarste Gebäude in Griechenland, und es steht keinem Kunstwerke im Auslande nach; es ist wie folgt gebaut: es ist von Stein und von runder Form, der Gipfel läuft nicht sehr spitz aus; man sagt, dass der oberste Stein das ganze Gebäude zusammenhält".

hielten diese Nägel die bronzenen, in den runden Löchern befestigten Verzierungen.

Rechts in der grossen runden Halle führt eine $9\frac{1}{2}$ Fuss hohe und 4 Fuss 7 Zoll breite Thür in ein zweites, dunkles Zimmer, welches fast viereckig, 27 Fuss lang und breit und 19 Fuss hoch ist. Es ist ganz im Felsen ausgehauen. Ueber der Thür ist eine dreieckige Nische, welche gleichfalls den Zweck hat, das auf dem Thürsturz lastende Gewicht des Mauerwerks zu beseitigen. In dem Zimmer ist eine $3\frac{1}{2}$—4 Fuss tiefe Schuttanhäufung, welche meistentheils aus dem Unrath von Fledermäusen besteht. In zwei Gräben, die ich vor 3 Jahren in diesem Zimmer grub, fand ich in der Mitte desselben eine runde Vertiefung von 3 Fuss 4 Zoll im Durchmesser und 1 Fuss 9 Zoll Tiefe, ganz in Form einer grossen Waschschüssel, und nahe dabei mehrere grosse behauene Steine, welche vermuthen lassen, dass in diesem Zimmer irgend ein Monument, vielleicht ein Grabmal gestanden hat, denn andernfalls ist ihr Vorhandensein unerklärlich.

Dieses Schatzhaus ist das einzige vollständige und das allerwichtigste Denkmal in Griechenland, und das sich daran knüpfende Interesse ist um so grösser, als die Tradition es dem Atreus, dem Vater Agamemnons, des „Königs der Männer“, zuschreibt.

E. Dodwell (A Classical und Topographical Tour through Greece) sagt hinsichtlich der Schatzhäuser von Mykenae: „Es ist sicher, dass diese Gebäude ϑησαυροί genannt wurden und dass sie einem Zeitabschnitte angehören, der dem Ursprung jener Architektur vorangeht, deren herrliche Erfindung der dorische Tempel in Europa und der ionische in Asien ist. Als diese letztere Architektur sich weiter ausbildete, dienten die Tempel als Schatzhäuser, oder wenn Gebäude errichtet wurden, welche nur als Schatzhäuser gebraucht werden sollten, so hatten sie die gewöhnliche Form jenes späteren Baustils, wie wir aus der Beschreibung ersehen, die Pausanias (VI, 19, 1 und X, 11, 1) von den Schatzhäusern in Olympia und Delphi macht. Nichtsdestoweniger blieben unterirdische Gebäude ähnlicher Bauart wie die Schatzhäuser der heroischen Zeit in Gebrauch zur Aufbewahrung von Oel, Getreide oder Wasser, und wenn sie mit Privatwohnungen in Verbindung standen, mochten sie dazu dienen, Güter irgend welcher Art aufzubewahren. Gebäude dieser Art sind in Griechenland sehr häufig, aber nie ist der Eingang von der Seite. Das grösste, das ich kenne, ist in der Akropolis von Pharsala. Aber den triftigsten Grund, die Gebäude in Mykenae als Schatzhäuser zu bezeichnen, finden wir in dem Zeugniss des Pausanias (II, 16, 6; vgl. die Stelle, welche im nächsten Kapitel, Seite 65, wörtlich gegeben ist), es sei denn man weigere sich anzuerkennen, dass er mit den Worten ὑπόγαια οἰκοδομήματα auf jene Gebäude hingewiesen habe; eine solche Weigerung ist aber nicht auf vernünftige Gründe zu basiren, denn die Ruinen stimmen zu gut mit seinen Worten überein. Man glaubte also vor 1700 Jahren, dass jene Gebäude die Schatzhäuser des Atreus und seiner Söhne seien. Nichts hatte sich damals ereignet, was den Gang der Ueberlieferung von Mythologie oder Geschichte Griechenlands, wie die Griechen sie von ihren Vorfahren erhielten, gestört hätte, und obgleich bei vielen Gelegenheiten die Nachrichten, die Pausanias von den ἐξηγηταί empfing, Erfindungen verhältnissmässig neuer Zeit gewesen sein mögen, so kann doch ein solcher Argwohn sich nicht auf die hauptsächlichsten Ueberlieferungen von Mykenae erstrecken, da diese mit allem dem, was über jene Stadt in Poesie oder Prosa auf uns gekommen ist, übereinstimmen. Das erhaltene Gebäude war das grösste Schatzhaus und es trägt das Gepräge davon, dass es prachtvoll war; sein Eingang war herrlich verziert und das Innere mit metallenen Platten bekleidet. Daher dürfen wir dem Atreus selbst, dem reichsten und mächtigsten Könige der πολύχρυσος Μυκήνη, und keinem seiner Söhne, das grösste erhaltene Schatzhaus mit der höchsten Wahrscheinlichkeit zuschreiben. Agamemnon verschwendete des Atreus Reichthum in der Expedition nach Asien, brachte den grösseren Theil seiner Regierung im Auslande zu und kehrte arm und machtlos nach Hause zurück, sodass nach seinem Ableben Mykenae nicht mehr als eine Stadt zweiten Ranges in der Argolis war. Unter diesen Umständen ist es unwahrscheinlich, dass Agamemnons Grab ein irgendwie prächtiges Denkmal war. Pausanias, der es sah, beschreibt es nicht als ein solches, gibt uns aber deutlich zu verstehen, dass das Schatzhaus und das Thor der Citadelle die merkwürdigsten Alterthümer von Mykenae waren".

Ich glaube, wir können für das hohe Alterthum dieses majestätischen unterirdischen Schatzhauses und seiner Gefährten keinen bessern Beweis haben, als gerade ihre Sonderbarkeit und ihre Unähnlichkeit mit andern alten Gebäuden in Griechenland und Kleinasien; ausserdem beurkundet das barbarische Princip, Schätze zu vergraben um sie aufzubewahren, eine sehr frühe Epoche der menschlichen Gesellschaft.

Als einen ferneren Beweis dafür, dass diese unterirdischen Prachtgebäude als Schatzhäuser gedient haben, führe ich an, dass Mykenae und Orchomenos die einzigen Städte Griechenlands sind, die solche besitzen, und ebenfalls die einzigen, welchen Homer das Epitheton πολύχρυσος gibt oder grossen Reichthum zuschreibt.

Der Professor der Medicin Johannes P. Pyrlas in Athen hatte die Güte mich aufmerksam zu machen auf einen von ihm in der Zeitung „Βελτίωσις" in Tripolis am 19. November 1857 veröffentlichten Artikel über die erste Ausgrabung in dem Schatzhause des Atreus, welches die Bewohner der Argolis schlechtweg Grab des Agamemnon nennen. Ich gebe hier, aber mit allem Vorbehalt, die Uebersetzung davon:

„Das Grab des Agamemnon in Mykenae.“

„Wie die alten Leute erzählen, kam im April 1808 ein Mohammedaner von Nauplia zu Veli Pascha, welcher zu der Zeit Statthalter des Peloponnes war, und sagte ihm, er wüsste, es lägen mehrere Statuen im Grabe des Agamemnon versteckt. Veli Pascha, der ein energischer und ehrgeiziger Mann war, fing sogleich an, mit Zwangsarbeit die Stelle vor dem Grabe auszugraben. Als er bis zu einer Tiefe von drei Klaftern gekommen war, stiegen die Arbeiter mittels einer Leiter ins Innere des Doms und fanden dort sehr viele alte Gräber, und als sie diese öffneten, fanden sie darin Knochen, auf denen Gold lag, welches ohne Zweifel von den mit Gold gestickten Gewändern stammte; sie fanden dort auch andere goldene und silberne Schmucksachen, ferner werthvolle Steine von der Art, die „Antiken“ (Gemmen) genannt werden; diese hatten aber keine Intaglioverzierungen. Ausserhalb der Gräber fanden sie ungefähr 25 Statuen und einen marmornen Tisch; alle diese Gegenstände brachte Veli Pascha nach dem Lerna-See (den Mühlen), und nachdem er sie hatte waschen lassen, liess er sie in Matten packen und nach Tripolis senden, wo er sie an Reisende verkaufte und dafür 80,000 Gros (damals ungefähr 20,000 Franken werth) erhielt. Auch sammelte er alle Knochen und allen in den Gräbern enthaltenen Schutt und liess das eine wie das andere nach Tripolis bringen. Er vertraute die Sachen dort den damaligen angesehensten Goldschmieden D. Contonicolacos und P. Scouras an, welche, nachdem sie den Schutt gereinigt und das an den Knochen haftende Gold abgeschabt hatten, ungefähr 4 Oken (4800 Grammen) Gold und Silber zusammenbrachten. Sowol die Steine in Form von Antiken, als auch die Knochen wurden weggeworfen. Ich habe diese Erzählung aus dem Munde der beiden Goldschmiede gehört, als sie noch am Leben waren, auch von meinem eigenen Vater, welcher die Statuen bei den Mühlen sah.“

Aber, nicht zu reden von der Unwahrscheinlichkeit, dass Statuen aus dem heroischen Zeitalter gefunden sein sollten, wird diese Erzählung durchaus nicht von den alten Leuten in Charvati, dem der Baustelle von Mykenae nächstliegenden Dorf, oder von den übrigen Bewohnern der Ebene von Argos bestätigt. Alle kommen nämlich darin überein, dass die Ausgrabung im Jahre 1810 stattfand, und dass die einzigen in dem Schatzhause gefundenen Gegenstände ein paar Halbsäulen und Friese, ein marmorner Tisch und eine lange, von dem Gipfel des Doms herunterhängende bronzene Kette waren, an deren Ende ein Kronleuchter von Bronze hing. Ich habe diese Erzählung so viele hundert mal von den alten Leuten in der Argolis wiederholen hören, dass ich sie für vollkommen zuverlässig halte, natürlich mit Ausnahme des Candelabers, denn, von Lichtern gar nicht zu reden, selbst Lampen von Terracotta waren dem Homer völlig unbekannt, und ich habe sie nie, weder in Troja, noch in Tiryns oder in Mykenae, in dem Schutt vorhistorischer Haushaltungen gefunden. Ja Lampen scheinen in Tiryns und Mykenae vor der Eroberung durch die Argiver, 468 v. Chr., ganz unbekannt gewesen zu sein, denn ich fand sie in ersterer Stadt gar nicht, in letzterer nur in der Schuttschicht der spätern Stadt. Der Gegenstand, den die Bewohner der Ebene von Argos für einen Kronleuchter angesehen haben, muss daher etwas anderes gewesen sein.

Nach E. Curtius (Peloponnes, II, 408), wurden nachstehende Bruchstücke alter Ornamente vor dem Eingange dieses Schatzhauses gefunden: „Die mit gewundenen Streifen im Relief geschmückte Basis einer halbrunden Säule aus grünlichem Marmor; ferner das Stück eines halbrunden Säulenschaftes mit Streifen im Zickzack; Steintafeln, die eine von grünlicher, die andere von glänzend rother Farbe, eine dritte von weissem Marmor, alle mit Spirallinien, muschel- und fächerförmigen Reliefs geschmückt, welche sich durch scharf und sauber gearbeitete Umrisse auszeichnen; endlich noch eine rothe Marmortafel von Gell in einer nahen Kapelle gefunden".

Nr. 23*. Vase von Terracotta. (3 M.) Natürliche Grösse.

Nr. 24. Die erste der auf den Gräbern in der Akropolis gefundenen Grabstelen. Grösse $^{8}/_{100}$.

DRITTES KAPITEL.

GESCHICHTE VON MYKENAE UND DER FAMILIE DES PELOPS.

DIE GRÄBER DES AGAMEMNON UND SEINER BEGLEITER.

Sage von der Gründung der Stadt durch Perseus. — Seiner Dynastie folgt die der Pelopiden. — Die Sage von ihren Verbrechen ist dem Homer und Hesiod unbekannt. — Die homerische Erzählung von Agamemnons Ermordung durch Aegisthus und Klytaemnestra; die Rache des Orestes. —

Sagenkreis der Verbrechen erst von den späteren Dichtern ersonnen. — Herrschaft des Agamemnon. — Ende der Pelopidendynastie mit dem Tode des Aegisthus. — Orestes und seine Söhne. — Zeit des dorischen Einfalls. — Mykenaes Antheil am Perserkriege. — Die Argiver belagern und erobern Mykenae. — Die Mauern der Akropolis durch die religiöse Scheu der Sieger erhalten. — Homerische Epitheta von Mykenae. — Sein „Ueberfluss an Gold", durch Thucydides bestätigt. — Die Schatzhäuser der Pelopiden von Pausanias erwähnt. — Schatzhaus beim Heraeom bei Mykenae. — Wahrscheinliche Existenz eines anderen Schatzhauses in Mykenae.

DIE KÖNIGLICHEN GRÄBER

von Pausanias beschrieben. — Allgemeine falsche Uebersetzung der Stelle. — Dort im Februar 1874 zum Versuch gegrabene Schachte. — Ausgrabungen am 7. August 1876 angefangen. — Wohnung des Thorwächters beim Löwenthor. — Wiederaufbau von Mykenae nach 468 v. Chr. — Keine Münzen von Mykenae bekannt. — Trümmer unter dem obern Stratum. — Bemalte archaische Töpferwaare der von Tiryns ähnlich. — Fast alle Vasen auf dem Töpferrade gemacht. — Weibliche Idole und Kühe von Terracotta. — Andere Idole und Kühe. — Eiserne Messer und sonderbare Schlüssel einer späteren Zeit. — Bronzene Messer und Pfeilspitzen. — Steinerne Werkzeuge und andere Gegenstände. — Sehr wenig Gold und viel Blei gefunden. — Bruchstücke einer Leier und Flöte. — Stücke bemalter Terracotta zur Wandbekleidung. — Cyclopische Hauswände. — Merkwürdige Wasserleitung. — Zwölf grabähnliche Wasserbehälter. — Zwei Grabsteine mit Sculpturen in Relief, wahrscheinlich aus gleicher Zeit wie die des Löwenthors.

Mykenae, 19. August 1876.

Was die Geschichte von Mykenae betrifft, so schreibt die Sage die Gründung der Stadt dem Perseus, dem Sohne der Danaë und des Zeus, zu; Perseus zeugte mit Andromeda den Sthenelus, welchem er das Königreich hinterliess. Der letztere heirathete Nikippe, die Tochter des Pelops, und hatte mit ihr einen Sohn namens Eurystheus, welcher ihm nachfolgte.

Die Dynastie des Perseus endete mit Eurystheus, dem sein Onkel Atreus, der Sohn des Pelops, folgte; dieser hinterliess das Königreich seinem Sohn Agamemnon. Nach der Sage stritten Atreus und sein Bruder Thyestes um die Herrschaft von Mykenae. Atreus war mit Aerope (Ἀερόπη) verheirathet, welche von seinem Bruder Thyestes verführt wurde. Darüber ergrimmt schlachtete Atreus die zwei (oder drei) Söhne des Thyestes und setzte sie dem Vater zum Mahle vor. Als dem Thyestes der Sachverhalt offenbar wird, wirft er entsetzt den Tisch um, speit das grause Mahl aus und stürzt, den ganzen Stamm der Pelopiden verfluchend, davon (Horaz. Epod., V, 86). Aerope wird ins Meer geworfen. Das Orakel, von Thyestes befragt, wie er sich am Bruder rächen könne, antwortet ihm: wenn er mit der eigenen Tochter, Pelopia, einen Sohn zeuge, werde ihn dieser rächen. Der Blutschuld zu entgehen wollte er nach Lydien; als er aber zu Sikyon nachts der Athene opferte, kam seine Tochter ebendahin, und er erzeugte mit ihr (ohne sie zu kennen, oder absichtlich?) den künftigen Rächer (Aegisthus), der von seiner Mutter gleich nach der Geburt ausgesetzt, von Hirten gefunden und durch eine Ziege gesäugt wurde; daher sein Name (von αἴξ, Wurzel αἰγ, die Ziege). Später wurde er von Atreus aufgesucht und als dessen Sohn erzogen, denn Atreus hatte die Pelopia gleich im Anfang ihrer Schwangerschaft geheirathet und dachte, das Kind gehöre ihm. Aegisthus aber erschlug den Atreus, als er am Meer opferte, weil dieser ihm, den er für seinen Sohn hielt, befohlen hatte, seinen Bruder Thyestes zu ermorden. Aegisthus setzte sich hierauf mit Thyestes in den Besitz des Reiches.

Homer weiss aber ganz und gar nichts von dem blutigen Hader in dem Hause der Pelopiden; denn nach Ilias, II, 101 übersandte Zeus dem Pelops durch Hermes das Königsscepter als Symbol der Herrschaft; dieser übergab es dem Atreus, der es sterbend dem schafreichen Thyestes hinterliess; Thyestes hinterliess es dem Agamemnon; das alles ohne Andeutung von Hader und Freveln. Hesiod spricht wol von dem grossen, sprichwörtlich gewordenen Reichthum und der königlichen Majestät der Atriden, aber er weiss nichts von ihren Verbrechen. Homer kennt nur die Schandthat des Aegisthus und der Klytaemnestra. Während der Abwesenheit Agamemnons in Troja gelang es nämlich dem Aegisthus, dessen Weib Klytaemnestra zu verführen, und er war frech genug, für das Gelingen der Shcandthat den Göttern Dankopfer darzubringen (Odyssee, III, 263—275). Um aber nicht von Agamemnon überrascht zu werden, stellte er am Ufer einen Wächter aus, und als er endlich des Königs Ankunft erfahren hatte, lud er ihn zu einem Mahle ein und ermordete ihn bei diesem im Bunde mit Klytaemnestra (Odyssee, IV, 524—535; vgl. I, 35; III, 234; IV, 91; IX, 387; XXIV, 20, 97.). Sieben Jahre nun herrschte Aegisthus über Mykenae, bis im achten, wie es dem Aegisthus schon zuvor durch die Götter verkündigt war (Odyssee, I, 36), Orestes erschien und durch die Ermordung des Aegisthus und der eigenen Mutter Klytaemnestra den Vater rächte (Odyssee, III, 305—310).

Die späteren homerischen Aöden, denen dann die Tragiker sich anschlossen, scheinen erst die Mythen von den Greueln des Atreus und Thyestes gebildet zu haben, indem sie die Frevel im Hause des Agamemnon auch in das frühere Geschlecht zurückverlegten und nach dem Vorbilde anderer Sagen, namentlich der thebanischen Königsgeschichte, eine Verkettung von Verbrechen und Unheil dichteten, welche in der Tödtung des Myrtilus oder in der des Chrysippus ihren ersten Ursprung hatte (Welcker, Gr. Trag., I, 358).

Es scheint nach Homer (Ilias, IX, 149—154), dass Agamemnon beinahe den ganzen Peloponnes unter seinen Scepter gebracht hatte; nach einer andern Stelle aber (Ilias, II, 569), dass er nur über den ganzen nördlichen Theil der Halbinsel regierte. Die Dynastie der Pelopiden scheint in Mykenae mit Agamemnons und Aegisthus Tode aufgehört zu haben, denn nach der Tradition regierte Orestes in Arkadien und Sparta, folgte aber nicht seinem Vater in der Herrschaft von Mykenae. Nach Strabo (XIII, 582) starb Orestes in

Arkadien. Nach Pausanias (III, 3, 6) war sein Grab am Wege zwischen Sparta und Tegea; später wurden seine Gebeine in Sparta beigesetzt (Pausanias, III, 11, 10). Auch scheint keiner der beiden Söhne des Orestes, Penthilus und Tisamenus, in Mykenae geherrscht zu haben. Nach Strabo (IX, 401) blieben sie in den von ihrem Vater in Kleinasien gegründeten aeolischen Colonien. Nach Pausanias (VIII, 5, 1) geschah der Einfall der Dorier in den Peloponnes schon zur Zeit des Orestes, nach Thucydides (I, 12) erst 80 Jahre nach dem trojanischen Kriege. Die Angabe des Pausanias scheint jedenfalls die richtige zu sein, denn Orestes kann nur durch eine grosse politische Umwälzung und Katastrophe davon abgehalten worden sein, die Königswürde in Mykenae, dem reichsten und mächtigsten Reiche Griechenlands, anzunehmen, welche ihm als einzigem Sohne des ruhmreichen und vom ganzen Lande beweinten Agamemnon zukam.

Strabo (VIII, 372) bestätigt, dass mit dem Tode des Agamemnon, besonders aber bei der Rückkehr der Herakliden, Mykenae in Verfall gerieth. Aber wenngleich die Stadt an Macht und Bevölkerung verloren hatte und auf die Stufe einer kleinen Provinzstadt herabgesunken war, so war ihr doch eine gewisse Unabhängigkeit verblieben, und durch die Erinnerung an ihre ruhmreiche Vergangenheit angefeuert nahm sie an dem Nationalkriege gegen die Perser Theil. Achtzig Mykenier kämpften und fielen mit der kleinen Schar Spartaner in den Thermopylen (Herodot, VII, 202), vierhundert Mykenier und Tirynthier betheiligten sich an der Schlacht bei Plataeae (Herodot, IX, 28), und der Name Mykenae wurde zusammen mit den Namen der übrigen Städte, welche dort mitgefochten hatten, auf die bronzene, drei Schlangen darstellende Säule mit dem goldenen Dreifuss geschrieben, welche die Spartaner, als zehnten Theil der den Persern abgenommenen Beute, dem delphischen Apollo widmeten. Diese bronzene Säule steht bekanntlich jetzt auf dem frühern Hippodrom (dem jetzigen Maidan) in Konstantinopel, wohin sie von Constantin dem Grossen gebracht zu sein scheint. Die Argiver, welche neutral geblieben waren, beneideten die Mykenier um die Ehre der Theilnahme an diesen Schlachten und fürchteten ausserdem, sie möchten im Hinblick auf den alten Ruhm ihrer Stadt sich wieder der Hegemonie über Argolis bemächtigen.

Aus diesen Gründen belagerten sie in Gemeinschaft mit den Cleonaeern und Tegeaten Mykenae im ersten Jahr der 78. Olympiade (468 v. Chr.). Die gewaltigen Mauern der Akropolis, hinter welche sich die Einwohner zurückgezogen hatten, widerstanden allen Angriffen der Feinde, aber zuletzt wurden die Mykenier durch Mangel an Lebensmitteln gezwungen sich zu ergeben. Es scheint, dass die Sieger mit Rücksicht auf die glorreiche Vergangenheit der Stadt die Mykenier milde behandelten, denn sie gestatteten ihnen auszuwandern, wohin sie wollten, und ein Theil derselben liess sich daher in Cleonae nieder, ein anderer Theil in Cerynia in Achaia, die meisten aber siedelten sich in Macedonien an (Pausanias, VII, 25, 6). Dies wird jedoch nicht ganz so von Diodorus Siculus bestätigt, denn er behauptet (XI, 65), dass die Argiver nach der Uebergabe von Mykenae alle Einwohner zu Sklaven machten. Sollte das richtig sein, so wäre zu vermuthen, dass die Argiver, denen es zu jener Zeit sehr darum zu thun war die Bevölkerung ihrer Stadt zu vergrössern, alle Mykenier zwangen sich in Argos anzusiedeln. Jedenfalls aber scheint, wie Dodwell sagt, eine religiöse Furcht die Argiver abgehalten zu haben, die mächtigen Mauern der Citadellen von Mykenae und Tiryns zu zerstören, da sie als geweihte Einhegungen und hochverehrte Heiligthümer der Hera angesehen und diese von allen Einwohnern der Argolis mit gleicher Inbrunst angebetet wurde. Die Argiver begnügten sich daher damit, nur einen kleinen Theil von den Mauern der Citadelle zu zerstören, während sie die Ringmauer der unteren Stadt ganz und gar schleiften.

Homer nennt Mykenae Ilias, II, 569 ἐύκτίμενον πτολίεθρον (die wohlgebaute Stadt), Ilias, IV, 52 εὐρυάγυια (mit breiten Strassen) und Ilias, VII, 180, Odyssee, III, 305 πολύχρυσος (goldreich). Das zweite dieser Epitheta kann sich nur auf die breite Strasse beziehen, welche vom Löwenthor, dem Bergrücken entlang, durch die unmauerte Stadt nach üder ber das Strombett in der Schlucht führenden Brücke ging, denn da der ganze übrige Theil der Stadt und Vorstadt auf Bergabhängen lag, so müssen die anderen Strassen nothwendigerweise mehr oder weniger steil gewesen sein und kann das Epitheton εὐρυάγυια daher nicht auf sie angewandt werden. Was das dritte Epitheton, πολύχρυσος, betrifft, so haben wir das vollgültige Zeugniss des Thucydides (I, 9), dass Mykenae unter der Herrschaft der Pelopiden einen ungeheurn Reichthum hatte, denn er sagt: „da Pelops grosse Schätze von Asien unter die dürftigen Völker (der Halbinsel) brachte, so erlangte er bald grosse Macht, und obgleich eingewandert, hat er doch dem Lande seinen Namen gegeben, und seine Nachkommen (die Pelopiden Atreus und Agamemnon) sind noch viel mächtiger geworden“. Thucydides fügt hinzu: „es scheint mir, dass die übrigen Griechen sich weniger aus Gefälligkeit als aus Furcht vor seiner Macht dem Zuge des Agamemnon angeschlossen haben, denn nicht nur hatte dieser selbst die meisten Schiffe gebracht, sondern auch Schiffe an die Arkadier gegeben, wie Homer sagt, wenn er als ein glaubwürdiger Zeuge gilt; und bei (Erwähnung) der Vererbung des Scepters sagt er zugleich, dass jener (Agamemnon) πολλῇσιν νήσοισι καὶ Ἄργεϊ παντὶ ἀνάσσειν (über viele Inseln und über die ganze Argolis herrschte). Da er aber ein Bewohner des Festlandes war, so konnte er nicht über Inseln herrschen ausser den umliegenden (dies würden aber nicht viele sein), wenn er nicht auch eine Seemacht besessen hätte.

Von diesem Zug (nach Troja) muss man aber einen Schluss auf die Beschaffenheit der Unternehmungen vor demselben ziehen. Den Umstand zwar, dass Mykenae klein war, oder wenn sonst eine der damaligen Städte uns jetzt nicht beträchtlich erscheint, dürfte man nicht als triftigen Grund anführen, um zu bezweifeln, dass der Zug so bedeutend gewesen, sei wie ihn die Dichter darstellen und wie die Sage geht“.

Der Hafen von Mykenae war nicht Nauplia, sondern Eïones (Ἠϊόνες), welches gleichfalls am Meerbusen von Argos, südöstlich von Nauplia lag. Es scheint schon zur Zeit der dorischen Eroberung zerstört worden zu sein. Strabo (VIII, 373) erwähnt, dass es zu seiner Zeit gänzlich zerstört und kein Hafen mehr war. Nach Homer (Ilias, II, 561) nahm Ἠϊόνες an dem Feldzuge nach Troja Theil und gehörte dem Diomedes, Könige von Argos und Vasallen von Agamemnon.

Für die Macht und den Reichthum der Pelopiden liegen uns ferner in den grossen unterirdischen Gebäuden, welche Pausanias (II, 16, 6) der Tradition gemäss ihre Schatzhäuser nennt, die triftigsten und zuverlässigsten Beweise vor, denn diese Gebäude können zu nichts anderem gedient haben als zur Aufbewahrung der königlichen Schätze.

Ich erwähne hier, dass ausser den oben beschriebenen Schatzhäusern in Mykenae selbst und seiner Vorstadt noch ein anderes Schatzhaus nahe beim grossen Heraeon liegt, welches nach Strabo (VIII, 368) 10 Stadien, nach Pausanias (II, 17) 15 Stadien von Mykenae entfernt ist. Auch veranlasst mich die Bildung der Bergabhänge zwischen dem Schatzhause des Atreus und dem Löwenthor zu der Vermuthung, dass noch ein grosses Schatzhaus ungefähr in der Mitte zwischen diesen beiden Punkten liegt.

Pausanias (II, 16, 6) sagt: Λείπεται δὲ ὅμως ἔτι καὶ ἄλλα τοῦ περιβόλου καὶ ἡ πύλη· λέοντες δὲ ἐφεστήκασιν αὐτῇ· κυκλώπων δὲ καὶ ταῦτα ἔργα εἶναι λέγουσιν, οἳ Προίτῳ τὸ τεῖχος ἐποίησαν ἐν

Τίρυνθι. Μυκηνῶν δὲ ἐν τοῖς ἐρειπίοις κρήνη τέ ἐστι καλουμένη Περσεία, καὶ Ἀτρέως καὶ τῶν παίδων ὑπόγαια οἰκοδομήματα, ἔνθα οἱ θησαυροί σφισι τῶν χρημάτων ἦσαν. Τάφος δέ ἐστι μὲν Ἀτρέως· εἰσὶ δὲ καὶ ὅσους σὺν Ἀγαμέμνονι ἐπανήκοντας ἐξ Ἰλίου δειπνίσας κατεφόνευσεν Αἴγισθος. Τοῦ μὲν δὴ Κασσάνδρας μνήματος ἀμφισβητοῦσι Λακεδαιμονίων οἱ περὶ Ἀμύκλας οἰκοῦντες· ἕτερον δέ ἐστιν Ἀγαμέμνονος, τὸ δὲ Εὐρυμέδοντος τοῦ ἡνιόχου καὶ Τελεδάμου τὸ αὐτὸ καὶ Πέλοπος, τούους γὰρ τεκεῖν διδύμους Κασσάνδραν φασι, νηπίους δὲ ἔτι ὄντας ἐπικατέσφαξε τοῖς γονεῦσιν Αἴγισθος, καὶ Ἠλέκτρας· Πυλάδῃ γὰρ συνῴκησεν Ὀρέστου δόντος· Ἑλλάνικος δὲ καὶ τάδε ἔγραψε, Μέδοντα καὶ Στρόφιον γενέσθαι Πυλάδῃ παῖδας ἐξ Ἠλέκτρας. Κλυταιμνήστρα δὲ ἐτάφη καὶ Αἴγισθος ὀλίγον ἀπωτέρω τοῦ τείχους, ἐντὸς δὲ ἀπηξιώθησαν, ἔνθα Ἀγαμέμνων τε αὐτὸς ἔκειτο καὶ οἱ σὺν ἐκείνῳ φονευθέντες. („Unter andern Ueberbleibseln der Mauer ist das Thor zu nennen, auf welchem Löwen stehen. Sie [die Mauer und das Thor] sind, wie die Sage geht, das Werk der Cyclopen, welche die Mauer für Proetus in Tiryns gebaut haben. Unter den Trümmern von Mykenae befindet sich die Perseia genannte Quelle und die unterirdischen Gebäude des Atreus und seiner Kinder, in denen sie ihre Schätze aufbewahrten. Es ist dort das Grab des Atreus und die Gräber von Agamemnon's Gefährten, welche bei ihrer Rückkunft von Ilium von Aegisthus beim Gastmahl getödtet wurden. Die Identität des Grabes der Kassandra wurde von den Lacedämoniern in Amyklae bestritten. Es ist dort das Grab Agamemnon's und das seines Wagenlenkers Eurymedon; Teledamus und Pelops wurden in demselben Grabe beigesetzt, denn es wird gesagt, dass Kassandra diese Zwillinge gebar, und dass sie als ganz kleine Kinder von Aegisthus zusammen mit ihren Aeltern geschlachtet wurden; dort ist auch [das Grab] der Elektra. Hellanikus [495—411 v. Chr.] schreibt, dass Pylades, welcher mit Zustimmung des Orestes Elektra geheirathet hatte, mit ihr Medon und Strophius zeugte. Klytaemnestra und Aegisthus wurden etwas entfernt von der Mauer begraben, denn sie wurden für unwürdig gehalten im Innern begraben zu werden, wo Agamemnon ruht und diejenigen, welche zusammen mit ihm getödtet wurden").

Sonderbarer Weise haben W. M. Leake (Peloponnesiaca, II, 365), Edw. Dodwell (A Classical and Topographical Tour through Greece, II, 236), Prokesch (Denkwürdigkeiten und Erinnerungen, II, 276), Ernst Curtius (Peloponnes, II, 411—413), sowie alle andern, welche über den Peloponnes schrieben, diese Stelle des Pausanias falsch übersetzt, denn sie dachten, dass dieser, indem er von der Mauer spricht, nur die Stadtmauer und nicht die grosse Mauer der Akropolis meinen könnte, und verstanden daher, dass er die fünf Gräber in die untere Stadt verlege und die Gräber der Klytaemnestra und des Aegisthus ausserhalb derselben. Dass aber dies nicht seine Absicht war und dass er einzig und allein die Mauer der Citadelle im Auge hatte, davon zeugt seine Angabe, dass das Löwenthor in der Mauer sei. Allerdings spricht er darauf von den Trümmern von Mykenae, in welchen er die Quelle Perseia und das Schatzhaus des Atreus und seiner Söhne sah, unter denen er nur das oben beschriebene, wirklich in der untern Stadt befindliche Schatzhaus und vielleicht einige der kleinern Schatzhäuser in der Vorstadt verstehen kann. Da er aber weiterhin wiederum sagt, dass die Gräber der Klytaemnestra und des Aegisthus in einer kleinen Entfernung ausserhalb der Mauer seien, weil sie für unwürdig gehalten wurden, im Innern begraben zu werden, wo Agamemnon und seine Gefährten ruhten, so kann durchaus kein Zweifel darüber obwalten, dass er nur die riesigen cyclopischen Mauern der Citadelle im Auge hatte. Ausserdem konnte Pausanias nur von solchen Mauern sprechen, die er sah, und nicht von solchen, die er nicht sah. Er sah die gewaltige Mauer der Akropolis, denn sie war zu seiner Zeit ganz so, wie sie uns jetzt vor Augen liegt, aber er konnte die Mauer der untern Stadt nicht sehen, denn sie war von Anfang an nur sehr dünn gewesen und 638 Jahre vor seiner Zeit zerstört, auch war er kein Archäologe, der nach ihren Spuren gesucht oder gar deswegen Ausgrabungen gemacht hätte.

Die Baustelle von Mykenae war zu Pausanias Zeit gerade dieselbe kahle Wildniss von steinigem Weideland, untermengt mit Bergabhängen und steilen Felshöhen, die sie jetzt ist; dort kann keine Veränderung eingetreten sein, und die Reste der untern Stadtmauer waren zu seiner Zeit jedenfalls eben so geringfügig wie jetzt. Ja, so unbedeutend sind sie, dass bisjetzt nur die Spuren des Mauerarms auf dem Bergrücken von Reisenden bemerkt sind, und dass vor mir niemand die Trümmer des am Ufer des Strombettes in der Schlucht entlang laufenden andern Arms der Stadtmauer gesehen zu haben scheint.

Aus diesen Gründen habe ich die obige Stelle im Pausanias stets in dem Sinne verstanden, dass die fünf Gräber in der Akropolis selbst sind; zum Beweis dient mein Anfangs 1869 publicirtes Werk „Ithaka, der Peloponnes und Troja", S. 91. Ich grub daher dort im Februar 1874 an verschiedenen Stellen 34 Schachte, um den Boden zu untersuchen und die Stelle zu finden, wo ich nach denselben zu graben hätte. Die sechs Schachte, welche ich auf der ersten westlichen und südwestlichen Terrasse anlegte, gaben ermuthigende Resultate, ganz besonders die beiden, welche ich innerhalb 100 Schritte vom Löwenthor grub, denn nicht nur entdeckte ich dort zwei cyclopische Hauswände, sondern auch eine einer Grabstele ähnliche, unsculptirte Steinplatte und eine Anzahl gehörnter weiblicher Idole und kleiner Kühe von Terracotta. Ich entschloss mich daher damals sogleich, an jener Stelle grosse Ausgrabungen zu machen, aber verschiedene Umstände, die ich hier nicht näher erörtern will, verhinderten mich, und erst jetzt ward es mir möglich meinen Plan auszuführen.

Ich fing das grosse Werk am 7. August 1876 mit 63 Arbeitern an, welche ich in drei Haufen theilte: 12 Mann stellte ich an das Löwenthor, um den Eingang in die Akropolis freizugraben, 43 Mann liess ich in einer Entfernung von 40 Fuss vom Thor einen 113 Fuss langen, 113 Fuss breiten Einschnitt machen, und stellte die übrigen 8 Mann an der Südseite des in der untern Stadt nahe beim Löwenthor gelegenen Schatzhauses auf, um einen Einschnitt zu machen und den Eingang zu finden. Aber der Boden neben dem Schatzhause war hart wie Stein und enthielt so viele grosse Blöcke, dass 14 Tage vergingen, um bis zu der Spitze der über der Thür befindlichen dreieckigen Nische vorzudringen, nach welcher ich berechnen konnte, dass ich noch 33 Fuss tiefer zu graben haben würde, um bis zur Thürschwelle zu gelangen.

Ich fand ebenfalls die grössten Schwierigkeiten bei dem Löwenthor, wegen der grossen Blöcke, mit denen der Eingang versperrt war und die von den darangrenzenden Mauern auf die Angreifer geworfen zu sein scheinen, als die Akropolis 468 v. Chr. von den Argivern erobert wurde. Die Versperrung des Eingangs muss aus jener Zeit stammen, denn der Schutt, in welchem die Blöcke liegen, ist nicht von einer Reihe auf einander folgender Haushaltungen gebildet, sondern augenscheinlich nach und nach von den höhern Terrassen heruntergewaschen worden.

Beim Eintritt in das Thor, gleich links, brachte ich ein kleines Zimmer ans Licht, welches ohne Zweifel des vorhistorischen Thorwächters Wohnung gewesen ist und dessen Decke von einer einzigen grossen, dicken Steinplatte gebildet wird. Das Zimmer ist nur $4^1/_2$ Fuss hoch und würde nicht nach dem Geschmack unserer jetzigen Thorwächter sein, aber im heroischen Zeitalter war Comfort unbekannt, besonders bei den Sklaven, und da er unbekannt war, wurde er nicht vermisst.

Kein alter Schriftsteller erwähnt die Thatsache, dass Mykenae nach seiner Eroberung durch die Argiver und der Vertreibung seiner Einwohner wieder bewohnt gewesen sei. Im

Nr. 25. Vase von Terracotta. (3 M.) Grösse ungefähr 3/4.

Gegentheil, Diodorus Siculus, der zur Zeit des Julius Cäsar und des Augustus Octavianus lebte, sagt (XI, 65), nachdem er Mykenaes tragisches Ende beschrieben hat: „Diese Stadt, welche einst mit Reichthum und Macht gesegnet war, welche so grosse Männer erzeugte und solche grosse Thaten vollbrachte, wurde auf diese Weise zerstört und blieb bis zur jetzigen Zeit unbewohnt (καὶ διέμεινεν ἀοίκητος μέχρι τῶν καθ' ἡμᾶς χρόνων)“.

Dass Mykenae zur Zeit Strabo's (50 v. Chr. bis 20 n. Chr.) unbewohnt war, müssen wir aus seiner Bemerkung (VIII, 372) schliessen: „so dass sich jetzt von der Stadt

Nr. 26. Kanne von Terracotta. Gelber Grund, schwarze Linien, (3 M.) Grösse circa 7/9.

der Mykenier auch nicht eine Spur mehr findet (ὥστε νῦν μήδ' ἴχνος εὑρίσκεσθαι τῆς Μυκηναίων πόλεως)".[1] Es war jeden-

[1] Dass ein Geograph wie Strabo, der ja doch in dem nur drei Meilen von Mykenae entfernten Korinth war und dessen ganzes Streben nur darauf gerichtet war, gründliche Nachforschungen über die homerische Geographie anzustellen, in einem so nahegelegenen Orte keine Silbe von Mykenaes riesigen Ruinen, im Gegentheil gehört haben sollte, die Stadt sei spurlos verschwunden, klingt uns wirklich fabelhaft, umsomehr als im Alterthum jeder den feurigsten Antheil an Mykenaes ruhmreicher Vergangenheit nahm.

falls auch unbewohnt zur Zeit des Pausanias (170 n. Chr.), welcher die Ruinen der Stadt beschreibt.

Ich habe aber die zuverlässigsten Beweise ans Licht gebracht, dass es wieder bewohnt worden ist und dass die neue Stadt lange, wahrscheinlich mehr als 200 Jahre bestanden hat, denn es befindet sich an der Oberfläche der Akropolis eine Trümmerschicht aus hellenischer Zeit, welche durchschnittlich 3 Fuss Tiefe hat. Obgleich ich aus den Bruchstücken der irdenen Gefässe nicht genau die Zeit der Wiederbevölkerung der Stadt bestimmen kann, so vermuthe ich doch, da keine bemalte Töpferwaare aus der besten hellenischen Epoche vorhanden ist und die aufgegrabenen zahlreichen Terracottafiguren und cannelirten Vasen augenscheinlich aus macedonischer Zeit bis ans zweite Jahrhundert v. Chr. stammen, dass die neue Ansiedelung im Anfang des vierten Jahrhunderts v. Chr. gegründet und im Anfang des zweiten Jahrhunderts v. Chr. wieder verlassen sein mag.

Diese beiden Zeitbestimmungen scheinen durch die aufgegrabenen kupfernen Medaillen bestätigt zu werden, die fast alle auf einer Seite einen Herakopf mit Diadem und auf der andern eine Säule haben; zur linken der letztern ist ein Helm und zur rechten ein ⊟, welches allgemein für ein ⊖ gehalten und infolge dessen die Münze der Stadt Thyrea in Argolis zugeschrieben wird. Aber nach der Meinung meiner geehrten Freunde, der Herren Achilles Postolaccas und P. Lampros, der ich folge, ist das ⊟ der Spiritus asper und gehört zu dem uns noch unbekannten Wort, welches den Werth der Münze angibt. Letztere gehört der Stadt Argos an und ist aus macedonischer Zeit; es ist ganz unmöglich, dass das Zeichen ein ⊖ sein kann, da das ⊟ mit dieser Bedeutung erst zur Zeit der römischen Eroberung in Gebrauch gekommen ist. Römische sowie byzantinische Münzen fehlten durchaus, nicht eine einzige solche wurde gefunden. Ich bemerke hier, dass

Mykenae keine eigene Münze geschlagen hat, wenigstens ist noch nie eine solche gefunden.

Unterhalb der verhältnissmässig modernen Stadt finde ich Tausende von Bruchstücken jener prächtig bemalten archaischen Vasen, die ich bereits erwähnte, als ich von Tiryns sprach. Der Typus der hier am häufigsten vorkommenden Vase ist die Form einer Kugel mit flachem Fuss, oben in einen sehr

Nr. 27. Hellgelbe Vase mit schwarzen und gelben Linien. (3 M.) Natürliche Grösse.

hübschen, engen, geschlossenen Hals auslaufend, dessen oberes Ende durch zwei elegante Henkel mit dem obern Theil des Bauches verbunden ist. Der wirkliche Mund des Gefässes hat die Gestalt eines Schornsteins und steht immer dicht neben dem geschlossenen Hals (vgl. Nr. 25). Diese Vasen haben immer die buntesten gemalten Verzierungen, bestehend in horizontalen kreisförmigen Streifen, Spirallinien oder andern an jeder Vase verschiedenen, fantastischen Ornamenten. In der Mitte des flachen Kopfes des geschlossenen Halses ist gewöhnlich ein weisser Punkt, umgeben von drei, vier, sechs oder mehr rothen Kreisen; bisweilen sieht man in der Mitte der Kreise ein Kreuz gemalt. Vasen ganz gleicher Form kommen manchmal, aber selten in Attika, auch zu einzelnen Exemplaren in Cypern sowie in den alten ägyptischen Gräbern vor. Herr C. T. Newton machte mich auf 43 Vasen vollkommen gleicher Gestalt aufmerksam, die in einem Grabe in Ialy-

Nr. 28. Eine schwarz und gelb bemalte Vase. (6 M.) Ungefähr 4/5 Grösse.

sos auf Rhodos gefunden sind, zusammen mit vielen anderen Sachen, die auch in Mykenae vorkommen; in demselben Grabe wurde aber auch ein Scarabaeus mit der Cartouche von Amunof oder Amenof III. entdeckt, der nach der Meinung der Aegyptologen nicht später als 1400 v. Chr. geherrscht hat.

Da es in Mykenae beinahe ebenso viele verschiedene gemalte Verzierungen als Vasen gibt, und da in den meisten Fällen diese Verzierungen äusserst complicirt und noch nie vorgekommen sind, so würde es meinerseits ein vergeblicher Versuch sein, dieselben zu beschreiben, ich beziehe mich daher einfach auf die beifolgenden Tafeln der mykenischen Vasen und Bruchstücke.[1]

Aber im allgemeinen sei gesagt, dass die Verzierungen mit Spirallinien vorherrschen, und dass Bruchstücke von den sogenannten attischen Vasen mit geometrischen Zeichnungen häufig sind. Blumen, Zweige und Blätter kommen gelegent-

Nr. 29. Vase von Terracotta. Die Streifen sind gelb und röthlich, die Linien schwarz. (1.15 M.) Natürliche Grösse.

lich, aber durchaus nicht oft vor; häufig sind die Reihen von keilförmigen Zeichen, welche dem Rückgrat des Fisches entlehnt sein mögen, sowie die Zickzacklinien und die horizontalen, kreisförmig um das Gefäss laufenden Streifen; das Zeichen des

---

[1] Vgl. die Tafeln der mykenischen Töpferwaare Nr. 30—78. Eine Vase (Nr. 23*) ist als Schlussbild zum zweiten Kapitel Seite 57 gegeben.

Kreuzes mit den Marken der vier Nägel kommt oft vor, ebenso das 卍, welches meistentheils auch mit den vier, die Nägel andeutenden Punkten dargestellt ist 卍; diese Zeichen können nichts anderes darstellen als das Svastika, d. h. die beiden Stücke Holz, welche, kreuzweise übereinander gelegt, mit vier Nägeln festgeschlagen wurden, und in deren Verbindungspunkten das heilige Feuer durch Reibung mit einem dritten Stück Holz erzeugt wurde (vgl. „Trojanische Alterthümer“, Kap. VI, S. 48—57). Es ist jedoch zu bemerken, dass sowol das Kreuz als das 卍 hauptsächlich nur auf den Vasen mit geometrischen Mustern sich finden.

Nr. 80. Bemalte Vase. Grund gelb, mit schwarzen Grundstrichen und röthlichen Schildern. (2 M.) Natürliche Grösse.

Darstellungen von Vögeln und vierfüssigen Thieren kommen auf den Vasen vor, alle sind sehr archaisch, besonders die Vierfüssler, die mich oft in Zweifel lassen, was eigentlich der Maler darstellen wollte (vgl. Nr. 31, 35, 41, 46, 50 und 52), so z. B. Thiere mit sehr langen Beinen; ihr Körper sieht dem eines Pferdes ähnlich, ihr Kopf gleicht dem Schnabel eines Storches, ihre Hörner sehen wie Gazellenhörner aus (vgl. Nr. 31, 35, 50 und 52); gewöhnlich sind diese Thiere einfarbig roth, manchmal aber auch mit einer Ornamentation von Spirallinien dargestellt. In einigen Fällen sieht man Thiere, welche augenscheinlich Gazellen oder Widder sein sollen (vgl. Nr. 41 und 48). Der Vogel, dessen Darstellung dem mykenischen Künstler am besten gelungen, ist der Schwan (vgl. Nr. 33, 40, 42, 45); die Art der übrigen Vögel ist schwer zu entscheiden (vgl. Nr. 30, 43, 44). Auch die Darstellung des Menschen ist dem Künstler gelungen, jedoch sind die Vasen in so viele Stücke zerbrochen, dass ich nur wenige Scherben mit ganzen männlichen Figuren habe sammeln können; auf einer kleinen Vase Nr. 80 ist eine Reihe von Kriegern mit runden Schilden dargestellt; auf einer Scherbe Nr. 47 ein Mann mit einem Helm auf dem Kopfe, er leitet mit der Rechten ein Pferd und hält in der Linken eine Lanze; auf andern Bruchstücken sieht man nur die Körper von Menschen, ohne Köpfe; auf dem Mundstück einer Kanne ist ein Menschenkopf modellirt (N. 81). Auch ist auf einer Topfscherbe (Nr. 82) ein Menschenkopf dargestellt, der ein sehr grosses

Nr. 81. Menschenkopf am Munde einer Kanne. (5 M.) Natürliche Grösse.

Nr. 82. Menschenkopf auf einer Topfscherbe. (6 M.) Halbe Grösse.

Auge und das Haar in Form einer phrygischen Kappe gekämmt hat. Alle diese Darstellungen von Menschen sind sehr archaisch.

Die Mehrzahl der Vasen mit grosser Oeffnung ist sowol auf der Aussen- wie auf der Innenseite bemalt, und sehr oft übertreffen die Malereien auf der Innenseite in Originalität und Farbenreichthum die der Aussenseite. So fand ich z. B. das Bruchstück einer Vase, welche auf der Aussenseite mit Hirschen, auf der Innenseite mit Männern und Frauen bemalt ist.

Ich finde hier oft Bruchstücke von Dreifüssen (Tripoden) aus Terracotta mit zwei grossen Henkeln; diese sowol wie die drei Füsse haben zwei, drei, vier und fünf Durchbohrungen, die nur zum Aufhängen an einer Schnur gedient haben können. An vielen Vasen ohne Füsse ist der Rand der Basis mit so vielen Löchern versehen wie die Henkel. Mit Durchbohrungen versehene Deckel fand ich zwar nicht, bezweifle aber nicht, dass sie dagewesen sind, und dass, wie bei fast allen Vasen in Troja, die vorerwähnten Durchbohrungen nicht nur dazu dienten die Gefässe aufzuhängen, sondern auch die Deckel auf denselben zu befestigen.

Nr. 83. Ein Becher von Terracotta. (3 M.) Grösse circa 5/8.

Alle bisjetzt gefundenen bemalten Vasen sind auf der Töpferscheibe gefertigt, mit Ausnahme der ganz kleinen, welche augenscheinlich aus freier Hand gemacht sind. Zwar habe ich zwei Bruchstücke von grober, mit der Hand gemachter Töpferwaare gefunden, welche nur mit den gröbsten Terracotten der dänischen „Kjökkenmöddinge“ verglichen werden können, aber ohne Zweifel waren sie anderswoher gekommen.[1]

[1] Bis zum Ende der viermonatlichen Ausgrabungen in Mykenae ist von ähnlicher grober Töpferwaare nicht ein einziges Bruchstück vorgekommen.

Wie in Tiryns sind die Becher meistentheils von weissem Thon und in der Form grosser Bordeauxweingläser; fast alle haben einen Henkel (vgl. Nr. 83). Aber es kommen sehr viele andere Becher gleicher Form vor, die einfarbig roth

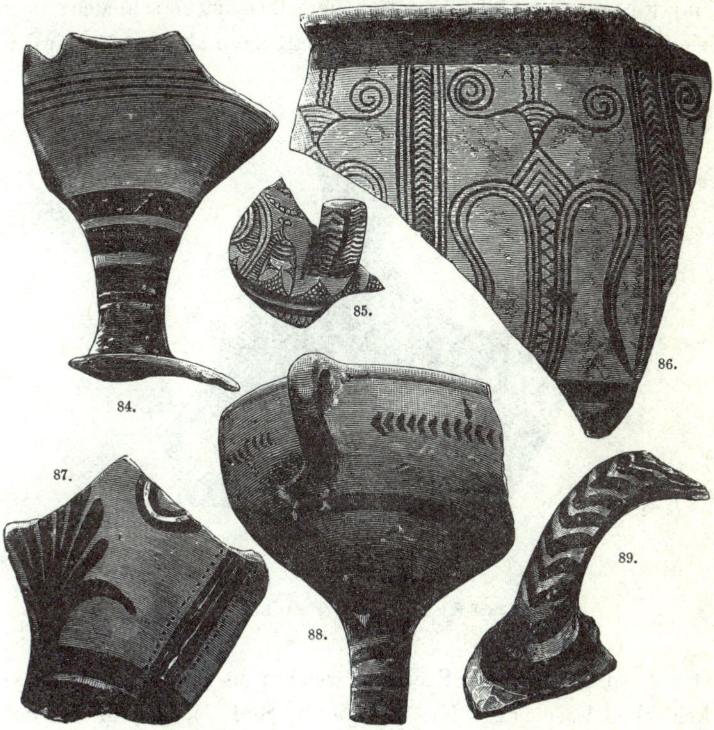

Nr. 84. (4 M.) Nr. 85. (8 M.) Nr. 86. (5 M.) Nr. 87. Nr. 88. (4 M.) Nr. 89. (8 M.)

Nr. 84—89. Bruchstücke von bemalten Terracotten. Halbe Grösse.

bemalt sind, sowie andere, welche auf hellrothem Grunde eine Verzierung von zahlreichen dunkelrothen, parallelen, kreisförmigen Streifen haben (vgl. Nr. 84, 88). Ich mache ganz besonders darauf aufmerksam, dass auch in Troja Terracottabecher vollkommen derselben Form in einer Tiefe von 50 Fuss gefunden wurden (vgl. Atlas der „Trojanischen Alterthümer", Taf. 105, Nr. 2311), ferner dass 14 Becher genau derselben Gestalt in dem vorerwähnten Grabe in Ialysos auf Rhodos gefunden wurden und jetzt im British Museum ausgestellt sind; nur die gemalte Ornamentation derselben ist verschieden, denn sie stellt meistentheils Tintenfische dar, dann aber auch Spiralen,

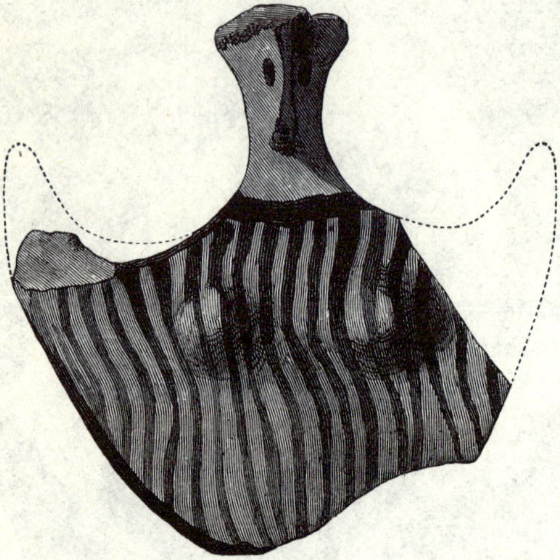

Nr. 111. Idol von Terracotta. (4 M.) Natürliche Grösse.

sowie jenes sonderbare Seethier, welches so häufig auf den mykenischen Vasen (vgl. Nr. 213 [1] a, b, S. 159), aber nie auf den mykenischen Bechern vorkommt.

Seit dem 7. August ist es mir gelungen, mehr als 200 mehr oder weniger zerbrochene Terracottaidole der Hera in Gestalt einer Frau oder in der einer Kuh zu sammeln (vgl. die colorirten und uncolorirten Tafeln mit Idolen, letztere unter Nr. 90—110). Bei weitem die meisten der erstern haben lebhaft rothe, gemalte Verzierungen auf hellrothem Grunde, zwei Brüste in Relief, unter welchen auf jeder Seite ein langes Horn hervortritt, sodass beide Hörner zusammen einen Halbkreis bilden, und, wie ich bezüglich der Idole in Tiryns gesagt habe, entweder Kuhhörner oder die symbolischen Hörner des Halbmondes oder beides

Nr. 112. Idol von Terracotta. Natürliche Grösse.

Nr. 113. Terracottafigur. (1 M.) 5/6 Grösse.

zusammen darstellen. Der sehr zusammengedrückte Kopf dieser Idole ist gewöhnlich mit einem grossen „polos“ bedeckt. Die untere Seite hat die Form einer sich allmählich erweiternden Röhre. Ich mache ganz besonders darauf aufmerksam, dass auch in dem mehrerwähnten Grabe in Ialysos ein Idol von Terracotta vollkommen gleicher Form gefunden wurde. Es wurden aber auch hier in Mykenae Idole dieser Art mit ganz niedrigem „polos“ gefunden, wie Nr. 111, auch reichlich ein Dutzend Idole ohne Hörner; der ganze obere Körper derselben bis zum Halse hat die Form einer Scheibe (vgl. Nr. 90, 91, 92, 93, 112, ebenso die colorirte Tafel C, Figur m), der Kopf ist unbedeckt, das Haar oft durch eine lange Flechte auf dem Rücken angedeutet. Es sind auch einige Idole mit einem

Nr. 114. (6 M.)

Nr. 115. (3 M.)

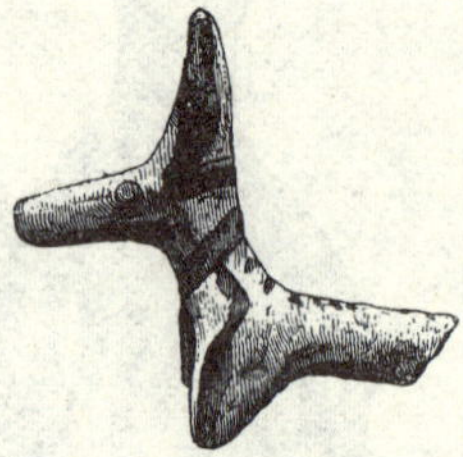
Nr. 116. (4 M.)

Nr. 117. (7 M.)

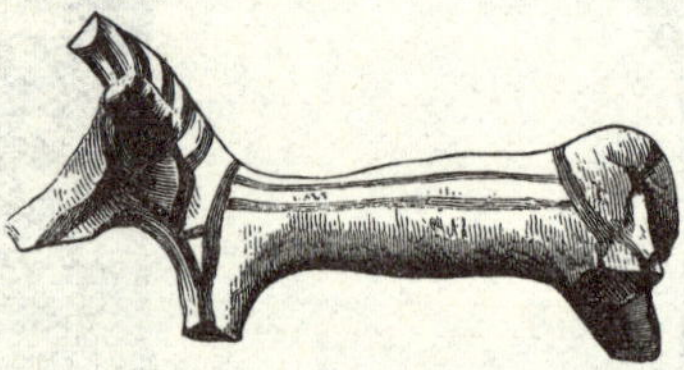
Nr. 118. (5½ M.)

Nr. 119. (6 M.)

Nr. 114—119. Terracottafiguren von Thieren.

bedeckten oder unbedeckten Vogelkopf, grossen Augen, ohne Hörner, dagegen aber mit zwei gut dargestellten, auf der Brust vereinigten Händen vorgekommen (vgl. Nr. 99, 100, 101, ebenso die colorirte Tafel C, Figur l). Auch grub ich die 6 Zoll hohe Terracottafigur einer alten, garstigen Frau (vgl. Nr. 113), wahrscheinlich einer Priesterin auf; die Gesichtszüge sind offenbar weder assyrisch noch ägyptisch; die Hände sind abgebrochen, haben aber augenscheinlich hervorgestanden; die Figur hat auf hellrothem Grunde eine sehr grobe Verzierung von schwarzen Linien; der mittlere Leib ist mit einer Menge von Zickzacklinien verziert, welche den Blitz, resp. das Feuer darstellen mögen. Das Bruchstück Nr. 110 scheint — nach seiner Stellung zu urtheilen — einen Reiter zu Pferde dargestellt zu haben.

Von Idolen in Kuhform werden Hunderte gefunden, nur sind sie alle mehr oder weniger zerbrochen. Sehr beachtens-

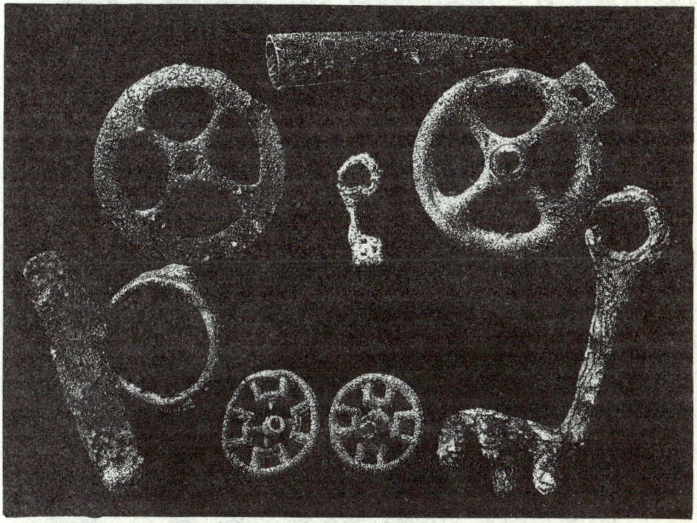

Nr. 120. Gegenstände von Bronze, Blei und Eisen. 1/3 Grösse.

werth ist es, dass in dem merkwürdigen Grabe in Ialysos auch zwei solche Kuhidole gefunden wurden, die sehr gut erhalten sind und dieselben gemalten Verzierungen haben wie die Kuhidole in Mykenae.

Eisen war den Mykeniern schon bekannt, denn ich fand einige eiserne Messer, sowie einige Schlüssel von sonderbarer Form (vgl. Nr. 120), von denen der eine sehr dick, 5.6 Zoll lang ist und vier Zähne hat; jeder Zahn hat eine Länge von 1.6 Zoll; am andern

Ende des Schlüssels ist ein Ring zum Aufhängen. Ich wage aber nach der Form der Messer und Schlüssel die bestimmte Vermuthung auszusprechen, dass sie einer späten Zeit der Ge-

Nr. 121. (4 M.) Nr. 122. (3 M.) Nr. 123. (3½ M.) Nr. 124. (7 M.) Nr. 125.

Nr. 121—125. Messer von Bronze. Natürliche Grösse.

schichte von Mykenae angehören, sogar, dass sie aus dem Anfang des 5. Jahrhunderts v. Chr. stammen. Auch fand ich eine Menge knopfförmiger Gegenstände (vgl. die unter Nr. 137—139 auf S. 89 und Nr. 165 auf S. 123 dargestellten), welche als Schmuck an den Hausthüren und anderswo gedient haben mögen; sie haben eine glänzend schwarze Farbe und bestehen nach der Untersuchung meines geehrten Freundes des Professors der Chemie Xavier Landerer in Athen aus einer stark gebrannten, mit einer Bleiglasur glasirten Thon-

Nr. 126. Pfeilspitzen, Beile und andere Gegenstände von Stein. (3 M.) Natürl. Grösse.

masse. Von Bronze fand ich zwei wohlerhaltene Messer, wovon das eine (Nr. 125) noch einen Theil seines knöchernen Griffes hat; ferner zwei Pfeilspitzen von pyramidaler Form ohne Widerhaken (γλωχῖνες), ganz den carthaginensischen Pfeilspitzen ähnlich, welche ich voriges Jahr bei meinen Ausgrabungen in Motye auf Sicilien zum Vorschein brachte.

Von steinernen Werkzeugen fand ich zwei schöne polirte Aexte von Serpentin (vgl. das Bild Nr. 126 in der unteren Reihe), ferner eine Masse von Gewichten aus Diorit und eine Menge Handmühlsteine von Trachyt, 8 Zoll lang, $5^1/_4$ Zoll

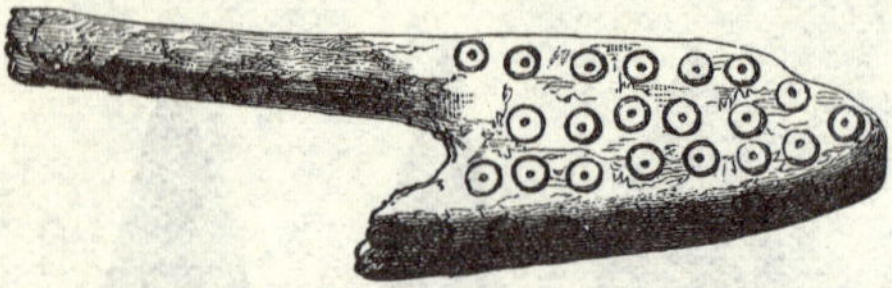

Nr. 127. Bruchstück einer Leier von Knochen. ($3^1/_2$ M.) Grösse circa $^7/_8$.

breit, in Form eines der Länge nach durchschnittenen Eies. Das Korn wurde zwischen den flachen Seiten zweier solcher Mühlsteine zerquetscht, aber nur eine Art von Schrot und kein Mehl konnte so gemacht, das zerquetschte Korn nicht

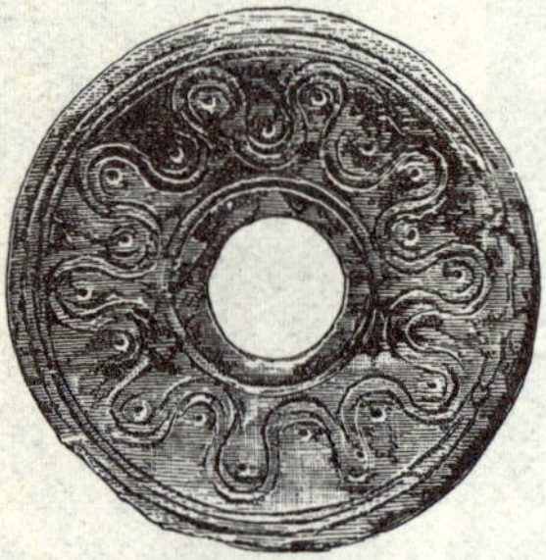

Nr. 128. (3 M.)

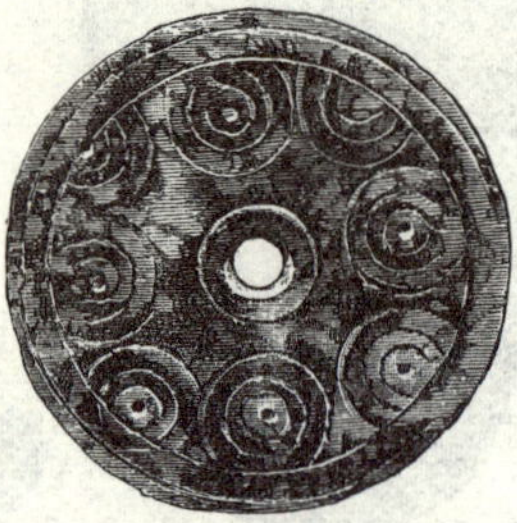

Nr. 129. (6 M.)

Unteres und oberes Ende einer Flöte. Natürliche Grösse.

zum Brotbacken gebraucht werden. Bei Homer (Ilias, XVIII, 558—560) sehen wir es als Brei und auch zum Bestreuen des Bratens gebraucht:

Κήρυκες δ' ἀπάνευθεν ὑπὸ δρυΐ δαῖτα πένοντο,
βοῦν δ' ἱερεύσαντες μέγαν ἄμφεπον, αἳ δὲ γυναῖκες
δεῖπνον ἐρίθοισιν, λεύκ' ἄλφιτα πολλὰ πάλυνον

Abwärts unter der Eiche bereiteten Schaffner die Mahlzeit
Rasch um den mächtigen Stier, den sie opferten; Weiber indessen
Streueten weisses Mehl zu labenden Mus für die Ernter. [1]

Ebenso sehen wir es auch Odyssee, XIV, 76—77 gebraucht:

ὀπτήσας δ' ἄρα πάντα φέρων παρέθηκ' Ὀδυσσῆϊ
θέρμ' αὐτοῖς ὀβελοῖσιν· ὁ δ' ἄλφιτα λευκὰ πάλυνεν

Als nun gar es gebraten, da trug er's hin vor Odysseus,
Brätelnd noch an den Spiessen, mit weissem Mehle bestreuet.

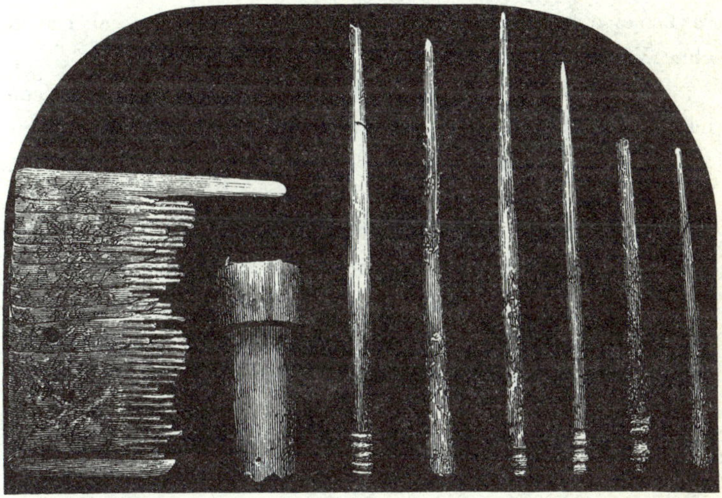

130. (3.6 M.) 130*. (2 M.) 131. (4 M.) 132. (3 M.) 133. (7 M.) 134. (3 M.) 135. (5 M.) 136. (3 M.)

Nr. 130—136. Kamm und Nadeln von Terracotta. 5/8 Grösse.

Nr. 130* ist ein Theil der Flöte, wozu auch Nr. 128 und 129 gehören.

Von Gold wurde bisjetzt erst ein Körnchen gefunden, von Silber noch gar nichts, von Blei ein grosses Quantum;

[1] Ich bemerke hier ein für alle Mal, dass überall, wo ich die homerischen Stellen in deutschen Versen gebe, diese der Uebersetzung von Johann Heinrich Voss entlehnt sind.

von andern Gegenständen eine kleine, dicke Scheibe von Terracotta mit einer Furche am Rande herum zum Aufhängen an einer Schnur; auf der einen Seite, welche polirt ist und mit Wachs bestrichen gewesen zu sein scheint, ist eine Menge von 卍 eingeritzt, welches Zeichen so sehr häufig in den Trümmern von Troja vorkommt. Von „Spindeln“ habe ich hunderte gefunden, fast alle sind von schönem blauen Stein ohne Verzierungen (vgl. Nr. 15, Seite 21); ganz gleiche Spindeln waren auch in dem Grabe in Ialysos vorhanden. Bisjetzt sind hier in Mykenae erst fünf Spindeln von Terracotta gefunden, aber auch ohne Verzierungen.

Die Mykenier scheinen Musiker gewesen zu sein, denn ich fand das herrlich verzierte knöcherne Bruchstück einer Leier (Nr. 127) und die drei Bruchstücke einer Flöte (Nr. 128, 129 und 130*), welche an derselben Stelle, aber in verschiedener Tiefe gefunden wurden und augenscheinlich zu einem und demselben Instrumente gehören. Nr. 129 ist das obere Stück der Flöte und besteht nach Prof. Landerer aus Knochen, Nr. 128 ist das untere Stück und besteht aus hart gebranntem Thon, beide haben eine hübsche Intaglio-Ornamentation; Nr. 130* ist ein Bruchstück der Röhre der Flöte, es besteht aus Topfstein, dem lapis ollaris des Plinius. Somit haben wir hier eine wunderbare mykenische Flöte, bestehend aus Knochen, Terracotta und Stein. Der Topfstein scheint aber im Alterthum viel zu Flöten angewandt worden zu sein; ich selbst besitze eine in einem Grabe auf Ithaka gefundene Flöte von lapis ollaris mit der Inschrift

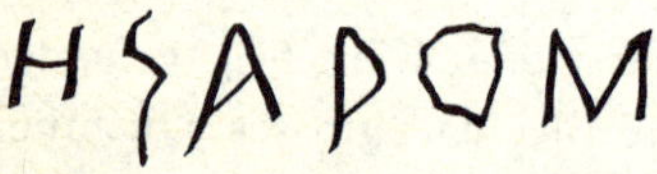

ἱερῶν (vgl. mein „Ithaka, der Peloponnes und Troja“), welche aus dem 6. oder 7. Jahrhundert v. Chr. zu stammen scheint. Ich fand auch ein Bruchstück einer Vase aus Bergkrystall, sowie einen sonderbaren Kamm (Nr. 130), der nach der Analyse von Professor Landerer aus weissem, sehr hart gebranntem Thon besteht. Er wurde in 3.60 Meter, also 12 Fuss Tiefe gefunden. Wie man sieht, hat dieser Kamm in der Mitte ein Loch zum Aufhängen an einer Schnur. Ich finde hier häufig platte Stücke Terracotta mit gemalten oder eingedrückten Verzierungen, welche als Wandbekleidung im Innern der Häuser gedient haben müssen.

In einer Tiefe von 10—11 Fuss und manchmal schon $6^1/_2$ Fuss unter der Oberfläche decke ich cyclopische Hauswände auf, welche aus unbehauenen, ohne Lehm oder Cement

Nr. 137. (5 M.)

Nr. 138.

Nr. 139. (3 M.)

Ornamente von Terracotta. Natürliche Grösse.

zusammengesetzten Steinen bestehen und in einer Tiefe von 20—24 Fuss unter der Oberfläche auf dem natürlichen Fels ruhen. Die Ecksteine dieser Gebäude sind auffallend gross.

Am Nordende meines Einschnitts habe ich einen Theil einer cyclopischen Wasserleitung ans Licht gebracht, welche noch merkwürdiger ist als die Wasserleitungen in Tiryns, denn dort sind diese wenigstens auf den Fels gebaut, während die hiesige auf dem Schutte ruht; da die unbehauenen Steine ohne irgend ein Bindemittel zusammengelegt sind, so ist es wirklich wunderbar, wie je das Wasser hindurchströmen konnte, ohne sich durch die Zwischenräume zu verlieren. Unmittelbar neben der cyclopischen Wasserleitung sind 12 grabförmige Behälter, bestehend aus grossen Platten von hartem Kalkstein, die mit kleinern Platten zugedeckt sind; nach meiner Ueberzeugung können dieselben aber unmöglich etwas anderes sein als kleine Cisternen. Wenige Schritte südlich von diesen Behältern habe ich zwei Grabstelen ans Licht gebracht, die in gerader Linie von Norden nach Süden stehen und mit Basreliefs von höchstem Interesse geschmückt sind. Die nördlichste dieser beiden Stelen ist leider von weichem Kalkstein, infolge dessen sie mehrfach zerbrochen und ihr oberer Theil nicht mehr erhalten ist; sie ist 6 Zoll dick, 4 Fuss hoch und unten 4 Fuss 2 Zoll, oben 3 Fuss $8^1/_2$ Zoll breit. Sie hat nur eine einzige ungetheilte Bildfläche, die unten sowol wie seitwärts von einer breiten, in einfachster Weise mehrfach gegliederten Randung eingeschlossen ist, und stellt eine Jagdscene dar (Nr. 24 in der Vignette Seite 58). Auf einem von einem Pferde gezogenen Streitwagen steht der Jäger, der in der linken Hand die Zügel, in der rechten ein langes, breites Schwert hält. Von dem Wagen selbst ist, wegen der Brüche des Steins, der obere Theil nicht deutlich sichtbar, sehr wohl aber das Rad mit seinen vier Speichen, welche ein Kreuz bilden. Die langgestreckten Vorder- und Hinterfüsse des Pferdes scheinen seinen schnellen Lauf andeuten zu sollen. Unten links sieht man einen gar nicht übel gebildeten jagenden Hund mit gekrümmtem Schwanz, und vor demselben fliehend ein Hochwild, wahrscheinlich ein Reh, dessen Schwanz aber übermässig lang ist. Gerade über dem Rücken des Rehes und zwischen den Füssen des Pferdes liegt ein schwer zu erkennender Gegenstand, welcher ebenso wol einen hingestreckten Menschen als einen Karren mit zwei Rädern darstellen mag. Auf beiden Seiten sieht man in dem breiten, von je zwei senkrechten Leisten gebildeten Rande drei eirunde Formen oder Cartouchen, welche eine höchst sonderbare Ornamentation enthalten, die auf den ersten Blick symbolische Bedeutung zu haben scheint; bei näherer Betrachtung überzeugt man sich

Nr. 140. Die zweite der über den Gräbern in der Akropolis gefundenen Grabstelen. (4 M.)
Circa $^{1}/_{12}$ natürlicher Grösse.

jedoch, dass es nur Verzierungen von Spirallinien sind. Unten sind drei horizontale Streifen. Hinter dem Wagen ist eine Reihe von buchstabenartigen Zeichen, die aber höchst wahrscheinlich auch nichts anderes sind als blosse Verzierungen.

Nur einen Fuss weit von diesem Grabstein entfernt und in gleicher Linie mit ihm ist der andere (Nr. 140); er besteht aus viel härterem Kalkstein und ist daher besser erhalten. Er ist nur am obern Theil beschädigt, von dem ein 6—8 Zoll hohes Stück zu

Muster von geraden und spiralförmigen Mäandern.

fehlen scheint; seine Breite ist am Fusse 3 Fuss 10 Zoll, oben 3 Fuss 7 Zoll, seine Höhe 6 Fuss. Die Sculptur besteht aus einem obern und einem untern Felde, die durch eine horizontale Leiste von einander getrennt und an drei Seiten von zwei parallel laufenden Leisten eingeschlossen sind. Der obere Theil der Bildfläche zeigt vier übereinander liegende horizontale Reihen, (zwei vollständige und zwei unvollständige) von je sechs Spiralen, im ganzen also 24 Spiralen, die alle miteinander in der Darstellung eines Reliefbandes zu einem die ganze Fläche füllenden Flechtwerk verknüpft sind, das, wie mein werther Freund, der bekannte Archäologe Dr. Friedrich Schlie, richtig bemerkt, im Princip dasselbe ist wie eine Füllung mit horizontal und vertical verknüpften geradlinig gebrochenen Mäandern (vgl. die Zeichnung auf Seite 92). Der untere Theil der Bildfläche stellt einen von linksher anstürmenden Wagenkämpfer dar; dieser scheint (doch ist dies nur auf Rechnung der noch unentwickelten Kunst zu setzen) auf dem niedrigen, etwas vornübergebeugten Wagenkasten mehr zu sitzen als zu stehen, denn der untere Theil seines Leibes ist nicht sichtbar. Während, in sehr primitiver Weise, sein Kopf im Profil dargestellt ist, ist die Vorderseite der Brust fast ohne jede perspectivische Verkürzung gegeben. Er hält in der linken Hand ein noch in der Scheide steckendes Schwert, dessen Griff in einem grossen, dicken Knauf endet. In der rechten Hand hält er einen langen Gegenstand, der am Maul des Pferdes endet und der anfangs dick ist, allmählich jedoch dünner wird und daher mehr einer Lanze als Zügeln ähnlich sieht; in der That ist es schwer zu sagen, welches von beiden der alte Künstler darzustellen beabsichtigte. Der Streitwagen wird von einem Hengste gezogen, dessen langgestreckte Füsse die Schnelligkeit seines Laufes anzudeuten scheinen. [1] Der Schwanz des Pferdes steht aufrecht und nur sein Ende bildet einen Halbkreis. Die Beine und der Schwanz sind so dick im Verhältniss zum Körper, dass, wenn uns nicht der Kopf eines andern belehrte, wir glauben würden, der Künstler hätte einen Löwen darstellen wollen; auch sehen des Hengstes Ohren mehr Hörnern als Pferdeohren ähnlich. Gerade vor dem Pferde steht ein scheinbar nackter Kämpfer, welcher mit

[1] Da wir nie von Heldenwagen mit einem Pferde hören, so mag dies eine unvollkommene Darstellung von zwei Pferden sein. Dieselbe Bemerkung bezieht sich auch auf den nächsten Grabstein (vgl. Seite 97).

der rechten Hand des Thieres Kopf ergreift und in der emporgehobenen linken ein zweischneidiges Schwert hält; er scheint von Schrecken ergriffen zu sein; sein Kopf ist im Profil, der ganze übrige Körper dagegen ohne jede perspectivische Verkürzung dargestellt.

Unterhalb dieser Figur wie auch unter der des Pferdes läuft, zur Füllung der Bildfläche dienend, ein aus acht Spiralen bestehender runder Mäander entlang, dessen zweite, dritte und vierte Spirale eben der Füllung halber etwas grösser sind als die andern fünf Spiralen. Oberhalb des Pferdes ist die Fläche mit einem aus zwei horizontal einander gegenüberstehenden, nicht einander folgenden Spiralen gebildeten Reliefbande gefüllt, und Herr Postolaccas macht mich darauf aufmerksam, dass dieser vollkommen der „pelta lunata“ der Amazonen auf den alten Vasenbildern ähnlich sieht. Das Fuhrwerk gibt uns ein einzig in seiner Art dastehendes und höchst kostbares Bild eines homerischen Streitwagens, von dem wir uns nach des Dichters Beschreibung nur einen unklaren Begriff machen konnten. Der Wagenstuhl (πείρινς) bildet keinen Halbkreis, wie wir nach den Sculpturen des classischen Alterthums und nach dem alten Streitwagen, der im Museum zu München ist, uns vorzustellen gewohnt waren, sondern er ist viereckig. Nach der Ilias (XXIV, 190 und 267)[1] musste der Wagenstuhl jedesmal, wenn der Wagen gebraucht werden sollte, auf demselben befestigt werden. Wir sehen auf drei Seiten des Wagenstuhls eine Leiste oder einen Rand, den Homer (Ilias, V, 727—728) mit ἄντυξ zu bezeichnen scheint:

---

[1] Homer gebraucht auch πείρινθα (der Accusativ kommt allein vor) für den geflochtenen Korb, der die auf dem Wagen (ἅμαξα) befestigte Ladung enthielt und diese ursprüngliche Bedeutung des Wortes mag uns eine Idee von der Form des πείρινς auf dem Streitwagen geben (vgl. Odyssee, XV, 131).

δίφρος δὲ χρυσέοισι καὶ ἀργυρέοισιν ἱμᾶσιν
ἐντέταται· δοιαὶ δὲ περίδρομοι ἄντυγές εἰσιν

Dann in goldenen Riemen und silbernen schwebet der Sessel
Ausgespannt, und umringt mit zween umlaufenden Rändern.

Aber ungleich des an jener Stelle beschriebenen Götterwagens, dessen Räder (κύκλα) acht Speichen hatten, hat das Rad des uns vorliegenden Streitwagens nur vier, welche ein Kreuz um die Axe (ἄξονι ἀμφίς) bilden. Mein Freund W. S. W. Vaux macht mich darauf aufmerksam, dass das Rad mit vier Speichen, welches wir auch auf dem Bilde 120 sowie in den mykenischen Intaglios, die später dargestellt werden, sehen, den ältesten griechischen Münzen charakteristisch ist. Die ältesten ägyptischen, äthiopischen und assyrischen Räder haben sechs Speichen. Die persischen Sculpturen der Achämeniden zeigen Streitwagen mit Rädern, die acht Speichen haben.

Hinter dem Krieger sehen wir ein sonderbares Zeichen, dessen unterer Theil einen langen Haken, der obere eine Spirallinie bildet, und Herr Postolaccas erinnert mich daran, dass dies Zeichen sich vielfach auf den Medaillen römischer Familien, so z. B. auf denen des Julius Cäsar, Marcus Antonius und anderer findet. Nach seiner Meinung ist es nichts anderes als der Augurstab (lituus).

Bei genauer Prüfung der Sculpturen auf den beiden Grabsteinen finde ich eine so staunenswerthe Genauigkeit und Symmetrie in allen Spiralverzierungen, dass ich zu der Ueberzeugung komme, dass ein solches Werk nur aus einer Künstlerschule hervorgehen konnte, die seit Jahrhunderten in diesem Stil gearbeitet hatte. Dagegen aber sind die Menschen und Thiere so roh und ungenau dargestellt, als wenn sie des uralten Künstlers erster Versuch wären lebendige Geschöpfe darzustellen. Dennoch ist die Aehnlichkeit zwischen den Körpern der Thiere und denen der Löwen oberhalb des Thores sehr gross; es ist derselbe Kunststil und vieles von der Rohheit in der Ausführung der Thiere auf den Grabsteinen mag der schlechten Beschaffenheit des Kalksteins zuzuschreiben sein; wahrscheinlich würde der alte Künstler, der sie meisselte, etwas besseres geliefert haben, hätte er die schöne, harte Breccia zu verarbeiten gehabt, aus welcher das Basrelief über dem Thor besteht. Ich habe daher durchaus nichts gegen die Annahme, dass die sculptirten Grabsteine annähernd derselben Epoche angehören wie die Löwen über dem Thor.

Nr. 141. Die dritte über den Gräbern in der Akropolis gefundene Grabstele. (4 M.) Circa $^1/_{10}$ natürlicher Grösse.

VIERTES KAPITEL.

AUSGRABUNGEN IN DER AKROPOLIS VON MYKENAE.

(Fortsetzung.)

Tagelohn und Werth der Arbeit in Mykenae. — Der doppelte Kreis von Steinplatten. — Noch zwei sculptirte Stelen. — Unsculptirte Stelen. —

Asche und Knochen neben den Stelen, wahrscheinlich von Opfern. — Bruchstücke von andern sculptirten Grabsteinen. — Der Stil dieser Stelen steht einzig da. — Ihr wahrscheinliches Alter circa 1500 v. Chr. — Ein cyclopisches Haus gefüllt mit Asche, Knochen u. s. w. — Dort und in den zwölf Wasserbehältern gefundene Gegenstände. — Grosse Bedeutung der in der Akropolis gefundenen Grabsteine. — Sie bezeichnen die Stelle der königlichen Gräber, welche Pausanias, nur der Sage folgend, erwähnt. — Ausgrabung des Schatzhauses unweit des Löwenthors; dies fast so gross wie das des Atreus. — Das durch die in dem Schutt enthaltenen alten Vasen, Idole u. s. w. bewiesene Alterthum der Verschüttung. — Idole der Hera und andere gefunden in dem Dromos und in der Akropolis. — Die ungeheure Masse derselben. — Kuhköpfe an Henkeln von Vasen wie in Troja. — Formsteine für Ohrringe und andere Schmucksachen von Gold und Silber, sonderbare kegelförmige Gegenstände von Thon. — Andere Ornamente von glasirtem Thon und Topfstein. — Viele Gegenstände von Bronze. — Sonderbare Räder. — Linsenförmige Gemmen von Halsbändern aus verschiedenartigen Steinen mit Intaglios von Thieren und ähnliche Gegenstände anderer Form. — Becher mit zwei Henkeln; das homerische δέπας ἀμφικύπελλον. — Tiefe der Schuttmassen. — Bresche in der grossen cyclopischen Mauer, reparirt durch eine alte Mauer von kleinen Steinen. — Der Steinbruch von Mykenae.

Mykenae, 9. September 1876.

Seit dem 19. Aug. habe ich die Ausgrabungen mit durchschnittlich 125 Arbeitern und vier Schuttkarren fortgesetzt und guten Fortschritt gemacht. Da es den Leser interessiren möchte zu wissen, wie viel Arbeitslohn hier bezahlt wird, so bemerke ich, dass der Tagelohn eines gewöhnlichen Arbeiters $2^1/_2$ Drachmen (2 Francs 22 Centimes), der meiner Aufseher 5 bis 6 Drachmen (4 Francs 44 bis 5 Francs 33 Centimes) und der Preis jedes Schuttwagens täglich 8 Drachmen (7 Francs 10 Centimes) beträgt; die Leute arbeiten aber hier viel besser und sind viel ehrlicher als die Arbeiter in der Landschaft Troas.

In dem Einschnitt am Löwenthor habe ich die Arbeit einstweilen einstellen müssen, da die archäologische Gesellschaft in Athen versprochen hat, einen Ingenieur herzuschicken, der die cyclopische Mauer oberhalb und neben dem Thor ausbessern und das Basrelief der Löwen mit eisernen Klammern befestigen soll, um es gegen ein Erdbeben zu schützen.

In dem grossen zweiten Einschnitt habe ich eine zweite Mauer von kleinern Steinen ans Licht gebracht; sie ist 12 Fuss hoch, läuft parallel mit der grossen Ringmauer und bildet somit eine Krümmung von ungefähr dem dritten Theil eines Kreises. Sie verschwindet in der Böschung des daranstossenden Feldes, welches jetzt ausgegraben wird, und scheint unabsichtlich parallel mit der grossen Ringmauer gebaut worden zu sein. Indessen ist sie nicht senkrecht, sondern steigt unter einem Winkel von 75 Grad an, gerade wie der grosse Thurm in Ilium. Ich mache hier darauf aufmerksam, dass man hier und da in dieser Mauer Steinplatten sieht, die den Eindruck machen, als gehöre die Mauer einer spätern Zeit an als die cyclopische Ringmauer. Auf dieser Mauer sind zwei parallele Reihen grosser, dicht aneinander schliessender Platten von kalkartigem Stein, welche ganz dieselbe Richtung haben wie die Mauer und mit dem im angrenzenden Felde enthaltenen Theil einen vollen Kreis zu bilden scheinen. Wenn sich dies bestätigen sollte, dann kann die Mauer, auf welcher die beiden parallelen Reihen von Steinplatten stehen, nur dazu gebaut worden sein, um letztere in diesem niedrigern Theil der Akropolis zu tragen und dieselben auf gleiche Höhe zu bringen mit ihrer Fortsetzung auf dem viel höhern angrenzenden Felde. Es verdient besondere Beachtung, dass auf der innern Seite des vermutheten Kreises, nämlich auf der Seite, nach welcher sich die schrägen parallelen Platten hinneigen, der leere Raum augenscheinlich sogleich bei Vollendung der Mauer bis zum obern Rand derselben mit Schutt aufgefüllt worden ist. [1]

Ich stiess hier häufig, in einer Tiefe von 3 bis 4 Fuss, auf Asche von verbranntem animalischem Stoff, auch auf Massen von Thierknochen, jedoch auf keine Knochen, die ich

[1] Diese höchst sonderbare Einfassung von doppelten Steinplatten wird im folgenden Kapitel näher beschrieben und die wichtige Frage ihres Gebrauchs näher behandelt werden.

mit Menschenknochen identificiren könnte, da sich kein Schädel zeigte.

Der Raum zwischen den beiden schrägen Reihen von Steinplatten war mit Schutt gefüllt, der mit unzähligen Bruchstücken von archaischer Töpferwaare und einer Menge Heraidole gemischt war, aber Knochen fehlten dort durchaus.

Innerhalb der Krümmung und ganz nahe bei der doppelten, parallelen Reihe von Steinplatten, brachte ich noch zwei sculptirte Grabmonumente (vgl. Nr. 141 und 142) von hartem Kalkstein ans Licht, deren eines in derselben Reihe mit den bereits beschriebenen Grabsteinen und nur 1 Fuss 5 Zoll südlich davon steht; dasselbe ist unten 3 Fuss $8^3/_4$ Zoll, oben 3 Fuss $7^1/_4$ Zoll breit, 6 Zoll dick und 4 Fuss 2 Zoll lang, es hat somit die Reihe dieser drei sculptirten Grabsteine eine Länge von 13 Fuss 8 Zoll. Die neuentdeckte dritte Grabstele (vgl. Nr. 141) hat, gleich den beiden übrigen, auf der Westseite eine Sculptur in Basrelief, welche von zwei parallelen Leisten umfasst und durch eine horizontale Leiste in zwei Abtheilungen getheilt ist; vom obern Theil der Platte fehlt ein vermuthlich 1 Fuss langes Stück. In der obern Abtheilung ist ein Krieger dargestellt, welcher auf einem dem Anschein nach nur von einem Pferde gezogenen Streitwagen steht, Kopf und Hals sind infolge der Lädirung des obern Randes nicht mehr sichtbar; die langgestreckten Vorder- und Hinterfüsse sowie der aufgehobene Schwanz des Pferdes deuten die Schnelligkeit seines Laufes an. Ganz wie auf den beiden vorhergehenden Grabstelen sind beide Hinterfüsse und Vorderfüsse des Pferdes nicht von einander getrennt, sondern erscheinen als ein einziges breites Bein. Diesmal sind die Zügel, mit denen der Krieger das Pferd lenkt, durch ein einziges breites Band gut angegeben; auch der Schwanz des Thieres ist weniger buschig und mehr im Verhältniss zum Körper; aber im übrigen sieht man hier eine ganz genaue Copie des Pferdes auf dem vorhergehenden

Basrelief. Der Wagenstuhl ist ausserordentlich niedrig im Vergleich zu dem des Streitwagens auf der andern Grabstele, aber nicht weniger interessant, denn er ist hier ganz umgeben von einer Leiste oder einem Rande (ἄντυξ), der unten sogar doppelt ist. Unmittelbar hinter dem Wagenstuhl ist ein ungeheuer breites, zweischneidiges Messer dargestellt, dessen Griff in einen sehr grossen Knauf endet. Da ein Messer dieser Proportion nie existirt haben kann, so vermuthe ich, dass der Künstler beabsichtigte, ein zweischneidiges Schwert mit einem dicken Knauf am Ende des Griffs darzustellen, dass er es aber wegen des geringen Raumes sehr kurz machte und dagegen riesig breit, denn dafür war Platz genug. Das Rad des Wagens ist ganz den Rädern der Streitwagen auf den andern beiden Basreliefs gleich, denn es hat ebenfalls nur vier Speichen, welche ein Kreuz um die Axe bilden. Der am rechten Rande sichtbare Gegner zu Fuss, dessen oberer Theil aus derselben Ursache wie beim Wagenkämpfer fehlt, steht nicht auf demselben Terrain wie Ross und Wagen, sondern erscheint, gleichsam in der Luft schwebend, auf demselben Niveau wie der Wagenkämpfer. Er stürmt mit einer langen Lanze auf den letztern los. Man sieht an dieser Lanze einen Gegenstand besonderer Gestalt; derselbe ist einem unverzierten trojanischen Idol sehr ähnlich (vgl. „Trojanische Alterthümer“ Atlas, Tafel 126, Nr. 2560) und muss dazu gedient haben, die Lanze auf der Schulter zu befestigen. In der untern Abtheilung sehen wir zwei grosse Kreise, die eine horizontal liegende arabische Acht darstellen, und in jedem der beiden Kreise sechs Spiralen, die wiederum unter sich und zwar immer zwei und zwei einander gegenüberstehend, nicht einander folgend, jederseits zu einem einzigen runden mittels Reliefbandes dargestellten Mäander verbunden sind. Unterhalb des Basreliefs sehen wir zwei unvollkommene Ornamente von Spirallinien in den Stein geschnitten. Es scheint, dass der Künstler hier eine Probezeichnung zu dem, was er auf dem Grabstein sculptiren wollte, gemacht hat. Unsere jetzigen Bildhauer würden ihre Zeichnungen auf Papier gemacht haben, aber der alte mykenische Künstler hatte weder Papier noch Bleistift noch Feder noch Tinte zu seiner Verfügung und machte daher seine Probezeichnung auf dem Steine selbst, aber an dessen unterm Ende, welches in die Erde gesteckt wurde und daher nicht sichtbar war.

In einem Abstande von nur 10 Fuss südlich von diesem letztbeschriebenen Grabstein und fast in gleicher Linie mit den drei Stelen ist der vierte Grabstein (Nr. 142), dessen Basrelief ebenfalls nach Westen gewandt ist. Diese Stele ist ebenfalls ein Paralleltrapez, 6 Fuss hoch, unten 4, oben 3 Fuss 10½ Zoll breit und 6 Zoll dick; von ihrem obern Theil fehlt ein dem Anschein nach 1 Fuss langes Stück. Die vordere Fläche der Stele ist, indem man jederseits rechts und links einen breiten Rand stehen liess, in drei bis über die Hälfte der Höhe herablaufende gleich breite Streifen getheilt, von denen der mittlere, mit Ausnahme zweier verticaler Striche, die rechts und links einen Rand andeuten sollen, unbearbeitet geblieben ist und vielleicht eine Säule darstellen soll. Die beiden Seitenstreifen enthalten auf einer vertieften Reliefläche ein die Windungen eines Schlangenleibes darstellendes breites rundes Mäandermotiv, das, obwol es nur Flachrelief ist, doch sehr kräftig erscheint und der Richtung der Streifen gemäss vertical von oben nach unten läuft. Wollte man, wie mir Dr. Fr. Schlie bemerkt, das Motiv *(a)* durch gebrochene Linien veranschaulichen, so müsste es in der hier verzeichneten Weise *(b)* geschehen.

Südlich von dieser Grabstele, in derselben Linie und nur 1 Fuss von ihr getrennt, ist ein anderer Grabstein ohne Sculptur. Auch sieht man zwei weitere unverzierte Grab-

Nr. 142. Die vierte über den Gräbern der Akropolis gefundene Grabstele. (4 M.)
Circa $^{1}/_{9}$ der natürlichen Grösse.

stelen dicht neben einander 23 Fuss östlich von den drei ersten, sculptirten Grabsteinen stehen. Weitere zwei Grabplatten ohne Sculptur sieht man in einer Entfernung von 40 Fuss genau südlich von diesen letztern; sie stehen 4 Fuss weit von einander. Sämmtliche unsculptirte Grabstelen stehen ebenfalls senkrecht und sind nach Westen gewandt.

Nr. 143. Bruchstück einer Grabstele. (4 M.) Circa 1/5 Grösse.

Am Fusse des zuerst beschriebenen Grabsteins mit Basrelief fand ich eine Hand voll schwarzer Asche und darin einen grossen Knopf von Holz, bedeckt mit einer kleinen Goldplatte, auf welcher ein Kreis eingravirt ist und in diesem ein Dreieck, worin man drei lange und breite Messer dargestellt sieht, deren Griffe durch eine schöne Spirallinie gebildet werden. Auch fand ich am Fusse der meisten Grabsteine graue Asche von verbranntem animalischem Stoff und dachte anfänglich, dass sie von verbrannten menschlichen Körpern herrühre; da ich aber gleichzeitig mit der Asche Knochen fand, in denen ich bei näherer Betrachtung Thierknochen erkenne, so glaube ich jetzt, dass die Asche von Opfern herrührt.

Nr. 144. Bruchstück einer Grabstele. (4 M.) Circa $^1/_7$ Grösse.

Jedenfalls sind hier noch mehr Grabsteine mit Sculpturen gewesen, denn ich habe in diesem und im angrenzenden Einschnitt, in 10 bis 13 Fuss Tiefe, eine Menge Bruchstücke von Grabstelen gesammelt, wovon das interessanteste unter Nr. 143 dargestellt ist; es besteht aus hartem Kalkstein, ist 15 Zoll lang, 11 Zoll breit, $6^1/_2$ Zoll dick und zeigt einen anscheinend nackten Knaben, der ohne Zweifel auf einem Streitwagen stand; er hält nämlich in der Linken die durch ein breites Band angedeuteten Zügel; die Rechte ist auch hervorstehend, scheint aber nichts zu halten; sein Haarputz ist durch zwei gebogene

Nr. 145. Bruchstück einer Grabstele. ($3\frac{3}{4}$ M.) Ungefähr $\frac{1}{5}$ Grösse.

Linien auf dem Kopf angezeigt. Die beiden verticalen Linien zur linken dienten zur Bezeichnung des Randes. Ein zweites Bruchstück ist 22 Zoll lang, 17 Zoll breit, 6 Zoll dick und besteht aus weichem Kalkstein, infolge dessen die Sculptur beinahe verwischt ist. Das dritte Bruchstück (Nr. 144) ist 2 Fuss 6 Zoll lang, 2 Fuss breit und 6 Zoll dick; es ist augenscheinlich das obere, rechte Bruchstück einer Stele und besteht auch aus weichem Kalkstein, infolge dessen das Relief sehr lädirt ist; es ist durch breite Leisten in drei Felder getheilt, wovon das obere und das zur rechten Spiralen enthalten, während wir

Nr. 146, 147, 148. Drei Bruchstücke von Grabstelen. (3—4 M.) Circa 1/6 Grösse.

in dem untern das Vordertheil von zwei Pferden sehen. Nr. 145 ist anscheinend der linke obere Theil einer Stele, er ist 1 Fuss 8 Zoll breit, 2 Fuss 2 Zoll hoch, 4 Zoll dick, besteht ebenfalls aus weichem Kalkstein, hat zur linken einen Rand von zwei Leisten, oben den Rest eines Randes von einer Leiste, und ist durch eine horizontale Leiste in zwei Felder getheilt, von denen das obere schöne, dem Muster in Nr. 140 ähnliche Spiralen hat, während von dem untern nur ein kleines Stück erhalten und die Sculptur davon verschwunden ist. Ferner drei Fragmente von Grabstelen, alle von härterm Kalkstein und daher besser erhalten; das obere, Nr. 146, welches 1 Fuss hoch, $10^3/_4$ Zoll breit und $4^3/_4$ Zoll dick ist, hat einen Rand von drei schmälern und zwei breitern Leisten; von der obern Sculptur ist nur ein Pferdefuss sichtbar. Die beiden

Nr. 149, 150. Bruchstücke von Grabstelen. (3—4 M.) Circa $^1/_{12}$ Grösse.

untern Bruchstücke, Nr. 147, 148, sind mit Spiralen geschmückt; ersteres ist $10^3/_4$ Zoll lang und breit und $4^3/_4$ Zoll dick; das letztere $10^3/_4$ Zoll lang, 10 Zoll breit und $4^3/_4$ Zoll dick. Nr. 149, 150 sind wiederum zwei Bruchstücke von Stelen aus weichem Kalkstein; ersteres stellt zur linken Spiralen, zur rechten ein Pferd dar, letzteres nur Spiralen; Nr. 150 ist 1 Fuss 6 Zoll hoch, 1 Fuss 4 Zoll breit und 4 Zoll dick.

Es ist mir auch geglückt, nur 3 Fuss unter der Oberfläche das $12^2/_3$ Zoll lange, $10^2/_3$ Zoll breite und 8 Zoll dicke Bruchstück einer viereckigen rothen Porphyrsäule zu finden, geschmückt mit einem herrlichen Basrelief von horizontal liegenden Palmetten (vgl. Nr. 151). Zwei der letztern sind einander gegenübergestellt und mit ihren vertical liegenden Basen durch ein stark hervortretendes rechtwinkliges Mittelstück verbunden, das innerhalb eines obern und untern horizontalen Randes jederseits rechts und links durch drei verticale, strichartige Einschnitte in sieben aufrechtstehende, rechtwinklige Felder getheilt wird, von denen das mittlere allein so breit ist wie die drei zur Seite liegenden. Dies Mittelstück erinnert an den dorischen Triglyphenblock. Rechts und links von

Nr. 151. Bruchstück einer viereckigen Säule von Porphyr. (1 M.) Circa 1/4 Grösse.

diesen Palmetten sieht man die Bruchstücke anderer von ganz gleicher Art, und die ganze Säule scheint auf diese Weise verziert gewesen zu sein. Oberhalb der Palmetten ist eine Reihe von Zahnschnitten sichtbar, und eine gleiche Reihe ist wol jedenfalls unterhalb derselben vorhanden gewesen. Die beiden mittleren Palmetten sind einem Saale ähnlich, der ringsum mit Sitzen geschmückt ist.

Ich fand ferner in einer Tiefe von $11\frac{1}{2}$ Fuss das $8\frac{3}{4}$ Zoll lange, 10 Zoll breite, $4\frac{1}{4}$ Zoll dicke, mit Spiralen geschmückte Bruchstück einer andern Säule oder eines Frieses von rothem Porphyr mit einer hübschen Spirale (Nr. 152).

Wenn sich auch, wie Dr. Schlie glaubt, die technische Behandlung des Flachreliefs dieser Stelen von einer ganzen Reihe archaischer Reliefs der alten griechischen Kunst so sehr nicht unterscheiden dürfte, so sind doch solche Figuren- und Ornamentdarstellungen auf den Reliefs dieser Kunst bisher nicht nachzuweisen gewesen; die Stelen von Mykenae stehen daher

Nr. 152, 153, 154. Bruchstücke von Friesen. Circa 1/5 Grösse.

ganz einzig in ihrer Art da. Die Manier der Ausfüllung der von den Menschen- und Thiergestalten nicht ganz gedeckten Fläche mittels allerlei hübscher Spiralenmotive erinnert uns an die Principien der Malerei auf den sogenannten orientalisirenden Vasen, aber nirgends sehen wir auf den mykenischen Sculpturen ein Pflanzenornament, wie es doch für diese Klasse von altgriechischen Darstellungen so charakteristisch ist; vielmehr ist die ganze Ornamentik eine in die Formen eines sehr kräftigen Flachreliefs übersetzte Linearornamentik. Damit aber erhalten wir einen sehr interessanten Hinweis auf diejenige Epoche griechischer Kunstentwickelung, welche der durch orientalische Einflüsse bestimmten oder sogenannten griechisch-phönizischen Periode voranging. Den Anfang dieser letztern aber bestimmt Newton auf spätestens 800 v. Chr.

Diese ausschliesslich mit Linearornamentik in Relief verbrämten mykenischen Darstellungen sind aber wieder dadurch auffällig, dass uns lebende Wesen, wie der Mensch, das Pferd, der Hund und das Jagdthier entgegentreten, die nicht, wie wir dies auf den trojanischen Spindeln und Idolen sehen (vgl. Atlas der „Trojanischen Alterthümer" Tafel 2 Nr. 34—36), in ein mehr oder minder lineares Schema aufgelöst, sondern, wenn auch auf sehr rohe und kindische Weise, in voller Körperlichkeit gegeben sind, wie es die Natur des Reliefs verlangt.

Diese Erwägungen zeigen nun, dass die mykenischen Reliefs mit der alten Architektur von Mykenae in Verbindung gebracht werden müssen; man vergleiche damit nur die erhaltenen Reste von der Portalverzierung der „Schatzkammer des Atreus" und die nach Donaldson restaurirte Halbsäule derselben (vgl. Supplementary volume to Stuart's „Athens"). Es kann daher durchaus nicht unbegründet erscheinen, wenn wir diese alten Denkmäler bis in die Mitte des zweiten Jahrtausends v. Chr. hinaufrücken und dieselben fortan als ein wichtiges Glied in die Kunstgeschichte einreihen.

Wie mir Herr A. S. Murray vom British Museum sehr richtig bemerkt, beweist die Ornamentik mit Spiralen durchaus keinen orientalischen Einfluss, denn jeder Draht musste dem alten Künstler die Idee der Spiralornamentik geben; ja wir finden diese sogar auf den alten mexicanischen und peruanischen Denkmälern.

Neben den 12 kleinen grabförmigen Wasserbehältern auf der Nordseite meines zweiten Einschnitts ist ein cyclopisches Haus ohne Dach, welches noch jetzt an der Südseite 24 Fuss hoch ist. Es enthält nur ein Zimmer, welches 17 Fuss lang und $9^1/_2$ Fuss breit ist; seine östliche Wand ist 3 Fuss 4 Zoll, die westliche 3 Fuss dick; auf der Südseite hat es zwei Wände, die innere ist 3 Fuss 4 Zoll, die äussere 3 Fuss 8 Zoll dick;

Nr. 155. Gewicht von Jaspis mit Loch zum Aufhängen. ($5^1/_2$ M.) Natürliche Grösse.

an seine nördliche Wand, welche 3 Fuss dick ist, lehnt sich eine andere $6^1/_2$ Fuss dicke Wand, und somit ist der Eingang, welcher auf dieser letztern Seite liegt, nicht weniger als $9^1/_2$ Fuss lang. Ich habe dies Haus ausgeräumt; es war gefüllt mit Holz und animalischer Asche, die mit Thier-, besonders Schweineknochen und Tausenden von Bruchstücken bemalter archaischer Vasen gemischt war. Aber ausser etwas gedörrtem Weizen und Wicken, einem Gewichte von Jaspis mit durchbohrtem Griff zum Aufhängen (vgl. Nr. 155), einigen wohl erhaltenen archaischen Vasen, einigen Spindeln von blauem Stein und dem Bruchstück (Nr. 156) mit siebartigen Löchern, fand ich nichts, was der Rede werth wäre.

Eine der Vasen ist besonders interessant wegen ihrer gemalten Ornamentation, in der man zwei Schwäne sieht, welche die Köpfe zusammenhalten wie die Adler im russischen Wappen.

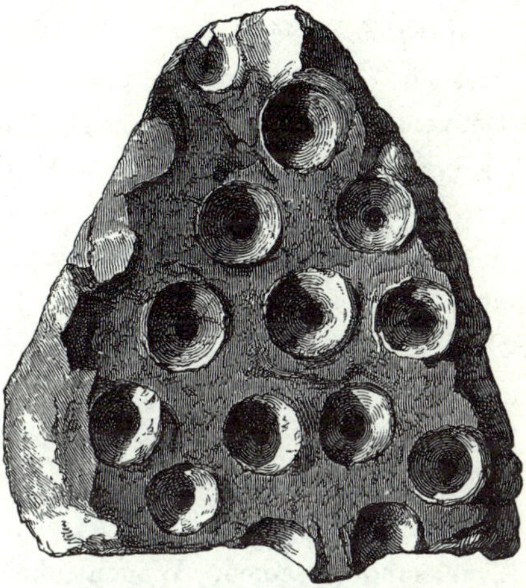

Nr. 156. Bruchstück einer siebartigen Vase von Terracotta. (2½ M.) Natürliche Grösse.

Ich bin in den 12 kleinen grabförmigen Wasserbehältern nicht glücklicher gewesen, denn sie enthalten nichts anderes als die Ueberbleibsel von Haushaltungen und besonders Bruchstücke von archaischen Vasen.

Die vier Grabsteine mit den Basreliefs und die fünf ohne Sculptur bezeichnen ohne Zweifel tief in den Felsen gehauene Gräber, deren Ausgrabung ich jedoch jedenfalls aufschieben muss, bis ich alle Ausgrabungen auf der Nordseite der Akropolis beendet habe.

Das Vorhandensein dieser Gräber nahe beim Löwenthor,

also an der imposantesten Stelle der ganzen Akropolis, auf einem Platze, wo man erwartet hätte den königlichen Palast zu finden, ist von guter Vorbedeutung, umsomehr als die Platten der beiden parallelen Reihen vollkommen denen der fünf unsculptirten Grabsteine ähnlich sind. Ich kenne kein Beispiel in der Geschichte, dass eine Akropolis jemals als Begräbnissplatz gedient hätte, ausgenommen das kleine Gebäude der Caryatiden in der Akropolis von Athen, welches das Grab des Cecrops, des ersten Königs von Athen, genannt wurde. Wir wissen jedoch jetzt mit Gewissheit, dass Cecrops nichts anderes ist als Kaçyapa, der Sonnengott, dass also die Sage von dem Begräbniss des Cecrops in der Akropolis ein reiner Mythus ist. Aber hier in der Akropolis von Mykenae sind die Gräber kein Mythus, sie sind eine handgreifliche Thatsache. Wer aber waren die hohen Personen und welche ungeheuren Dienste hatten sie der Stadt erwiesen, um die grosse Ehre eines solchen Begräbnissplatzes zu verdienen?

In der That zögere ich keinen Augenblick zu verkünden, dass ich hier die Gräber gefunden habe, welche Pausanias, der Tradition folgend, dem Atreus, dem Könige der Männer Agamemnon, seinem Wagenlenker Eurymedon, der Cassandra und ihren Gefährten zuschreibt. Es ist jedoch durchaus unmöglich, dass Pausanias diese Grabstelen gesehen haben kann, denn als er — ungefähr 170 n. Chr. — Mykenae besuchte, waren seit einer langen Reihe von Jahrhunderten alle Grabsteine mit einer 8—10 Fuss dicken Schuttschicht vorhistorischer Häuser bedeckt gewesen, auf welche eine hellenische Stadt gebaut und bereits circa 400 Jahre vor seiner Zeit wieder verlassen worden war, nachdem sie das auf den Grabstelen lastende Stratum älterer Trümmer mit einer neuen Schuttschicht von 3 Fuss Dicke vermehrt hatte. Somit konnte Pausanias die Existenz dieser Gräber einzig und allein aus der Tradition kennen.

An dem Schatzhause neben dem Löwenthor schreitet die Arbeit wegen des steinharten Schuttes nur langsam vorwärts, und erst heute hat mein Einschnitt eine hinreichende Tiefe gewonnen, um die Ausgrabung der dreieckigen Oeffnung oberhalb des Eingangs anfangen zu können. Meine Vermuthung, dass dies Schatzhaus fast ebenso gross sei wie das Schatzhaus des Atreus, scheint sich durch die Breite des „dromos“ zu bestätigen, welcher in letzterem 20 Fuss 7 Zoll, in ersterem 19 Fuss 8 Zoll breit ist.

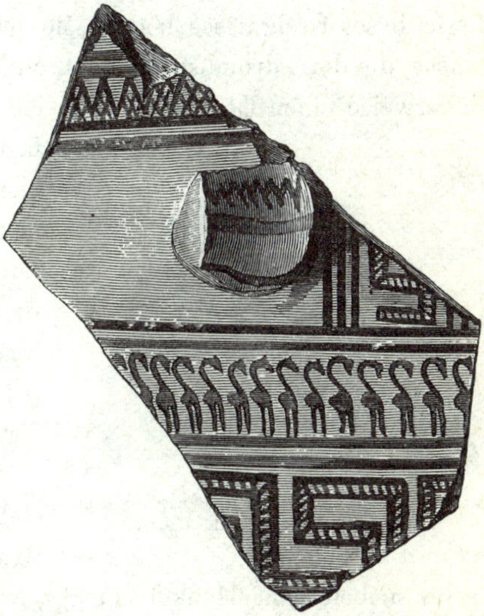

Nr. 157. Stück einer bemalten Vase aus dem „dromos“ des Schatzhauses beim Löwenthor. ($2^1/_2$ M.) Halbe Grösse.

Diese 50 Fuss hohen, fast kegelförmigen Gebäude wurden im Abhange eines Berges gebaut und waren augenscheinlich dazu bestimmt unterirdisch zu bleiben, denn, wie bereits erwähnt, ist die Aussenseite der Steine durchaus ungleich, und das ganze Gebäude ist ringsherum mit einer dicken Lage von Steinen bedeckt, deren Gewicht die Bausteine fest in ihrer Lage erhält. Ich bin überzeugt, dass die Tradition, wonach diese geheimnissvollen Gebäude als Speicher zur Aufbewahrung der Schätze der uralten Könige dienten, vollkommen wahr ist. Es kann aber wol keinem Zweifel unterliegen, dass, solange sie als Schatzhäuser dienten, der „dromos“ und der Eingang frei von Schutt waren. Die grosse Frage drängt sich daher auf: warum und wann wurde der „dromos“ und das Thor mit riesigen Schuttmassen verrammelt?

Es ist die Meinung ausgesprochen worden, dass sie zur Zeit der dorischen Invasion verschüttet seien; aber hat die im Jahre 1810 durch Veli Pascha, den Sohn Ali Pascha's gemachte Ausgrabung des Schatzhauses des Atreus etwas anderes ergeben als einen steinernen Tisch, einige sculptirte Blöcke und Bruchstücke von bronzenen Platten, und war es der Mühe werth leere Schatzhäuser zu verschütten? Es ist jedoch eine Thatsache, dass sie verschüttet wurden, und, was die Chronologie dieses Ereignisses betrifft, so geben uns die in der Schuttmasse, die den „dromos“ bedeckt, enthaltenen Terracotten glücklicherweise einen Leitfaden, denn ich finde dort fortwährend, ja fast ausschliesslich, sehr alte bemalte Töpferwaare mit geometrischen Zeichnungen, vollkommen wie die bisher für uralt angesehenen attischen Vasen und sehr rohe und primitive Idole der Hera in Frauen- oder Kuhgestalt.

Nr. 158. Stück einer bemalten Vase aus dem „dromos“. (5 M.) Halbe Grösse.

Von der Töpferwaare stelle ich unter Nr. 157 ein Bruchstück dar; dies zeigt rechts neben dem Henkel ein 卐, wovon nur ein Theil sichtbar ist, darauf folgt eine Reihe jener stereotypen Thiere in Form von Kranichen, die aber vielleicht nichts anderes sein sollen als Pferde, und auf diese folgt ein schöner Mäander. Ein anderes Bruchstück zeigt zwischen drei obern und drei untern parallelen Streifen eine Reihe ähnlicher Thiere, vgl. Nr. 158, auch oben eine Reihe anderer Vögel. Ich erwähne noch eine kleine, mit verticalen Strichen verzierte Kanne. Natürlich ist es sicher, dass der den Eingang bedeckende Schutt von anderswo hierher gebracht worden ist, da derselbe jedoch fast ausschliesslich Bruchstücke von sehr alten Terracotten mit geometrischen Zeichnungen enthält, so muss die Auffüllung des Eingangs schon im hohen Alterthum stattgefunden haben, und das Schatzhaus selbst ist ohne Zweifel älter als das des Atreus.

Von den in dem „dromos“ vor dem Schatzhause gefundenen Idolen sind die ältesten Hera-Idole in Frauengestalt sehr roh gemacht, sind hin und wieder ohne gemalte Verzierungen und haben entweder einen länglichen oder runden Kopf, mit oder ohne Diadem, und grosse Augen; einige haben Brüste, andere nicht; die Hände sind entweder hervorstehend oder auf der Brust gefaltet. Ohne Zweifel gehören zu derselben Epoche die Frauenidole mit sehr zusammengedrücktem, unbedecktem Kopf, grossen Augen, hervorstehenden Händen, ohne Brüste oder mit zwei Brüsten, unterhalb welcher an jeder Seite ein Horn hervorsteht, so dass beide Hörner zusammen einen Halbkreis bilden (vgl. Nr. 94); ferner das männliche Idol mit einem unbedeckten Kopf, der mit einem durch Einschnitte dargestellten Diadem geziert ist, an welchem man, gerade über der Stirn, einen Stern sieht; dieses Idol hat ausserdem eine Adlernase, grosse Augen und einen langen, hervorstehenden Bart (vgl. Nr. 106); ferner sehr archaische Kuhidole mit gemalten rothen oder schwarzen Verzierungen (vgl. Nr. 118). Unter den Funden im „dromos“ vor dem Schatzhause erwähne ich ferner eine kleine silberne Frauenfigur mit langem Haar, sowie das Bruchstück einer Vase von Granit.

In der Akropolis sind die gewöhnlichsten Idole jene Hera-Idole in Frauengestalt mit Hörnern oder in Kuhgestalt; in der That sind sie so zahlreich, dass ich mehr als 700 davon sammeln konnte; aber alle sind mehr oder weniger beschädigt. Von häufig in der Akropolis vorkommenden Idolen muss ich ferner jenes mit einem runden, unbedeckten Vogelkopf erwähnen (vgl. Nr. 100), sowie das mit einem sehr zusammengedrückten Kopf, grossen Augen und einem „polos“ in Form einer Schüssel, in welchem oft ein Kreuz gemalt ist; diese beiden Idole halten die Hände auf der Brust und haben kein Kennzeichen der Kuh (vgl. Nr. 101). Ich erwähne ferner das sehr häufig vorkommende Idol, dessen ganzer mittlerer Theil völlig oder beinahe die Form einer Scheibe hat (vgl. Nr. 90—93), die anfänglich den

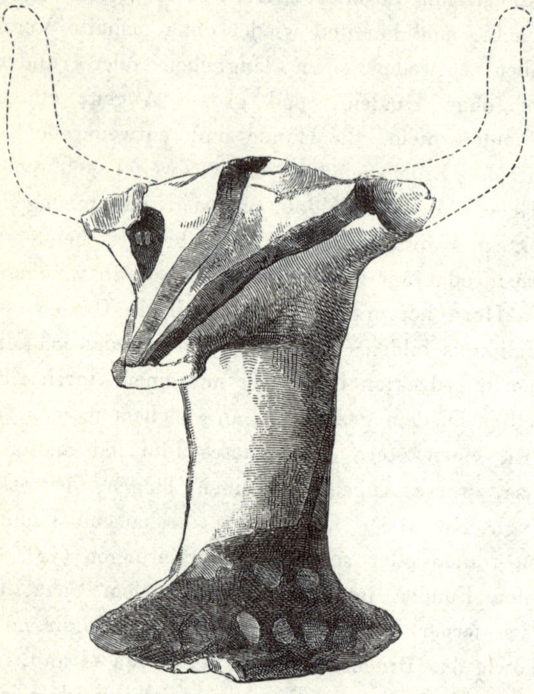

Nr. 159. Idol von Terracotta mit Kuhkopf, von einem Vasengriff. (4 M.) Natürl. Grösse.

Zweck gehabt haben mag den Vollmond darzustellen, denn Hera war ja einst eine Mondgöttin, und ihre Kuhhörner und darauf ihr ganzer Kuhcharakter kann nur von den symbolischen Hörnern des Halbmondes stammen.

Endlich habe ich die viel seltener vorkommenden Frauenidole mit einem vollkommen modellirten Kuhkopf zu erwähnen;

aber dieser Typus wird lediglich an den Griffen von Vasen gefunden und der Körper der Frau ist nie vollständig; derselbe reicht nie weiter hinunter als bis zur Brust und endet gewöhnlich schon mit dem Hals, an welchem das Halsband nie vergessen ist (vgl. Nr. 159, 160 und die colorirte Tafel D, Figur n, o, p). Durch ein sonderbares Zusammentreffen waren auch die in Troja von mir gefundenen drei oder vier Kuhköpfe von Terracotta auf Vasengriffen modellirt (vgl. Atlas der „Trojanischen Alterthümer", Tafel 149, Nr. 2952). Auch ein kopfloses Hera-Idol mit zwei wohlerhaltenen Hörnern und zwei Brüsten wurde gefunden; der Kopf ist nicht abgebrochen, sondern es war gar nicht des Künstlers Absicht, dies Idol mit einem Kopf darzustellen. Ich füge hinzu, dass auch eine Menge ganz flacher Idole gefunden wurde, die auf jeder Seite einen Kopf mit langer Schnauze und grossen Augen im Profil zeigen, aber keine Hörner haben (vgl. Nr. 161). Diese letzteren Idole sind auffallend den kleinen Gegenständen ähnlich, die man nach G. A. Hoskins' „Travels in Aethiopia and Upper Egypt", in dem Wandgemälde eines Grabes in Theben aus einer Vase hervorstehen sieht, die unter den dargebrachten Geschenken figurirt.

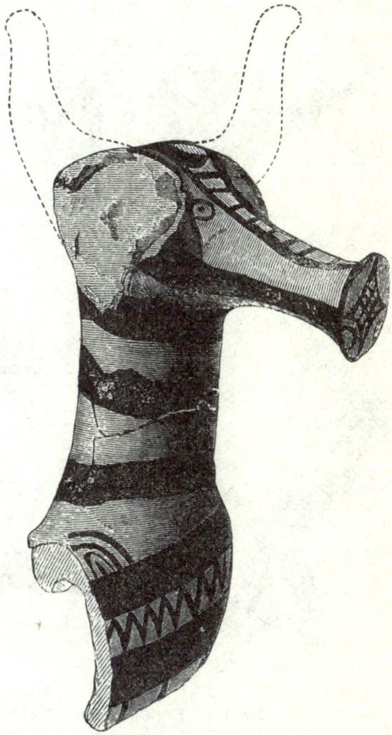

Nr. 160. Idol von Terracotta mit Kuhkopf. (2 M.) Natürliche Grösse.

Mit Ausnahme des obenerwähnten Knopfes mit dem goldenen Blättchen und der kleinen silbernen Figur sind noch keine Gegenstände von Gold oder Silber gefunden worden; dass aber diese Metalle stark in Gebrauch waren, daran darf nicht gezweifelt werden; ein von mir gefundener Formstein, der nach Prof. Xavier Landerer aus sehr feinem dunkel-

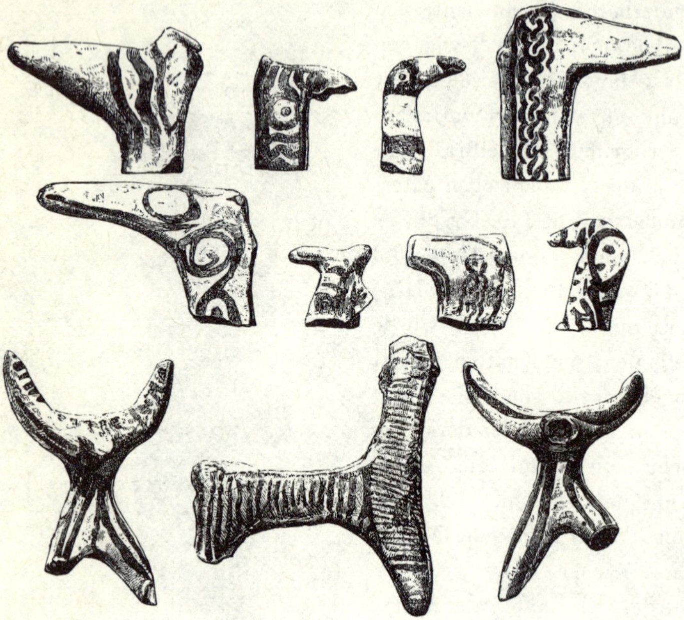

Nr. 161. Hera-Idole mit Kuhköpfen. (1—5 M.) Halbe Grösse.

rothen Granit besteht, zeigt auf beiden Seiten zusammen 14 verschiedene fantastische Formen zum Giessen von Ohrringen und anderen Schmucksachen, welche wahrscheinlich alle von Gold oder Silber waren (vgl. Nr. 162). Auch fand ich einen kleineren Formstein, der — wie derselbe Freund findet — aus Basalt besteht. Er hat die Form eines Würfels (vgl. Nr. 163) und hat an allen sechs Seiten Formen zum Giessen von

Nr. 162. Zwei Seiten eines Formsteins von Granit zum Giessen verschiedener Schmucksachen. (4 M.) Natürliche Grösse.

Schmucksachen, deren Typen man in den Abbildungen erkennt. Unter anderen hat er eine Form zum Giessen kleiner Kegel mit parallelen horizontalen Kreisen, wovon ich hier eine Menge finde (vgl. Nr. 164). Sie bestehen aus einer harten, glänzend schwarzen Masse, die Prof. Landerer ebenfalls analysirt hat und als eine stark gebrannte, mit einer Bleiglasur glasirte Thonmasse beschreibt. Herr C. T. Newton macht mich darauf aufmerksam, dass auch unter den im vorerwähnten Grabe in Ialysos gefunde-

Nr. 163. Vier Seiten eines Formsteins von Basalt. (5 M.) Natürliche Grösse.

nen Gegenständen diesen ähnliche aber viel kleinere Kegel mit parallelen horizontalen Kreisen von ganz gleicher Masse vorkommen. Von ganz derselben Masse finden sich auch häufig kleine runde Scheiben mit eingedrückten Blumen, die zum Ankleben an Thüren oder sonst wo gedient haben mögen (vgl. Nr. 165), und auch diese sieht man im British Museum unter den Funden im Grabe von Ialysos; ferner ein viereckiges Plättchen, worauf man zwischen zwei verticalen Rändern mit zahnartigen Einschnitten einen Tintenfisch sehr hübsch dargestellt sieht; dies ist unter Nr. 166 abgebildet; wie ersichtlich hat es vier Durchbohrungen

Nr. 164, 165, 166. Ornamente von glasirtem Thon. (3—4 M.) Natürliche Grösse.

zum Anheften mit Stiften. Wie bereits erwähnt, ist von gleicher Masse auch der Gegenstand Nr. 167, welcher sonst ganz die Form eines Champignons hat, aber seiner ganzen Länge nach durchbohrt ist und auch als Zierrath gebraucht worden sein muss, wol so, dass der ganze spitze untere Theil in den

Nr. 167, 168, 169. Ornamente von glasirtem Thon. (3—4 M.) Natürliche Grösse.

zu schmückenden Gegenstand gesenkt ward, sodass nur der Kopf hervorragte; die Röhre mag dazu gedient haben, eine Blume oder sonst irgend etwas darin zu befestigen. Von derselben stark gebrannten, mit einer Bleiglasur glasirten Thonmasse fand ich auch eine grosse durchbohrte Perle, die zu einem Halsband gehört haben mag (Nr. 168).

Ich finde auch sehr häufig kleine kegelförmige oder mehr abgestumpfte durchbohrte Gegenstände, die aus einem Mineral gedreht sind, welches Professor Landerer für den sogenannten Siphnischen Stein, lapis ollaris, auch Topfstein genannt, erklärt; derselbe Gelehrte macht mich gleichzeitig auf eine Stelle des Plinius aufmerksam, welcher anführt: „auf der Insel Siphnos gibt es einen Stein, der ausgehöhlt und gedreht wird zu Gefässen, die zum Kochen der Speisen oder zur Aufbewahrung von Esswaaren brauchbar sind, was, wie wir wissen, bei dem Comnes-Stein von Italien der Fall ist. Aber bei dem siphnischen Stein ist das besondere, dass er, heiss gemacht, mit Oel schwarz wird und sich erhärtet, während er von Natur weich ist. Er kann gedreht und zu Schmucksachen verwendet werden“.

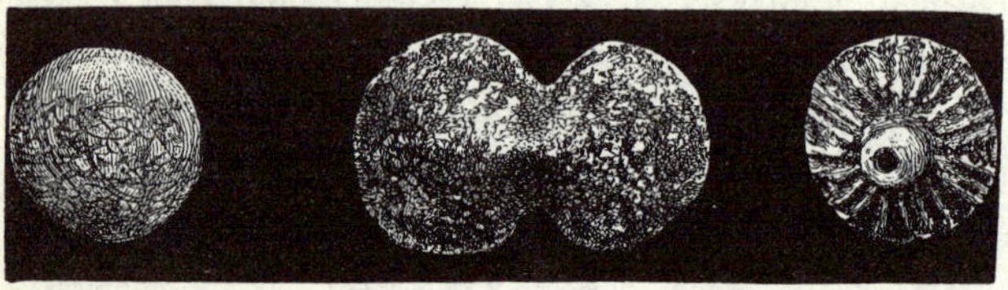

Nr. 170, 171, 172. Ornamente von glasirtem Thon, Stein und Glas. (3—4 M.) Natürl. Grösse

Die kleinen Kegel von diesem Stein haben auf jeder Seite im untern Rande zwei kleine Löcher, die von den Stiftchen herrühren müssen, womit sie angeheftet waren. Ein Bild eines solchen Kegels findet man Nr. 172; eins von dem andern Gegenstand aus demselben Material Nr. 169. Von zersetztem Glase ist der sonderbare Gegenstand Nr. 171, der fast die Form eines trojanischen Idols hat und dessen Gebrauch mir durchaus räthselhaft ist; er hat auf der untern Seite ein Röhrchen zum Anheften und mag als Schmuck gedient haben. Von sehr hart gebranntem Thon ist die Kugel Nr. 170, auf der man sonderbare Zeichnungen eingeschnitten sieht.

Auch kommen sehr häufig knopfartige Gegenstände der Art, wie man vier im Bilde Nr. 126 sieht, vor, die nach

Professor Landerer aus einem Stein, lapis serpentinus, gedreht sind. Ich kann mir den Gebrauch derselben nicht anders erklären, als dass sie als Zierrathe an den Thüren oder Wänden gedient haben gleichwie Nr. 167. Von weissem Glase wurde eine grosse durchbohrte Perle gefunden, ferner ein grosser Formstein von Diorit mit kreisförmigen Formen zum Giessen verschiedener Gegenstände. Von bronzenen Gegenständen wurde in einer Tiefe von 13 Fuss ein ganzer Schatz gefunden, bestehend aus fünf Messern (ähnlich wie Nr. 121—125), zwei kleinen Rädern, einem sonderbaren

Nr. 173. Zweischneidige Axt von Bronze. (4 M.) Halbe Grösse.

Gegenstand mit einem Ringe (vgl. Nr. 120), zwei Lanzenspitzen, zwei zweischneidigen Beilen (vgl. Nr. 173), mehreren Haarnadeln, zwei Vasen, Bruchstücken von zwei andern, und endlich einem grossen Dreifuss.

Es ist mir unbegreiflich, wozu die Räder gedient haben mögen; sie können sich nie gedreht haben, denn, wie aus dem Bilde Nr. 120 hervorgeht, ist am Rande des Rades ein viereckiges Stück in Form eines Henkels befestigt (von dem einen Rade Nr. 120 ist dies abgebrochen); diesen Henkel ausgenommen sind diese Räder vollkommen den auf den Sculpturen dargestellten Rädern der Streitwagen gleich, denn sie haben vier Speichen, die ein Kreuz um die Achse bilden. Auch wurden die ebenfalls in dem Bilde Nr. 120 mit dargestellten höchst sonderbaren kleinen Räder von Blei gefunden, das eine in einer Tiefe von 11 Fuss 8 Zoll, das andere in 16½ Fuss Tiefe. Ich mache hier wiederum ganz besonders darauf aufmerksam, dass die Tiefe, in der ein jeder Gegenstand gefunden, immer in Metern unterhalb des Bildes bemerkt ist.

Auch wurde eine Anzahl geschliffener, fast runder, etwas convexer, durchbohrter, linsenförmiger Gemmen von Halsbändern, aus Achat, Onyx oder Steatit gefunden, mit Intagli von

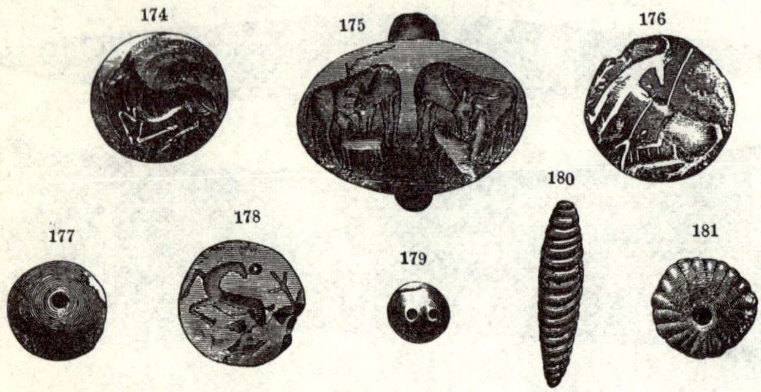

Nr 174—181. Linsenförmige Gemmen. (4—7 M.) Natürliche Grösse.

Thieren, die sehr archaisch sind, aber schon manchmal eine weit fortgeschrittene Kunst zeigen. Auf Nr. 176, welches von Steatit (lapis ollaris) ist, sieht man die sehr grobe und primitive Darstellung eines Thieres mit sehr langem Schwanz, langen Beinen und einem sehr spitz zulaufenden, nach hinten gewandten Kopf mit einem vertical stehenden Horn; wahrscheinlich muss man sich vorstellen, dass durch dies Horn das andere verdeckt ist; der Körper des Thieres sieht dem eines Pferdes, der Kopf dagegen dem einer Antilope ähnlich. Auch Nr. 178, von rothem Achat, zeigt die rohe Darstellung eines Thieres mit umgewandtem Kopf ohne Hörner; über seinem

Hintertheil ist ein Dreizack, und es ist schwer zu sagen, ob der alte Künstler damit den aufgehobenen Schwanz oder was sonst hat darstellen wollen. Das schönste aller dieser Intagli ist auf dem rothen Onyx Nr. 174; man sieht dort eine Antilope vollkommen naturgetreu; die beiden Hörner sind genau angegeben, sehr niedlich ist der Kopf und der Leib. Das Thier scheint auf den beiden Vorderfüssen zu knieen, der Schwanz ist seitwärts über den Rücken gehoben; ich mache ganz besonders aufmerksam auf den Gegenstand, der oberhalb des Rückens ersichtlich, er sieht aus wie ein umgestürzter Blumentopf mit einem langen, horizontal liegenden Gewächs. Der auf der schönen Gemme von Serpentin Nr. 183 eingravirte Gegenstand ist gar nicht erkennbar; auf dem schwarzen Achat Nr. 184 sieht man abermals ein sehr roh eingeschnittenes Thier mit umgewandtem Kopf, aber ohne Hörner. Nr. 185 ist eine Perle. Ein weiteres herrliches Intaglio, welches aber in der Photographie etwas undeutlich ist, sieht man unter Nr. 186; es ist von schwarzem Serpentin und stellt ebenfalls ein Thier mit umgewandtem Kopf und sehr grossen Augen dar, welches schnell zu laufen scheint; Nr. 189 ist auch von schwarzem Serpentin, hat aber gar kein Intaglio.

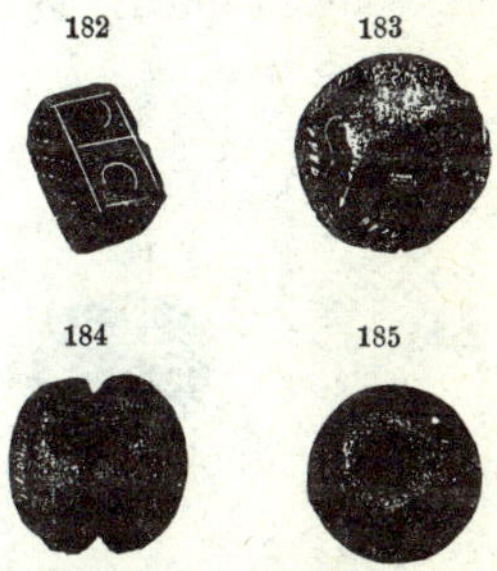

Nr. 182—185. Linsenförmige Gemmen und eine Perle. (3—6 M.) 3/4 Grösse.

Aehnliche, auf den griechischen Inseln gefundene linsenartige Gemmen mit rohen Intagli von Thieren sind im British Museum, und ich mache ganz besonders auf die im mehrerwähnten Grabe von Ialysos gefundene Gemme aus Bergkrystall aufmerksam, auf der eine Ziege, die ihren Kopf umdreht, in Intaglio dargestellt ist.

Sehr niedlich ist das kleine Parallelepiped Nr. 182, welches auch von Serpentin ist, auf zwei Seiten vierzehn sich durchkreuzende Linien und auf den beiden andern Seiten je zwei durch Einschnitte dargestellte Quadrate hat, in deren jedem man einen kleinen Kreis mit einem Punkte in der Mitte sieht. Nr. 187 ist ein auf einem hellgrünen, cylinderförmigen Opal in altägyptischem Kunststil roh ausgeschnittener Menschenkopf mit geschlossenen Augen, sehr breiter Nase, grossem Mund und Halsbande; dieser Cylinder hat kein Loch und scheint daher nicht als Griff eines Stockes gedient zu haben. Nr. 188 stellt eine Perle aus weissem Glase dar; Nr. 180 ist ein in Form einer langen, schmalen Muschel mit horizontal herumgehenden Linien gegossenes, mit Kobalt gefärbtes Stück blauen

Nr. 186—189. Linsenförmige Gemme, Cylinder und Perlen. (3—6 M.) $^3/_4$ Grösse.

Glases. Nr. 179 ist eine zweimal durchbohrte Perle von demselben Glase; auch fand ich einen schön geschliffenen braunen Schieber von Onyx ohne Intaglio und bemerke, dass ein vollkommen ähnlicher in dem Grabe in Ialysos gefunden wurde; Nr. 181 ist eine künstliche Glaspaste. Ich wiederhole, dass mit Ausnahme von Nr. 175, 180 und 187 alle diese Gegenstände Durchbohrungen haben und von Halsschnüren herrühren.

Von zusammenstehenden, inschriftähnlichen Zeichen habe ich erst drei oder vier gefunden; die eine ist an beiden Seiten eines verstümmelten Hera-Idols in Form einer Frau (vgl. Nr. 102), eine andere auf einem verstümmelten Kuhidol (vgl. die colorirte Tafel B, Figur g), eine dritte auf dem Diskus (Nr. 190). Von allen habe ich Abschriften an meinen verehrten Freund

Professor Max Müller, gesandt, der sie zu undeutlich und fragmentarisch findet, um schon jetzt eine Meinung darüber auszusprechen. Ich fand auch in der Tiefe von 6 Fuss eine kurze archaische Inschrift, welche ich aber unmöglich höher

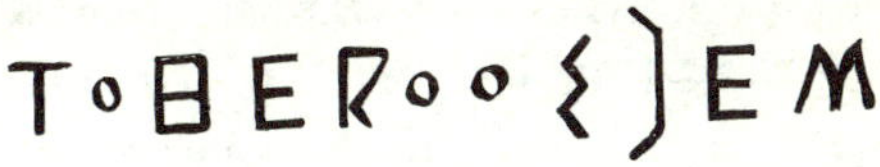

als das 6. Jahrhundert v. Chr. hinaufrücken kann; in der That gehört das Bruchstück der Vase, auf welchem die Buchstaben eingeritzt sind, zu jener schwarzen hellenischen Töpferwaare, die so sehr von den archaischen Terracotten von Mykenae verschieden ist, dass ich nicht wagen würde ihr ein höheres Alter als das 5. Jahrhundert v. Chr. zuzuschreiben, wenn nicht die

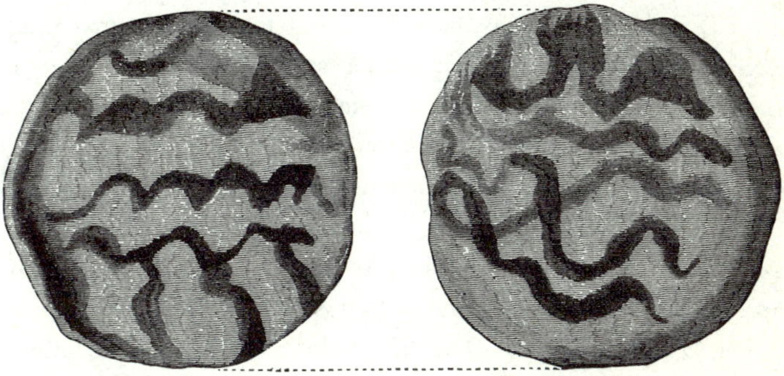

Nr. 190. Scheibe von Terracotta mit scheinbaren Schriftzeichen. (5 M.) Natürl. Grösse.

archaischen Schriftzüge entschieden das 6. Jahrhundert verlangten. Aber dies Bruchstück schwarzer Töpferwaare gibt uns wiederum eine Idee vom Alter der mykenischen Terracotten. Ich vermuthe, dass das erste O in dieser Inschrift für ΟΥ, das zweite O für Ω steht und dass das Zeichen) nur ein Komma ist. Daher lese ich: τοῦ ἥρωός ἐμ(ι) (ich stamme vom Hero).

Ausser den oben erwähnten Bechern in Form grosser

Bordeauxweingläser (Nr. 83, 84, 88) mit einem Henkel, welche in ungeheuren Massen gefunden werden, kommen auch oft Becher derselben Form mit zwei Henkeln vor. Obgleich diese Becher nicht die geringste Aehnlichkeit mit den eleganten trojanischen Bechern haben (vgl. Atlas der „Trojanischen Alterthümer", Tafel 84, Nr. 1763—1770 und Tafel 92, Nr. 1901—1904), so können dennoch jene mit zwei Henkeln mit vollem Recht Anspruch darauf machen das homerische δέπας ἀμφικύπελλον darzustellen. Ich glaube, Aristoteles (in seiner Hist. Animal., IX, 40) ist durchaus im Irrthum, wenn er sagt, dass die Bienenzelle die Gestalt eines ἀμφικύπελλον habe. Die grösste, ja die erhabenste Autorität für Erklärung der homerischen Texte muss nothwendigerweise Homer selbst sein, und da bei ihm (wie z. B. Od., III, 41, 46, 50, 63; XXII, 9—10 und 86) das δέπας ἀμφικύπελλον stets synonym ist mit ἄλεισον ἄμφωτον, welches unmöglich etwas anderes bedeuten kann als „Becher mit zwei Henkeln", so kann auch δέπας ἀμφικύπελλον unmöglich etwas anderes bedeuten als dies. Indem Athenaeus (Deipnos. 783) vom homerischen δέπας ἀμφικύπελλον spricht, erwähnt er die Meinung des Aristoteles gar nicht, sagt aber, dass nach der Meinung des Asclepiades, des Myrleaniers, unter ἀμφικύπελλον nichts anderes zu verstehen sei, als dass der Becher ἀμφίκυρτον ist. Der folgende Satz aber lässt keinen Zweifel darüber, dass unter letzterm Wort „mit zwei Henkeln" zu verstehen ist, was man auch in Franz Passow's griechischem Wörterbuch bestätigt findet.

Soweit meine Ausgrabungen fortgeschritten sind, finde ich nirgends eine Schuttanhäufung tiefer als 26 Fuss, und selbst diese Tiefe nur neben der grossen Ringmauer; von dort an erhebt sich der Fels rasch, und weiterhin übersteigt die Tiefe des Schuttes nicht 13 bis 20 Fuss. An der Westseite ist die cyclopische Mauer auf eine Strecke von 46 Fuss beinahe ganz zerstört, und an ihrer innern Seite hat man eine Mauer von kleinen, mit Erde verbundenen Steinen erbaut, um ihre Trümmer zu stützen.

Wir können nur eine Vermuthung darüber aussprechen, wann die cyclopische Mauer zerstört und die kleine Mauer gebaut worden ist; es muss dies aber lange vor der Einnahme von Mykenae durch die Argiver (468 v. Chr.) geschehen

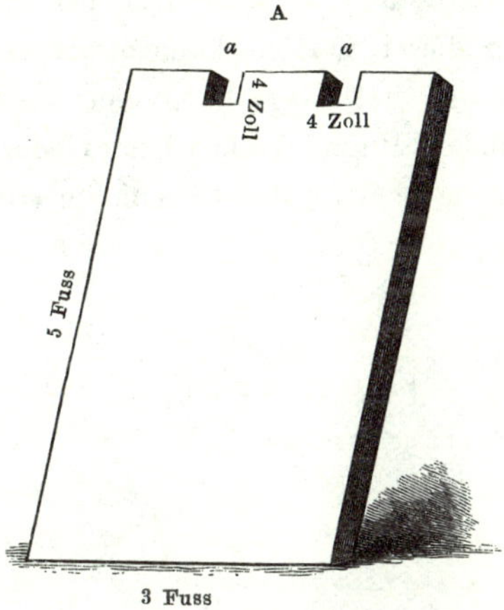

Nr. 190[a]. Muster der Steinplatten[1], welche den doppelten parallelen Kreis bilden, der die Agora umschliesst.

A. Eine der stehenden innern und äussern Steinplatten, die beide nach innen gewandt sind unter einem Winkel von 75 Grad.

B. Eine der Querplatten mit den Zapfen *b b*, welche in die Fugen *a a* gesteckt werden.

[1] Die Steinplatten sind nicht alle von der hier dargestellten Grösse, sondern sie variiren auf verschiedenen Stellen des Kreises (vgl. S. 140).

sein, denn die kleine Mauer war tief in vorhistorischem Schutt begraben.

Der grosse Steinbruch, der alle Steine für die cyclopischen Mauern, die Schatzhäuser u. s. w. geliefert hat, ist in und neben dem Dorfe Charvati, eine viertel deutsche Meile von hier; aber man sieht dort kein Beispiel, dass der Fels tiefer als bis zur Oberfläche abgeschnitten wäre. Ich gebe in der Vignette zum fünften Kapitel, Seite 133, eine Ansicht dieses Dorfes, auf welcher der grössere Theil des alten

Steinbruchs sichtbar ist. Der Name Charvati ist ohne Zweifel aus dem arabischen Worte خراب (Trümmer) entstanden, das in die türkische Sprache übergegangen ist.

Meine Frau und ich stehen den Ausgrabungen vom frühen Morgen bis nach Sonnenuntergang vor und leiden gar sehr von der furchtbaren Sonnenhitze und dem fortwährenden Sturm, der uns unaufhörlich den Staub in die Augen peitscht und sie entzündet, aber trotz dieser Qualen können wir uns nichts interessanteres denken als die Ausgrabung einer vorhistorischen Stadt von unsterblichem Ruhm, wo fast jeder Gegenstand bis zur Topfscherbe eine neue Seite der Geschichte aufdeckt.

Nr. 191. Das Dorf Charvati mit dem alten Steinbruch von Mykenae.

FÜNFTES KAPITEL.

FORTSETZUNG DER AUSGRABUNGEN IN DER AKROPOLIS UND DEM SCHATZHAUSE.

DAS LÖWENTHOR UND DIE AGORA.

Ausgrabung des Schatzhauses durch Frau Schliemann. — Dies Gebäude ist älter und einfacher als das Schatzhaus des Atreus. — Der Eingang und seine Ornamentation. — In dem Eingange gefundene archaische Töpferwaare. — Perlen von einem Halsband. — Bruchstücke eines marmornen Frieses. — Die ungeheure Schwelle des Löwenthors aufgedeckt. — Die grosse doppelte Reihe paralleler Steinplatten wahrscheinlich nicht uralt. — Die Akropolis war nur theilweise den alten Streitwagen zugänglich. — Das Thor ist doppelt wie das Thor in Troja. — Corridore von cyclopischen Hauswänden. — Idole der Hera und Pfeilspitzen von Bronze und Eisen. — Die Wohnung des Thorwächters. — Stützmauern. — Thurm der Akropolis oberhalb der grossen inneren cyclopischen Mauer. — Die doppelte parallele kreisförmige Reihe von Steinplatten diente als Einfassung der königlichen Gräber und der Agora. — Beweise dafür. — Interessante Gegenstände in und neben derselben gefunden. — Ein grosses cyclopisches Haus mit Cisternen und Wasserleitung, wahrscheinlich der alte königliche Palast. — Keine Fenster in dem Hause. — Die Quelle Perseia. — Dort gefundene Kunstgegenstände. — Ein Siegelring von Onyx. — Vasengemälde gepanzerter Krieger. Mit der Hand gefertigte Töpferwaare in der Akropolis.

Mykenae, 30. September 1876.

Seit dem 9. d. M. habe ich die Ausgrabungen mit 125 Mann und fünf Schuttkarren energisch fortgesetzt und, da das Wetter herrlich war, gute Fortschritte gemacht.

In dem Schatzhause, wo Frau Schliemann allein das Commando führt, arbeiten wir mit 30 Mann und 2 Schuttwagen und haben die furchtbarsten Schwierigkeiten, die vom oberen Theile des Doms herabgefallenen Hunderte von grossen Blöcken fortzuschaffen. Die inneren Wände dieses Schatzhauses sind dem Anscheine nach nie mit bronzenen Platten bedeckt gewesen wie das Schatzhaus des Atreus hier und das des Minyas in Orchomenos; wenigstens sehe ich hier nirgends in den Steinen die Löcher der bronzenen Nägel, womit die Metallplatten befestigt wurden; jedoch kann ich nicht umhin zu bemerken, dass auf der inneren Ostseite des Schatzhauses, zwischen den Steinen, ein grosses Stück einer bronzenen Platte hervorsteht, welches so fest steckt, dass es nicht herausgezogen werden kann; ich vermuthe daher, dass es beim Bau des Schatzhauses dort befestigt worden ist. Es ist nicht denkbar, dass dies nur zufällig geschehen sein sollte, jedoch fällt es mir schwer zu glauben, dass diese bronzene Platte von einer einstigen, nicht an die Steine genagelten, sondern in den Fugen zwischen denselben befestigt gewesenen Wandbekleidung von bronzenen Platten herrühren sollte, denn in diesem Falle müsste man nach meiner Meinung an vielen Stellen die Trümmer einer solchen Wandbekleidung finden. Dies Schatzhaus ist einfacher und dem Anscheine nach älter als das Schatzhaus des Atreus und jenes des Minyas in Orchomenos.

Der Eingang, welcher 13 Fuss lang und 8 Fuss breit ist, wird überdacht von vier Platten, welche 18½ Fuss lang sind; die Löcher der oberen Thürangeln sind 5 Zoll tief. Es sind alle Anzeichen vorhanden, dass der Eingang rechts und links mit zwei Halbsäulen geschmückt war, welche wir in grösserer Tiefe zu finden hoffen; den Rest einer Verzierung von Halbkreisen sieht man an der Aussenseite der Platte rechts über dem Eingang und erkennt denselben auf den ersten Blick auf dem Bilde dieses Schatzhauses (vgl. Titelbild, Tafel V). Da die grossen behauenen Steine der Façade und der Wände des „dromos“ seit Jahrtausenden unter dem feuchten Schutt begraben waren, so ziehen sie sich jetzt, wo sie der Sonne ausgesetzt sind, zusammen und sehr viele derselben sind, wie man auf dem Bilde erkennt, zerspalten.

Ganz so wie in dem Schatzhause des Atreus und über dem Löwenthor ist hier der dreieckige Raum über dem Eingange durch eine schräge Annäherung der Steinschichten gebildet. An allen drei Seiten des Dreiecks erkennt man Einschnitte, die es wahrscheinlich machen, dass es einst von einer dreieckigen sculptirten Platte ähnlich der über dem Löwenthor ausgefüllt war. Im übrigen beziehe ich mich auf den Plan E, welcher den Grundriss und die Querschnitte dieses Schatzhauses gibt.

Unter der im „dromos“ vor dem Schatzhause gefundenen Töpferwaare verdienen die sehr roh modellirten Reiter, die mit beiden Händen den Nacken des Pferdes halten, wie dergleichen auch mehrfach im erwähnten Grabe in Ialysos gefunden sind, besondere Aufmerksamkeit; ferner die Bruchstücke der grossen bemalten Vasen, welche allzureichlich bedeckt sind mit einer Ornamentation von Maeandern, Zickzacklinien, Fischgräten ähnlichen Zeichen, Streifen, mit einer sehr primitiven

Darstellung von Kranichen oder Schwänen, oder von Kreisen mit Blumen und manchmal auch mit dem Zeichen 卍 (vgl. Nr. 192—204); diese Art Vasen mit geometrischen Zeichnungen wird bisweilen in Athen gefunden und gehört nach allgemeinem Dafürhalten zu der ältesten Töpferwaare Attikas. Ich theile aber vollkommen meines gelehrten Freundes Ch. T. Newton's Meinung, dass dieselben einer späteren Zeit angehören als alle die von mir in den fünf königlichen Gräbern gefundenen Terracotten, welche ich später beschreiben werde. Von Vasen

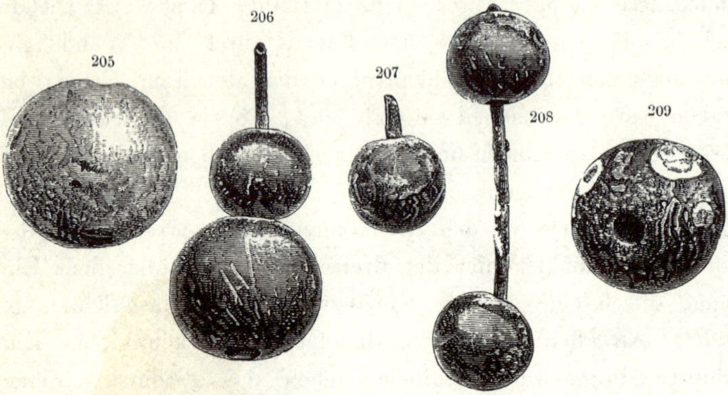

Nr. 205—209. Durchbohrte Kugeln von Glas und Flussspat. (4 M.) Natürliche Grösse.

mit anderen als geometrischen Zeichnungen kommen nur sehr wenige Bruchstücke vor.

Es wurde hier auch ein Theil eines Halsbandes mit einer sehr grossen Perle von weissem Glase (vgl. Nr. 205), zwei Perlen aus einem durchsichtigen bläulichen und zwei Perlen aus einem rothbläulichen Flussspat gefunden, alle sind durchbohrt und auf einen dünnen Kupferdraht gezogen (vgl. Nr. 206—209). Auch wurde dort das Bruchstück eines sculptirten Frieses von weissem Marmor gefunden (vgl. Nr. 154). Gerade über dem unteren Theil des Dromos sind die Fundamente eines hellenischen Hauses, dem Anschein nach aus macedonischer Zeit.

Die Archäologische Gesellschaft in Athen hat noch keinen Ingenieur zur Befestigung der Sculptur über dem Löwenthor und zur Ausbesserung der cyclopischen Mauer neben derselben geschickt, beabsichtigt jedoch dies bald zu thun. Dennoch hat sie mir gestattet jetzt die Ausgrabungen neben dem Löwenthor fortzusetzen, vorausgesetzt, dass ich rechts und links von letzterem die Schuttanhäufung auf eine beträchtliche Breite stehen lasse, damit die zur Ausbesserung nöthigen Blöcke leichter gehoben werden können. Ich habe daher jetzt die Arbeiten dort fortsetzen können und es ist mir bereits gelungen die ungeheuere Thürschwelle des Löwenthors aufzudecken, von der ich hier unter Nr. 210 zwei genaue Zeichnungen gebe. Sie besteht aus einem 15 Fuss langen, 8 Fuss breiten, sehr harten Block von Breccia. Das durch die Räder der alten Wagen in dieser Schwelle verursachte Geleise, wovon alle „guide-books“ sprechen, existirt nur in der Einbildung enthusiastischer Reisender, aber nicht in Wirklichkeit.

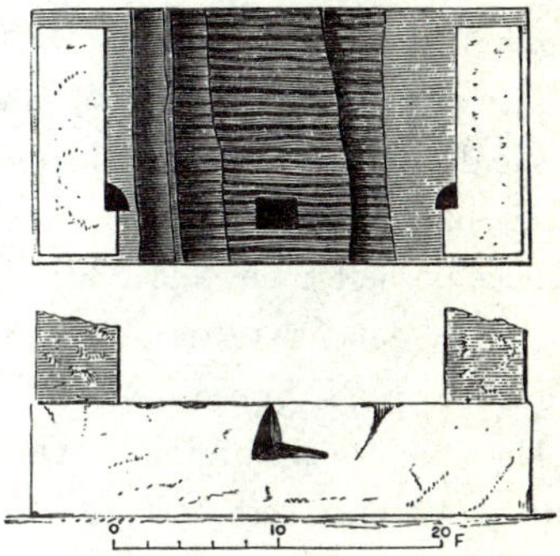

Nr. 210. Schwelle des Löwenthors.

Die beiden riesigen, parallelen, kreisförmigen Reihen von eng zusammenstehenden Steinplatten, die ich unweit des Löwenthors ans Licht gebracht habe, würden jetzt ganz und gar den Zugang zu der Akropolis für Wagen versperren. Da ich aber die Mauer, welche in dem niedrigeren Theil der Akropolis die doppelte Reihe von Steinplatten trägt, keinem sehr hohen Alterthum zuschreiben kann, so kann ich dies ebenso wenig für die doppelte Reihe Steinplatten thun, und vor ihrer Errichtung konnten allerdings Wagen Zutritt zur Akropolis haben. Aber wegen der steilen Abhänge der Felshöhe ist es unmöglich, dass Wagen jemals weiter als zur ersten niedrigsten der sechs natürlichen oder künstlichen Terrassen haben vordringen können. Daraus geht hervor, dass Wagen hier nur wenig in Gebrauch gewesen sein können und dass an ihrer Statt Lastthiere, Pferde, Maulthiere oder Esel, angewandt sein müssen. Vielleicht hat man irrthümlich die 15 kleinen, geraden, parallelen Furchen, welche in der ganzen Länge der Thorschwelle ausgeschnitten sind um das Ausgleiten der Lastthiere zu verhindern, für Wagenspuren gehalten. Dann ist aber wieder zu bemerken, dass die Thorschwelle seit einer langen Reihe von Jahrhunderten, jedenfalls seit der Eroberung der Akropolis durch die Argiver (468 v. Chr.), tief im Schutte begraben war und somit kein sterbliches Auge dieselbe seit mehr als 2300 Jahren hat sehen können.

In der Mitte der Thorschwelle ist ein 1 Fuss 3 Zoll langes, 1 Fuss breites viereckiges Loch, wo sich die beiden Thorflügel vereinigten. Ausserdem zeigt die Thorschwelle an der Ostseite eine 1 Fuss breite, künstlich geschnittene, gerade Furche, und an der Westseite eine andere, welche einen Bogen bildet; beide scheinen zum Abfluss des Regenwassers gedient zu haben, dessen Andrang stark gewesen sein muss, da die Thorschwelle niedriger ist als der Felsboden, der den Boden der Passage bildet und allmählich ansteigt. In der nach Norden liegenden Seite der Thorschwelle ist ein langer künstlicher Einschnitt von besonderer Form, welcher auf die eine oder andere Weise mit dem Thor in Verbindung gestanden, resp. für dasselbe benutzt sein muss, denn ein Einschnitt von ganz derselben Form findet sich in dem grossen flachen Stein in der Mitte des Thors in Troja.

In einer Entfernung von 11½ Fuss von der Thorschwelle ist auf jeder Seite der Eingangspassage, wie in Troja (vgl. Atlas der „Trojanischen Alterthümer“, Tafel 211 und 212), ein viereckiges cyclopisches Mauerwerk, 2 Fuss breit und hoch und 3 Fuss lang, welches die Stelle des zweiten hölzernen Thors bezeichnet.

Weiter hin zur rechten habe ich unterhalb der Fundamente eines hellenischen Hauses eine Art Labyrinth von cyclopischen Hausmauern gefunden, die mehrere 4—6½ Fuss breite, parallele, mit Steinen und Schutt gefüllte Corridore bilden, welche ich jetzt reinige; der eine der Corridore führt gerade in das bereits im vierten Kapitel, S. 112, beschriebene cyclopische Haus; an mehreren Stellen sieht man auf den Mauern Spuren der Wandbekleidung von Lehm. Ich fand dort mehrere Hera-Idole, sowie drei Pfeilspitzen von Bronze, zwei haben Widerhaken (γλωχῖνες); der dritte Pfeil hat die Form einer Pyramide, ganz so wie die im vorigen Jahr bei meiner Ausgrabung in Motye in Sicilien von mir gefundenen carthagischen Pfeile.

Zur linken vom Eingang ist zuerst das kleine Zimmer des Thorwächters und darauf folgt eine Mauer von grossen Blöcken, die keinen anderen Zweck zu haben scheint als den, die 24—26 Fuss hohen Massen von Schutt zu stützen, die im Laufe der Jahrhunderte vom Berge heruntergewaschen worden sind. Weiterhin ist in derselben Linie die bereits im zweiten Kapitel beschriebene und im Bilde Tafel VI und VII dargestellte, 166 Fuss lange und 30 Fuss hohe cyclopische Mauer aus ungeheuren Blöcken, die mittels kleinerer Steine vereinigt sind, und oberhalb welcher man, wie bereits erwähnt, die Trümmer eines Thurms sieht; diese Mauer gibt der Akropolis einen besonders erhabenen Anblick; sie war bis zu einer Tiefe von 10—12 Fuss im Schutt begraben und ist jetzt bis zum Fels, worauf sie steht, ans Licht gebracht.

Meine Vermuthung, dass die doppelte, parallele Reihe grosser Steinplatten einen ganzen Kreis bildet, hat sich als richtig erwiesen; die eine Hälfte davon ruht auf der Mauer, welche dazu diente, sie in dem niedrigeren Theil der Akropolis zu tragen, die andere Hälfte steht auf dem höheren platten Fels und berührt den Fuss der vorerwähnten cyclopischen Mauer; der Eingang ist von der Nordseite (vgl. Plan C und Tafel VI und VII).

Ich dachte zuerst, der Raum zwischen den beiden Reihen möge zu Trank- oder Blumenopfern zu Ehren der hohen Verstorbenen gedient haben, bin aber hiervon zurückgekommen, denn die doppelte Reihe von Steintafeln ist einst mit Querplatten bedeckt gewesen, von denen sechs noch in situ sind; sie sind sehr gut eingepasst und befestigt durch in der oberen Kante der schrägstehenden Steinplatten der beiden parallelen Reihen befindliche $1^1/_4$—$3^1/_3$ Zoll tiefe und 4 Zoll breite Einschnitte, welche die hervorstehenden Stücke der Querplatten aufnahmen und somit ein Zapfen- und Fugen-Charnier bildeten (vgl. Nr. 190[a]). Da diese letzteren sich an allen Platten befinden, so kann es keinem Zweifel unterliegen, dass einst der ganze doppelte Kreis von Steinplatten auf dieselbe Weise bedeckt war. Die Steinplatten sind 4 Fuss 2 Zoll bis 8 Fuss 2 Zoll lang und 1 Fuss 8 Zoll bis 4 Fuss breit, und die grössten sind da, wo die doppelte Reihe vom Felsen auf die Mauer hinübergeht. Inwendig ist zuerst eine 1 Fuss 4 Zoll dicke Schicht von Steinen, die den Zweck hat die Steinplatten in ihrer Lage zu erhalten; der übrige Raum ist da, wo die oberen Querplatten noch in situ sind, durch reine, mit langen dünnen Muscheln vermengte Erde, und überall wo die Querplatten fehlen, durch Ueberbleibsel von Haushaltungen ausgefüllt, worunter sich unzählige Bruchstücke archaischer Töpferwaare befinden.

Dieser Umstand kann keinen Zweifel übrig lassen, dass die Querplatten erst weggenommen wurden, als die Stadt schon eingenommen und verlassen war, denn alle Bruchstücke archaischer Töpferwaare müssen nothwendigerweise durch den Regen von den fünf natürlichen oder künstlichen Terrassen der Akropolis heruntergewaschen sein, und dies kann natürlich erst geschehen sein, nachdem Mykenae schon von seinen Einwohnern verlassen war. Es ist wohl zu bemerken, dass die ganze Einrichtung der Steinplatten unter einem Winkel von 75° nach Innen gewandt ist, sodass, da der Boden innerhalb des Kreises erhöht worden war, wie in nebenstehender Figur dargestellt, die horizontalen Steinplatten eine ununterbrochene Bank bildeten, auf die sich das Volk, mit dem Gesichte nach dem Innern des Kreises gewandt, setzte, indem die Neigung der Platten — gleich den Sesseln der Priester im Bacchus-Theater zu Athen — bequemen Raum für die Füsse liess.

Mein werther Freund, Professor F. A. Paley, ist der erste gewesen, der mit der sowol von Herrn Ch. T. Newton als von mir selbst angenommenen Meinung hervorgetreten ist, der doppelte parallele Kreis von Steinplatten müsse, da er mit sehr solide befestigten Querplatten bedeckt gewesen ist, nothwendigerweise als Bank zum Sitzen gedient und als Einfassung der Agora von Mykenae gebraucht worden sein. Wie er glaubt, ist die erste Idee zur Form einer Agora durch die Rundtänze (κύκλιοι χόροί) und die Recitation der Dithyramben gegeben.[1] Das versammelte Volk sass im

[1] Der Dithyramb war eine alte bacchische Darstellung, und sie reicht wenigstens bis zur Zeit des Archilochus zurück, welcher sagt, „er wisse, wie der Dithyramb, der schöne Gesang zu Ehren des Dionys, wenn sein Geist vom Wein erhitzt, aufzuführen sei“ (Frag. ap. Athen. XIV, 628). Es scheint ein Festgesang gewesen zu sein, gesungen von einem oder mehreren Mitgliedern eines κῶμος, einer unregelmässigen Bande von Schwärmern, zur Musik der Flöte. Arion, zu Corinth, war der erste, welcher dem Dithyramb eine regelmässige chorale oder antistrophische Form gab (Herodot, I, 24; Pindar, Olymp., XIII. 18—25). Die Chöre, welche gewöhnlich aus 50 Männern oder Jünglingen bestanden, tanzten im Kreise

Kreise und der Redner stand in der Mitte, wie es aus der Ilias (I, 58, 68, 101; II, 53, 96, 99) ersichtlich ist, ebenso aus Sophocles, Oedipus Tyrannus, 161, Ἄρτεμιν ἃ κυκλόεντ' ἀγορᾶς θρόνον εὐκλέα θάσσει, „Artemis, welche auf der Agora kreisförmigem, ruhmreichen Throne sitzt."

Wir wissen also bestimmt: erstens, dass die Agora rund war, und zweitens, dass man in derselben sass. Die Kreisform der Agora beweisst auch Euripides, Orest., 919, wo er vom ἀγορᾶς κύκλον spricht.

Professor Paley behauptet, es gehe aus der bereits angeführten Stelle des Euripides (Electra 710) ohne jeden Zweifel hervor, dass der Dichter diese kreisförmige Agora in der Akropolis von Mykenae aus eigener Anschauung kannte, und dass er durch πέτρινα βάθρα die die Agora umschliessende ungeheure, kreisrunde, steinerne Bank bezeichnet, auf welcher er den Herold stehen lässt, als er mit lauter Stimme das Volk von Mykenae zur Agora ruft; er meint ferner, dass Euripides vielleicht auch an das βῆμα in der athenischen Pnyx gedacht habe. Ich würde keinen Augenblick zögern, Professor Paley's Meinung beizustimmen, wenn ich nicht die Agora tief im vorhistorischen Schutt begraben gefunden hätte. Es kann aber sehr wohl sein, dass die Agora zur Zeit des Euripides noch nicht ganz verschüttet war, und dass der grösste Theil des vorhistorischen Schutts, womit ich sie bedeckt fand, erst nach seiner Zeit durch den hier so heftigen Winterregen von den fünf höhern natürlichen oder künstlichen Terrassen heruntergewaschen ist. Jedenfalls scheint aus den Bruchstücken der Töpferwaare der spätern hellenischen Stadt hervorzugehen,

---

um den Altar des Dionys, daher wurden sie Kreischöre (κύκλιοι χοροί) genannt, und unter dem Namen κυκλιοδιδάσκαλοι verstand man dithyrambische Dichter.

Ichnographie der Königlichen

-halb der kreisförmigen Agora.

dass diese erst nach der Zeit des Euripides gegründet worden ist.

Herr Ch. T. Newton macht mich aufmerksam auf die Stelle im Thucydides, III, 74, wo es von Corcyra heisst: τὰς οἰκίας τὰς ἐν κύκλῳ τῆς ἀγορᾶς (die im Kreise um die Agora liegenden Häuser). Auch erinnert er mich daran, dass Pausanias, I, XLIII, 4 von Megara sagt: βουλευτήριον ἐνταῦθα ᾠκοδόμησαν, ἵνα σφίσιν ὁ τάφος τῶν ἡρώων ἐντὸς τοῦ βουλευτηρίου γένηται (hier bauten sie den Platz der Rathsversammlung, damit sie das Grab der Helden innerhalb des Platzes der Rathsversammlung hätten); es unterliegt keinem Zweifel, dass dies βουλευτήριον in der Agora war. Es ist aber wohl zu beachten, dass dies in Megara auf den Rath des delphischen Orakels geschah. Ferner (Pausanias, I, XLIII, 8) Κοροίβῳ δέ ἐστι τάφος ἐν τῇ Μεγαρέων ἀγορᾷ (auch das Grab des Coroebus ist in der Agora der Megarer).

Ein anderer geehrter Freund erinnert mich ferner an die Stelle des Pausanias, II, XV, 4: ἐνταῦθά ἐστι μὲν Ὀφέλτου τάφος, περὶ δὲ αὐτὸν θριγκος λίθων, καὶ ἐντὸς τοῦ περιβόλου βωμοί· ἔστι δὲ χῶμα γῆς Λυκούργου μνῆμα τοῦ Ὀφέλτου πατρός (hier ist das Grab des Opheltes, umschlossen von einer Mauer von Steinen und in der Mauer sind Altäre; es ist hier auch das Grabmal des Lykurgus, des Vaters des Opheltes). Aber Opheltes war der Sohn des nemeischen Königs Lykurgus und der Eurydike und wurde von einer Schlange getödtet, während der Zeit, dass seine Wärterin Hypsipyle den gen Theben ziehenden Helden eine Quelle zeigte. Infolge dessen gründete das Volk von Nemea ihm zu Ehren die nemeischen Spiele, und sowol er als sein Vater wurden im Haine des nemeischen Jupiters begraben, wo ihre Gräber von Pausanias gesehen wurden, der nichts von einer Agora erwähnt (Pausanias, II, 15, 2; Apollodor, I, 9, 14; III, 6, 4; Hyg. fab., 74; Stat. Theb., V, 296).

Aber vor allem muss ich hier die wichtige Stelle aus der Ilias anführen, wo Homer ausdrücklich die Agora des heroischen Zeitalters als einen heiligen Kreis beschreibt, um welchen die Aeltesten auf schön behauenen Steinen sassen, — oder wie wir jetzt sagen würden, auf geglätteten Steinplatten — wie sie in der Agora der Akropolis von Mykenae sind. Diese entscheidende Stelle ist die Scene der gerichtlichen Untersuchung in der Beschreibung vom Schilde des Achilles, Ilias XVIII, 497—505.

Λαοὶ δ' εἰν αγορῇ ἔσαν ἀϑρόοι· ἔνϑα δὲ νεῖκος
'Ωρώρει, δύο δ' ἄνδρες ἐνείκεον εἵνεκα ποινῆς
'Ανδρὸς ἀποφϑιμένου. 'Ο μὲν εὔχετο πάντ' ἀποδοῦναι,
Δήμῳ πιφαύσκων, ὃ δ' ἀναίνετο μηδὲν ἑλέσϑαι·
῎Αμφω δ' ἱέσϑην ἐπὶ ἴστορι πεῖραρ ἑλέσϑαι.
Λαοὶ δ' ἀμφοτέροισιν ἐπήπυον, ἀμφὶς ἀρωγοί·
Κήρυκες δ' ἄρα λαὸν ἐρήτυον. Οἱ δὲ γέροντες
Εἵατ' ἐπὶ ξεστοῖσι λίϑοις ἱερῷ ἐνὶ κύκλῳ·
Σκῆπτρα δὲ κηρύκων ἐν χέρσ' ἔχον ἠεροφώνων·
Τοῖσιν ἔπειτ' ἤϊσσον, ἀμοιβηδὶς δὲ δίκαζον.
Κεῖτο δ' ἄρ' ἐν μέσσοισι δύω χρυσοῖο τάλαντα,
Τῷ δόμεν, ὃς μετὰ τοῖσι δίκην ἰϑύντατα εἴποι.

Auch war Volksversammlung gedrängt auf dem Markte (der Agora), denn heftig
Zankten sich dort zween Männer, und haderten wegen der Sühnung
Um den erschlagenen Mann. Es betheuerte dieser dem Volke,
Alles hab' er bezahlt; ihm läugnete jener die Zahlung.
Beide sie wollten so gern vor dem Kundigen kommen zum Ausgang.
Diesem schrie'n und jenem begünstigend eifrige Helfer;
Doch Herolde bezähmten die Schreienden. Aber die Obern (die ehrwürdigen Greise)
Sassen im heiligen Kreis' auf schön gehauenen Steinen;
Und in die Hände den Stab dumpf rufender Herolde nehmend,
Standen sie auf nacheinander, und redeten wechselnd ihr Urtheil,
Mitten lagen im Kreis' auch zwei Talente des Goldes,
Dem bestimmt, der von ihnen das Recht am gradesten spräche.

Wer kann diese lebendige homerische Darstellung in dem durch meine Entdeckung der Agora von Mykenae verschafften Lichte betrachten, ohne zu fühlen, dass der Dichter oft, ja vielleicht an dieser Stelle selbst, Augenzeuge solcher Scenen gewesen ist.

Homer beschreibt, wie sich die aus allem Volk, alt und jung, mit den Aeltesten bestehende Agora in der Citadelle von Ilium (der Pergamus) vor den Thüren des Palastes von Priamus versammelte (Ilias II, 788—789; VII, 345—346); es ist aber wohl zu beachten, dass hier ἀγορά die Volksversammlung ist, von welcher der Versammlungsort selbst seinen Namen hat; ἀγορά von dem Verbum ἀγείρω „ich versammele".

An verschiedenen Stellen der Odyssee beschreibt der Dichter die Agora der Phäaken, welche nach den Versen VI, 262–263:

Αὐτὰρ ἐπὴν πόλιος ἐπιβείομεν, ἣν περὶ πύργος
Ὑψηλός, καλὸς δὲ λιμὴν ἑκάτερθε πόληος

Aber sobald zu der Stadt wir hinaufgehen, welche die Mauer
Hoch umthürmt; rechts ist auch und links ein trefflicher Hafen

in der oberen Stadt oder Citadelle war. Zu dieser Agora wurde das Volk der Phäaken vom Könige Alkinoos geführt, um die wunderbaren Abenteuer des Odysseus zu hören; und als sie kamen, setzten sie sich nahe auf schöngehauene Steine (oder geglättete Steinplatten), und die Räume und Sitze der Agora füllten sich rasch mit der drängenden Volksmenge, Od. VIII, 4—7 und 16, 17:

Τοῖσιν δ' ἡγεμόνευ' ἱερὸν μένος Ἀλκινόοιο
Φαιήκων ἀγορήνδ', ἥ σφιν παρὰ νηυσὶ τέτυκτο.
Ἐλθόντες δὲ καθῖζον ἐπὶ ξεστοῖσι λίθοισιν
Πλησίον ....
Καρπαλίμως δ' ἔμπληντο βροτῶν ἀγοραί τε καὶ ἕδραι
Ἀγρομένων.

Um nun die Vergleichung zu vervollständigen, im Mittelpunkt dieser phäakischen Agora war ein schöner Tempel (höchst wahrscheinlich nur ein kleines offenes Heiligthum) des Poseidon, des Erbauers grosser Mauern (z. B. in Troja), und im Kreise um die Agora war eine Einfassung von herbeigeschleiften, eng zusammengefugten und eingegrabenen Steinen, gleich den Steinplatten der Agora in Mykenae, Odyssee, VI, 266—267:

Ἔνθα δέ τέ σφ' ἀγορή, καλὸν Ποσιδήϊον ἀμφίς,
ῥυτοῖσιν λάεσσι κατωρυχέεσσ' ἀραρυῖα.

Dort ist auch der Markt (die Agora) um den prangenden Tempel Poseidon's,
Rings umhegt mit geschleiftem und eingegrabenem Bruchstein.

Noch füge ich hinzu, als Beweis, wie überaus wichtig die Agora in dem bürgerlichen Leben des heroischen Zeitalters war, dass das Nichtvorhandensein derselben von Homer erwähnt wird, um die barbarische Lebensweise der Cyclopen zu charakterisiren (Odyssee, IX, 112):

τοῖσιν δ' οὔτ' ἀγοραὶ βουληφόροι οὔτε θέμιστες

Dort ist weder Gesetz, noch Rathsversammlung des Volkes.

Prof. Paley macht mich noch auf die berühmte fünfte Pythische Ode des Pindar aufmerksam, wo wir (Vers 69—98) wie folgt lesen: „(Apollo) liess die tapfern Abkömmlinge von Hercules und Aegimius in Lacedaemon, Argos und im heiligen Pylos wohnen. Nun sagt man, dass mein eigenes hochgepriesenes Geschlecht von Sparta kommt. Dort entsprungen kamen die, Aegiden genannten, Helden, meine Vorväter, nach Thera, aber nicht ohne des Gottes Führung; nein, ein gewisses Geschick brachte dahin eine von vielen Opfern begleitete festliche Ceremonie, und davon stammen deine Carnea, o Apollo; das prachtvoll gebaute Cyrene empfing sie, welches wir (jetzt lebende thebanische Aegiden, die wir eine Familienverwandtschaft haben mit den spartanischen Aegiden, welche an der Gründung Cyrene's theilgenommen haben [vgl. Herod., IV, 149]) bei feierlichem Mahle ehren; die Stadt, die von den Erz liebenden Fremdlingen, den von Antenor abstammenden Trojanern, innegehalten worden ist. Denn sie kamen dorthin mit Helena, nachdem sie ihre Geburtsstadt im Kriege eingeäschert gesehen hatten. Und das rossetummelnde Volk wird ehrfurchtsvoll mit

Opfern (an seinen Gräbern) gefeiert von den Männern, die Aristoteles (Battos) mit sich brachte, als er seinen schnellen Schiffen des Meeres tiefe Heerstrasse eröffnete. Er gründete auch den Göttern grössere Haine und machte einen gepflasterten Weg, der die Ebene gerade durchschneidet, um gestampft zu werden von den Füssen der Pferde in den (feierlichen) Processionen (zu Ehren) Apollo's, damit er das Uebel von den Sterblichen abwende; und dort liegt er (Battos) im Tode von den übrigen getrennt am vordersten Ende der Agora. Glücklich lebte er, so lange er unter den Menschen war, und nachher wurde er als ein Held gesegnet und vom Volke angebetet. Und von ihm entfernt (auf der Agora), vor ihren Palästen, liegen andere geweihte Könige, welche ihr Loos im Hades haben".

Wir sehen hieraus, dass Battos, der Gründer von Cyrene und dessen erster König (640 v. Chr.), sowie mehrere andere Könige (wahrscheinlich seine Nachfolger) in der Agora von Cyrene begraben sind. Da nun Battos nach Pindars Mittheilung von Sparta stammt und ein Heraklide oder Dorier ist, so vermuthet Prof. Paley, dass die Bestattung der Könige in der Agora eine dorische, keine achäische Sitte war. Dagegen spricht jedoch die soeben angeführte Stelle des Pausanias (I, XLIII, 4 und 8), wonach die Agora zu Megara um das Grab des Coroebus und anderer Helden errichtet wurde. Coroebus war aber ein elischer Olympionike im Stadium, Ol., I, und tödtete nach der Sage und der epischen Poesie das von Apollo den Argivern gesandte Ungeheuer Ποινή (Paus., V, 8, 3; VIII, 26, 2; Strabo, VIII, 355). Es liegt somit durchaus kein Grund vor zu vermuthen, dass Coroebus ein Heraklide war, umsoweniger als die Megarer, die ihn so hoch ehrten, niemals Ansprüche darauf gemacht haben von dorischer Abkunft zu sein.

Auf ähnliche Weise wie in Megara und Cyrene wurde

auch in der Akropolis von Mykenae zu Ehren der durchlauchtigen Personen, die hier begraben liegen, die Agora im Kreise um ihre Gräber errichtet.

Gerade in der Mitte dieser Agora stand der Fels hervor und bildete eine kleine Anhöhe, die höchst wahrscheinlich als βῆμα diente, auf welches sich die Redner stellten, um von dem ganzen im Kreise um sie herum auf der steinernen Bank sitzenden Volke gehört werden zu können. Dieser Fels hing über dem dritten und vierten Grab und ist, wie ich später erwähnen werde, beim Ausgraben derselben theilweise eingestürzt.

Es ist beachtenswerth, dass sowol zwischen der als Bank dienenden, mit Querplatten bedeckt gewesenen doppelten Reihe von Steinplatten, als auf beiden Seiten derselben viele interessante Gegenstände gefunden wurden, so z. B. ein Fisch von Holz (vgl. Nr. 211) und eine grosse Menge von Hera-Idolen der verschiedenen, bereits beschriebenen Formen; auch solche in Gestalt einer stehenden oder einer sitzenden Kuh ohne Hörner, aber mit einem Frauenhaarputz (vgl. colorirte Tafel C, Figur k), oder mit durchbohrtem Hals zum Aufhängen an einer Schnur (vgl. Nr. 115), woraus hervorzugehen scheint, dass sie als Amulete getragen wurden; ein Frauenidol mit zwei Füssen anstatt der gewöhnlichen Röhre; es hat einen unbedeckten Vogelkopf, keinen Mund, sehr grosse Augen, hervorstehende Hände und ein Halsband, das Haar ist auf dem Rücken angegeben, das Gewand mit rother Farbe bezeichnet (vgl. Nr. 107). Auch wurde dort eine unbemalte männliche Figur von Terracotta gefunden; sie hat grosse Augen, eine lange gebogene Nase und keinen Mund; der Kopf ist mit einer Kappe in Form eines Turbans bedeckt; ich bezweifle, dass dies ein Idol sei.

Nr. 211. Ein Fisch von Holz. (3½ M.) Natürliche Grösse.

Ferner wurde dort ein sehr primitives Frauenidol mit einem unbedeckten Vogelkopf und zwei Ohren gefunden; die beiden Hände weisen auf die Brüste, wahrscheinlich als Symbol der Fruchtbarkeit oder Abundanz, und der Künstler hat ohne Zweifel beabsichtigt, eine Aphrodite darzustellen (vgl. Nr. 212). Ich mache hier auf die im British Museum befindliche grosse Menge von aus Cypern stammenden Idolen der Aphrodite aufmerksam, welche auf ähnliche Weise beide Brüste mit den Händen berühren. Weiter wurden dort zwei Messer von Leberopal und drei Pfeile von Obsidian (vgl. Nr. 126) gefunden, die hier sehr selten vorkommen; ferner eine Menge Glasperlen von einem Halsbande, sowie drei Spindeln von Terracotta. Oft finde ich im vorhistorischen Schutt Bruchstücke einer Wandbekleidung von Kalk mit archaischer Ornamentation aus rothen, blauen, grünen oder gelben Mäandern oder Spirallinien. Da keine Spur von Kalk in irgend einem der cyclopischen Häuser gefunden ist, so kann ich diese Wandbekleidungen keinem sehr hohen Alterthum zuschreiben und glaube, sie stammen von hölzernen Gebäuden des letzten Jahrhunderts vor der Eroberung der Stadt durch die Argiver.

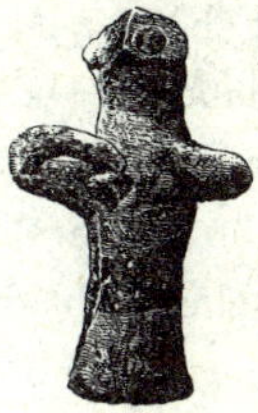

Nr. 212. Sonderbares Idol. (4M.) Natürliche Grösse.

Südlich von der Agora haben meine Ausgrabungen ein grosses cyclopisches Haus ans Licht gebracht, welches, soweit es aufgegraben ist, sieben Stuben enthält, die durch vier Corridore von vier Fuss Breite von einander getrennt sind (vgl. Pläne B und C). Hier und da sieht man noch an den Wänden Reste der Lehmbekleidung, die jedoch keine Spur von Farbe zeigt. Die Wände sind 2—4½ Fuss dick und ein und dieselbe Wand ist an manchen Stellen 6—8 Zoll dicker als an anderen. Das grösste Zimmer ist 18½ Fuss lang und 13½ Fuss breit, und seine Ostseite ist 16 Zoll tief in dem

Felsen ausgeschnitten. Sowol unter diesem als unter dem daneben befindlichen Zimmer ist eine tiefe Cisterne in den Fels gehauen; es mündet eine cyclopische Wasserleitung hinein, welche von der Felshöhe herunterkommt und wahrscheinlich das Wasser aus der $^1/_2$ englische Meile östlich von der Akropolis gelegenen Quelle Perseia brachte, welche in der Ebene von Argos wegen ihrer Reinheit und ihrer wohlthuenden Wirkung auf den Körper eine wohlverdiente Berühmtheit hat.

Pausanias (II, 16, 6) sah diese Quelle unter den Trümmern von Mykenae; aber die Stadt hat sich niemals soweit nach Osten ausgedehnt. Ich vermuthe daher, dass das, was Pausanias vom Wasser der Perseia sah, nichts anderes war als der Ausfluss einer künstlichen Wasserleitung von der natürlichen Quelle oberhalb der Akropolis. Dies würde auch vollkommen zu dem Worte κρήνη stimmen, welches er fortwährend in diesem Sinne gebraucht, im Gegensatz zu πηγή, der natürlichen Quelle.

Das cyclopische Haus hat keine Fenster, auch haben nur zwei der inneren Räume oder Stuben einen Eingang oder eine Thür. Aber selbst wenn alle Seitenwände aus Glasscheiben bestanden hätten, würde es dennoch dunkel in den Stuben gewesen sein, da das Gebäude in der tiefen Höhlung vor der westlichen Ringmauer liegt, von der es nur durch einen vier Fuss breiten Corridor getrennt ist und die den Bewohnern des Hauses die Aussicht auf die untere Stadt, die Ebene und das Meer rauben musste. Auch konnte hier, an der imposantesten Stelle der ganzen Akropolis und unmittelbar neben der Agora, nur das Haus der vornehmsten Familie der Stadt liegen, und unmöglich können wir glauben, dass sich diese mit einem dunkeln Kerker begnügt haben sollte. Wir zögern daher nicht zu behaupten, dass dies cyclopische Gebäude einst bis zum Niveau der Ringmauer reichte und nur als Unterbau eines vielmal erneuerten grossen hölzernen Hauses diente; ja die riesigen Massen gelber Holzasche, womit alle Räume des cyclopischen Gebäudes gefüllt waren, lassen keinen Zweifel übrig, dass es sich so und nicht anders damit verhält. Auch wage ich bei dieser Gelegenheit die Behauptung, dass alle cyclopischen Gebäude aus unbehauenen, ohne Bindemittel zusammengelegten Steinen, die ich in Tiryns und Mykenae ans Licht brachte, auf gleiche Weise nur als Unterbauten von Häusern aus Holz oder ungebrannten Ziegeln gebraucht sein können, denn in jenem cyclopischen Mauerwerk konnte man nur sehr kleine enge Thüren und Luken haben, und die hier entdeckten Gegenstände menschlicher Industrie lassen die Möglichkeit nicht zu vernünftigerweise anzunehmen, dass sich ein Volk, welches auf einer so hohen Stufe der Civilisation stand, mit dunkeln Käfigen als Wohnhäusern begnügt haben sollte.

Ich kann diese Gelegenheit nicht vorübergehen lassen ohne noch zu bemerken, dass, wie ich auf Seite 3 und 4 auseinandergesetzt habe, die Benennung „cyclopische Mauern“ durchaus irrthümlich und nur der mythischen Sage entlehnt ist, dass die Cyclopen ausgezeichnete Architecten waren; dass wir aber, da die Benennung in Gebrauch gekommen ist, nicht umhin können, sie für die verschiedenen, von mir specificirten Arten von Mauern aus gewaltigen Blöcken anzuwenden. Aber in Tiryns sowol als hier in Mykenae, wo ich von den riesigsten cyclopischen Mauern der Welt umgeben bin, sehe ich mich der Kürze halber und um Misverständnisse zu vermeiden, genöthigt die Benennung „cyclopisch“ sogar auf die kleinsten Mauern von Häusern oder Wasserleitungen derselben Bauart anzuwenden. Wohlverstanden aber könnte ich ein solches Mauerwerk nicht „cyclopisch“ nennen, falls ich es an Orten fände, wo keine grossen Mauern dieser Art sind; denn das Wort „cyclopisch“ kann immer nur das riesige ausdrücken.

Um nun wieder zu dem oben beschriebenen cyclopischen Hause zurückzukommen, so glaubt Professor Paley sogar, dass die mehrfach angeführte Stelle des Euripides (Electra 710) gegen jeden Zweifel beweise, dass es der Palast des Königs sein müsse, denn das Volk von Mykenae werde dort durch den Herold nach der Agora gerufen, um das wunderbare Lamm mit dem goldenen Vliesse zu sehen. Dieses Lamm aber (eine symbolische Vorbedeutung oder ein Wahrzeichen der Alleinherrschaft) war von Aerope, der Frau des Atreus, nach dem Palaste gebracht worden. Dort sagte darauf Thyestes zum Volke, dass er das Lamm in seinem Hause habe (ἔχειν κατὰ δῶμα), folglich musste der Palast dicht neben der Agora sein.

Wenn zur Zeit des Euripides die Agora noch theilweise oberhalb des Schuttes sichtbar war, so muss dies noch viel mehr mit den Ruinen jenes cyclopischen Hauses der Fall gewesen sein, und es ist höchst wahrscheinlich, dass die Tradition letzteres als den Palast der Atriden, in welchem Agamemnon und seine Gefährten getödtet wurden, bezeichnete und dass es mit dieser Bezeichnung dem Euripides gezeigt wurde.

Jedenfalls beweisen die in diesem Hause entdeckten Gegenstände, dass seine Bewohner Sinn für Luxus hatten, denn in einem der Zimmer, in einer Tiefe von 20 Fuss unter der Oberfläche, wurde ein aus weissem Onyx geschnittener Fingerring mit einem Siegel gefunden, auf welchem zwei Thiere ohne Hörner in Intaglio dargestellt sind. Auf den ersten Blick scheinen es Hirschkühe zu sein, aber bei aufmerksamer Betrachtung findet man, dass der Künstler beabsichtigt hat Kühe darzustellen; beide haben den Kopf rückwärts gebogen und betrachten ihre Kälber, welche an ihren Eutern saugen (vgl. Nr. 175). Obgleich in einem sehr archaischen Stil, ist dennoch das Intaglio nicht schlecht gemacht, die Anatomie der Thiere zwar etwas roh, jedoch erträglich dargestellt, und man wundert sich, wie es nur möglich war, dies Kunstwerk ohne Vergrösserungsglas zu machen.

Nr. 213. Bruchstücke einer bemalten Vase. (5 M.) Circa $^1/_3$ Grösse.

Wenn wir dies Intaglio betrachten und bedenken, dass es einem Zeitabschnitt angehört, der dem Homer wahrscheinlich um Jahrhunderte vorausgeht, so sind wir bereit zu glauben, dass alle von Homer erwähnten Kunstwerke — der wunderbare Schild des Achilles (Ilias, XVIII, 478—608), Hund und Hirsch auf der Mantelspange des Odysseus (Odyssee, XIX, 224—231), Nestor's Becher (Ilias, XI, 632—635) u. s. w. — zu seiner Zeit existirten, und dass er nur das beschrieb, was er mit eigenen Augen sah. Herr Postolaccas macht mich auf die ältesten Didrachmen von Corcyra, aus dem 7. Jahrhundert v. Chr., aufmerksam, auf denen in ähnlichem Stil eine Kuh mit ihrem Kalbe dargestellt ist, welches an den Eutern der Mutter saugt.

Ich fand in dem cyclopischen Hause ferner einige schöne Aexte von Jaspis oder grünem Stein (ähnlich den unter Nr. 126 dargestellten), viele Spindeln von blauem Stein und eine grosse Menge schön bemalter Terracotten, unter denen die Bruchstücke einer grossen Vase mit zwei oder drei in Kuhköpfe auslaufenden Henkeln ganz besondere Beachtung verdienen. Einige dieser Bruchstücke, die es mir gelungen ist wieder zusammenzusetzen, stellen sechs völlig gewappnete Krieger dar, die mit dunkelrother Farbe auf hellgelbem Grunde gemalt sind (vgl. Nr. 213); augenscheinlich gehen sie auf eine Kriegsexpedition aus und alle tragen Panzer, die vom Halse bis unter die Hüften hinabreichen; diese Panzer bestehen aus zwei besonderen Theilen und sind mit einem Gurt um den Leib befestigt, das untere Ende derselben ist mit lang herabhängenden Troddeln gesäumt.

Der Rücken der Krieger ist mit einem grossen runden Schilde bedeckt, welcher auf der linken Schulter befestigt zu sein scheint, denn obschon der Schild auf beiden Seiten weit hervorsteht, so ist dies doch auf der linken Seite mehr als auf der rechten der Fall; der untere Theil des Schildes ist in Form eines Halbmondes ausgeschnitten. In ihrer Rechten halten die Krieger lange Lanzen, an denen allen jener sonderbare, einem trojanischen Idol ähnliche Gegenstand befestigt ist, dessen ich bereits bei Gelegenheit des einen Basreliefs Erwähnung gethan habe. Obgleich nach unserm Dafürhalten dieser sonderbare Gegenstand keinem anderen Zweck gedient haben kann, als die Lanze auf der rechten Schulter zu befestigen, so verdient es doch besondere Beachtung, dass der alte mykenische Künstler Sorge getragen hat, ihn etwas oberhalb der Schulter darzustellen, damit er abgesondert erscheine, denn hätte er ihn auf die Schulter gelehnt dargestellt, so würde er mit dem Schilde vereint und theilweise von demselben bedeckt worden sein, und wir wären in der Unmöglichkeit gewesen seine Gestalt zu erkennen.

Im übrigen ist die Form der Lanzen so, wie wir sie von einem homerischen δολιχόσκιον ἔγχος (wörtlich ein Speer, der einen langen Schatten wirft) zu erwarten haben, nämlich sehr lang. Auch sehen wir, dass die Lanzenspitze eine Röhre hat, in welche der Lanzenschaft gesteckt ist, und dies scheint auch bei den homerischen Lanzen der Fall gewesen zu sein, so z. B. Ilias, XVII, 297,

ἐγκέφαλος δὲ παρ' αὐλὸν ἀνέδραμεν ἐξ ὠτειλῆς

Sieh, da sprang das Gehirn an der Röhre des Speers aus der Wunde.

Sehr interessant sind die Beinschienen (κνημῖδες), welche von Zeug zu sein scheinen und von etwas oberhalb des Knies beinahe bis zu den Knöcheln hinabreichen; ihr oberes Ende ist mit einer Schnur befestigt, welche dreimal um den unteren Theil des Schenkels gewickelt ist. Nach meiner Meinung ist diese Schnur an und für sich schon ein Beweis, dass die Beinschienen von Zeug sind.

Alle Krieger tragen Sandalen, die mit Schnüren, welche bis an die Beinschienen um den Fuss gehen, befestigt sind. Von höchstem Interesse sind die Helme; sie sind ganz mit Punkten bedeckt, die wol den Glanz des Erzes andeuten sollen.

Der untere Theil der Helme hat beinahe die Form eines Halbmondes und steht sowol vor als hinter dem Kopf hervor; der obere Theil der Helme ist ohne Zweifel der homerische φάλος, z. B. Ilias, III, 361—362:

Ἀτρείδης δὲ ἐρυσσάμενος ξίφος ἀργυρόηλον
πλῆξεν ἀνασχόμενος κόρυθος φάλον

Doch der Atreid', ausreissend das Schwert voll silberner Buckeln,
Hieb er im Schwunge den Helm, den gekegelten (φάλος).

Auf der Spitze des φάλος war der λόφος oder die Röhre, in welcher der Rossschweif (ἵππουρις) befestigt war. Die Stelle der Ilias, XIX, 379—383, kann in dieser Beziehung keinen Zweifel lassen:

ὣς ἀπ' Ἀχιλλῆος σάκεος σέλας αἰθέρ' ἵκανεν
καλοῦ, δαιδαλέου. περὶ δὲ τρυφάλειαν ἀείρας
κρατὶ θέτο βριαρήν· ἣ δ' ἀστὴρ ὣς ἀπέλαμπεν
ἵππουρις τρυφάλεια, περισσείοντο δ' ἔθειραι
χρύσεαι, ἃς Ἥφαιστος ἵει λόφον ἀμφὶ θαμειάς

So von Achilleus Schild auch leuchtete Glanz in den Aether,
Denn schön prangt er an Kunst. Den gewichtigen Helm nun hebend,
Deckt' er das Haupt ringsher; und es strahlete, gleich dem Gestirne,
Sein hochbuschiger Helm; und die Mähn' aus gesponnenem Golde
Flatterte, welche der Gott auf dem Kegel ihm häufig geordnet.

(Vgl. diese Theile des homerischen Helms in meinem Werk „Trojanische Alterthümer“, Seite 247 und 296, auch im dazu gehörigen Atlas, Tafel 194, Nr. 3496, 3497, 3504 i und l.) Aber unglücklicherweise war hier für diesen λόφος kein Platz übrig, und somit war der Künstler genöthigt ihn wegzulassen und den Helmbusch als auf dem φάλος selbst befestigt darzustellen. Es ist nicht deutlich, woraus dieser Helmbusch besteht, da er hier aber in Form eines langen Blattes dargestellt ist, so ist es wahrscheinlich, dass der Künstler einen Rossschweif im Sinne gehabt hat. Vom Vordertheil des Helms erhebt sich ein langer und höchst sonderbarer Gegenstand, welcher einen

Bogen bildet und einem Horn ähnlich sieht. Es ist mir durchaus unerklärlich, wozu er gebraucht sein mag, auch findet sich im Homer kein Wort, welches so ausgelegt werden könnte, als bezeichne es einen derartigen Gegenstand am homerischen Helm.

Was nun die Physiognomie der sechs Krieger betrifft, so tragen alle denselben idealen Typus; alle haben sehr lange Nasen, grosse Augen, kleine Ohren und einen langen, wohl gepflegten Bart, welcher spitz zuläuft. Somit haben die Leute, ausser dem Bart, nichts asiatisches.

Fünf der Krieger sind begleitet von einer Frau, wahrscheinlich einer Priesterin; sie ist mit einem langen Gewande bekleidet, das mit einem Gürtel um die Taille befestigt ist; ihre Stirn ist mit einem Diadem geschmückt und sie scheint eine Art Kopfputz zu tragen. Von den Armen ist nur der rechte erhalten; derselbe ist emporgehoben und nach dem Bogen, welchen er bildet, scheint es, dass die Frau ihre gefalteten Hände emporgehoben hatte und zu den Göttern betete, sie möchten den in den Krieg ziehenden Helden gnädig sein und sie unversehrt zurückkehren lassen. Diese Gewohnheit, die beiden Hände beim Gebet zu erheben, finden wir fortwährend im Homer, so z. B. Ilias, I, 450:

τοῖσιν δὲ Χρύσης μεγάλ' εὔχετο χεῖρας ἀνασχών

laut nun betete Chryses empor, mit erhobenen Händen.

Auf andern Bruchstücken derselben Vase (vgl. Nr. 214) sind zwei Krieger dargestellt, welche ihre linke Seite mit den Schilden bedecken und in der emporgehobenen Rechten eine Lanze halten, die sie auf ihre Feinde schleudern, von denen aber nur die Figur des einen theilweise sichtbar ist. Die Rüstung der beiden Krieger und die ihres Gegners ist vollkommen identisch mit der der oben beschriebenen sechs Krieger, ausgenommen die Kopfbedeckung, welche, anstatt aus einem bronzenen Helm, hier allem Anschein nach aus einem niedrigen Helm von Eberfell mit nach aussen gewandten Borsten besteht.

In der That erinnern uns diese Helme lebhaft an jenen niedrigen Helm von Ochsenfell, der dem Odysseus auf den Kopf gesetzt wurde, als er und Diomedes als Kundschafter in der Nacht ins trojanische Lager gingen (Ilias, X, 257—259):

ἀμφὶ δέ οἱ κυνέην κεφαλῆφιν ἔθηκεν
ταυρείην, ἄφαλόν τε καὶ ἄλλοφον, ἥτε καταῖτυξ
κέκληται, ῥύεται δὲ κάρη θαλερῶν αἰζηῶν

.... und deckt' ihm das Haupt mit dem Helme von Stierhaut,
Sonder Kegel und Busch, der auch Sturmhaube genannt wird,
Und vor Wunden bewahrt der blühenden Jünglinge Scheitel.

Ich bemerke hier, dass das Wort κυνέη Hundefell bedeutet und dass folglich die niedrigen Helme ursprünglich von Hundefell gemacht sein müssen. Aber zur Zeit Homers war die ursprüngliche Bedeutung des Worts längst verschwunden, und er braucht κυνέη nicht nur für den niedrigen Helm, sondern sogar für den bronzenen grossen Helm.

Hinter dem Krieger zur Linken sieht man einen Theil des Panzers und den Schild eines andern Kriegers; auch sieht man einen Schild hinter dem zweiten Krieger; es scheint daher, dass hier viele Krieger im Kampf begriffen dargestellt waren. Unter dem ersten Griff bemerkt man einen fliegenden Vogel. An den beiden Kuhköpfen, in welche die Griffe enden, sind die Hörner nur angedeutet, denn der Künstler wusste, dass sie, wenn vollständig, sogleich beim Gebrauch der Vase abbrechen würden.

Der Thon dieser Vase, welche auf der Töpferscheibe gedreht ist, ist ungewöhnlich schlecht und mit grobem Sande vermischt, auch ist das Fabrikat sehr roh; inwendig ist die Vase roth gefärbt.

In demselben cyclopischen Hause wurden auch andere Vasen ausgezeichneten Fabrikats gefunden, geschmückt mit

Reihen von Kreisen; diese sind angefüllt mit zahlreichen Zeichen, welche beim ersten Anblick Schriftzeichen zu sein scheinen; da sich aber dieselben Zeichen fortwährend wiederholen, so können sie nur Ornamentation sein. Auch wurden hier zwei kupferne Gefässe gefunden, deren eins ein sehr grosser Dreifuss ist.

Ich finde hier jetzt in der Akropolis, aber nicht in besondern Strata wie in Tiryns, sehr viele Bruchstücke von Töpferwaare, die mit der Hand, ohne Töpferrad, gefertigt ist. Es unterliegt daher keinem Zweifel, dass hier die Schicht vorhistorischer, mit der Hand gemachter Töpferwaare umgewühlt worden ist, und ich vermuthe, dass dies beim Bau der grossen Mauer geschehen ist, welche die kreisförmige Einfassung der Agora in dem niedrigen Theile der Akropolis trägt, denn diese Mauer ist jedenfalls aus späterer Zeit als die mit der Hand gefertigte Töpferwaare. Was ich von letzterer finde, hat gewöhnlich eine Ornamentation von schwarzen horizontalen Streifen oder Spirallinien auf hellgrünem Grunde; es kommen aber auch Bruchstücke von einfarbigen, glänzend schwarzen oder rothen Vasen vor.

Noch möchte ich hinsichtlich des grossen doppelten Kreises von Steinplatten erwähnen, dass, falls dieser nur als Einfassung der fünf königlichen Gräber gedient hätte, es weder nöthig gewesen wäre ihn doppelt und in schiefer Richtung zu errichten und gar mit Querplatten zu bedecken, noch eine grosse Mauer zu bauen, um ihn im niedrigeren Theil der Akropolis zu tragen und ihn auf annähernd gleiches Niveau mit seiner im höhern Theil der Akropolis auf dem Fels ruhenden Fortsetzung zu bringen; ja mit einer einfachen, kreisrunden, den Krümmungen und Abhängen des Felsens folgenden Einfassung würde nach meinem Dafürhalten den fünf königlichen Gräbern gerade ebenso viel Ehre erwiesen sein als der künstlich gehobenen und bedeckten doppelten Einfassung.

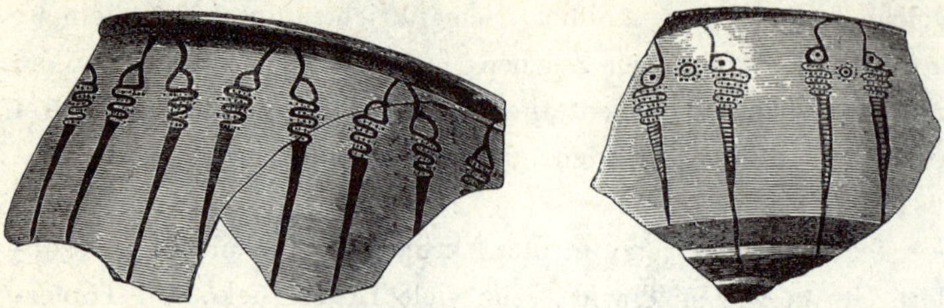

Nr. 213 *a, b*. Ein sehr häufig vorkommender Typus bemalter mykenischer Töpferwaare. Halbe Grösse.

Das auf diesen beiden Topfscherben gegebene, ein Seethier, vielleicht eine Art Muscheln darstellende Muster ist der auf den mykenischen Vasen am häufigsten vorkommende Typus, jedoch ist wohl zu bemerken, dass derselbe weder in den fünf königlichen Gräbern, noch im „dromos“ vor dem Schatzhause vorkommt; wir schliessen daraus, dass dieser Typus hier einer viel späteren Zeit angehört als die Gräber, sogar einer späteren Zeit als die Verschliessung des Schatzhauses durch Auffüllung des „dromos“. Die Vasen mit diesem Muster haben fast immer einen hellgelben, nur selten einen hellrothen Grund, und das Muster selbst ist immer von schwarzer oder dunkelrother Farbe. Nun ist es eine höchst merkwürdige Thatsache, dass dieser bis jetzt noch nirgends sonst gesehene Typus ganz genau in derselben Form, auf fast allen aus dem vorerwähnten Grabe in Ialysus stammenden Terracotta-Bechern und auf mehreren der aus demselben herrührenden Vasen dargestellt ist, welche im British Museum ausgestellt sind. Gleichzeitig erinnere ich den Leser daran, dass diese Becher aus Ialysus ganz genau die Form der mykenischen Becher haben, und dass diese Form, ausser in der ersten und ältesten der vier vorhistorischen Städte in Hissarlik, bis jetzt noch nirgends zum Vorschein gekommen ist. Dann ist aber wiederum zu bemerken, dass der auf obigen beiden Topfscherben dargestellte Typus des Seethiers nicht ein einziges mal auf den mykenischen Bechern, sondern nur auf den mykenischen Vasen vorkommt.

Nr. 214. Bruchstücke einer bemalten Vase. (5 M.) Circa 1/6 Grösse.

SECHSTES KAPITEL.

DAS ZWEITE GROSSE SCHATZHAUS; DIE AKROPOLIS; CYCLOPISCHE ÜBERRESTE IN DER NACHBARSCHAFT VON MYKENAE.

Frau Schliemann setzt die Ausgrabung des Schatzhauses fort. — Der «dromos», Eingang und Schwelle. — Dort gefundene Gegenstände. — Hera-Idole. — Cyclopische Wasserleitungen und Cisternen in der Akropolis. — Bronzene Ringe. — Vasen mit schriftartigen Zeichen. — Ohrringe ähnlich den trojanischen. — Mit der Hand gefertigte, bemalte Töpferwaare. — Neue Formen von Hera-Idolen. — Kleine Terracottadreifüsse und Wiegen, wahrscheinlich Opfergaben. — Ein Kamm, Sticknadeln von Opal, Schieber und Knöpfe. — Ein bronzenes Schwert. — Eiserne Zange aus späterer Zeit. — Die beim Löwenthor zurückgelassenen Schutthaufen. — Besuch des Kaisers von Brasilien in den Ausgrabungen. — Ersteigung des Berges Euboea. — Die cyclopische Ringmauer des Gipfels. — Es war dort wahrscheinlich ein sehr alter Tempel. — Andere cyclopische Ueberreste unweit Mykenae. — Zustand der Ausgrabungen.

Mykenae, 30. October 1876.

Seit dem 30. September habe ich die Ausgrabungen mit 125 Arbeitern und 5 Schuttwagen mit der grössten Kraftanstrengung fortgesetzt.

In dem Schatzhause überstiegen die Schwierigkeiten bei weitem alle unsere Erwartungen, besonders da der Aufseher der griechischen Regierung uns nicht gestatten wollte die bereits erwähnten, gerade oberhalb des niedrigern Theils des „dromos“ befindlichen Fundamente eines Hauses aus hellenischer Zeit wegzuschaffen. Somit ist es uns nicht möglich gewesen den „dromos“ von der Schuttmasse zu befreien, die ihn noch 9 Fuss tief bedeckt, und es ist uns nur gelungen den 13 Fuss langen, 8 Fuss breiten Eingang und den mittlern Theil des Schatzhauses selbst ganz auszugraben, dagegen aber haben wir in dem runden Gebäude einen 7—9 Fuss hohen und 10—15 Fuss breiten Rand von grossen Steinen und Schutt zurückgelassen.

Die beiden Halbsäulen zur rechten und linken des Eingangs waren cannelirt; die eine, welche 4 Fuss 3 Zoll hoch und 1 Fuss 4 Zoll breit ist, fand ich am Eingang neben der Thür. In einer Entfernung von $9^1/_2$ Fuss vor letzterer ist der „dromos“ durch eine 5 Fuss hohe Wand von behauenen, viereckigen Blöcken aus Kalkstein versperrt. Die Thür des Schatzhauses hat die enorme Höhe von 18 Fuss 5 Zoll und ist 8 Fuss 4 Zoll breit. Auf der Thürschwelle, welche aus sehr harter Breccia besteht und 2 Fuss 5 Zoll breit ist, fanden wir ein sehr dünnes, rundes Blatt von Gold. Der Fussboden in dem Schatzhause ist der geebnete Fels, dem man einen Ueberzug von Sand und Kalk gegeben hatte, wovon sich an vielen Stellen Spuren finden; derselbe fällt allmählich nach dem Mittelpunkte zu ab, der um einen Fuss niedriger ist als die Thürschwelle. Es wurde im Schatzhause ein grosses Bruchstück eines Frieses von blauem Marmor gefunden, mit einer Verzierung, die einen Kreis und zwei Streifen von keilförmigen Einschnitten in Form von Gräten eines Fischrückens darstellt (vgl. Nr. 215); es ist 9 Zoll hoch, 10 Zoll breit und 2 Zoll dick; ferner das Bruchstück eines schönen Frieses von weissem Marmor, es ist 1 Fuss 4 Zoll lang, 8 Zoll breit und $3^1/_2$ Zoll dick. Nr. 216 stellt die breite Seite des Frieses mit einer Ornamentation von Spiralen zwischen zwei schmalen Rändern dar. Die schmale Seite desselben haben wir bereits unter Nr. 153 dargestellt, wir sehen da zwischen zwei, von

Nr. 215, 216. Bruchstücke von Friesen aus blauem und weissem Marmor, gefunden in dem Schatzhause neben dem Löwenthor. Circa $^1/_4$ Grösse.

je zwei Linien gebildeten Rändern eine ganz ähnliche, aber kräftiger geschnittene und besser erhaltene Spirale. Es wurden dort ferner fünf unverzierte Stücke Kupfer oder Bronze von $5^1/_2 - 6^1/_2$ Zoll Länge gefunden, sowie auch ein Hera-Idol der gewöhnlichen Form mit zwei Hörnern.

Schätze mögen in dem grossen Rande von Steinen und Schutt verborgen liegen, den ich habe zurücklassen müssen, jedoch bezweifle ich es sehr. Wenn ich in Betracht ziehe, dass die ältesten Bruchstücke von Terracotten mit geometrischen Mustern ausschliesslich in dem „dromos“, dagegen ein Gemisch von Topfscherben verschiedener Epochen in dem Schatzhause selbst gefunden wurde, so komme ich zur Ueberzeugung, dass nur der „dromos“ und der Eingang im hohen Alterthum verschüttet wurden, dass dagegen das Schatzhaus leer blieb und die jetzt darin gefundenen Bruchstücke von Vasen in der dicken Schuttschicht enthalten waren, die das obere Gewölbe bedeckte, als vor 56 Jahren Veli Pascha versuchte auf diesem Wege einzudringen.

In der Akropolis brachte ich, einige Schritte von dem zweiten Thor entfernt, eine sehr sonderbare cyclopische Wasserleitung ans Licht, welche in einen der langen und schmalen Corridore mündet. Ich glaube daher, dass wenigstens der eine, vielleicht zwei derselben nichts anderes als Cisternen sind. Eine zweite cyclopische Wasserleitung und eine zweite Cisterne befinden sich gleich südlich davon und die letztere scheint mit den 12 grabförmigen Behältern in Verbindung zu stehen, in denen ich auch kleine Cisternen erkenne. Diese Wasserleitungen, ebenso wie die, welche in die beiden Cisternen unter dem cyclopischen Hause mündet, haben ohne Zweifel das Wasser von der reichlich fliessenden Quelle Perseia hergeleitet, deren Name von Perseus, dem Gründer von Mykenae, zu stammen scheint.

Bei dem Abgraben der 13—20 Fuss tiefen Massen von Schutt, welche den Eingang von der Pforte in die Akropolis anfüllten, fand ich drei bronzene Ringe. Zwei davon (Nr. 217 und 219), die nahe an der Oberfläche gefunden wurden, mögen aus hellenischer Zeit sein, jedoch ist es unmöglich dies mit Gewissheit zu behaupten; der eine (Nr. 217) hat, wie die Höhlung beweist, einen Stein gehabt, der jetzt fehlt; der dritte (Nr. 218) ist ein Siegelring und die darauf in Intaglio dargestellten Figuren sehen zu archaisch aus, als dass wir ihn nicht ohne Bedenken der Zeit vor Eroberung der Stadt (468 v. Chr.) zuschreiben sollten. Man sieht darauf eine sitzende Frau mit ausgebreiteten Armen und seitwärts gewandtem Kopf mit üppigem Haar und rechts davon, etwas weiter nach unten, eine stehende Mannsfigur, ebenfalls mit ausgebreiteten Armen und sehr breiter Brust.

Es wurden dort ausserdem viele Hera-Idole in Kuhform oder in Frauengestalt mit zwei Hörnern gefunden; unter den erstern ein Bruchstück, welches auf hellgelbem Grunde eine Menge von dunkelrothen Zeichen hat, ähnlich wie die auf der colorirten Tafel B, Figur h, dargestellten; auch grosse Massen

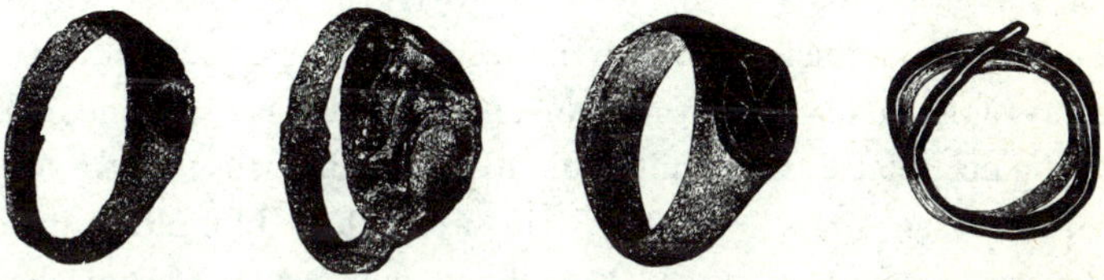

(1/2 M.) (4 M.) (1 M.) (2 M.)

Nr. 217—220. Ringe von Bronze, einer mit Incision, und ein zusammengedrehter Golddraht. Natürliche Grösse.

geschmolzenen Bleis, sowie ein sehr primitiver goldener Ohrring (vgl. Nr. 220), bestehend aus einem viereckigen, zweimal herumgedrehten Golddraht. Dieselbe Form eines Ohrrings wurde in der zweiten der vier vorhistorischen Städte in Troja gefunden, nur mit dem Unterschiede, dass dort der Golddraht rund ist (vgl. Atlas der „Trojanischen Alterthümer", Tafel 98, Nr. 2073).

Nach Herrn Ch. T. Newton's Meinung ist dieser Ohrring, gleich den vielen andern gleichartigen Ringen, die ich später beschreiben werde, wie er aus ihren scharfen Kanten schliesst, aus einer Goldplatte geschnitten. Wie aber eine solche Operation, zumal mit den dem alten Goldschmied einzig und allein zu Gebote stehenden bronzenen Messern möglich gewesen sein soll, ist mir durchaus unerklärlich.

Es wurden hier auch, in einer kleinen Vertiefung des Felsens, viele Bruchstücke von Vasen, mit der Hand gefertigt, aufgegraben, die entweder auswendig und inwendig eine glänzend schwarze oder rothe, oder nur auswendig eine hellgrüne Farbe mit schwarzen Spiralen haben.

Sechs Fuss hinter der cyclopischen Mauer, an der Ostseite der Eingangspassage, habe ich die Trümmer einer augenscheinlich viel ältern Mauer von grossen Blöcken ans Licht gebracht.

In dem grossen cyclopischen Hause, welches vermuthlich von der Tradition als das Haus der Atriden bezeichnet wurde, unmittelbar südlich von der kreisförmigen Agora, wurden ferner Hera-Idole in neuen Formen ans Licht gebracht; es sind dies eine ganz platte Kuh mit nur einem Hinterfuss und zwei Vorderfüssen (vgl. Nr. 161), ein weibliches Idol mit einem sehr zusammengedrückten Vogelkopf und einer phrygischen Kappe anstatt des gewöhnlichen „polos“ und ein kopfloses Idol mit zwei hervorstehenden Brüsten und zwei Kuhhörnern. Auch wurde dort ein Kuhhorn aus Terracotta von $3^1/_2$ Zoll Länge gefunden, welches beweist, dass es hier viel grössere Idole als die bisjetzt gefundenen gegeben haben muss. Auch sammelte ich dort mehrere kleine Dreifüsse aus Terracotta in Form von Lehnstühlen, Wiegen, auch ein- oder zweimal Wiegen mit einem Kindchen darin; alle sind bunt bemalt und mögen als Opfergaben oder Anathemata gebraucht worden sein; ferner zwei buntbemalte Parallelepipeden von 4 Zoll Länge, deren Gebrauch mir ein Räthsel ist. Ich erwähne ferner mehrere spitze Stöckchen für weibliche Handarbeit (vgl. Nr. 131—136), welche nach Untersuchung des Professor Landerer aus Opal bestehen, und endlich sechs kleine, runde, flache, durchsichtige, von einem Halsband stammende Schieber aus weissem Stein und einen grossen Knauf aus Alabaster, welcher am Griff eines Schwertes befestigt gewesen zu sein scheint. Es wurde dort ferner das bronzene Schwert Nr. 221 entdeckt. Eine Zange von Eisen, die wahrscheinlich aus macedonischer Zeit stammt, wurde in der Nähe des Löwenthors aufgegraben.

Nr. 221. Schwert von Bronze. Circa 1/6 Grösse.

Ich mache hier ganz besonders darauf aufmerksam, dass ich zu meinem allergrössten Bedauern, aber auf das dringende Verlangen der Archäologischen Gesellschaft in Athen, gezwungen worden bin, in der Akropolis, rechts und links vom Löwenthor, eine grosse Schuttmasse unangerührt stehen zu lassen. Die Archäologische Gesellschaft hat nämlich noch keinen Ingenieur zur Befestigung der Sculptur mit den beiden Löwen über dem Thor und zur Ausbesserung der cyclopischen Mauer rechts und links davon geschickt, beabsichtigt aber diese Arbeit früher oder später machen zu lassen und glaubt, dass die Schuttmassen zum Heben und Einsetzen der grossen Blöcke nöthig sind. Hoffentlich geschieht die Arbeit bald, sodass die beiden ungeheuern Schuttklötze nicht mehr lange zu stehen haben, denn sie geben den Ausgrabungen ein sehr schlechtes Ansehen, besonders der Schuttklotz zur Rechten beim Eintreten, denn dieser besteht aus loser Asche und wird, wenn man ihn einige Jahre stehen lässt, ganz vom Regen weggespült und über meine Ausgrabungen verbreitet werden.

Ich bemerke dies, da jeder Besucher natürlich die Zurücklassung jener beiden Schuttmassen meiner Nachlässigkeit zuschreiben wird.

Gestern und heute haben meine Ausgrabungen die Ehre

gehabt, von Sr. Maj. dem Kaiser Dom Pedro II. von Brasilien besucht zu werden.

Von Corinth kommend ritt Se. Maj. direct zur Akropolis hinauf und blieb zwei Stunden lang in meinen Ausgrabungen, welche er mehrfach aufmerksam besichtigte. Die ungeheure doppelte, kreisförmige Reihe von schräg stehenden Platten, die einst als Sitzbank und Einfassung der Agora diente, innerhalb welcher die drei Reihen von Grabstelen sind, und besonders die vier sculptirten Grabsteine waren von grossem Interesse für ihn und er ersuchte mich, ihm davon Photographien nach Cairo zu schicken. Das grosse Löwenthor, durch welches der König der Männer (ἄναξ ἀνδρῶν) schritt, als er zu dem ruhmvollsten Feldzug des heroischen Zeitalters abging, die wunderbare Schwelle dieses Thores, der cyclopische Unterbau des königlichen Hauses, die drei cyclopischen Wasserleitungen, die riesigen cyclopischen Ringmauern und alle übrigen Denkmäler vorhistorischer Zeit schienen ebenfalls von hohem Interesse für Se. Maj. zu sein. Der Kaiser besuchte darauf das von mir ausgegrabene Schatzhaus und hiernach das Schatzhaus des Atreus, wo das Mittagessen bereit stand. Dies Mahl in der Mitte des geheimnissvollen, beinahe vierzig Jahrhunderte alten, domförmigen, unterirdischen Gebäudes schien Sr. Maj. ungemein zu gefallen. Er besichtigte darauf mit tiefstem Interesse in dem Dorfe Charvati die durch meine Ausgrabungen hervorgerufene grosse Sammlung von mykenischen Alterthümern und bewunderte besonders die grosse Masse von Hera-Idolen verschiedener Form, die Intagli, die herrliche mykenische Töpferwaare und die archaischen Sculpturen. Se. Maj. besichtigte auch in und bei Charvati mit grossem Interesse den alten Steinbruch, aus welchem alle Steine der cyclopischen Mauern, der Schatzhäuser u. s. w. stammen, und fuhr von dort nach Argos und Nauplia. Se. Maj. kam heute hierher zurück, um noch einmal das mykenische Museum und die Ausgrabungen zu sehen, und reiste von hier über Corinth und Calamaki nach Athen zurück.[1]

Nach Abreise des Kaisers erstiegen meine Frau und ich, nicht ohne grosse Beschwerden, den jetzt Hagios Elias genannten nördlichen Gipfel des Berges Euboea, welcher unmittelbar nördlich hinter der Akropolis aufsteigt und auf dessen Spitze eine offene Kapelle des Propheten Elias steht (vgl. Tafel II). Die Spitze bildet ein sehr kleines Dreieck, dessen Ostseite 35 Fuss, die beiden übrigen Seiten, welche nach Westen zusammenlaufen, 100 Fuss lang sind; sie besteht aus naturwüchsigen, steilen oder spitzen Felsen, zwischen denen man Mühe hat sich zu bewegen, und kann daher nie von Menschen bewohnt gewesen sein, um so weniger als dort kein Wasser ist. Die einzige ebene und flache Stelle des Gipfels ist an der südöstlichen Ecke; sie ist 10 Fuss breit, 23 Fuss lang und ausgefüllt durch die sehr kleine, offene Kapelle, die dem Propheten Elias geweiht ist.

Ungeachtet ihres so geringen Raumes ist die Gipfelfläche doch von einer cyclopischen Ringmauer umgeben, welche durchschnittlich 4 Fuss 2 Zoll dick und 3—6½ Fuss hoch ist; aber Massen von neben der Mauer liegenden Steinen lassen keinen Zweifel darüber, dass sie einst viel höher war. Die Thür, die an der Ostseite ist, führt in einen kleinen Gang; in dem grossen Steine, welcher die Thürschwelle bildet, sieht man noch das Loch, worin sich die Thürangel bewegte. In einer Entfernung von 16—53 Fuss unterhalb der Bergspitze sind auf den drei Seiten, von welchen dieselbe ersteigbar ist, 133—266 Fuss lange und 5 Fuss breite cyclopische Mauern,

---

[1] Am 22. Juni 1877 hatte ich in meiner Wohnung in London die grosse Ehre, nochmals den Besuch Sr. Majestät des Kaisers Dom Pedro II. von Brasilien zu empfangen, der zwei Stunden lang mit allergrösstem Interesse mein Album von Photographien der mykenischen Schätze und der anderer in der Atridenstadt entdeckten Alterthümer durchsah und mir zu wiederholten Malen zu dem Erfolge meiner Ausgrabungen gratulirte.

welche durchschnittlich noch jetzt 10 Fuss hoch sind und einst viel höher gewesen zu sein scheinen.

Zwischen den Steinen aller dieser Mauern ist es mir gelungen eine Menge Bruchstücke von hellgrünen Vasen mit schwarzer Ornamentation, mit der Hand, ohne Töpferrad, gemacht, zu sammeln, die ich für so alt halte wie die Ringmauern von Tiryns und Mykenae, denn in ersterer Stadt fand ich sie in situ auf und neben dem Urboden, in letzterer in situ nur auf dem natürlichen Fels, in den Höhlungen der Passage des Löwenthors und in den Gräbern. Ich folgere daraus, dass die cyclopischen Festungswerke auf der Euboeakuppe (Hagios Elias) gleiches Alters sind mit den Ringmauern der beiden Städte, vielleicht sogar einem noch höhern Alterthum angehören mögen. Die Frage drängt sich nun natürlich auf, warum alle diese Festungswerke errichtet worden sind. Da der Berg so hoch und steil, die Kuppe so sehr klein und noch dazu mit hervorstehenden, naturwüchsigen, spitzen Felsen bedeckt ist, so kann sie unmöglich jemals als Festung gedient haben.

Daher ist die einzige Erklärung, die ich über den Ursprung dieser cyclopischen Mauern zu geben wage, die, dass hier auf der Spitze ein kleiner Tempel von grosser Heiligkeit und besonderer Wichtigkeit gestanden haben muss, und wir finden wahrscheinlich in dem jetzigen Cultus auf dem Gipfel den Namen der Gottheit, die hier im Alterthum angebetet wurde. Zur Zeit anhaltender grosser Dürre haben die Bewohner der umliegenden Dörfer die Gewohnheit, in grossen Schaaren mit dem Priester an der Spitze dorthin zu wallfahrten und den Propheten Elias um Regen anzurufen. Somit scheint es, dass dieselbe Stelle, wo jetzt die kleine offene Kapelle des Propheten Elias steht, im Alterthum von einem kleinen Tempel des Sonnengottes besetzt war, der dort einen berühmten Cultus hatte und seinen Platz dem Propheten Elias eingeräumt hat, mit einer kaum bemerkbaren Veränderung im Namen oder in der Aussprache, denn der Sonnengott hiess ursprünglich 'Ηέλιος, ausgesprochen Eelios.

Dies ist ein wunderbares Zusammentreffen, denn obwol Elias, der in einem Flammenwagen gen Himmel fuhr, nichts anderes gewesen sein kann als ein Sonnengott, so ist doch sein Name rein hebräisch, אֵלִיָּה oder אֵלִיָּהוּ, und bedeutet: „er, dem Jehova ein Gott ist“. Der Name kann daher in keinerlei Verwandtschaft stehen mit dem homerischen Namen des Sonnengottes 'Ηέλιος, welcher wahrscheinlich von dem primitiven Namen des Gatten des Mondes, vielleicht Σείριος, stammt und jedenfalls rein griechisch ist.

Nur 30 Minuten Wegs in westlicher Richtung vom Löwenthor entfernt und unmittelbar vor dem Dorfe Phichtia sieht man die Ruinen eines kleinen cyclopischen Gebäudes von ganz gleicher Bauart wie die Mauern neben jenem Thor und wahrscheinlich aus gleicher Zeit stammend; es mag dies ein Tempel gewesen sein. Auch sieht man eine Stunde Wegs in nordwestlicher Richtung vom Löwenthor, in einem abgesonderten Thale neben einer tiefen Schlucht, die sehr gut erhaltene Ruine eines viereckigen cyclopischen Thurms, von der jede Seite 40 Fuss lang ist; die Mauern sind 10—11 Fuss hoch. Die Thür, welche an der südwestlichen Ecke liegt, führt in einen Corridor und zwei Kammern. An den äusseren Wänden sieht man zwei Wasserrinnen. Die Bauart ist ebenfalls jener der Mauer neben dem Löwenthor sehr ähnlich. Höchst wahrscheinlich diente dieser Thurm den Mykeniern zur Beherrschung des Engpasses, durch welchen die Strasse von Argos nach Corinth führt.

Die Tafel VII stellt die Ausgrabungen so dar, wie sie heute sind. Links vom Zuschauer ist die innere Seite der cyclopischen Ringmauer, welche im Hintergrunde in dem Löwenthor endet; von diesem ist aber nur die innere Seite des grossen dreieckigen Blocks zu sehen, an dessen Aussenseite das berühmte Relief der beiden Löwen ist. Die cyclopische Mauer, die man im Hintergrunde rechts vom Löwenthor sieht, war ein Theil einer innern Befestigung. Weiter unten, gerade hinter dem letzten Arbeiter, ist eine cyclopische Mauer, von der jedoch nur der kleine Theil neben dem Löwenthor, mit der Stube des alten Thorwächters, auf das Alter der cyclopischen Ringmauer Ansprüche machen kann; der Rest ist aus viel späterer Zeit, aber älter als die Einnahme von Mykenae durch die Argiver (468 v. Chr.).

Vor dieser Mauer ist das Labyrinth von Corridoren, von denen zwei als Cisternen gedient haben müssen. Links, unmittelbar neben der grossen Ringmauer, ist das kleine cyclopische Haus mit nur einem Gemach, wovon so oft die Rede gewesen ist. Im Vordergrunde, unter den Füssen der darauf stehenden Arbeiter, sieht man die grosse doppelte, parallele, kreisförmige Reihe von schrägstehenden, nach der Agora zu gewandten Steinplatten, welche mit Querplatten bedeckt war und als Sitzbank der Agora und als deren Einfassung oder Umzäunung diente. In einer Reihe mit diesem doppelten Plattenkreise sind die 12 kleinen grabförmigen Wasserbehälter, die man in der Richtung des Löwenthors sieht und zwischen denen der 7 Fuss breite Eingang zur Agora ist. Von da geht die doppelte Plattenreihe links vom Zuschauer vom Felsen auf die 12 Fuss hohe cyclopische Mauer über, die zu keinem andern Zweck gebaut sein kann als um jene zu tragen und sie auf annähernd gleiche Höhe mit ihrer Fortsetzung auf dem Felsen zu bringen. Aber wie das Bild zeigt, sind fast alle Platten auf dieser Strecke umgefallen und nur wenige noch in situ. Die Mauer, welche sie trägt, sieht man links unten unter einem Winkel von 15° abfallen. Die vier Grabstelen mit den Reliefs sind durch die grosse, stehende Platte verdeckt. Von den unsculptirten Grabsteinen sieht man zwei rechts, auf der Seite des Eingangs zur Agora, und zwei andere zur Seite der beiden Pferde. Also der ganze, von dem grossen Plattenkreise eingeschlossene Raum ist die uralte Agora von Mykenae.

Ich mache hier ganz besonders darauf aufmerksam, dass, wie deutlich auf dem Bilde zu erkennen ist, die Steinplatten da, wo sie an der Südseite vom Felsen auf die cyclopische Mauer übergehen, viel grösser und dicker sind und, wol auf eine Strecke von 6 Fuss, ganz gerade stehen; ferner, dass die Einfassung der Agora an der Nordseite von jenen Wasserbehältern gebildet wird, deren Platten ebenfalls ganz gerade stehen, weil sie in schräger Richtung nicht den Druck des Wassers ausgehalten haben würden. Links, d. h. in westlicher Richtung von diesen Behältern, sieht man die Fortsetzung des doppelten Plattenkreises wiederum in schräger Richtung bis zur cyclopischen Mauer, auf welcher, wie gesagt und wie auch im Bilde erkenntlich ist, fast alle Platten umgefallen sind.

In der Mitte sieht man im Hintergrunde links einen Theil des steilen Abhangs des Berges Euboea, auf dessen Gipfel die offene Kapelle des Propheten Elias steht. Im Vordergrunde weiter zur rechten ist die grosse innere cyclopische Mauer, oberhalb welcher die Ruinen eines Thurmes sind; sie gibt der Akropolis einen besonders erhabenen Anblick; und gehört zu einer zweiten, innern Befestigung.

Rechts, oberhalb dieser grossen innern Mauer, sieht man den steilen übrigen Theil der Burghöhe, auf deren Abhang Ueberbleibsel von innern Mauereinzäunungen an vielen Stellen zu sehen sind. Alle Mauern, die man weiter unten sieht, stammen von cyclopischen Häusern, ausgenommen die grosse Stützmauer der doppelten, parallelen Reihe, wovon ein kleiner Theil unten links zu sehen ist. Unten rechts sind die Ruinen des mehrfach erwähnten grossen cyclopischen Hauses, in welchem wir, nach der lebendigen Beschreibung des Homer und Euripides, im Geiste den Unterbau des königlichen Palastes Agamemnons und seiner Vorfahren erkennen, obwol dies nie mit Bestimmtheit zu beweisen sein wird.[1]

---

[1] Noch mache ich den Leser auf den Plan BB aufmerksam, welcher genau die Tiefe eines jeden der fünf königlichen Gräber, die in den nachfolgenden Kapiteln beschrieben werden, unter der Oberfläche des Bodens darstellt, so wie diese vor Anfang meiner Ausgrabungen war.

Nr. 222. Bruchstück eines hölzernen Kästchens (νάρθηξ). (5 M.) $^6/_7$ Grösse.

SIEBENTES KAPITEL.

DAS ERSTE, ZWEITE UND DRITTE GRAB IN DER AKROPOLIS.

Entdeckung des durch die drei sculptirten Stelen bezeichneten Grabes. — Sonderbare, mit Goldblech überzogene Knöpfe und Gegenstände von Elfenbein, Terracotta, Gold, Glas, Bronze u. s. w. — Mit der Hand gefertigte und auf der Scheibe gedrehte Töpferwaare. — Zweites Grab unter den unsculptirten Stelen. — Entdeckung von drei Menschengerippen, die an der Stelle, wo sie lagen, theilweise verbrannt waren. — Funfzehn Diademe von dünnem Goldblech bei den Gerippen gefunden. — Auch Kreuze von goldenen Lorberblättern. — Andere merkwürdige Gegenstände, die den Beweis liefern, dass die Mykenier nicht nur Glas fertigten, sondern es auch zu färben verstanden. — Messer von Obsidian. — Eine silberne Vase mit Mundstück von Bronze, welches vergoldet ist, sowie andere Gegenstände. — Vasen von Terracotta mit doppelten Röhrchen an der Seite zum Aufhängen und Gefässe mit drei Füssen in der Art der trojanischen. — Die im Grabe gefundenen gehörnten Hera-Idole sind ein Beweis, dass sich dieser Typus in Mykenae über tausend Jahre lang unverändert erhalten hat. — Uralte auf der Töpferscheibe gedrehte Terracottavasen. — Weitere Entdeckung von Grabstelen. — Verschiedene damit zusammen gefundene Gegenstände. — Das Dritte Grab. — Mehrere unverbrannte Menschengerippe und die dabei gefundenen Gegenstände. — Ein merkwürdiger, aus zwei Klingen bestehender bronzener Dolch. — Mit genauer Noth der Gefahr durch einen fallenden Felsen entkommen. — Innere Grabmauern. — Drei Gerippe von Frauen, augenscheinlich verbrannt an der Stelle, wo sie lagen. — Ueberladung derselben mit goldenen Schmucksachen. — Schichten von starken Goldblättern mit Verzierung in Repoussé-Arbeit unter und über den Leichen. — Beschreibung der verschiedenen Muster der Ornamentation. — Beschreibung der übrigen Goldsachen. — Andere Gehänge mit Intaglio oder Repoussé-Arbeit. — Goldene Greife. — Die Sage vom Greif ist indischen Ursprungs. — Goldene Schmucksachen in Form von Herzen und Löwen. — Sonderbare goldene Tuchnadeln in der Form von Palmen, Hirschen und Löwen. — Frauen mit Tauben. — Dreiundfünfzig goldene Tintenfische. — Goldene Schmetterlinge, Schwäne, Seepferde, Adler, Sphinxe, Bäume und Vögel. — Die schöne goldene Krone am Kopfe eines der Gerippe. — Darauf befindliche Zeichen. — Zweite goldene Krone. — Noch fünf goldene Diademe. — Kreuze von doppelten goldenen Blättern. — Goldene Sterne. — Eine goldene Tuchnadel und andere Schmucksachen. — Hals- und Armbänder. — Zwei Paar goldene Wagschalen. — Goldplatten. — Eine goldene Kindermaske. — Andere Ornamente. — Künstlich geschnittene Gegenstände von Bergkrystall, Silber und Bronze, wahrscheinlich die Griffe von Sceptern. — Linsenförmige Gemmen von Achat, Sardonyx u. s. w. mit Intaglios. — Eine solche Gemme von Amethyst mit einer ihr Kalb säugenden Kuh, wie auf den alten Münzen von Corcyra. — Goldene Räder. — Ein goldener Kamm mit knöchernen Zähnen. — Perlen von Bernstein in allen Grössen. — Andere Schmucksachen. — Goldblättchen unter den Leichen und um sie herum gestreut. — Ein goldener Becher. — Eine sonderbare goldene Schachtel, deren Deckel mit Drähten befestigt ist. — Goldene Vasen. — Silberne Vase und goldener Griff vielleicht eines Scepters. — Schachteln von Kupferblech mit Holz gefüllt, vielleicht Kopfkissen der Leichen. — Andere im Dritten Grabe gefundene Gegenstände. — Uralte Töpferwaare.

Mykenae, 6. December 1876.

Nachdem die vier Grabsteine mit den Basreliefs ausgehoben und nach dem Dorfe Charvati gebracht waren um nach Athen gesandt zu werden, explorirte ich die Stelle, wo die Stelen mit den die Krieger und die Jagdscene darstellenden Sculpturen gestanden hatten, und fand dort ein 21 Fuss 5 Zoll langes, 10 Fuss 4 Zoll breites, in den Fels gehauenes viereckiges Grab. Die Erde in diesem Grabe bestand aus dem Detritus der Ueberbleibsel von Haushaltungen, gemischt mit natürlicher Erde, die von anderswo hierher gebracht war. In einer Tiefe von 3 Fuss

3 Zoll unter den Stelen, die dort gestanden hatten, fand ich ein höchst sonderbares Monument, wovon ich hier unter Nr. 223 eine Zeichnung gebe. Es besteht aus zwei 5 Fuss langen, 12 Zoll breiten und 7 Zoll dicken behauenen Steinen, die einer auf dem anderen lagen; am Südende derselben stand ein dritter, $2^1/_2$ Fuss langer, behauener Stein von gleicher Dicke und Breite in schräger Richtung, als wenn er der auf den oberen der Blöcke zu legenden Leiche als Kopfkissen dienen sollte. Dieser letztere Stein hatte einen Rand und stammte augenscheinlich von einem anderen Monumente, zu welchem die beiden übrigen Steine ebenfalls gehört haben mögen. Sehr

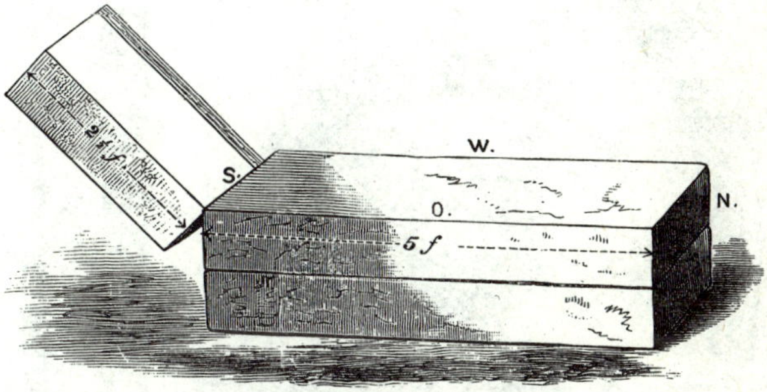

Nr. 223. Plan der Grabsteine im Ersten Grabe.

wahrscheinlich hat einst auf diesem Grabe ein grosses Monument gestanden, geschmückt mit den drei Stelen, die jetzt die Stelle desselben bezeichneten.

Als ich tiefer grub, fand ich von Zeit zu Zeit etwas schwarze Asche und darin häufig sehr sonderbare Gegenstände: entweder einen hölzernen Knopf, bedeckt mit einem goldenen Plättchen mit sehr schönem Intaglio, oder einen aus Elfenbein geschnittenen Gegenstand in Form eines Widderhorns mit einer flachen, zwei kleine Löcher enthaltenden Seite, mittels deren er an irgend etwas anderes geheftet war; ferner andere Schmucksachen von Knochen, oder kleine Goldblättchen. Ich sammelte auf diese Weise, ausser vielen andern merkwürdigen Gegenständen, 12 mit Goldplättchen überzogene Knöpfe, deren einer so gross ist wie ein Fünffrankenstück. Die Ornamentik der Goldplättchen besteht entweder aus Spiralen oder aus jenem sonderbaren Henkelkreuze 卍 mit den Marken der vier Nägel, welches so häufig auf den Spindeln in Ilium vorkommt und das ich für das Symbol des heiligen Feuers

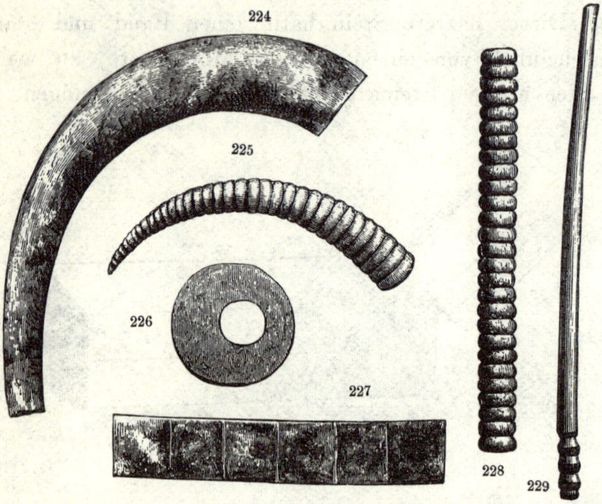

Nr. 224—229. Gegenstände von Elfenbein, Knochen oder Metallcomposition im Ersten Grabe. 7/9 Grösse.

halte (vgl. „Trojanische Alterthümer“ S. 69—72). Alle Knöpfe haben die Form unsrer Hemdenknöpfe, sind aber grösser und ähnlich denen, die man in den nachfolgenden Bildern dargestellt sieht.

Ich fand dort ausser den Knöpfen zwei Gegenstände von Elfenbein in Form von Widderhörnern, wie Nr. 225, ferner vier Gegenstände von Elfenbein in Form eines Halbmondes, deren eine Seite convex, die andere flach ist; in der letzteren sind vier Löcher zum Befestigen an einen anderen Gegenstand (vgl. Nr. 224); weiter sechs lange, schmale Stücke Elfenbein (vgl. Nr. 227), die auf der einen Seite mit fünf senkrechten Einschnitten verziert sind und auf der anderen Seite zwei tiefe senkrechte Einschnitte zum Befestigen an einen andern Gegenstand haben; wahrscheinlich haben alle diese Gegenstände als Schmuck am Pferdegeschirr gedient. Ausserdem fand ich dort die elfenbeinerne Nadel Nr. 229; ferner sechs Knöpfe aus weissem, hartem Stein mit einem runden Loch in der Mitte, worin ein kleiner blauer Stein steckt (vgl. Nr. 226); sowol das runde Loch in der Mitte als auch der darin steckende blaue Stein sind unerklärlich für mich.

Hier wurde auch ein kleiner Knopf gleicher Art gefunden; ferner der vergoldete Kopf eines bronzenen Nagels, acht lange, dünne Stücke Gold und vier grosse Scheiben von dünnem Goldblech, auch zwei kleine, röhrenförmige Gegenstände, die aus einer Glasmasse bestehen und im Innern ein kleines Röhrchen von wirklichem blauem Glas enthalten, worüber ich später sprechen werde. Ich fand dort ferner den grünen Gegenstand Nr. 228, der ringsherum horizontale Furchen hat; nach Professor Landerer's Analyse besteht derselbe aus einer künstlichen, Kupferoxyd enthaltenden Masse, die in weichem Zustande in ihre jetzige Form gepresst ist.

Die Erde war vermischt mit zahlreichen Bruchstücken uralter, auf der Scheibe gedrehter Töpferwaare in buntfarbigen Verzierungen oder mit Scherben von glänzend schwarzen oder rothen Vasen, oder von hellgrünen mit schwarzen Spiralen, alle mit der Hand gemacht; aber zu meinem Erstaunen fand ich dort auch von Zeit zu Zeit einige Fragmente von bemalten, auf der Töpferscheibe gedrehten Vasen, welche entschieden einer späteren, aber jedenfalls der Einnahme von Mykenae durch die Argiver (468 v. Chr.) vorangehenden Zeit angehören. Unter den mit der Hand gefertigten sind die grossen, glänzend schwarzen Becher mit hohlem Fuss und horizontalen Cannelirungen in der Mitte, die vielfach in der untersten vorhistorischen Stadt in Troja vorkommen (vgl. Nr. 230), besonders bemerkenswerth, ebenso die hellgrünen oder hellgelben Becher der gewöhnlichen Form mit sehr fantastischer schwarzer Ornamentation; ferner die grossen Vasen, die auf hellrothem Grunde eine Verzierung von dunkelrothen Kreisen oder zwei Frauenbrüste haben.

Nr. 230. Bruchstück eines schwarzen, mit der Hand gefertigten Bechers aus dem Ersten Grabe. 6/7 Grösse.

Als ich bis zu einer Tiefe von 10½ Fuss vorgedrungen war, wurde ich durch heftigen Regen aufgehalten, der die weiche Erde im Grabe in Schlamm verwandelte. Ich nahm daher die beiden unsculptirten Grabsteine der zweiten Reihe heraus, welche genau 20 Fuss östlich von den drei Stelen mit den Basreliefs standen; der eine dieser unsculptirten Grabsteine war 5 Fuss, der andere 5 Fuss 4 Zoll lang. Indem ich an der Stelle, wo sie gestanden hatten, nachgrub, fand ich ein zweites, 11 Fuss 8 Zoll breites, an der einen Seite 21 Fuss 3 Zoll, an der anderen 19 Fuss 8 Zoll langes Grab in den Fels geschnitten. Es war ganz mit ungemischter natürlicher Erde gefüllt, welche von anderswo dorthin gebracht war. In einer Tiefe von 2—2$^1/_2$ Fuss unterhalb der Grabsteine fand ich grosse Bruchstücke von zwei, dem Anscheine nach älteren, unsculptirten Stelen. In einer Tiefe von 15 Fuss unter der Felsfläche, somit in einer Tiefe von 25 Fuss unterhalb des Bodens, wie ich ihn zu Anfang meiner Ausgrabungen fand, kam ich zu einer Schicht Kieselsteine, unter welcher ich, in Zwischenräumen von 3 Fuss von einander, drei Menschengeripppe fand; alle lagen mit dem Kopf nach Osten und den Füssen nach Westen gekehrt und waren nur durch eine zweite Schicht Kieselsteine, auf welcher sie ruhten, vom geebneten Felsgrunde getrennt.

Augenscheinlich sind alle drei an derselben Stelle, wo sie lagen, gleichzeitig verbrannt; die Massen von Asche von den Gewändern, die sie bedeckt, und dem Holze, welches ganz oder theilweise ihr Fleisch verbrannt hatte, ferner die Farbe der unteren Steinschicht und die Merkmale des Feuers und Rauchs an der steinernen Mauer, welche auf dem Grunde des Grabes alle vier Seiten desselben bekleidete, können in dieser Hinsicht keinen Zweifel übrig lassen; ja es fanden sich dort die unverkennbarsten Beweise von drei verschiedenen Scheiterhaufen.

Die Mauer, welche unten im Grabe die vier Seiten desselben bekleidete, bestand aus ziemlich grossen, ohne Bindemittel zusammengelegten Steinen; sie war 5 Fuss hoch und 1 Fuss 8 Zoll dick. Die kleinen Steine, womit der Boden des Grabes bestreut war, können nach meiner Meinung keinen anderen Zweck gehabt haben als den, den Scheiterhaufen Luftzug zu verschaffen. Diese letzteren waren allem Anscheine nach nicht gross und bezweckten nur, die Gewänder und ganz oder theilweise das Fleisch der Verstorbenen zu verbrennen, aber nicht mehr, denn die Knochen und sogar die Schädel waren erhalten; diese letzteren hatten indessen so sehr von der Feuchtigkeit gelitten, dass es nicht gelang einen einzigen davon zu retten.

Auf jedem der drei Skelette fand ich fünf Diademe (ähnlich denjenigen, die ich mehrfach aus den übrigen Gräbern darstellen werde[1]; sie sind von sehr dünnem Gold, jedes $19^1/_2$ Zoll lang und in der Mitte 4 Zoll breit; alle laufen in spitze Enden aus. Die Ränder aller Diademe waren um kupferne Drähte gebogen, um ihnen mehr Festigkeit zu geben. Viele Bruchstücke jener Drähte fanden sich. Alle 15 Diademe zeigen ganz dieselbe Ornamentation von Repoussé-Arbeit, bestehend auf beiden Seiten aus einem Rande von zwei Linien, zwischen denen wir eine Reihe von dreifachen concentrischen Kreisen sehen, die nach Verhältniss der Breite des Diadems an Breite ab- oder zunehmen, indem der grösste Kreis in der Mitte ist. Zwischen diesen dreifachen Kreisen ist auf beiden Seiten eine Reihe schmälerer, doppelter, concentrischer Kreise, die ebenfalls je nach der Breite des Diadems ab- oder zunehmen. Sowol in den grösseren dreifachen als in den kleineren doppelten Kreisen ist der innerste Kreis immer so gehämmert, dass er hervorsteht, und dies gibt den Diademen ein herrliches Ansehen. Dieselben hatten an einem Ende eine Nadel (ἔμβολον), am anderen ein Röhrchen oder einen Ring (αὐλίσκος), womit sie um den Kopf befestigt wurden, aber natürlich so, dass der grösste dreifache Kreis gerade auf der Mitte der Stirn war.

Ich entdeckte ferner bei zweien der Leichname zehn (fünf auf jedem) aus vier goldenen Lorberblättern dargestellte Kreuze (vgl. Nr. 231). Auf dem dritten Gerippe waren nur vier Kreuze. Alle Kreuze sind $7^1/_2$ Zoll lang; die Breite der Blätter beträgt $1^2/_3$ Zoll. Die Ornamentation der Blätter ist ebenfalls Repoussé-

[1] Vgl. Nr. 282—284.

Arbeit; sie stellt rings um das Blatt herum einen kleinen, nur durch eine Linie angedeuteten Rand dar, auf welchem eine ununterbrochene Reihe von doppelten, concentrischen, schrägen Ovalen liegt, die wahrscheinlich auch Blätter darstellen sollen. Auf diese Weise ist das ganze Blatt von einem Streifen solcher Ovale oder Blätter umgeben, und der übrige Raum ist mit drei doppelten, concentrischen Kreisen angefüllt, auch die Ränder

Nr. 231. Kreuz von goldenen Lorberblättern aus dem Zweiten Grabe. Circa 4/5 Grösse.

aller dieser Kreuze sind um feine Kupferdrähte gewickelt um ihnen mehr Solidität zu geben.

Auch fand ich bei den Gerippen eine Menge sonderbarer Gegenstände, wie z. B. kleine, 1½ Zoll lange Cylinder mit durchgehender Röhre und kleine, nur 2 Zoll lange, aus vier zusammenhängenden Cylindern gleicher Art bestehende Quadrate, die aber nur an jedem Ende eine durchgehende Röhre haben. Alle diese Stücke sind von grauweisser Farbe und bestehen aus einer sehr mürben Masse, die in Staub zerfällt, wenn man sie mit der Hand auch nur leise drückt; im Innern eines jeden Cylinders befindet sich eine harte, blaue, durchsichtige Röhre, die, wie aus der Analyse von Professor Landerer hervorgeht, aus einem Kobaltglase besteht; innerhalb der blauen Röhre ist wiederum ein dünnes, weisses, wie Silber schimmerndes Röhrchen, welches nach der Untersuchung desselben Gelehrten eine Glasmasse aus bleihaltigem Glase ist. Wie mir Professor Landerer schreibt, erhellt aus diesem Funde, dass die alten Mykenier die Färbung des Glases verstanden, wie auch die sogenannte Umfangsmethode, d. h. die Kunst eine Glasschicht mit einer zweiten und dritten Glasschicht zu umgeben. Er versichert, dass etwas ähnliches bei der Analyse eines ägyptischen Glases vorgekommen ist, und vermuthet, dass die Kobaltgläser aus Aegypten stammen. Er führt ferner an, dass alle jetzigen blaugefärbten Gläser solche Kobaltgläser sind.

Alle diese Cylinder und aus vier Cylindern bestehenden Quadrate müssen als Schmuck der Leichen gedient haben. Es verdient ganz besondere Aufmerksamkeit, dass ausser diesen ganz kleinen dünnen Röhrchen und wenigen andern ganz kleinen Schmucksachen aus einer Glasmasse gar kein Glas in den mykenischen Gräbern vorkommt, und dass auch alles, was ich in den oberen Schuttschichten von Glas fand, sich auf wenige weisse Perlen und eine Art Schieber von gelblicher Farbe beschränkt. Von andern Glassachen kam keine Spur vor, wir können daher mit Gewissheit annehmen, dass hier die Glasfabrikation noch in ihrem ersten Entstehen begriffen war und dass bis zur Einnahme von Mykenae durch die Argiver (468 v. Chr.) selbst die sonst (ausser in Troja) überall vorkommenden ganz kleinen Flaschen von Glas noch ganz unbekannt waren.

Ich fand ferner im Grabe eine Menge kleiner Messer von

Obsidian und viele Bruchstücke einer grossen silbernen Vase mit einer mit Kupfer plattirten Oeffnung, die dick vergoldet und herrlich mit Intaglioarbeit geziert ist. Unglücklicherweise hat sie zu sehr vom Feuer des Scheiterhaufens gelitten, um photographirt zu werden. Es scheint, dass die mykenischen Goldschmiede es nicht verstanden Silber zu vergolden, daher erst das zu vergoldende Silber mit Kupfer plattirten und darauf dies vergoldeten. Ich fand ferner im Grabe ein langes und ein kurzes verrostetes Messer von Bronze; eine sehr vom Feuer beschädigte silberne Schale (φιάλη) mit einem Henkel; vier lange Schieber eines Halsbandes (zwei von Achat und zwei von einer glasartigen Composition); einen bronzenen Henkel eines Gefässes; zwei gehörnte Hera-Idole der gewöhnlichen Form aus Terracotta und endlich viele Bruchstücke von schöner, mit der Hand gefertigter oder uralter auf der Scheibe gedrehter Töpferwaare, darunter das Bruchstück einer Vase mit zwei verticalen Röhrchen an jeder Seite zum Aufhängen an einer Schnur, ähnlich den Vasen in der untersten vorhistorischen Stadt in Ilium (vgl. Atlas der „Trojanischen Alterthümer", Tafel 105, Nr. 2312).

Es fanden sich auch Bruchstücke von Tripoden aus Terracotta, die zwar zu Tausenden in Troja vorkommen (vgl. Atlas der „Trojanischen Alterthümer", Tafel 74, Nr. 1609 und 1613 und Tafel 79, Nr. 1671—1672), aber in Mykenae weniger häufig sind, indem fast alle Vasen hier einen flachen Boden haben. In diesem Grabe wurde auch das Bruchstück einer Vase gefunden, auf dem man ein Zeichen sieht, welches nichts anderes ist als ein 卐, dessen vier Händen einfach eine Spiralform gegeben worden ist.

Die wichtigsten Fundstücke dieses Grabes sind ohne Zweifel die obigen beiden gehörnten Hera-Idole, denn sie beweisen uns, dass die Schutzgöttin schon in jenem fernen Alterthum, aus dem das Grab stammt, in dieser Gestalt angebetet worden ist. Da nun Idole desselben Typus in allen vorhistorischen Ruinenschichten und sogar in dem Schutte der Haushaltungen gefunden wurden, welche der späteren hellenischen Stadt unmittelbar vorhergehen, so ist es sicher, dass dieser Typus noch in Gebrauch war zur Zeit der Eroberung von Mykenae durch die Argiver (468 v. Chr.), folglich ist derselbe länger als 1000 Jahre unverändert geblieben. Allerdings werden oberhalb der Gräber, in allen vorhistorischen Schuttschichten, weibliche Idole verschiedener Gestalt gefunden, die wir ebenfalls nur der Hera zuschreiben können, da jedoch ihre Zahl nur sehr klein ist im Vergleich zu der Masse von gehörnten Idolen, so können wir als gewiss annehmen, dass das gehörnte Idol das älteste ist und dass folglich die Mykenier mit Beharrlichkeit daran hingen.

Unter den Bruchstücken auf der Töpferscheibe gedrehter Vasen dieses Grabes sind einige, welche, in schwarzer Farbe auf hellgelbem Grund, den unteren Theil von Vögeln darstellen; ferner das grosse Bruchstück einer sehr archaischen Vase, die auf hellgelbem Grunde eine schöne, aber höchst phantastische Ornamentation von dunkelroth gemalten Pflanzen, Kreisen oder wellenförmigen Linien darstellt (vgl. Nr. 232 und 233); die Leidenschaft des mykenischen Künstlers, alles in Spiralform zu bringen, erkennt man auch an diesen Pflanzen.

Diese beiden Bruchstücke geben eine gute Illustration zu den Bemerkungen, welche Herr Ch. T. Newton in der Sitzung der Royal Institution in London am 9. Juni 1877 machte: „Die pflanzenartigen Verzierungen der mykenischen Vasen zeigen eine gewisse vage Freiheit und gesetz- und schrankenlose Ueppigkeit, welche auf eine durch lange Praxis erhaltene Leichtigkeit der Hand des Künstlers schliessen lassen. Die Thierformen sind ungeschickt und gezwungen und die Anatomie ist meistentheils gar nicht oder nur schwach angedeutet. Die dem

Pflanzenreich wie dem Thierreich entnommenen Muster scheinen das Resultat von Natureindrücken zu sein, die lebhaft genug waren, in einem culturlosen Geiste die Neigung der Nachbildung zu erwecken, welche aber eine ungeschulte Hand nicht naturgetreu in der Kunst wiederzugeben vermochte“.

Nr. 232, 233. Bruchstück einer uralten, auf der Scheibe gedrehten Vase aus dem Zweiten Grabe. Circa $^{1}/_{3}$ Grösse.

Ferner hebe ich hervor die fünf Bruchstücke uralter gedrehter Vasen, die in ähnlichen Farben eine Ornamentation von netzartigen Verzierungen, Wellenlinien, Pflanzen oder Reihen von Punkten haben; weiter sechs augenscheinlich zu einer Vase gehörige Bruchstücke mit einer Verzierung von Kreuzen mit vier Punkten auf hellrothem Grunde; auch das Bruchstück einer unten spitz zulaufenden, durchbohrten Vase, die als Trichter gedient haben mag. Noch erwähne ich das Bruchstück einer Vase, welches oben, dem Anscheine nach, einen Schlangenkopf, auf der einen Seite einen von Punkten umgebenen Kreis, in dessen Mitte einen Halbmond und sechs Punkte, und daneben einen anderen Kreis darstellt, der mit Punkten gefüllt und umgeben ist.

Ermuthigt durch den Erfolg im zweiten Grabe nahm ich die beiden grossen unsculptirten Grabsteine der dritten Reihe heraus, welche fast gerade südlich von den beiden Stelen des zweiten Grabes standen; der eine derselben ist 6 Fuss 4 Zoll lang und 4 Fuss breit, der andere 4 Fuss 10 Zoll lang und 4 Fuss 4 Zoll breit. Sie waren mit grossen horizontalen

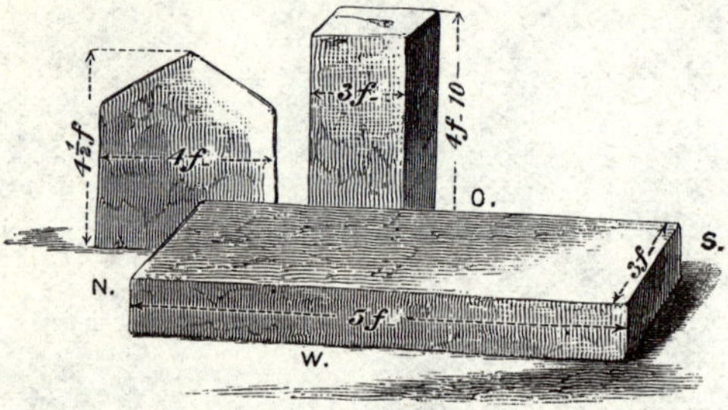

Nr. 234. Plan der Grabsteine über dem Dritten Grabe.

Platten ausgezeichnet befestigt, sodass sie nicht ohne die grösste Anstrengung herausgenommen werden konnten. Diese Grabsteine standen genau 13 Fuss 4 Zoll unter der Oberfläche, so wie diese war, als ich die Ausgrabungen anfing. Zwei Fuss unterhalb derselben, somit 15 Fuss 4 Zoll unterhalb der früheren Oberfläche, fand ich zwei grosse, horizontal liegende Platten in Form von Grabstelen.

In einer Tiefe von 5 Fuss unterhalb der oberen Grabsteine deckte ich noch drei weitere grosse Platten auf, wovon die eine lag und die beiden anderen standen (siehe die Zeichnung Nr. 234). Der Boden bestand aus schwarzer Erde, gemischt mit Bruchstücken von uralter, mit der Hand gefertigter oder auf der Scheibe gedrehter Töpferwaare, und Massen von kleinen Messern aus Obsidian. Ausser einigen Hera-Idolen fand ich dort ein 1 Zoll hohes und breites Stück Elfenbein in Form eines Bienenkorbs, mit einem Röhrchen im flachen Boden zum Aufhängen an einer Schnur; auf der convexen oder globenförmigen Seite ist ein Kreuz eingeschnitten, welches mit vier goldenen Nägeln mit flachen Köpfen, deren jeder in der Mitte ein kleines Loch hat, geziert ist (vgl. Nr. 235); ferner ein 4 Zoll langes, 2 Zoll breites Stück Holz mit wundervollen eingeschnittenen Spiralen (vgl. Nr. 222)[1], welches zu einem Kästchen, νάρϑηξ, zu gehören scheint; auch zwei andere schön polirte Stücke Holz mit scharfen Spitzen, sonst aber in Form langer, schmaler Kegel.

Nr. 235. Ein Stück verziertes Elfenbein. (5 M.) 3/4 Grösse.

Weiter grabend fand ich, dass in einem Abstande von 33 Fuss von der innern Ostseite der die Agora umschliessenden kreisförmigen, doppelten, parallelen Reihe von grossen Platten der Fels plötzlich auf eine Strecke von 30 Fuss in der Länge und Breite unter einem Winkel von 30 Graden abfällt; die verticale Höhe dieses Abhanges ist 16½ Fuss; weiter nach Westen bildet der Fels eine 30 Fuss lange und breite Plattform mit zwei Gräbern, von denen ich zuerst das kleinere beschreiben will, denn in einer Höhe von 16½ Fuss oberhalb seiner Oeffnung standen die beiden bereits erwähnten Grabstelen.

Dieses Grab, welches ich in dem Plan B das Dritte nenne, ist 16 Fuss 8 Zoll lang und 10 Fuss 2 Zoll breit, an der Westseite 2 Fuss 4 Zoll, an der Südseite 3 Fuss 4 Zoll, an der Ostseite 7 Fuss und an der Nordseite 5 Fuss tief in den Fels gehauen. Diese verschiedenen Tiefen finden

---

[1] In der Vignette S. 175.

ihre Erklärung in dem Abhange und in der Ungleichheit des Felsens, denn der Grund des Grabes ist natürlich ganz horizontal.

Ungefähr 9 Fuss oberhalb der Oeffnung dieses Grabes entdeckte ich neben demselben, auf dem Abhange des Felsens, in einer Tiefe von 21 Fuss unterhalb der früheren Bodenfläche eine Menge Skelette von Menschen, welche augenscheinlich nicht auf dem Scheiterhaufen gewesen, aber so sehr von der Nässe zerstört waren, dass keiner der Schädel gerettet werden konnte.

Nr. 236, 237. Mit der Hand gefertigte Gefässe von Terracotta. Tiefe 20 Fuss. Halbe Grösse.

Die einzigen bei diesen Gerippen gefundenen Gegenstände waren Messer von Obsidian und fünf sehr hübsche, ohne Töpferscheibe gemachte Vasen (vgl. Nr. 236 und 237); zwei davon sind von einfach hellgelber, die drei anderen von hellgrüner Farbe mit einer groben schwarzen Ornamentation.

Unmittelbar nördlich vom Dritten Grabe somit im Mittelpunkt der Agora, brachte ich den bereits erwähnten, über dem Plateau hervorstehenden Felsen ans Licht, von dem ich glaube, dass er als βῆμα oder Rednerbühne gedient haben wird. Derselbe war in zwei Theile zerspalten und hing über der Kluft, in welcher sich die ebengenannten beiden Gräber befinden; unterhalb dieses Felsens, in einer Tiefe von 22 Fuss unter der Oberfläche, wurden viele Hera-Idole, Spindeln u. s. w. gefunden; auch eine höchst sonderbare Art von Dolch aus Bronze (vgl. Nr. 238); er besteht aus zwei getrennten, zweischneidigen Klingen, welche in der Mitte zusammengeschmiedet sind, so dass die vier Schneiden $^1/_4$ Zoll weit auseinanderstehen; beide Klingen sind 10 Zoll, der ganze Dolch ist 13 Zoll lang; der Griff ist augenscheinlich mit Knochen oder Holz eingefasst gewesen, welches mit drei kleinen bronzenen Nägeln, die noch vorhanden sind, befestigt war.

Nr. 238. Ein grosser bronzener Dolch mit zwei in der Mitte zusammengeschmiedeten Klingen. ($6^1/_2$ M.) $^7/_{20}$ Grösse.

Da ich das eine der überhängenden Felsstücke für sehr gefährlich hielt, so that ich alles, was ich konnte, um meine Arbeiter davon fern zu halten. Da ich aber, um die Arbeiter zu veranlassen mit grosser Aufmerksamkeit zu graben, die Gewohnheit habe, denselben für jeden, sogar den kleinsten Gegenstand, der irgendwie Interesse für die Wissenschaft hat, ein kleines Trinkgeld zu geben, und da so viele Sachen gerade unter dem gefährlichen Felsen gefunden wurden, so kehrten zwei meiner Arbeiter immer wieder dahin zurück. Da ich aber sah, dass das eine Felsstück an der Nordseite eine Spalte hatte, die sich erweiterte, so zog ich buchstäblich mit Gewalt die beiden Menschen von ihrer gefährlichen Stelle, als auf einmal der Felsblock mit einem donnerähnlichen Gekrach fiel; wir wurden alle drei von den Steinsplittern umgeworfen, aber keiner von uns verletzt.

Die vier Wände des Dritten Grabes waren der Länge nach besetzt mit Stücken Schist von unregelmässiger Grösse, welche mit Lehm verbunden waren und eine 5 Fuss hohe, 2 Fuss 3 Zoll breite, schräge Mauer bildeten.

Ich fand in diesem Grabe die irdischen Ueberreste von drei Personen, die nach der Kleinheit der Knochen, besonders der Zähne, und nach den Massen von Frauenschmuck, die hier gefunden wurden, Frauen gewesen sein müssen; die Zähne des einen Körpers waren, obwol alle erhalten, sehr abgenutzt und unregelmässig und scheinen einer sehr alten Frau gehört zu haben. Alle drei Frauen lagen mit dem Kopf nach Osten und den Füssen nach Westen. Wie in dem Zweiten Grabe lagen die Gerippe 3 Fuss von einander entfernt; sie waren mit einer Schicht Kieselsteine bedeckt und lagen auf einer Schicht gleicher Steine, auf welcher die Scheiterhaufen errichtet waren. Diese letztere Schicht Kieselsteine war auf dem Grunde des Grabes, der, wie beifolgender Plan B B zeigt, 29 Fuss 8 Zoll unter der früheren Oberfläche des Berges lag. Genau so wie in dem vorhergehenden Grabe sind alle drei Körper gleichzeitig, aber jeder besonders, in gleichem Abstande von einander, und auf derselben Stelle, wo sie lagen, verbrannt worden. Hiervon zeugten nicht nur die allerdeutlichsten Spuren des Feuers an den Kieselsteinen unter und neben den Gerippen, sondern auch die Merkmale des Feuers und Rauches an den Wänden zur rechten und linken und die Massen von Holzasche, die auf den Körpern und um sie herum lagen. Diese Körper waren buchstäblich mit Juwelen von Gold überladen, welche alle mehr oder weniger in die Augen fallende Merkmale des Feuers und Rauches zeigten, dem sie auf den Scheiterhaufen ausgesetzt waren.

Unter den am meisten vorkommenden Schmucksachen nenne ich die grossen, mit schöner Repoussé-Arbeit gezierten runden, dicken, goldenen Blätter, deren ich 701 sammelte. Ich fand sie sowol unter als über den Gerippen und um dieselben herum, es leidet daher keinen Zweifel, dass ein Theil derselben schon vor Errichtung der Scheiterhaufen auf den Grund des Grabes geworfen und der Rest vor Anzündung der Holzstösse auf die Leichen gelegt wurde. In den nachstehenden Bildern gebe ich alle verschiedenen Muster dieser wunderbaren Blätter in natürlicher Grösse. Es ist schwer zu sagen, wie die mykenischen Goldschmiede die Repoussé-Arbeit machten. Nach Professor Landerer's Meinung legten sie das Goldblech auf einen Block von Blei und hämmerten und pressten die Ornamentation hinein. Nr. 239 stellt breite runde Mäander dar, die denen auf der vierten Grabstele ähnlich sind (vgl. das Bild Nr. 142, Seite 101). Die schöne, aber sehr sonderbare Ornamentation in der Mitte von Nr. 239, die hier so vielfältig wiederkehrt, scheint mir vom 卐 abzustammen, umsomehr, als die vier Punkte, welche als die Zeichen der vier Nägel angesehen werden, selten fehlen; der Künstler hat hier nur noch zwei Arme hinzugefügt und alle sechs Arme in Spiralen umgewandelt. Nr. 240 stellt einen Tintenfisch (sepia) dar, dessen acht Füsse in Spiralen gedreht sind; der Kopf mit Augen ist deutlich zu sehen. Nr. 241 zeigt eine Blume, Nr. 242 eine sehr hübsche Ornamentation mit Spiralen, Nr. 243 einen hübschen Schmetterling, ein Typus, der ungemein häufig ist. Herr C. T. Newton erinnert mich daran, dass der Schmetterling in der späteren griechischen Kunst ein Sinnbild der Unsterblichkeit ist; ob derselbe aber hier als ein solches Symbol angesehen werden kann, wage ich nicht zu entscheiden. Nr. 244 hat eine sonderbare Ornamentation von Spiralen in Form von sechs Schlangen um den Mittelpunkt. In Nr. 245 erkennen wir sogleich die Ornamentation der Grabstele Nr. 142 wieder, und im mittlern Kreise jene von Nr. 244 in verminderter Grösse. Nr. 246 zeigt innerhalb eines breiten

Nr. 239. Goldblatt aus dem Dritten Grabe.

Nr. 240. Goldblatt: ein Tintenfisch; aus dem Dritten Grabe.

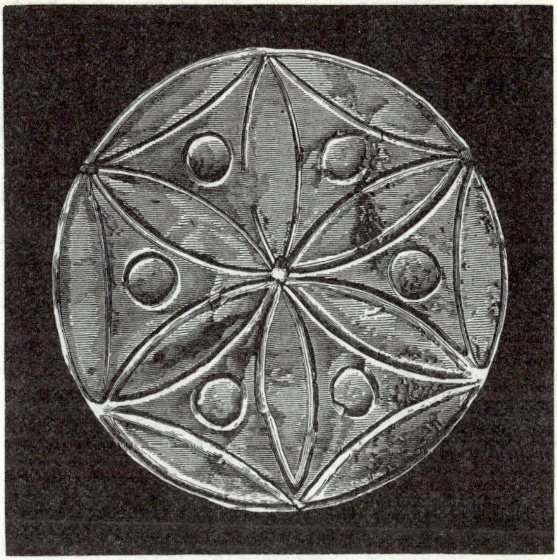

Nr. 241. Goldblatt: eine Blume; aus dem Dritten Grabe.

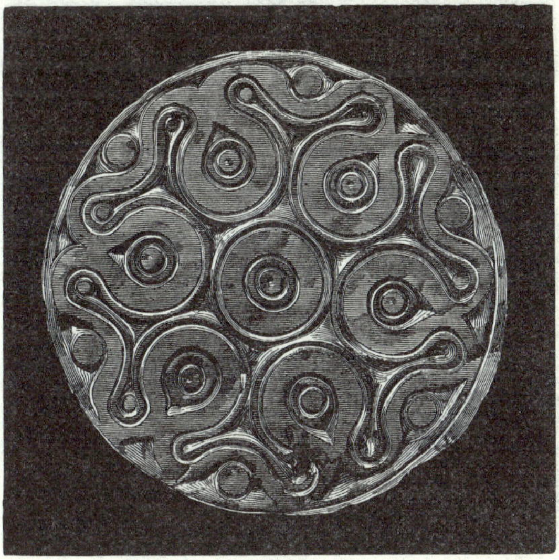

Nr. 242. Goldblatt aus dem Dritten Grabe.

Nr. 243. Goldblatt: ein Schmetterling; aus dem Dritten Grabe.

Nr. 244. Goldblatt aus dem Dritten Grabe.

Nr. 245. Goldblatt aus dem Dritten Grabe.

Nr. 246. Goldblatt aus dem Dritten Grabe.

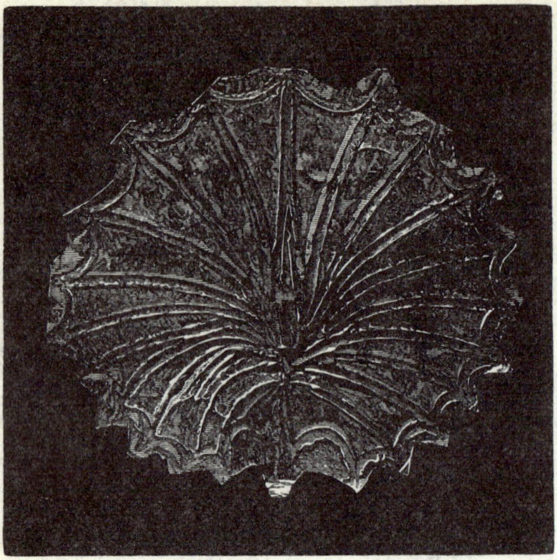

Nr. 247. Goldblatt aus dem Dritten Grabe.

Nr. 248. Goldblatt aus dem Dritten Grabe.

Nr. 249 Goldblatt aus dem Dritten Grabe.

Nr. 250. Goldblatt aus dem Dritten Grabe.

Nr. 251. Ein Stern von Gold aus dem Dritten Grabe.

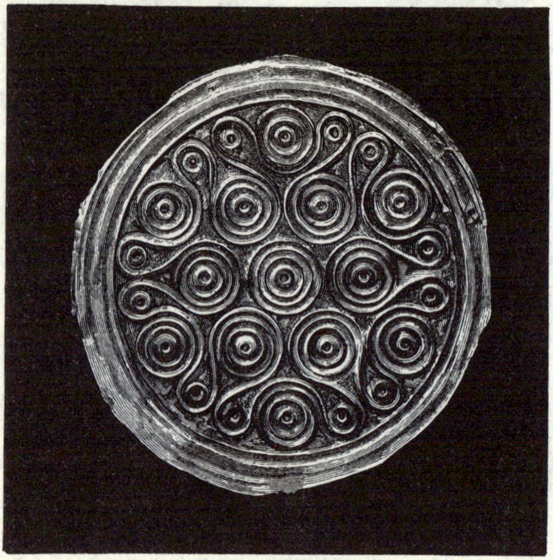

Nr. 252. Goldblatt aus dem Dritten Grabe.

kreisförmigen Randes sechs Spiralen. Jede derselben umschliesst sieben concentrische Kreise, welche alle eine Verzierung von ebenfalls sieben concentrischen Kreisen umgeben, die der Künstler dem Anscheine nach vergeblich bemüht gewesen ist mit ihrem oberen Theil zu verbinden. Jede der Spiralen für sich sieht beim ersten Anblick unseren Uhrketten sehr ähnlich, aber bei näherer Betrachtung finden wir, dass alle inneren Linien besondere Kreise bilden. Nr. 247—250 zeigen schöne Blätter in verwandtem Muster.

Nr. 251 stellt eine schöne Aster dar; Nr. 252 zeigt innerhalb eines Randes von drei Kreisen eine herrliche Ornamentation von Spiralen und concentrischen Kreisen, wie wir sie in den mykenischen Alterthümern noch nicht gesehen haben.

Ich vermuthe, dass alle diese Goldblätter Miniaturabbildungen von Schilden sind, denn obwol es Nabelschilder, ἀσπίδες ὀμφαλόεσσαι gab (vgl. Ilias, XXII, 111, und Atlas der Trojanischen Alterthümer, Tafel 198), so war doch die Mehrzahl der Schilder glatt, ἐΐση (vgl. z. B. Ilias, III, 357, VII, 250 und viele andere Stellen); ferner waren die meisten Schilder rund, εὔκυκλος (vgl. Ilias, XIII, 715, XIV, 428 und andere Stellen), und viele derselben, wenn nicht alle, waren Kunstwerke und herrlich geschmückt, so z. B. Ilias, XI, 32,

ἂν δ' ἕλετ' ἀμφιβρότην, πολυδαίδαλον ἀσπίδα θοῦριν

(er nahm dann den männerbedeckenden, kunstvoll gefertigten, mächtigen Schild); siehe ferner (Ilias, XVIII, 468—608) alle Wunder, welche Hephaestos auf dem Schilde des Achilles darstellte. Wir finden auch die homerischen Schilde von einem Rande (ἄντυξ) umgeben, der wol manchmal einfach gewesen sein mag, aber gewöhnlich dreifach war, so z. B. Ilias, XX, 275 und XVIII, 480, und einen solchen Rand finden wir auch auf mehreren der Blätter.

Indem ich nun zur Beschreibung der Massen der übrigen Juwelen übergehe, welche die Leichname auf den Scheiterhaufen bedeckt haben und die jetzt theils noch auf denselben, theils um sie herumlagen, fange ich an mit Nr. 253—255, wo wir drei mit Röhrchen versehene massive goldene Schieber von Halsbändern sehen, deren erster den Hercules, der den nemaeischen Löwen tödtet, darzustellen scheint. Der Held ist hier mit langem Haar (καρηκομόων) und langem Bart dargestellt; seine Bekleidung scheint nur von den Hüften bis zur Mitte der Lenden zu reichen und der übrige Körper nackt zu sein; er ist mit dem linken Fuss vorgeschritten und stemmt darauf das ganze Gewicht des Körpers, um mit einem Schwerte, welches er in der erhobenen rechten Hand hält, dem Löwen den Todesstoss zu geben; mit der linken ergreift er den Hals des Löwen,

Nr. 253, 254, 255. Durchbohrte Ornamente von Gold mit Intaglio-Arbeit aus dem Dritten Grabe. Natürliche Grösse.

welcher, auf den Hinterfüssen vor ihm stehend, mit den Vordertatzen seinen linken Fuss gepackt hat und im Begriff steht, ihn in die Brust zu beissen, als er den Todesstoss erhält. Der Körper des Löwen scheint uns naturgetreu dargestellt zu sein, aber nicht der Kopf, der mehr einem Bärenkopf ähnlich sieht; kunstvoll ist des Löwen Mähne dargestellt. Ich mache hier ganz besonders auf den im Bilde leider nicht dargestellten grossen Knauf am Ende des Schwertgriffes aufmerksam, denn viele solche Knäufe aus Alabaster oder Holz mit goldenen Nägeln, auch einige mit Gold plattirt, wurden in den folgenden Gräbern gefunden.

Das Intaglio auf dem folgenden, kleinern Schieber (Nr. 254) stellt zwei Krieger dar, welche in mörderischem Zweikampf begriffen sind; der eine, links vom Beschauer, ist ein kraftvoller, grosser, bartloser junger Mann mit unbedecktem Kopf; nur seine Hüften sind bekleidet, der übrige Körper ist nackt; er stützt das ganze Gewicht des Körpers auf seinen vorgestellten linken Fuss und hat gerade mit der emporgehobenen rechten Hand sein zweischneidiges Schwert in den Hals des Gegners gestossen, welcher tödlich verwundet niedersinkt. Dieser letztere ist mit einem langen Bart dargestellt, sein Kopf mit einem Helm bedeckt, oberhalb dessen wir einen Halbkreis sehen, der am Vordertheil des Helmes befestigt zu sein und das lange, krumme Horn darzustellen scheint, welches wir am Vordertheil der Helme der fünf Krieger unter Nr. 213 erblicken. Dies Horn scheint hier nichts anderes zu sein als der λόφος, in welchem der Federbusch oder Rossschweif befestigt wurde, denn dieser letztere scheint auch sichtbar zu sein. Sollte aber diese meine Vermuthung unrichtig sein, dann können wir den Halbkreis über des Kriegers Helm nur so erklären, dass der Kamm in der Mitte auf der Spitze vom φάλος des Helms befestigt war, sodass eigentlich zwei Federbüsche oder Rossschweife vorhanden waren.

Am Körper des verwundeten Kriegers sehen wir einen runden Schild mit einem Kreise kleiner Punkte, die wahrscheinlich den Glanz des Erzes andeuten sollen. Da aber der Schild eine obere und eine untere Abtheilung hat, so kann es wohl sein, dass der Künstler beabsichtigte zwei Schilder darzustellen, wovon der untere dem verwundeten Krieger, der ihn gerade hat fallen lassen, der obere dem Sieger gehörte, der ihn noch in seiner Linken hält. Die Anatomie der beiden Krieger ist etwas roh dargestellt, dennoch bewundern wir, wie solches bei so kleinen Intagli ohne Hülfe von Vergrösserungsgläsern überhaupt möglich war. Ich möchte die Frage aufwerfen, ob wir hier in dem kraftvollen, schönen jungen Mann nicht Achilles, den Schönsten des ganzen griechischen Heeres, und in seinem Gegner den κορυθαίολος Ἕκτωρ (den helmumflatterten Hector) vorgeführt sehen, denn gerade so, wie es auf diesem Schieber dargestellt ist, wurde letzterer von ersterem im Zweikampf durch einen Stoss in den Hals getödtet. Es ist allerdings wahr, dass nach Homer (Ilias, XXII, 326) der Todesstoss mit einer Lanze gegeben wird, jedoch mag der

Nr. 256—260. Goldene Ornamente aus dem Dritten Grabe. Natürliche Grösse.

Künstler wegen Mangels an Raum letztere durch ein Schwert ersetzt haben.

Nr. 255 stellt in Intaglio einen Löwen dar, der mit den Vorderfüssen auf einem unebenen Felsboden kniet und den Kopf nach rechts herumdreht. Obschon, gleich den beiden andern Schiebern, dies Intaglio sehr archaisch und roh ist, so ist es dennoch nicht schlecht gemacht und die Anatomie des Thieres ziemlich genau beobachtet. Herr Postolaccas macht mich darauf aufmerksam, dass dem Stile nach dieser Löwe dem Vordertheile des Löwen ähnlich ist, den wir auf den Gold-Stateren von Sardes in Lydien sehen, welche Borrel dem Croesus (560 v. Chr.) zuschreibt.

Nr. 256 stellt einen Schmetterling von Gold dar, welcher ohne Zweifel als Schmuck der Gewänder gedient hat; er hat aber kein Loch, und es ist mir daher ein Räthsel, wie er befestigt gewesen sein kann; wahrscheinlich ist er auf die Gewänder geleimt worden. Auch zehn goldene Baumgrillen (τέττιξ, lateinisch cicada, italienisch cigala, französisch cigale) mit Kettchen wurden gefunden, von denen Nr. 259 und 260 zwei darstellen; sie scheinen als Brust- oder Haarschmuck gedient zu haben. Ich erinnere hier daran, dass die Athener goldene Baumgrillen in den Haaren trugen, als Symbol ihres autochthonischen Ursprungs. Die Baumgrille scheint daher das Verwandtschaftszeichen der alten ionischen und achäischen Race gewesen zu sein. Ich sammelte dort auch elf grosse, sehr sonderbare, kugelförmige, goldene Schieber, von denen Nr. 257 und 258 zwei darstellen; alle haben oben ein Röhrchen und gehören augenscheinlich zu einem Halsbande. Sowol diese Schieber als die Baumgrillen sind Repoussé-Arbeit und bestehen aus zwei Hälften, die zusammengelöthet wurden.

Ich fand dort ferner drei Greife von Gold, von denen ich unter Nr. 261 einen darstelle; der obere Theil ihres Körpers ist vom Adler, der untere vom Löwen; der Flügel des Adlers ist mit Spiralen geziert. Jeder dieser Greife hat drei Löcher, welche zeigen, dass sie als Schmuck auf die Gewänder genäht wurden. Die Greife sind mythische, aus Indien stammende Thiere

Nr. 261. Goldenes Ornament. Ein Greif. Aus dem Dritten Grabe. Natürliche Grösse.

und von dort nach den Ländern des Westens herübergekommen. Wir finden die Greife in den ältesten Vasenbildern eines rohen ägyptisirenden Stils, zusammen mit Sphinxen und geflügelten Löwen. Dies phantastische Thier ist zum Mittelpunkte eines sonderbaren Sagenkreises geworden, denn wir finden es schon bei Hesiod und Herodot als Wächter des Goldes im fernen Norden Europas erwähnt (Herod., III, 13, 14); Plinius (H. N., VII, 2) versetzt die Greife als *ferarum volucre genus,* welche *mira cupiditate* das Gold *ex cuniculis* graben und bewachen, ebenfalls nach dem Norden Europas, nämlich ins Land der Scythen (XXXIII, 4, 21). Damis ap. Philostrat.

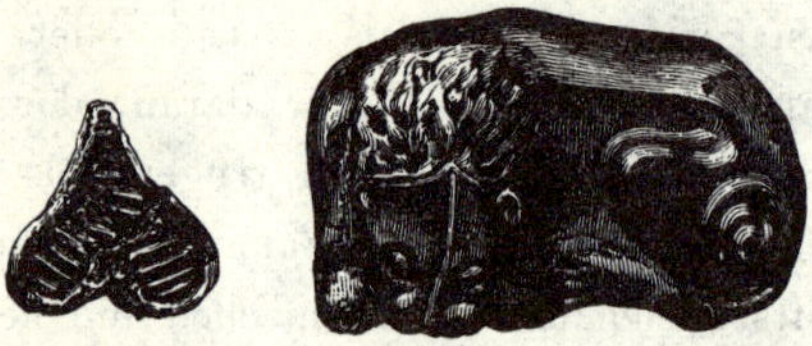

Nr. 262, 263. Goldene Ornamente. Herz und Löwe. Aus dem Dritten Grabe. Natürliche Grösse.

Vit. Apoll. Tyan., ed. Olearius, III, 48, p. 134, behauptet, dass die Greife aus Indien stammen und gibt nachstehende Beschreibung von ihnen: „das Gold, welches die Greife aufgraben, besteht aus Steinen, welche Feuerpunkten ähnlich mit Goldtropfen besetzt sind, die sie mit ihrem mächtigen, harten Schnabel abschlagen. Diese Thiere sind in Indien zu Hause, wo sie der Sonne geheiligt sind, infolge dessen sie von den indischen Malern im Viergespann des Sonnenwagens dargestellt werden. Der Greif hat die Grösse und Kraft des Löwen, ist diesem aber durch seine Flügel überlegen und besiegt sogar den Elephanten und grosse Schlangen. Aber er bezwingt den Tiger nicht, welcher ihn durch seine Beweglichkeit übertrifft“.

Böttiger (Vasengemälde) deutet diese Ungeheuer einfach als Producte der indischen Teppichfabrikation, denn seit den ältesten Zeiten finden die Inder Vergnügen daran ihre heiligen Thiere zusammenzusetzen. Es scheint gewiss zu sein, dass der Greif im Gefolge des Bacchus von Indien nach Griechenland gekommen und hier daher das Symbol der Weisheit und Aufklärung geworden ist.

Ich fand ferner bei den drei Gerippen des dritten Grabes

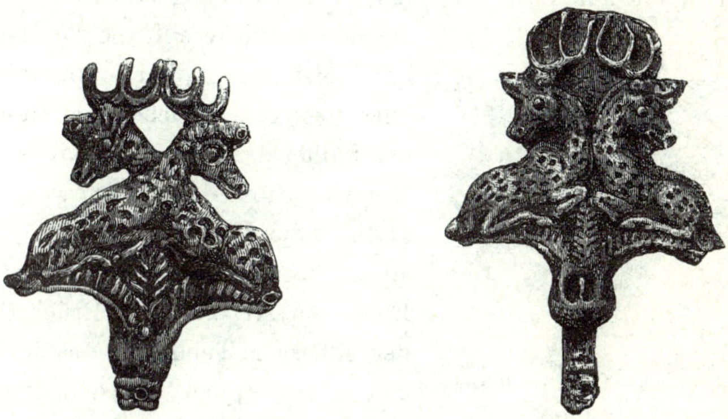

Nr. 264, 265. Goldene Ornamente aus dem Dritten Grabe. Natürliche Grösse.

drei goldene Schmucksachen in Form von Herzen, von denen ich unter Nr. 262 eins darstelle; da sie kein Loch haben, müssen sie auf die Gewänder geklebt worden sein; ferner vier liegende Löwen von Gold (vgl. Nr. 263), alle haben vier oder fünf Löcher im Rande zum Annähen an die Gewänder. Obwol etwas grob gearbeitet, ist doch der Körper der Thiere naturgetreu und besonders der Kopf. Die Passion des mykenischen Künstlers für die Spiralform sieht man auch hier in der Gestaltung der Löwenschwänze.

Ich sammelte ferner bei den drei Gerippen des dritten

Grabes zwölf Schmucksachen von Gold in Gestalt zweier liegender Hirsche mit langen Geweihen, jedes mit drei Zacken; die Thiere sind mit dem Halse aneinander gelehnt und haben den Kopf nach der entgegengesetzten Seite gewandt, aber so, dass die Geweihe sich berühren und eine Art von Krone bilden; die beiden Hirsche liegen auf dem Gipfel einer Dattelpalme mit drei Blättern, von denen die beiden zur rechten und linken sich unter den Körpern ausdehnen, das mittlere aber aufrecht steht. Je zwei dieser Doppelhirsche waren zusammengelöthet und in die auf diese Weise am untern Ende gebildete Höhlung wurde eine dicke silberne Tuchnadel mit kreisförmigen, horizontalen Furchen gesteckt, welcher den Stamm der Palme darstellte und mit einem kleinen Stiftchen befestigt war; das Loch, durch das letzteres gesteckt war, sehen wir am untern Ende von Nr. 264, ein Bruchstück der silbernen Tuchnadel ist in Nr. 265 sichtbar; an demselben sind auch die horizontalen Furchen erkennbar, deren Zweck gewesen zu sein scheint, die rauhe Rinde der Palme nachzuahmen. Somit sehen wir vor uns eine schöne Tuchnadel, welche auf jeder Seite zwei auf einer Palme liegende Hirsche darstellt. Da die Tuchnadel aber schwer war, so war die silberne Nadel durchbohrt, wie wir es am untern Ende von Nr. 265 bemerken, um mit einer Schnur oder sonst wie befestigt zu werden. Zwei dieser Tuchnadeln hatten ausserdem zwei Durchbohrungen zum Annähen. Wenn wir daher zwei solche Ornamente auf jede Tuchnadel rechnen, so wurden in diesem Grabe sechs Tuchnadeln, jede mit einem Paar Hirsche an jeder Seite, also im ganzen 24 goldene Hirsche gefunden.

Nr. 266. Goldenes Ornament aus dem Dritten Grabe. Natürliche Grösse.

Der goldene Gegenstand Nr. 266, wovon nur zwei Exemplare vorkommen, stellt eine ähnliche Palme mit drei grössern Blättern dar, auf welcher zwei junge Löwen einander gegenübersitzen und ihre Mäuler zusammenhalten; die Schwänze der Löwen bilden Spiralen. Ganz so wie die Gegenstände mit den doppelten Hirschen sind auch diese beiden Schmucksachen mit den goldenen Löwen aneinandergelöthet oder, und dies ist wahrscheinlicher, durch die beiden Löcher, die wir in jedem derselben sehen, mittels kleiner Stiftchen aneinandergeheftet; in die auf diese Weise unten entstehende Höhlung wurde eine

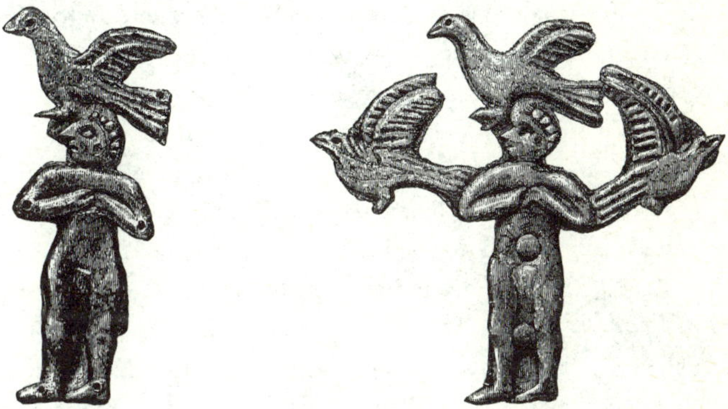

Nr. 267, 268. Goldene Ornamente. Frauen mit Tauben. Aus dem Dritten Grabe. Natürliche Grösse.

lange silberne Tuchnadel gesteckt; somit diente dieser Schmuck ebenso wie die frühern als Brustnadel (πόρπη).

Ich fand ferner bei den drei Gerippen des Dritten Grabes zwei goldene Schmucksachen in Gestalt von zwei Frauen, welche die Göttin Aphrodite darstellen mögen (vgl. Nr. 267 und 268); beide haben eine Taube auf dem Kopfe, die eine (Nr. 268) ausserdem an jedem Arm eine Taube befestigt; beide Frauen haben dieselben Gesichtszüge, eine lange, spitze Nase, die bei der einen in gerader Linie von der Stirn ausläuft, und grosse Augen; der Kopf beider ist mit einem Diadem geziert; beide haben eine Höhlung in der linken Backe, die allein sichtbar ist; beide berühren ihre Brüste mit den Händen und dies muss ein Symbol der Fruchtbarkeit oder Abundanz sein. Ich mache auf die Aehnlichkeit in der Stellung dieser Frauen mit jener der zahlreichen, im British Museum befindlichen Terracotta-Idole der Aphrodite von Cypern, sowie der sogenannten Statue der Niobe an dem Felsen von Sipylos aufmerksam, die ebenfalls mit beiden Händen ihre Brüste berühren; die vier Tauben sind mit ausgespannten Flügeln dargestellt, als wenn sie im Fluge wären; die Frau Nr. 267 hat vier, ihr Vogel zwei Löcher, mittels welcher der Gegenstand an das Zeug oder die Gewänder der Leichname genäht worden sein muss. Dagegen muss die andere Frau mit den drei Vögeln an einem andern Gegenstande befestigt gewesen sein, und zwar mit zwei kleinen Goldstiften, deren flache Köpfe wir sehen, den einen zwischen den Knieen der Frau, den andern auf dem Unterleib.

Nr. 269. Goldenes Ornament aus dem Dritten Grabe. Natürliche Grösse.

Ferner wurde das goldene Ornament Nr. 269 gefunden, ich finde es jedoch schwer zu sagen, was der Künstler darzustellen beabsichtigte, ein Pferd, einen Hippocamp oder einen Hund.

Von goldenen Schmucksachen in Form von Tintenfischen, Sepien, fand ich in diesem Grabe nicht weniger als 27, ganz so wie Nr. 270 und 271; alle sind doppelt, d. h. zwei Sepien sind immer zusammengelöthet, sodass der Gegenstand auf jeder Seite eine Sepia hat. Der mykenische Goldschmied, der immer begierig alles in Spirale verwandelt, hat es hier auch mit den Füssen der Sepien so gemacht, deren jeder eine hübsche Spirale bildet. Einige der Sepien, wie Nr. 270, haben vier Löcher, um angenäht zu werden. Wie dieser Schmuck gebraucht sein mag, ist mir durchaus ein Räthsel. Nr. 272 stellt einen fliegenden Greif von Gold dar; gleich denen unter Nr. 261 hat er einen Löwenkörper, den Kopf und die Flügel eines Adlers und ist mit Spiralen geziert. Da er keine Löcher hat, so muss er mit Kleister oder Leim auf den Gewändern der Verstorbenen befestigt gewesen sein.

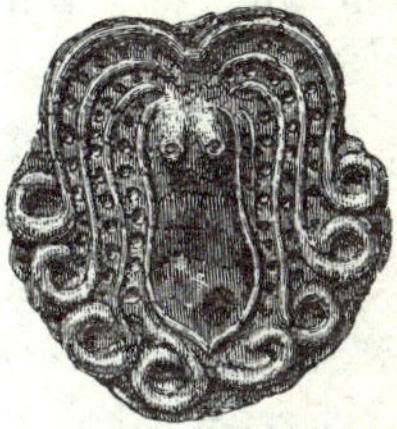

Nr. 270, 271. Zwei goldene Tintenfische aus dem Dritten Grabe. Natürliche Grösse.

Von höchstem Interesse sind zwei kleine goldene Figuren, von denen ich unter Nr. 273 eine darstelle; beide haben genau an derselben Stelle vier Durchbohrungen und scheinen daher mit Stiften aneinander befestigt gewesen zu sein, sodass

Nr. 272. Ein fliegender Greif aus dem Dritten Grabe. Natürliche Grösse.

man an jeder Seite eine Figur sah. Beide sind einander vollkommen ähnlich; was den Typus der Gesichtszüge betrifft, so lässt sich nichts mit Gewissheit sagen, derselbe kann ebenso gut hellenisch sein wie asiatisch. Auch lässt sich nicht unterscheiden, ob die Figuren Männer oder Frauen darstellen, obwol uns das reiche Frauengewand vermuthen lässt, dass letzteres der Fall ist. Beide halten die Hände geschlossen auf der Brust, aber unterhalb derselben sehen wir einen Gegenstand in Form einer Scheibe, welche vom Halse herabzuhängen scheint; sowol an jeder Seite der Brust als am untern Theil der Kleider bemerken wir eine Menge Striche, die wahrscheinlich Bänder oder Goldstreifen andeuten sollen, und ebenfalls dort zwei Reihen von je zwölf kleinen Kreisen, die ohne Zweifel goldene Knöpfe mit Intaglio-Arbeit darstellen sollen, deren eine so grosse Menge in zweien der Gräber gefunden wurde.

Nr. 273. Goldenes Ornament aus dem Dritten Grabe. Natürliche Grösse.

Ich sammelte ferner in demselben Grabe acht goldene Schmucksachen in Form von Schmetterlingen, von denen ich einen unter Nr. 275 darstelle; einige dieser Schmetterlinge haben zwei, andere vier Löcher im Rande, und da alle vollkommen von derselben Gestalt und Grösse sind, so vermuthe ich, dass je zwei und zwei mit kleinen Stiften aneinander befestigt waren, sodass auf jeder Seite ein Schmetterling war; ich glaube dies um so mehr, als die Rückseite eines jeden Schmetterlings hohl ist. Ein gleiches ist vermuthlich mit den übrigen hier abgebildeten Gegenständen, wovon Duplicate gefunden wurden, der Fall gewesen, aber nicht mit dem Gegenstande Nr. 274, welcher zwei Adler darstellt, denn hiervon wurde kein zweiter gefunden.

Sehr sonderbarer Art sind die goldenen Ornamente wie Nr. 279, deren vier gefunden wurden; zwei derselben haben zwei Durchbohrungen im Rande, die übrigen keine; alle stellen zwei sich gegenüberstehende Schwäne dar, deren Köpfe zusammenstossen. Zwischen den Füssen der beiden Schwäne ist ein Gegenstand in Form eines Tisches, jedoch ist schwer zu bestimmen, was es sein mag. Auch wurden sieben goldene Hippocampen (wie Nr. 280) gefunden, alle mit umgedrehten

Köpfen und gebogenen Schwänzen, sowie mit Durchbohrungen im Rande zum Befestigen. Der goldene Gegenstand Nr. 274 hat auch Löcher im Rande, um an einen andern Gegenstand befestigt zu werden; er stellt die vorerwähnten beiden Adler dar, die sich gegenüberstehen, deren Köpfe aber umgedreht sind.

274

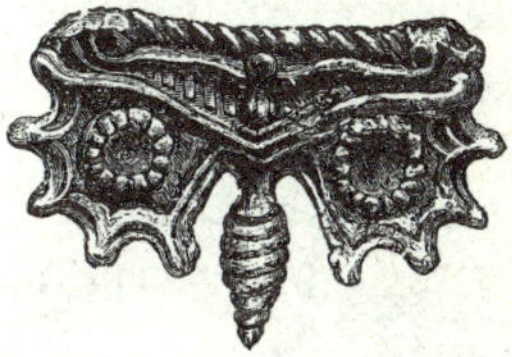
275

276

277

278

279

280

Nr. 274—280. Goldene Ornamente aus dem Dritten Grabe. Natürliche Grösse.

In demselben Grabe wurden auch sechs goldene Sphinxe (wie Nr. 277) gefunden; es sind geflügelte Löwen mit bartlosen, von phrygischen Kappen bedeckten Menschenköpfen; aus den Kappen scheint ein Federbusch hervorzustehen. Es ist jedoch schwer zu entscheiden, ob der Künstler eine männliche oder weibliche Sphinx darzustellen beabsichtigte. Ich erwähne hier, dass nach Hesiod, Apollodor und Euripides die Sphinx eine Tochter des Typhon und der Echidna oder

der Chimaera, oder des Orthos und der Chimaera und jedenfalls von Aegypten nach Griechenland gekommen ist. Aber die ägyptische Sphinx ist männlichen Geschlechts, denn sie ist das Symbol eines Königs, dagegen ist die Sphinx des Oedipus in der thebanischen Sage weiblich. Auch wurden vier goldene Gegenstände von der Art wie Nr. 278 gefunden, die Bäume darzustellen scheinen; alle haben zwei Löcher zum Befestigen. Von den kleinen Goldsachen des Grabes erwähne ich ferner zwei Gegenstände wie Nr. 276, die Vögel darstellen, deren Art aber nicht zu bestimmen ist; sie stehen einander gegenüber, aber ihre Köpfe sind nach der entgegengesetzten Seite gewandt.

Auf dem Kopfe des einen der drei Gerippe wurde die prachtvolle goldene Krone (στέμμα) Nr. 281 gefunden, welche eines der kostbarsten und interessantesten Kleinode ist, die ich in Mykenae fand; sie ist 2 Fuss 1 Zoll lang und ganz bedeckt mit schildartigen Ornamenten; da es Repoussé-Arbeit ist, so stehen letztere hervor, erscheinen als Basreliefs und dies gibt der Krone ein unbeschreiblich prachtvolles Aussehen, welches noch vermehrt wird durch die daran befestigten, auf ähnliche Weise geschmückten 36 grossen goldenen Blätter. Ich muss jedoch erwähnen, dass die Krone auf solche Weise um den Kopf gebunden wurde, dass ihr breitester Theil auf die Mitte der Stirn zu liegen kam und die Blätter natürlich um den Kopf herum emporstanden, denn wenn es nicht so gewesen wäre, so würden sie die Augen und den grössern Theil des Gesichts bedeckt haben. Neben jedem Ende sieht man ein Loch, durch das ein dünner Golddraht zur Befestigung der Krone gezogen war. Ich mache hier ganz besonders aufmerksam auf die sonderbaren Zeichen zwischen den schildartigen Ornamenten der oberen Reihe; fünf dieser Zeichen sehen schönen Blumen ähnlich, und da diese nach der Richtung der Blätter hin aufrecht stehen, so geben sie einen fernern Beweis, dass die Krone

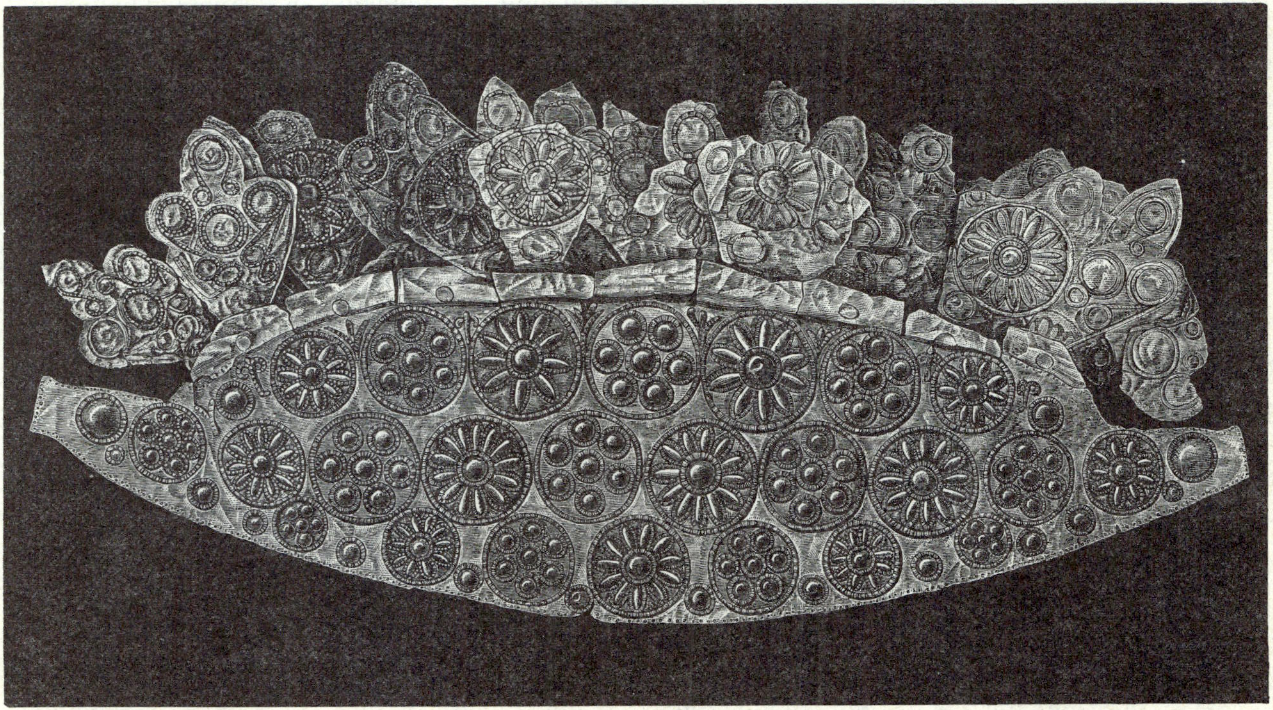

Nr. 281. Prachtvolle Krone von Gold, gefunden auf dem Haupte einer der drei in dem Dritten Grabe beigesetzten Personen. Ungefähr 1/4 Grösse.

Nr. 282. Goldenes Diadem gefunden auf dem Kopfe eines andern Körpers in dem Dritten Grabe. Ungefähr 1/5 Grösse.

mit den Blättern nach oben gewandt getragen wurde, und so fand ich sie um den Kopf des einen Gerippes. Die vier übrigen Zeichen sind dem κηρύκειον oder caduceus, dem Heroldstabe des Hermes, ähnlich.

Um den Kopf des andern der drei Leichname fand ich das herrliche, kunstvoll gearbeitete, goldene Diadem Nr. 282, an welchem noch ein Theil des Schädels klebte. Es hat einen Rand von parallelen Linien und einer Linie hervorstehender Punkte, welcher in der Mitte am breitesten ist und nach beiden Enden hin schmäler wird. Dieser Rand ist verziert mit Spiralen und Linien tiefer oder hervorstehender Punkte. Der Raum zwischen den beiden Rändern ist ausgefüllt mit einer Reihe schildähnlicher Ornamente, deren Grösse sich nach der Breite des Diadems richtet, und die eine Menge concentrischer Kreise um den in der Mitte hervorstehenden Buckel enthalten. Der Raum zwischen den Kreisen ist in den fünf grössern schildartigen Ornamenten mit einem Kreise von kleinen Blättern oder Kreisen von hervorstehenden Punkten ausgefüllt. Ausserdem sehen wir am Rande entlang, zwischen den schildförmigen Ornamenten, zwei Reihen kleiner Buckel, umgeben von hervorstehenden Punkten. An jedem Ende des Diadems ist ein Loch, welches für einen dünnen Golddraht, der das Diadem um den Kopf befestigen sollte, bestimmt gewesen sein muss. Gleich der Krone ist dies Diadem von dickem Goldblech und hat daher keine Kupferdrähte in den Rändern.

Ich fand ferner bei den drei Leichnamen fünf goldene Diademe, von denen ich zwei unter Nr. 283 und 284 darstelle. Zwei derselben (vgl. Nr. 283) sind dem soeben beschriebenen ähnlich, aber weniger reich verziert; die Ränder von beiden sind um einen Kupferdraht gewickelt; sie bestehen aus zwei Hälften, die nicht zusammengelöthet und nur durch den Draht zusammengehalten waren; da wir in den beiden Enden keine Löcher sehen, so müssen dieselben in kleine Golddrähte ausgelaufen sein, mittels welcher das Diadem um den Kopf befestigt wurde.

Diese beiden Diademe haben stark im Leichenfeuer gelitten, welches sie so geschwärzt hat, dass sie sich nicht gut photographiren liessen. Das Diadem Nr. 284 hat keinen Kupferdraht, aber dennoch keinen Rand; es ist auch mit schildartigen Kreisen, die herrliche Blumen darstellen, verziert; an jedem Ende sehen wir ein Ornament in Gestalt eines Sterns und kleine schildähnliche Buckel an beiden Seiten zwischen den Kreisen. An einem Ende ist noch ein Theil des Golddrahtes erhalten, mit dem das Diadem um den Kopf befestigt war. Auf allen diesen sechs Diademen erkennen wir die an dem Golde haftende feine schwarze Asche des Scheiterhaufens.

Ich bemerke hier, dass wir runde Schilder mit einer

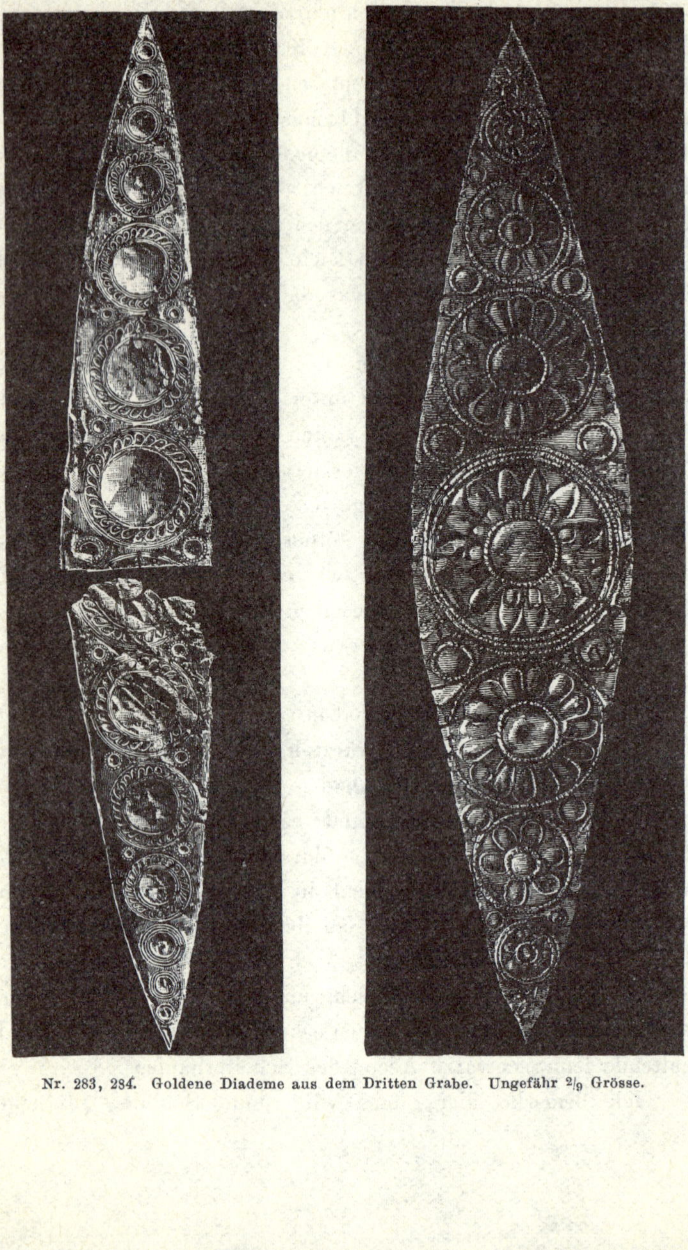

Nr. 283, 284. Goldene Diademe aus dem Dritten Grabe. Ungefähr 2/9 Grösse.

Verzierung von Halbmonden und Sternen auf macedonischen Münzen sehen, jedoch können letztere natürlich keine Verwandtschaft oder Beziehung zu den mykenischen Diademen haben, da diese zwölf Jahrhunderte älter sein mögen

Obgleich ähnliche Diademe mit einer Ornamentation von Rosetten bis jetzt noch nie gefunden wurden, so dürfen wir

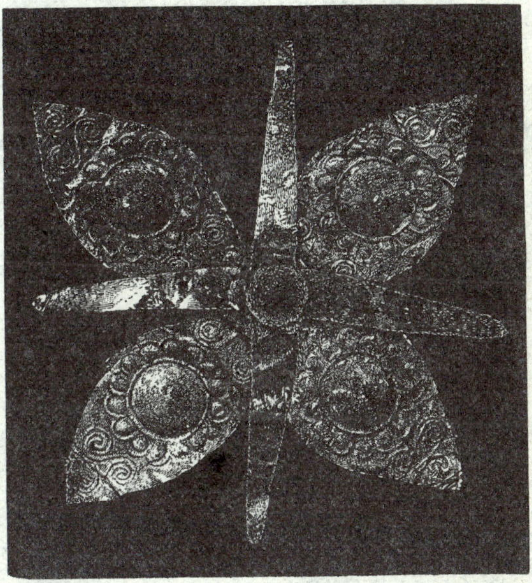

Nr. 285. Ein Kreuz von Goldblech aus dem Dritten Grabe. Natürliche Grösse.

dennoch nicht daran zweifeln, dass sie im hohen Alterthum stark in Gebrauch waren, denn das British Museum enthält sechs Aphroditenidole aus Cypern, zwei von Terracotta und vier von Marmor, welche alle den Kopf mit ähnlichen Diademen geschmückt haben. Ich bemerke ferner in der assyrischen Sammlung desselben Museums vier elfenbeinerne, den Hercules darstellende Figuren, deren Kopf ebenfalls mit solchen Diademen geschmückt ist.

Eine noch einfachere schildartige Verzierung sehen wir auf zwei Diademen, welche ausserdem in der Mitte zwei

Nr. 286, 287, 288. Goldene Ornamente aus dem Dritten Grabe. Ungefähr $^3/_4$ Grösse.

verticale Reihen von Spiralen haben. Diese beiden Diademe bestehen aus zwei Hälften, die, wie es scheint, nur durch den

Kupferdraht, um den die Ränder befestigt waren, zusammengehalten wurden. Die dünnen Drähte an den Enden sind auch hier abgebrochen.

Nr. 289, 290. Goldene Kreuze aus dem Dritten Grabe. $^4/_5$ Grösse.

Ich fand ferner bei den drei Körpern des dritten Grabes sechs Kreuze von doppelten goldenen Blättern, von denen ich vier abbilde. Die reichste Ornamentation haben die Kreuze wie Nr. 285; die Blätter sind Lorberblättern ähnlich, verziert mit schönen Blumen von Repoussé-Arbeit; wir sehen dort ausserdem eine Ornamentation von Spiralen an beiden Enden jedes Blattes. In der Mitte jedes dieser Kreuze ist ein Kreuz aus schmalem, unverziertem Goldblech befestigt. Das Kreuz Nr. 286 zeigt ein ähnliches Muster und ich vermuthe, dass es in dem

Nr. 291. Ein goldenes Kreuz aus dem Dritten Grabe. Ungefähr $^4/_7$ Grösse.

Mittelpunkte des sternförmigen Ornaments Nr. 288 befestigt gewesen ist; da ich jedoch in dieser Beziehung nicht sicher bin, so gebe ich von beiden besondere Bilder. Nr. 287 stellt ein kleines goldenes Ornament mit drei Blumen dar. Sehr interessant ist das kleine goldene Kreuz Nr. 289, dessen Blätter eine schöne Ornamentation von Kreisen und Spiralen darstellen, und in dessen Mitte ein anderes Kreuz von kleinen, reich verzierten Goldblättern befestigt ist.

Das grosse goldene Kreuz Nr. 290 hat eine schildartige Ornamentation und ausserdem am Ende jedes Blattes drei kleine Kreise, deren jeder zwei innere enthält. An verschie-

Nr. 292. Goldene Brustnadel (πόρπη) aus dem Dritten Grabe. Natürliche Grösse.

denen Stellen sehen wir in den Blättern dieses letztern Kreuzes sehr feine Löcher, welche zu beweisen scheinen, dass ein anderes Ornament, wahrscheinlich ein Kreuz, wie es Nr. 285, oder ein Stern, wie es Nr. 288 darstellt, im Mittelpunkt befestigt war.

Ich fand in diesem Grabe auch die beiden grossen,

schönen Sterne, von denen ich einen unter Nr. 291 darstelle; sie bestehen aus zwei verschiedenen Kreuzen mit herrlicher Ornamentation in Repoussé-Arbeit; beide sind zusammen geheftet mittels eines goldenen Stifts mit einem grossen, flachen, runden Kopf, welcher an dem im Bilde dargestellten Stern noch erhalten ist; im Mittelpunkt des andern Sterns sehen wir nur den Eindruck, den der jetzt verschwundene Kopf des Nagels auf

Nr. 293. Goldenes Ornament aus dem Dritten Grabe. 5/6 Grösse.

dem Goldblech gemacht hat. Es ist mir unmöglich zu sagen, wie diese Kreuze als Schmuck der Todten dienten, denn es lag keins derselben an seiner Stelle.

Auf einem der Körper fand ich eine goldene Broche (πόρπη) mit einer 8 Zoll langen, sehr dicken silbernen Nadel (vgl. Nr. 292), welche letztere augenscheinlich mit einem salzhaltigen Stoff in Berührung gewesen, in Chlorsilber verwandelt und in zwei Stücke zerbrochen ist. Somit sieht man auf dem Bilde nur den obern Theil der Nadel. In der Broche sehen wir eine

Frau mit ausgebreiteten Armen, welche das Gesicht nach links vom Beschauer wendet; ihre Physiognomie ist entschieden griechisch; sie hat eine lange Nase, die in gerader Linie mit der Stirn verläuft, und grosse Augen; das Haar reicht nur bis zum Halse hinab, der mit einem Halsbande geschmückt ist; die grossen Brüste sind hervorstehend. Auf ihrem Kopf sehen wir eine spiralförmige Ornamentation, aus deren Mitte eine schöne Palme aufsteigt, und von dieser hängen rechts und links lange Tressen mit Troddeln in Form von Blumen herunter. Ich fand dort ferner zwei höchst sonderbare Ornamente, von denen ich eins unter Nr. 293 darstelle; sie sind zu gross und schwer, um als Ohrgehänge getragen worden zu sein, und sind wahrscheinlich als Brustschmuck gebraucht; jedes derselben besteht aus zwei Stücken von Repoussé-Arbeit, die zusammengelöthet sind, und somit haben diese beiden Gegenstände auf beiden Seiten ganz dieselbe Ornamentation.

Nr. 294.
Goldenes Kreuz.
Natürliche Grösse.

Auch wurde dort ein kleines goldenes Kreuz gefunden mit Ornamentation von Spiralen auf beiden Seiten (vgl. Nr. 294). Es verdient ganz besondere Beachtung, dass die letztgenannten Ornamente Nr. 291—294, sowie einige der kleinern Schmucksachen, wie Nr. 262, 264, 265, 266, 272, 273, 274, 275, 276, 277, 279, 280, 303, 305, 306 und 316 aus diesem Grabe, obwol alle von Gold, doch eine röthliche, bronzeähnliche Farbe haben, sodass ich, wenn ich sie allein gefunden hätte, sicher kein hohes Alterthum für sie hätte beanspruchen können; aber die Art und Weise, wie sie im Grabe lagen, macht es unmöglich, dass letzteres Sachen aus verschiedenen Zeiten enthalten kann.

Auch wurden bei den drei Leichnamen sechs goldene Schmucksachen der Art wie Nr. 295 und 296 gefunden; sie sehen Ohrringen sehr ähnlich, können aber niemals als solche gedient haben, da die beiden Enden mit Spiralform vier oder fünf Windungen haben; sie würden ausserdem als Ohrringe viel zu schwer sein, denn sie bestehen aus massivem Golde.

297 298

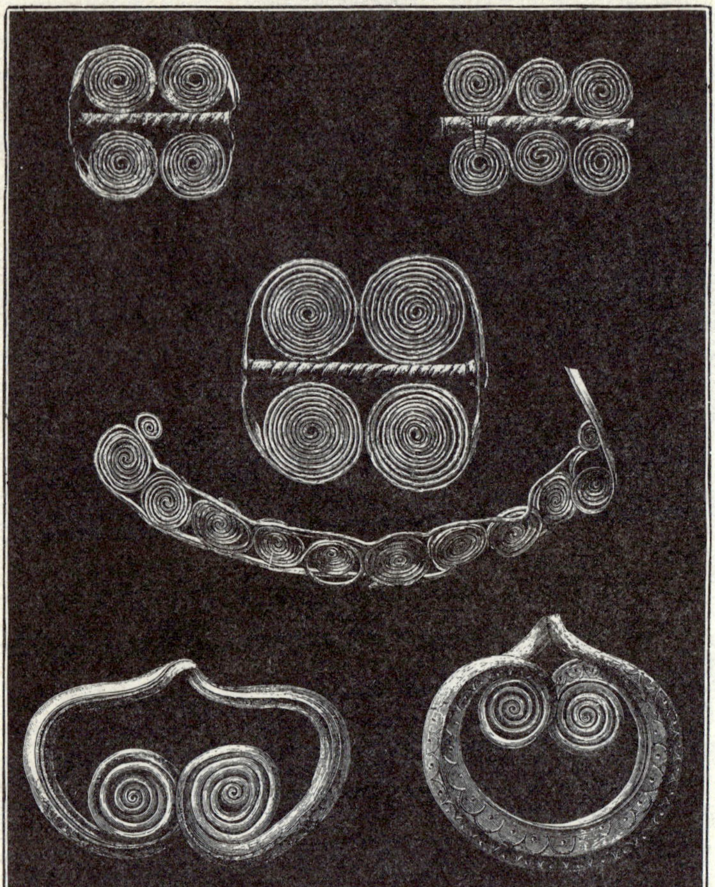

299 300

295 296

Nr. 295—300. Goldene Haarlockenhalter, Armbänder und Ornamente von Halsbändern. Drittes Grab. Ungefähr $^5/_6$ Grösse.

Der einzige Zweck, wozu sie nach meiner Meinung haben angewendet sein können, ist, die Haarlocken zusammenzuhalten, und ich glaube, dass dadurch vollkommen die Stelle im Homer (Ilias, XVII, 51—52) erklärt wird:

αἵματί οἱ δεύοντο κόμαι Χαρίτεσσιν ὁμοῖαι
πλοχμοί ϑ', οἳ χρυσῷ τε καὶ ἀργύρῳ ἐσφήκωντο

(mit Blut wurden die Haare besudelt, welche denen der Grazien an Schönheit gleichkamen, und die Locken, die mit Gold und Silber zusammengeschnürt waren).

Ich fand ferner bei den drei Körpern elf sehr sonderbare goldene Ornamente, von denen ich drei unter Nr. 297, 298 und 299 darstelle; alle haben in der Mitte eine kleine Röhre, mittels welcher sie auf eine Schnur gezogen sein müssen, denn nach meiner Meinung können sie nur zu Halsbändern gedient haben. Sie wurden auf folgende Art gemacht: an beide Enden einer kleinen Röhre, die, wie die Abbildung zeigt, mit ringsherumgehenden Einschnitten versehen war, wurde ein dünner Golddraht gelöthet, der nach jeder Seite hin elfmal herumgedreht und dessen Spiralen zusammengelöthet wurden, auch wurde die Seite des Aussenkreises ausserdem an die Röhre gelöthet. Von demselben Muster wurden auch sechs Armbänder wie Nr. 300 gefunden, deren jeder aus zwölf, aus demselben feinen Golddrahte gemachten Spiralen besteht; sie wurden um den Arm befestigt mittels des kleinen goldenen Stäbchens am rechten und der Spirale am linken Ende, welche letztere als Haken diente.

Ferner wurden dort zwei goldene Wagen gefunden, welche ich unter Nr. 301 und 302 darstelle; ich habe aber nur den Wagebalken der einen Wage photographiren können, denn der andere ist zu sehr zerdrückt und formlos; beide Wagebalken bestehen aus Röhren von dünnem Goldblech, durch welche ohne Zweifel ein hölzerner Stock gesteckt war, um ihnen mehr Festigkeit zu geben; Holzkohle wurde in den Röhren gefunden; die Wagebalken waren mittels Streifen dünnen Goldblechs an den Wagschalen befestigt. Zwei der

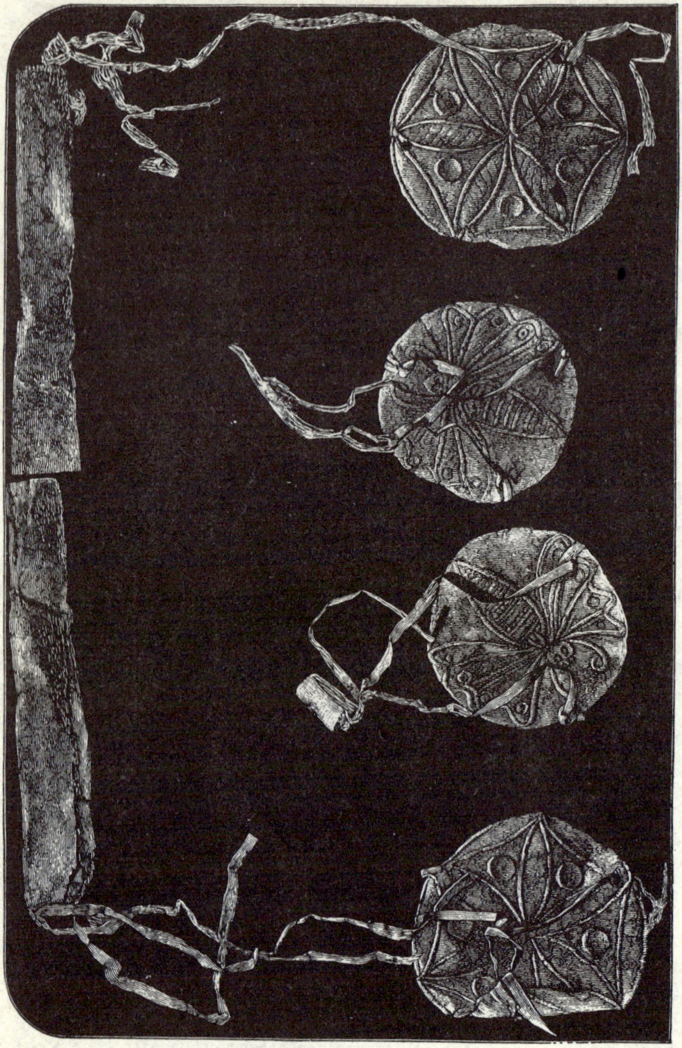

Nr. 301, 302. Goldene Wagen (τάλαντα) aus dem Dritten Grabe. Ungefähr $^5/_7$ Grösse.

letztern sind mit Blumen, die beiden andern mit herrlich dargestellten Schmetterlingen verziert. Diese Wagen können natürlich niemals gebraucht worden sein; sie waren augenscheinlich eigens dazu angefertigt, um die drei Prinzessinnen ins Grab zu begleiten und haben daher ohne Zweifel symbolische Bedeutung. Ich mache hier aufmerksam auf die Wagen in den Wandgemälden der ägyptischen Gräber, auf denen die guten und bösen Thaten der Verstorbenen gewogen werden. Jedenfalls erinnern uns die vorliegenden mykenischen Wagschalen lebhaft an die herrliche Stelle im Homer (Ilias XXII, 209—213), wo Zeus die goldene Wage in die Hand nimmt und die Schicksalsloose Hectors und Achilles wiegt:

ἀλλ᾽ ὅτε δὴ τὸ τέταρτον ἐπὶ κρουνοὺς ἀφίκοντο,
καὶ τότε δὴ χρύσεια πατὴρ ἐτίταινε τάλαντα.
ἐν δ᾽ ἐτίθει δύο κῆρε τανηλεγέος θανάτοιο,
τὴν μὲν Ἀχιλλῆος, τὴν δ᾽ Ἕκτορος ἱπποδάμοιο,
ἕλκε δὲ μέσσα λαβών· ῥέπε δ᾽ Ἕκτορος αἴσιμον ἦμαρ,
ᾤχετο δ᾽ εἰς Ἀΐδαο· λίπεν δέ ἑ Φοῖβος Ἀπόλλων

Als sie nunmehr zum vierten die sprudelnden Quellen erreichet;
Siehe, hervor nun streckte die goldene Wage der Vater,
Legte hinein zwei Loose des langhinbettenden Todes,
Dieses dem Peleionen, und das dem reisigen Hector,
Fasste die Mitt', und wog: da lastete Hectors Schicksal
Schwer zum Aïdes hin; es verliess ihn Föbos Apollon.

Es wurde dort ferner das unter Nr. 303 dargestellte goldene Ornament gefunden, welches auf einen andern Gegenstand geleimt gewesen zu sein scheint, denn sonst ist sein Gebrauch unerklärlich; es hat eine hübsche Ornamentation von Repoussé-Arbeit, ein Muster, wie es bisher noch nicht in Mykenae vorgekommen; ausserdem die Kindermaske Nr. 304, die aus dünnem Goldblech besteht; die Stellen für die Augen sind ausgeschnitten, und sogar im jetzigen zerknitterten Zustande der Maske steht die Nase etwas hervor. Es ist daher wahrscheinlich, dass, zusammen mit den Leichen der drei Frauen' auch ein Kind in diesem Grabe verbrannt und begraben wurde, und dies würde vollkommen zu der von Pausanias (II, 16, 6) citirten Ueberlieferung stimmen.[1]

Ich fand ferner dreizehn herrlich verzierte Gegenstände von dickem Goldblech, von denen ich unter Nr. 305 einen darstelle; eine Ornamentation wie diese ist auch bisjetzt noch

303 304

305 306

Nr. 303—306. Goldene Ornamente aus dem Dritten Grabe. Halbe Grösse.

nicht vorgekommen. Am obern Ende haben diese Gegenstände ein Loch, woraus ich schliesse, dass sie als Ohrgehänge gedient haben. Die goldene Platte Nr. 306 muss auf einen andern Gegenstand geleimt gewesen sein, denn sie hat kein Loch. Man sieht darauf in schlechter Repoussé-Arbeit

[1] Siehe diese Stelle im III. Kapitel, Seite 65, 66.

zwei Männer, deren einer Flügel und Pferdefüsse hat] und die Flöte zu spielen scheint; er steht mit dem rechten Fuss auf dem Kopf eines andern Mannes, dessen Arme ausgestreckt sind und dessen Füsse weit voneinanderstehen; beide Männer haben Hörner auf dem Kopf, die des untern Mannes sind besonders in die Augen fallend. Zur rechten der beiden Leute, also links vom Beschauer, ist ein sehr sonderbares Ornament, welches beim ersten Anblick aus Schriftzügen zu bestehen scheint; aber bei näherer Betrachtung sehen wir, dass es blosse Ornamentation ist.

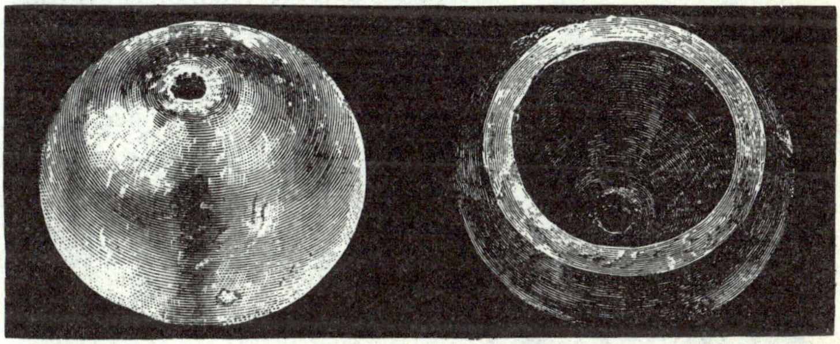

Nr. 307, 308. Gegenstände von Bergkrystall aus dem Dritten Grabe. Natürliche Grösse.

Ferner wurde in diesem Grabe eine durchbohrte Kugel von schön polirtem Bergkrystall gefunden, die ich unter Nr. 307 darstelle; sie scheint zum Griff eines Scepters oder einer Waffe zu gehören, denn man sieht in der Röhre der Durchbohrung ein langes Stück Metall, welches Gold zu sein scheint, aber wahrscheinlich nur vergoldete Bronze oder vergoldetes Silber ist. Der Gegenstand Nr. 308 ist auch von schön polirtem Bergkrystall; er hat einen grossen Mund und an der entgegengesetzten Seite eine Durchbohrung; im Innern sieht man eine gemalte Verzierung von lebhaft rother und weisser Farbe; der Gebrauch dieses Gegenstandes ist mir durchaus räthselhaft.

Es wurden dort auch zwei sonderbare Gegenstände von Bronze gefunden; der eine scheint das Bruchstück und der andere der Griff einer Waffe zu sein. Auch fand ich dort die beiden Gegenstände Nr. 309 und 310, welche die Griffe von Sceptern zu sein scheinen; die untern Enden bestehen aus schön gedrechseltem Bergkrystall, die obern aus Silber, welches vergoldet gewesen ist, denn so sehen wir es an dem in dem Krystall steckenden Stück. Die Krystallkugel Nr. 309 ist mit kleinen verticalen Furchen verziert, ganz durchbohrt; wir sehen am unteren Ende der in der Durchbohrung steckenden dünnen vergoldeten silbernen Stange, dass ein anderer Gegenstand, höchstwahrscheinlich von Gold, daran befestigt gewesen, aber abgebrochen ist. Ich glaube bestimmt, dass dieser Gegenstand kein anderer sein kann als ein von mir in diesem Grabe gefundenes Stück Gold, gestaltet wie der Griff eines Zimmerglockenstranges und mit Repoussé-Arbeit verziert, die Löwen darstellt, denn das obere spitze Ende desselben zeigt auch die deutlichsten Spuren davon, dass es mit einem anderen, jetzt abgebrochenen Gegenstande zusammenhing. Ich habe es daher als zu dem Sceptergriff gehörend abgebildet und mit *a* bezeichnet. Ich mache hier den Leser darauf aufmerksam, dass die vermutheten Scepter hier nur in ungefähr $\frac{1}{3}$ natürlicher Grösse

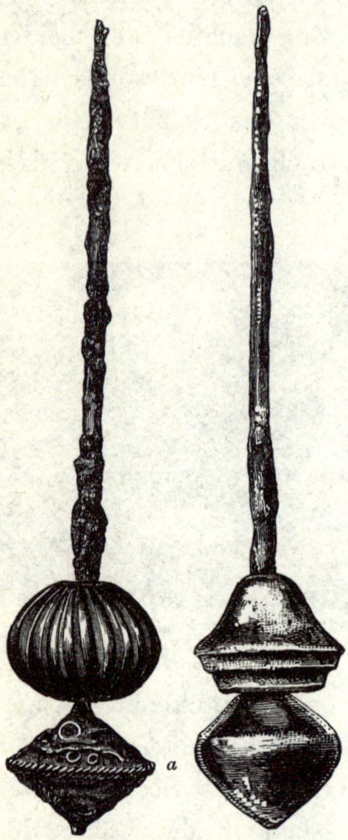

Nr. 309 , 310. Scepter von vergoldetem Silber mit Griffen von Bergkrystall. Aus dem Dritten Grabe. Ungefähr $\frac{1}{3}$ Grösse. *a* ein goldenes Ornament an den Griff gefügt.

dargestellt sind; ferner dass die ungeheuren vergoldeten silbernen Nadeln ohne Zweifel in hölzernen mit Goldblech beschlagenen Stäben gesteckt haben. Dass es hier einst sehr viele solcher mit Gold bedeckter Stäbe gegeben hat, dafür zeugt die Masse der in diesen Gräbern gefundenen Röhren von Goldblech, die nur von solchen Stäben herrühren können, denn in vielen derselben fand ich noch Trümmer von verkohltem Holz; in einigen waren sogar noch ziemlich gut erhaltene Ueberbleibsel des Holzes.

Ich fand ferner funfzehn schön geschliffene durchbohrte Schieber von braunem Achat, wie Nr. 311, welche augenscheinlich zu einem Halsband gehören; ferner eine Menge Schieber

Nr. 311—315. Schieber von Achat, linsenförmige Gemmen von Sardonyx und Amethyst aus dem Dritten Grabe. Natürliche Grösse.

von der Form wie Nr. 312, ebenfalls schön geschliffen, auch die prachtvolle linsenförmige Gemme von Sardonyx Nr. 313, auf welcher in Intaglio eine Frau in kostbarem Gewande dargestellt ist; dasselbe ist auf der Brust offen und mit einem obern und untern Kreis von grossen Punkten geschmückt, die ohne Zweifel Goldknöpfe darstellen sollen; der Kopf ist mit einer grossen Krone verziert; die Gesichtszüge sind unglücklicherweise zu undeutlich um einen Typus erkennen zu lassen; auf dem Kleide zwischen den Knien sieht man eine Blume mit dem Kopf nach unten. Zur linken der Frau sitzt ein Mann, dem Anschein nach in voller Rüstung, einen Helm mit langem Federbusch auf dem Kopf. Sehr charakteristisch ist seine Adlernase, welche er mit der erhobenen linken Hand zu berühren scheint; die Füsse der beiden Personen sind gut angegeben, jedoch scheint der Künstler vergessen zu haben der Frau Arme zu geben. Nr. 314 ist von schwarzem Achat in Form eines Brummkreisels mit einer Intaglio-Ornamentation von Spiralen; es hat keine Durchbohrung.

Sehr interessant ist die linsenförmige Gemme von Amethyst, Nr. 315; sie ist von violetter Farbe und stellt in schönem Intaglio

Nr. 316. Goldenes Rad aus dem Dritten Grabe. Natürliche Grösse.

ein Thier dar, das den Kopf umwendet und sein Junges betrachtet, welches an ihm saugt; der Leib des Thieres und sogar Kopf und Füsse sind entschieden die eines Hirsches. Ich erinnere aber den Leser daran, dass die ältesten Didrachmen von Corcyra in ähnlicher Weise eine Kuh darstellen, die den Kopf umdreht und ihr Kalb betrachtet, welches die Milch aus ihren Eutern saugt.

Auch fand ich dort sechs goldene Schmucksachen in Form von Rädern, von denen ich eins unter Nr. 316 darstelle. Aehnlich den von uns beschriebenen bronzenen Rädern, haben diese sechs goldenen Räder nur vier Speichen, die um die geschlossene und nur angedeutete Achse ein Kreuz bilden; sie sind hier aber bogenförmig und bilden daher vier Halbkreise; alle sind mit horizontalen Einschnitten verziert; sehr breit sind die Radfelgen, welche rings herum eine Ornamentation von Spiralen haben.

Ferner fand ich dort einen Damenkamm von Gold mit Zähnen von Knochen, jedoch sind die letztern so beschädigt, dass ich kein Bild von dem Gegenstande geben kann; ferner einen grossen silbernen Siegelring, der mit einer salzhaltigen Masse in Berührung gewesen und daher in Chlorsilber umgewandelt, infolge dessen die Intaglio-Arbeit verschwunden ist; auch zwölf Röhren von Goldblech, welche augenscheinlich einst mit Holz gefüllt waren um ihnen Festigkeit zu geben; in einigen der Röhren sind noch Reste von verkohltem Holz. Der Gebrauch dieser Röhren ist schwer zu erklären, sie können ebensowol zu Sceptern wie zu Spinnrocken gehören.

Weiter ist zu erwähnen eine Masse grösserer oder kleinerer Goldperlen von Halsbändern, sowie eine sehr grosse Menge durchbohrter Bernsteinkugeln, die auf Schnüre gezogen ebenfalls als Halsketten gedient haben müssen. Wahrscheinlich infolge ihres hohen Alters sind diese Bernsteinperlen dunkelbraun geworden, sodass sie wie Harz aussehen; die Analyse des Prof. Landerer hat jedoch gezeigt, dass sie aus reinstem Bernstein bestehen. Natürlich wird es immer ein Räthsel für uns bleiben, ob dieser Bernstein von den Ufern der Ostsee oder aus Italien stammt, wo er an mehrern Stellen, besonders aber an der Ostküste von Sicilien gefunden wird. Es ist jedoch sehr wahrscheinlich, dass der Bernstein von den Phöniziern nach Griechenland gebracht wurde, denn er heisst auf griechisch ἤλεκτρον, und elek heisst „Harz“ im Arabischen und vermuthlich auch im Phönizischen. Er war dem Homer wohl bekannt, der ihn dreimal in der Odyssee, als in Gold gefasst, anstatt werthvoller Steine erwähnt, so XV, 460:

χρύσεον ὅρμον ἔχων, μετὰ δ' ἠλέκτροισιν ἔερτο

Bringend ein Busengeschmeid' aus Gold und besetzt mit Elektron, und XVIII, 295—296:

ὅρμον δ' Εὐρυμάχῳ πολυδαίδαλον αὐτίκ' ἔνεικεν,
χρύσεον, ἠλέκτροισιν ἐερμένον, ἠέλιον ὥς

Für den Eurymachos trug er ein künstliches Busengeschmeide,
Golden, besetzt mit Elektron, der strahlenden Sonne vergleichbar.

Die dritte Stelle (Odyssee, IV, 73):

χρυσοῦ τ' ἠλέκτρου τε καὶ ἀργύρου ἠδ' ἐλέφαντος

Auch das Gold und Elektron, das Elfenbein und das Silber

ist in der Beschreibung des Palastes des Menelaus, und scheint hier das gelbe Gold und der gelbe Bernstein mit dem weissen Silber und Elfenbein in einen poetischen Parallelismus gestellt zu sein.

Nr. 317, 318. Becher und Dose von Gold aus dem Dritten Grabe. Ungefähr 3/8 Grösse.

In beiden Fällen stimmt der griechische Plural genau mit der Bedeutung von Bernsteinperlen, die in Gold gefasst sind.

Auch fand ich bei den drei Gerippen des Dritten Grabes ein viereckiges Blattornament, zwei goldene Tuchnadeln, eine goldene Blume an silbernem Stengel, viele ganz kleine goldene Ornamente, eine grosse Menge zu Halsbändern gehöriger Schieber von durchsichtigem rothem Stein, eine vergoldete Tuchnadel von Bronze; ferner sieben kleine Schmucksachen von Gold in Form von Löwen, von denen jedoch nur zwei Köpfe haben; auch eine, auf der ein von zwei Löwen angegriffener Ochse dargestellt ist. Ich sammelte dort ferner eine grosse Masse kleiner

Stücke von sehr dünn geschlagenem Goldblech, womit das ganze Grab unter und über den Leichnamen bestreut war.

Es wurden ferner in diesem Dritten Grabe der unter Nr. 317 dargestellte goldene Becher, sowie die unter Nr. 318 abgebildete goldene Schachtel gefunden; der Becher hat nur einen Griff und seine Aussenseite ist durch ein Reliefband von drei Streifen in ein oberes und ein unteres Feld getheilt, beide sind mit sehr naturgetreu dargestellten Fischen in Repoussé-Arbeit geziert. Sehr sonderbar ist die goldene Schachtel Nr. 318; sie hat einen gut schliessenden Deckel, der durch zwei Golddrähte befestigt wurde, und zwar mittels vier Löcher, von denen eines an jeder Seite des Deckels und eines an jeder Seite des Randes der Schachtel ist. Einen ähnlichen Verschluss sehen wir an der Kiste, welche Arete, die Frau des Königs Alkinoos, mit Geschenken für Odysseus füllt, denn sie empfiehlt ihm (Odyssee, VIII, 443—445):

αὐτὸς νῦν ἴδε πῶμα, θοῶς δ' ἐπὶ δεσμὸν ἴηλον,
μήτις τοι καθ' ὁδὸν δηλήσεται, ὁππότ' ἂν αὖτε
εὕδῃσθα γλυκὺν ὕπνον, ἰὼν ἐν νηῒ μελαίνῃ

Selbst nun schaue den Deckel, und schürz' ihm behende den Knoten;
Dass dich keiner beraub' auf der Heimfahrt, während du etwa
Ruhst im lieblichen Schlafe, geführt vom dunkelen Meerschiff.

Homer sagt in den darauf folgenden Versen (446—448):

αὐτὰρ ἐπεὶ τόγ' ἄκουσε πολύτλας δῖος 'Οδυσσεύς,
αὐτίκ' ἐπήρτυε πῶμα, θοῶς δ' ἐπὶ δεσμὸν ἴηλεν
ποικίλον, ὅν ποτέ μιν δέδαε φρεσὶ πότνια Κίρκη

Als er solches vernommen, der herrliche Dulder Odysseus,
Fügt er den Deckel darauf, und schürzt' ihm behende den Knoten,
Vielfach, welchen vordem ihm gelehrt die erhabene Kirke.

Als (Odyssee, II, 353) Telemach sich zur Reise nach Sparta vorbereitet, befiehlt er der Wärterin Euryklea zwölf Amphoren mit Wein zu füllen und alle mit Deckeln zu versehen; diese mussten aber sehr sorgfältig befestigt werden um zu verhüten, dass der Wein auslaufe,

δώδεκα δ' ἔμπλησον, καὶ πώμασιν ἄρσον ἅπαντας
Zwölf nun fülle mir an, und spünde sie alle mit Deckeln.

Diese Stellen können keinen Zweifel übrig lassen, dass zur Zeit Homers Kisten und Schachteln mit ähnlicher Einrichtung zum Verschliessen in allgemeinem Gebrauch waren. Sie waren es auch in Troja, denn ich fand dort Hunderte von Terracotta-Vasen, auch eine Schachtel, welche dasselbe Verschlussprincip haben (vgl. „Atlas der Trojanischen Alterthümer", Tafel 78, Nr. 1661 u. 1662, Tafel 105, Nr. 2313, Tafel 129, Nr. 3490[a], 3490[b]).

Nr. 319. Goldene Vase, an welcher der Deckel mit Golddraht befestigt ist, aus dem Dritten Grabe. $^7/_{10}$ Grösse.

Aehnliche Terracotta-Vasen sind auch in der kleinen Sammlung vorhistorischer Töpferwaare in der französischen Schule zu Athen; diese sind in einer vorhistorischen Stadt auf der Insel Thera unterhalb einer 60 Fuss dicken Schicht von Bimstein und vulkanischer Asche gefunden, die von jenem grossen Centralvulkan ausgeworfen ist, der nach der Meinung competenter Geologen schon ungefähr 1800—1700 Jahre v. Chr. ins Meer versunken sein muss.

Kisten und Schachteln mit demselben Verschlusssystem

— nämlich Durchbohrungen im Rande und im Deckel zum Durchziehen und Festbinden mit einem Bindfaden — müssen in Mykenae in allgemeinem Gebrauch gewesen sein, denn alle hier gefundenen goldenen Vasen mit Deckeln haben genau dasselbe System. Die goldene Dose Nr. 318 hat keine Ornamentation. Die schöne goldene Vase Nr. 319 hat einen Griff an jeder Seite, so auch am Deckel, und man sieht in diesem letzteren den Golddraht, mit welchem er durch die im Rande befindlichen Durchbohrungen an der Vase befestigt war; das

Nr. 320, 321, 322. Drei goldene Gefässe aus dem Dritten Grabe. Ungefähr 2/3 Grösse.

einzige Ornament dieser Vase sind die beiden strickähnlichen Reliefbänder, mit denen ihr oberer Theil umgeben ist. Ich fand ferner bei den drei Gerippen des Dritten Grabes die drei hier dargestellten goldenen Gefässe Nr. 320, 321 und 322; alle haben Löcher im Rande und Deckel, um mit einem Golddraht verschlossen zu werden; Nr. 320 hat an jeder Seite einen kleinen Griff und einen grösseren auf dem Deckel; es hat keine andere Verzierung als bogenförmige Reliefbänder. Die hübsche Schachtel Nr. 321 hat nur einen kleinen Griff auf dem Deckel und keine Verzierung. Die schöne Vase Nr. 322 hat an jeder Seite einen Griff und einen sehr grossen auf dem

Deckel; sie hat ebenfalls keine Verzierung; man sieht den langen Golddraht hervorstehen, mit dem der Deckel an den Rand des Gefässes gebunden wurde. Alle diese, sowie die früheren goldenen Vasen und Schachteln sind Repoussé-Arbeit.

Ich fand weiter in diesem Grabe eine einfache silberne Vase mit einem Griff, ferner, an der Ostseite desselben, vier kleine Kistchen von starkem Kupferblech, wovon ich eine unter Nr. 323 darstelle; alle sind mit ziemlich gut erhaltenem Holz

Nr. 323. Kupferne, mit Holz gefüllte kleine Kiste aus dem Dritten Grabe. Ungefähr $^3/_{10}$ Grösse.

gefüllt; nur der obere Theil desselben ist theilweise im Leichenfeuer verkohlt. Jedes dieser Kistchen ist 10 Zoll lang, 5 Zoll hoch und $4^1/_2$ Zoll breit; die Seitenstücke derselben sind zusammengelöthet, nirgends sind Nägel sichtbar, ausgenommen im Rande der offenen obern Seite. Wir sehen dort 20 lange, von der Aussenseite hineingetriebene kupferne Nägel, die an der Innenseite lang hervorstehen, und die natürliche Frage ist, warum sie da sind. Ich kann ihr Dasein auf keine andere Art erklären, als durch die Vermuthung, dass auf dieser Seite ein dickes mit den 20 Nägeln festgeschlagenes Bret gewesen, welches im Leichenfeuer verbrannt ist.

Ich vermuthe ferner, dass diese mit Holz angefüllten Kistchen als Kopfkissen der Todten, vielleicht auch der Lebenden gedient haben, denn auf jeden Fall sind sie nicht härter, vielleicht sogar noch etwas weicher als die in den ägyptischen Gräbern gefundenen Kopfkissen von Marmor oder

Nr. 324. Terracotta-Gefäss aus dem Dritten Grabe. 7/10 Grösse.

Alabaster, wovon mehrere im British Museum sind. Ich glaubte anfänglich, das Holz in den Kistchen möchte wohlriechendes Sandelholz sein und dies dazu gedient haben, Wohlgeruch im Grabe zu verbreiten, solange die Scheiterhaufen brannten; ich habe jedoch diese Vermuthung aufgegeben, da ich mir nicht erklären kann, warum man das wohlriechende Holz sollte in den Kistchen bewahrt und mit langen Nägeln darin festgeschlagen haben; ausserdem würde vom Holze, falls es zum Räuchern gedient hätte, mehr verbrannt sein. Es kann aber freilich sein, dass das Sandelholz in diesen Kistchen aus Indien importirt worden ist. Im jetzigen verdorbenen Zustande des Holzes ist es unmöglich die Baumart zu erkennen, von der es stammt. Wie gesagt, lagen alle diese Kistchen an der Ostseite des Grabes, also an der Seite, wohin die Köpfe der drei Gerippe gerichtet waren, aber keins derselben lag unter einem der Köpfe.

Es wurde ferner in diesem Grabe eine kleine, mit der Hand gefertigte Kanne von Terracotta gefunden, auf der man, auf hellgelbem Grunde, eine Ornamentation von dunkelrother

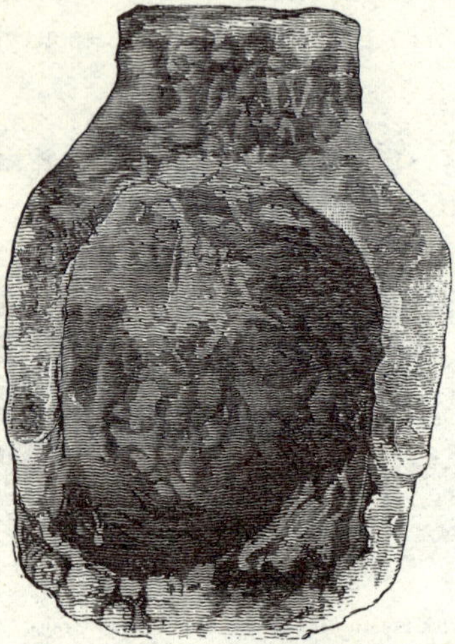

Nr. 325. Gegenstand von Alabaster aus dem Dritten Grabe. 7/10 Grösse.

Farbe sieht: drei kreisförmige Streifen und eine Spirale durchflechten acht Kreise, deren jeder ein Palmblatt enthält; zwischen je zwei Kreisen sind ferner zwei sehr grosse runde Punkte (Nr. 324).

Der muschelförmige Gegenstand Nr. 325 ist von Alabaster; derselbe stellt zwei nebeneinandergehaltene flache Hände dar, die eine Höhlung bilden; alle Finger sind vollkommen erkennbar. Der Gebrauch dieses Gegenstandes ist schwer zu erklären; er ist zu schwer um als Löffel oder Kelle gedient zu haben.

Ich fand in diesem Grabe ein zweites Stück schön polirten Bergkrystalls, etwas über halbkugelförmig; es hat in der Mitte der concaven Fläche eine Durchbohrung und ein Loch an jeder Seite. Das Innere ist mit Malereien von lebhaft rother Farbe geschmückt. Sein Gebrauch ist mir unerklärlich; wenn die Malereien fehlten, würde ich denken, es sei der Griff eines Scepters; aber so wie es ist, kann es nicht zu solchem Zweck gedient haben.

Es wurden ferner in diesem Grabe gefunden: eine ganze, aber einfache, unverzierte silberne Vase mit einem Henkel, ein zerbrochenes silbernes Gefäss mit einer Ornamentation von Spiralen und ein zerbrochener, einfacher silberner Becher; auch eine silberne Vase, geschmückt mit einer horizontalen Reihe von 12 goldenen Sternen in Repoussé-Arbeit, aber leider so zerbrochen, dass sie nicht photographirt werden kann. Ich kann unter den Fundstücken in diesem Grabe ferner anführen: ein grosses bronzenes Messer mit hölzernem Griff; das verkupferte Mundstück einer grossen Vase, die nach Professor Landerer aus einer Composition von Silber und Blei besteht; das Mundstück ist höchst wahrscheinlich nur darum mit Kupfer plattirt, um vergoldet zu werden; ferner eine Schale von Alabaster, ein zerbrochenes kupfernes Gefäss, zwei sehr grosse kupferne Vasen mit zwei Griffen, ein grosser kupferner Kessel, λέβης, mit zwei Griffen, sowie zwei dergleichen mit drei Griffen, ähnlich den im Vierten Grabe gefundenen, von denen ich im nächstfolgenden Kapitel Abbildungen gebe. Auch wurde hier eine grosse Masse von Bruchstücken mit der Hand gemachter oder uralter, auf der Scheibe gedrehter Vasen von Terracotta gefunden; endlich ein grosser, schön polirter Stein von fast ovaler Form, der nach Herrn Eustratiades Meinung als Gewicht an einer Thür gedient haben mag, um dieselbe zu schliessen.

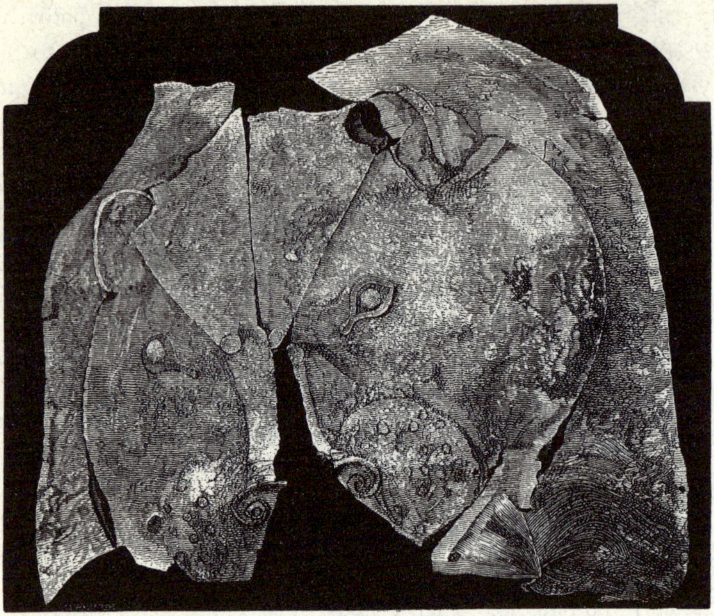

Nr. 326. Goldene Maske in Form eines Löwenkopfs aus dem Vierten Grabe. Circa $^3/_{10}$ Grösse.

ACHTES KAPITEL.

DAS VIERTE GRAB IN DER AKROPOLIS VON MYKENAE.

Weitere Exploration innerhalb der Agora an Stellen, die nicht durch Grabsteine bezeichnet waren. — Entdeckung eines Altars von cyclopischem Mauerwerk gerade über dem Mittelpunkt des grossen Vierten Grabes mit den Gerippen von fünf Menschen, die auf der Stelle, wo sie lagen, verbrannt wurden, mit goldenen Schmucksachen überladen und bedeckt mit einer Schicht weissen Thons. — Gefundene Gegenstände. — Kupferne Kessel, deren einer hundert mit Goldblech überzogene Knöpfe mit Intaglioverzierung enthielt. — Homers Erwähnung von Kesseln. — Ein silberner Kuhkopf mit goldenen Hörnern und einer goldenen Sonne auf der Stirn; er ist ein Idol der Hera. — Goldene Kuhköpfe mit Doppeläxten zwischen den Hörnern. — Schwerter und Lanzen von Bronze.

— Vergoldete hölzerne Schwertscheiden und Griffe mit goldenen Nägeln. — Drei goldene Masken bedecken die Gesichter der Verstorbenen. — Ihre Physiognomie. — Eine vierte Maske stellt einen Löwenkopf dar. — Zwei Siegelringe und ein Armband mit Verzierungen. — Uebereinstimmung der Kunst mit der von Homer beschriebenen. — Goldene Brustplatten auf zwei der Körper. — Goldene Krone neben dem Kopfe eines andern. — Goldenes Ornament der Beinschienen. — Borax wurde schon damals, wie noch jetzt, zum Löthen des Goldes gebraucht. — Ein in diesem Grabe gefundenes δέπας ἀμφικύπελλον und andere Vasen von Gold und Silber. — Der grosse goldene Becher mit einer Taube auf jedem der beiden Griffe ist dem Becher des Nestor in der Ilias ähnlich. — Mit freier Hand gemachte Vasen von Terracotta mit zwei Henkeln, ähnlich den trojanischen. — Schmucksachen von Alabaster. — Goldene Schultergürtel (τελαμῶνες). — Andere im Vierten Grabe gefundene Gegenstände von Bergkrystall, Bernstein, Alabaster. — Goldene Diademe; einige derselben augenscheinlich für Kinder, auch ein Kindergürtel und Stirnband oder «belle Hélène» und andere Schmucksachen von Gold. — Zweischneidige Streitäxte, ihr Gebrauch bei den Griechen als ein Symbol, besonders in Tenedos. — Eine grosse Feuergabel und andere Gegenstände von Kupfer. — Vasendeckel von Knochen. — Gefäss von Silber und Blei in Form eines Hirsches. — Knöpfe von Holz mit Goldblech überzogen und herrlich verziert. — Ihre Muster und die Art der Arbeit. — Hunderte von goldenen Blumen, einfachen Knöpfen und andern Schmucksachen von Gold. — Grössere, herrlich verzierte Goldknöpfe. — Goldblätter unter und über den Gerippen und um sie herum. — Hölzerner Kamm, Einfassung von Gold. — Goldene Modelle von Tempeln. — Viele goldene Tintenfische. — Goldene Knaufe von Schwertgriffen mit schöner Intaglioverzierung. — Pfeilspitzen von Obsidian. — Eberzähne. — Grosse kupferne Gefässe. — Gebrauch solche Gefässe in die Gräber zu stellen. — Kupferner Dreifuss. — Gebrauch der Dreifüsse im Homer. — Bronzene Schwerter, Lanzen und Messer; einige Schwerter mit Resten ihrer hölzernen Scheiden, mit Knöpfen der Griffe aus Alabaster, goldenen Nägeln u. s. w. — Spuren von Scheiden aus Leinwand. — Austerschalen und ungeöffnete Austern. — Zerbrochene Töpferwaare, die an den noch jetzt bei Leichenbegängnissen bestehenden Gebrauch erinnert. — Die Knochen der Leichname. — Vasen von Alabaster. — Mit der Hand gefertigte und auf der Scheibe gedrehte uralte Töpferwaare. — Bruchstücke einer charakteristischen Form von Bechern aus Terracotta und Gold. — Ein anderer Typus von Bechern. — Zwei Schleifsteine. — Ein Griff, einzig in seiner Art; Gold mit Bergkrystall eingefasst „θαῦμα ἰδέσθαι“.

Mykenae, 6. December 1876.

Durch meinen Erfolg ermuthigt, beschloss ich den ganzen übrigen Raum innerhalb der vom grossen, doppelten, parallelen

Kreise von Steinplatten umschlossenen Agora auszugraben, und richtete meine Aufmerksamkeit besonders auf die unmittelbar westlich von dem zuletzt geöffneten Grabe gelegene Stelle, obgleich dieselbe von keinem Grabstein bezeichnet war. Aber im Gegensatze zu der Farbe des Bodens anderswo fand ich hier nur schwarze Erde, die schon in einer Tiefe von 15 Fuss nur mit Bruchstücken aus freier Hand gefertigter oder sehr alter, auf der Töpferscheibe gedrehter Terracotten vermengt war; ich schloss hieraus, dass die Stelle seit einem hohen Alterthum nicht aufgewühlt worden sei, und dies bestärkte mich in meiner Hoffnung, hier eine interessante Entdeckung zu machen.

In einer Tiefe von 20 Fuss unter der früheren Oberfläche des Berges kam ich auf ein beinahe kreisförmiges cyclopisches Mauerwerk mit einer grossen runden Oeffnung in Form eines Brunnens (vgl. Plan F, welcher einen Grundriss und eine Ansicht dieses Altars, sowie einen Durchschnitt des Bodens, des Altars selbst, sowie des Vierten Grabes gibt); es war 4 Fuss hoch, mass 7 Fuss von Norden nach Süden und $5^1/_4$ von Osten nach Westen. Ich erkannte in diesem sonderbaren Monumente sogleich einen uralten Altar zur Todtenfeier, und wurde in diesem Glauben bestärkt durch zwei, 2 Fuss 9 Zoll lange, 1 Fuss 6 Zoll breite Steintafeln in Form von Grabsteinen und eine kurze Säule, die horizontal unter dem Altar lagen und nach meiner Meinung einst hier aufgestellt gewesen sein müssen, um die Stelle eines Grabes zu bezeichnen. Bruchstücke schöner, aus freier Hand gemachter oder sehr archaischer, auf der Scheibe gedrehter Töpferwaare sowie Messer von Obsidian waren fortwährend die einzigen Gegenstände menschlicher Industrie, welche ich fand.

Endlich, in einer Tiefe von $26^1/_2$ Fuss und in einer Entfernung von nur 4 Fuss 7 Zoll vom letztbeschriebenen Grabe, fand ich ein 24 Fuss langes, $18^1/_2$ Fuss breites Grab (vgl.

Pläne B, BB, C, G und Tafel VI), welches an der Westseite 6 Fuss, an der Nordseite 10 Fuss, an der Südseite 8 Fuss und an der Ostseite $6^1/_2$ Fuss tief in den Felsen gehauen und dessen Boden genau 33 Fuss unter der früheren Oberfläche war.

Es ist besonders bemerkenswerth, dass obiger Todtenaltar genau über dem Mittelpunkt dieses Grabes stand, ohne Zweifel ist er daher zu Ehren der Personen errichtet, deren irdische Ueberreste darin ruhten.

Auf dem Grunde dieses Grabes war an allen vier Seiten, auf einer Grundlage von grossen gewöhnlichen Steinen, eine 7 Fuss 8 Zoll hohe, schräg ablaufende Mauer aus grossen Stücken Schist von unregelmässiger Form, die mit Lehm verbunden waren; diese Mauer stand 4 Fuss hervor und verminderte daher bedeutend die Grösse des Grabes. Genau wie in allen übrigen Gräbern war der Grund des Grabes mit einer Schicht Kieselsteine bedeckt, auf welcher, ungefähr in gleicher Entfernung von einander, die Gerippe von fünf Menschen lagen, drei mit dem Kopf nach Osten und den Füssen nach Westen, die beiden anderen mit dem Kopf nach Norden und den Füssen nach Süden. Augenscheinlich waren die Leichname an derselben Stelle, wo jeder von ihnen lag, verbrannt; dafür zeugten sowol die Massen von Asche auf und um die Körper, als auch die deutlichsten Merkmale des Feuers an den Kieselsteinen und der Mauer von Schist. Die Verbrennung aller Leichname auf der Schicht Kieselsteine auf dem Grunde dieses sowie aller übrigen Gräber ist officiell constatirt worden von den drei Regierungsbeamten, welche der Generaldirector der Alterthümer, Professor Panagiotes Eustratiades in Athen, hierher geschickt hat, um mir bei der Bergung der Schätze zu helfen; sie ist ferner constatirt worden vom Professor der Archäologie an der Universität Athen, Phendikles, welcher hier zwei Wochen lang bei mir blieb, sowie von den Tausenden von Menschen, die hier von allen Theilen der Argolis zusammenströmen, um diese Wunder zu sehen. Wer daher an der Genauigkeit meiner Angaben hinsichtlich der Verbrennung zweifelt, wird dringend gebeten, sich entweder bei dem genannten Generaldirector der Alterthümer oder beim Ministerium für Volksaufklärung in Athen darnach zu erkundigen.

Die fünf Körper dieses Vierten Grabes waren buchstäblich mit Juwelen überladen, welche alle — wie die in den anderen Gräbern — unverkennbare Merkmale des Leichenfeuers an sich tragen. Sowol in diesem als in dem Dritten und Ersten Grabe habe ich bemerkt, dass die Leichname, aus einem mir unbekannten Grunde, mit ihren goldenen Schmucksachen nach der Verbrennung mit einer 3—4 Zoll dicken Schicht desselben weissen Lehms bedeckt wurden, der zur Vereinigung der Stücke Schist der inneren, schräg ablaufenden Mauer benutzt worden ist. Auf diese Lehmschicht warf man die zweite Schicht Kieselsteine.

Bis zu ungefähr 1 Fuss oberhalb dieser oberen Schicht Kieselsteine ist die Ausgrabung nicht schwer, denn wir haben nur einfach unsern Arbeitern zu befehlen, hier oder dort zu graben. Aber von da ab haben wir die Arbeit selbst zu verrichten und diese ist äusserst schwierig und mühsam, besonders bei dem herrschenden regnerischen Wetter, denn wir können nicht anders als auf den Knien liegend graben, indem wir mit unseren Messern den Schutt und die Steine sorgfältig entfernen, damit von den goldenen Schmucksachen nichts beschädigt wird oder verloren geht.

Indem ich die Ausgrabung der unteren Schichten dieses Grabes von der Südseite anfing, stiess ich sogleich auf fünf grosse kupferne Kessel (λέβητες), in deren einem genau 100 sehr grosse und kleinere hölzerne, mit Gold plattirte Knöpfe enthalten waren, alle geschmückt mit Spiralen und anderer Ornamentation in schöner Intaglio-Arbeit. Drei der kupfernen Gefässe haben 14—20 Zoll im Durchmesser und zwei vertikal stehende Griffe; der vierte hat dieselbe Form, aber drei Griffe; der fünfte ist eine 1 Fuss 9 Zoll hohe Kanne mit zwei Griffen, wovon der eine an das Mundstück und dem obern Theil des Bauches, der andere an den unteren Theil des letzteren genagelt ist. Diese fünf kupfernen Gefässe standen alle aufrecht neben der südlichen inneren Wand.

Wir sehen kupferne Gefässe (λέβητες) fortwährend in der Ilias, zusammen mit Tripoden, als Kampfpreise oder Geschenke gebraucht (so z. B. Ilias, IX, 123, 265; XXIII, 259, 267; XXIV, 233; auch in der Odyssee, XIII, 13); aber im allgemeinen werden sie in der Odyssee als Waschbecken gebraucht, in denen man beim Opfer oder vor Tische die Hände wusch (vgl. Odyssee, I, 137; III, 440). Sie wurden auch zum Fussbad benutzt (XIX, 386, 469). Es ist beachtenswerth, dass drei der fünf kupfernen Gefässe, und besonders die grosse Kanne, unverkennbare Merkmale des langen Gebrauchs auf dem Feuer tragen.

Sehr beachtenswerth ist es, dass man an keinem der grossen kupfernen Gefässe dieses oder irgend eines andern der mykenischen Gräber eine Spur von Löthung findet; diese grossen Gefässe bestehen einfach aus Kupferplatten, die mittels unzähliger kleiner Stifte fest vereinigt sind. Auch sind alle Henkel mit breitköpfigen Nägeln befestigt.

Unmittelbar neben dem kupfernen Gefäss mit den goldenen Knöpfen fand ich einen silbernen Kuhkopf mit zwei langen goldenen Hörnern, wie es die Bilder Nr. 327 und 328 darstellen. Er hat eine schön verzierte goldene Sonne von $2^1/_5$ Zoll im Durchmesser auf der Stirn; in der Mitte des Kopfes ist ein rundes Loch, welches zum Einstecken von Blumen gedient haben mag. Ich bemerke hier, dass der ägyptische Apis mit einer Sonne zwischen den Hörnern dargestellt wird.

Wie bereits erwähnt, verstand der mykenische Goldschmied

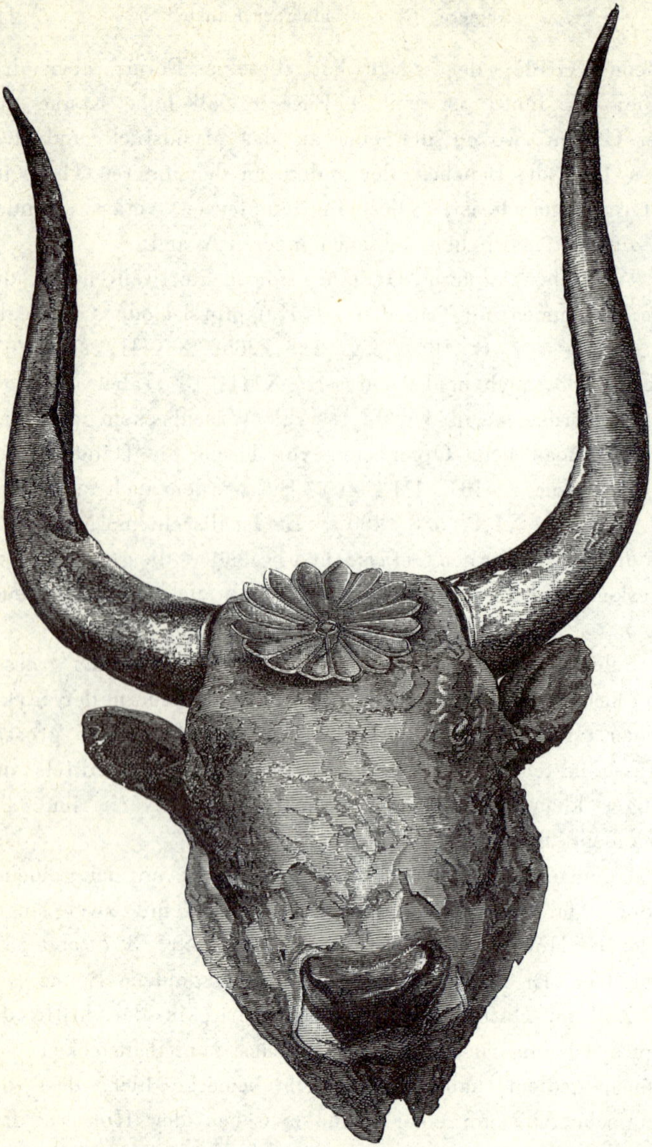

Nr. 327. Kuhkopf von Silber mit goldenen Hörnern aus dem Vierten Grabe.
Circa $^{7}/_{20}$ Grösse.
(Der kleine Unterschied in der Grösse dieses Bildes und Nr. 328 ist nur zufällig, und dadurch entstanden, dass die beiden Holzschnitte von zwei verschiedenen Meistern gefertigt sind.)

Nr. 328. Eine zweite Ansicht des Kuhkopfes von Silber mit goldenen Hörnern aus dem Vierten Grabe.

nicht die Kunst Silber zu vergolden, denn jedesmal, wenn er es zu thun hatte, plattirte er erst das Silber mit Kupfer und darauf das Kupfer mit Gold. So hat er es denn auch mit diesem silbernen Kuhkopf gemacht, dessen Maul, Augen und Ohren er zu vergolden hatte; er plattirte sie daher erst mit Kupfer und vergoldete darauf dies letztere. Am Maul des Kuhkopfes ist die Vergoldung sehr gut erhalten, von den Augen und Ohren aber beinahe ganz verschwunden. Ohne Zweifel sollte dieser Kuhkopf die Göttin Hera βοῶπις, die Schutzgöttin von Mykenae darstellen.

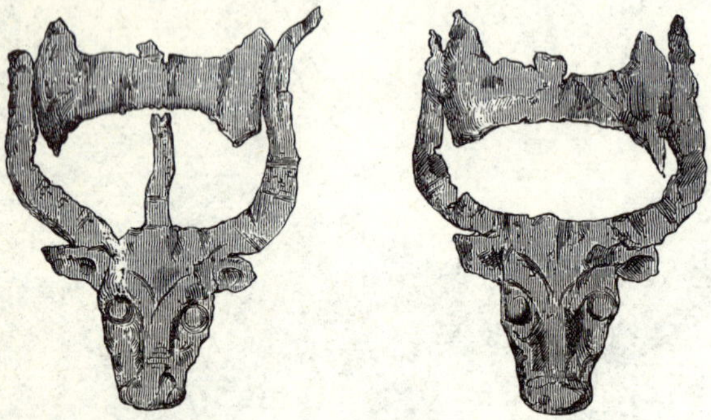

Nr. 329 und 330. Zwei goldene Kuhköpfe mit doppelten Aexten aus dem Vierten Grabe. Natürliche Grösse.

Auch fand ich dort die beiden, von sehr dünnem Goldblech gefertigten Kuhköpfe Nr. 329 und 330, die eine doppelte Axt zwischen den Hörnern haben. Auf das Symbol der doppelten Axt, welches noch mehrfach in diesen Gräbern wiederkehrt, komme ich Seite 291, 292 näher zurück.

Ich mache hier ganz besonders aufmerksam auf die drei Kuhköpfe mit langen Hörnern, zwei dem Anscheine nach von Gold und einer von Silber, die man unter den Geschenken in dem im British Museum befindlichen Wandgemälde eines ägyptischen Grabes in Theben sieht; die beiden goldenen

Kuhköpfe werden von Asiaten auf goldenen Vasen gebracht, während der silberne Kuhkopf von Aegyptern dargereicht wird. Ich mache ferner aufmerksam auf G. A. Hoskin, Travels in Aethiopia, Seite 330, wo die Abbildung eines Wandgemäldes in Theben gegeben wird; man sieht dort eine grosse Procession, in welcher unter andern Geschenken Ringe, sowie vier Kuhköpfe, anscheinend alle von Gold, dargebracht werden.

Indem ich von Osten nach Westen weitergrub, stiess ich auf einen Haufen von mehr als 20 Schwertern und mehreren Lanzen von Bronze; die meisten der ersteren haben hölzerne Scheiden und mit Holz eingelegte Griffe gehabt, von denen eine Masse von Bruchstücken übrig war. Neben und in dem Haufen Schwerter fand ich eine grosse Menge von runden, mit herrlicher Intaglio-Arbeit gezierten Goldplättchen mit Ueberbleibseln von flachen, runden Stückchen Holz, die einst in ununterbrochenen Reihen beide Seiten der Holzscheiden geschmückt hatten; die grösste Goldscheibe war am breitesten Ende der Scheide, die kleinste am entgegengesetzten; selbst die hölzernen Griffe mehrerer Schwerter waren mit grossen runden Goldplatten mit reicher Intaglio-Arbeit geziert; der übrige Raum war mit goldenen Stiften geschmückt, und goldene Nägel sieht man an den grossen Schwertgriffknaufen von Alabaster oder Holz. Auf und neben den Schwertern und den Trümmern der Scheiden sah man eine Masse feinen Goldstaubs, der beweist, dass die Griffe und Scheiden auch vergoldet waren.

Einige der Lanzenschäfte schienen wohl erhalten, aber sie zerfielen, als sie der Luft ausgesetzt wurden. Leider waren die Schädel der fünf Personen so sehr beschädigt, dass keiner derselben gerettet werden konnte. Die beiden Leichname, deren Kopf nach Norden gewandt war, hatten das Gesicht mit grossen goldenen Masken von Repoussé-Arbeit bedeckt; die eine derselben ist leider auf dem Scheiterhaufen und durch das Gewicht des Schuttes und der Steine so sehr beschädigt, und die Asche sitzt so fest darauf, dass es unmöglich war, eine gute Photographie davon zu nehmen. Wenn man dieselbe aber einige Minuten lang betrachtet, so erkennt man die Gesichtszüge ziemlich gut. Die Maske stellt ein

Nr. 331. Maske von Gold auf dem Gesicht einer Leiche im Vierten Grabe. Circa 1/3 Grösse.

grosses ovales junges Gesicht mit hoher Stirn, langer hellenischer Nase und kleinem Munde mit dünnen Lippen dar; die Augen sind geschlossen und die Haare der Augenwimpern und Augenbrauen sind gut angegeben. Eine ganz verschiedene Physiognomie sieht man in der zweiten Maske, Nr. 331; es ist ein rundes Gesicht mit vollen Backen und kleiner Stirn, von welcher die Nase nicht, wie auf der andern Maske, in gerader Linie fortläuft; der Mund ist klein, die Lippen dick, die Augen geschlossen und die Augenwimpern sowol als die Augenbrauen, die vereinigt sind, gut angegeben.

Eine dritte Maske von viel dickerem Goldblech bedeckte das Gesicht eines der mit dem Kopf nach Osten gewandten Gerippe. Diese Maske, deren Abbildung ich unter Nr. 332 gebe, zeigt wiederum eine durchaus verschiedene Physiognomie; die Runzeln rechts und links oberhalb des Mundes und der Ausdruck des sehr grossen Mundes mit dünnen Lippen lassen keinen Zweifel, dass wir hier das Porträt eines Mannes von vorgerückterem Alter haben; sehr gross ist die Stirn und ebenso die Augen, die offen sind und bei denen sowol die Wimpern als die Brauen fehlen; unglücklicherweise ist die Nase etwas von den Steinen zerdrückt und verbogen. In dieser Maske ist ein Theil vom Schädel des Mannes bewahrt, dessen Gesicht sie bedeckte.

Die in diesen drei Masken dargestellten Gesichtszüge sind so sehr von einander verschieden und so ganz und gar verschieden von den idealen Typen von Göttern und Helden, dass ohne allen Zweifel eine jede derselben das Bild des Verstorbenen darstellen muss, dessen Gesicht sie bedeckte, andernfalls würden alle Masken einen und denselben idealen Typus haben.

Eine vierte, sehr schwere goldene Maske wurde neben dem Haupt einer andern der mit dem Kopf nach Osten gewandten Leichen gefunden. Dieser Gegenstand war doppelt zusammengebogen und sah so wenig einer Maske ähnlich, dass ich glaubte, es sei ein Helm, und ihn so in der Times vom 27. Dec. 1876 beschrieb. Nachdem ich ihn aber entfaltet habe, sehe ich, dass er durchaus nicht bestimmt war auf den Kopf gesetzt zu werden, und dass er nur als Maske zur Bedeckung des Gesichts gedient haben kann; wahrscheinlich ist er nur zufällig während der Verbrennung von seiner Stelle entfernt worden. Beim ersten Anblick glaubt man, dass diese Maske, deren Bild ich unter Nr. 326 gebe, mehr einer Jacke als irgend etwas anderm ähnlich ist; bei näherer Betrachtung aber sieht

Nr. 332. Goldene Maske aus dem Vierten Grabe. Circa 3/8 Grösse.

man, dass sie einen Löwenkopf darstellt, dessen Ohren und Augen sehr deutlich zu sehen sind. Unglücklicherweise ist diese Maske aus reinstem Golde und daher so weich, dass mehrere Stücke, so z. B. eins vom obern Theil der Stirn, ein anderes von der Nase, ein drittes von dem Kinnbacken und ein viertes von den Mähnen (links vom Beschauer) abgebrochen sind; sie sind indess erhalten und können von einem tüchtigen Goldschmied leicht wieder angelöthet werden. Aber selbst im jetzigen, mangelhaften Zustande der Maske kann man die Schnauze und die obere Kinnlade des Löwen sehr deutlich erkennen. Rechts vom Beschauer sind im Rande zwei kleine runde Löcher, und ähnliche Durchbohrungen sind in dem hier fehlenden Stück der linken Seite. Jedenfalls müssen dieselben dazu gedient haben, die Maske an einen andern Gegenstand zu befestigen. Ich mache hier ganz besonders aufmerksam auf die unverhältnissmässig kleinen Augen und Ohren des Löwenkopfes.

Weder im Homer noch in irgendeinem der spätern Classiker finden wir eine Andeutung, dass es Sitte gewesen sei, die Todten mit Masken, die ihr Porträt darstellen, oder mit irgend einer Art von Masken zu begraben. Hölzerne Masken, die jedoch nur einen idealen Typus und kein Porträt darstellen, werden manchmal in ägyptischen Gräbern gefunden (vgl. Caylus, Recueil d'antiquités, I, 41, Pl. XI). In einem Grabe in Kertsch wurde auch die Maske einer Frau gefunden, die ein Porträt darstellen mag (Antiquités du Bosphore Cimmérien, Pl. I, wo auch eine in Olbia gefundene goldene Maske erwähnt wird). Eine bronzene Maske wurde in Nola gefunden (Tischbein, Recueil de gravures, II, 1, wo auch einer in einem Grabe in Santa Agata dei Goti gefundenen eisernen Maske Erwähnung gethan wird).

Ich fand ferner bei den drei mit dem Kopf nach Osten liegenden Gerippen die beiden grossen Siegelringe und das grosse goldene Armband, die ich unter Nr. 334, 335 und 336 darstelle. Nr. 333 A und 333 B zeigen die umgekehrte Seite der Ringe. Die Oberflächen beider Siegel sind etwas convex;

das eine, Nr. 334, stellt in sehr archaischem Intaglio einen Jäger mit seinem Wagenlenker auf einem von zwei Hengsten gezogenen Wagen dar; die acht Füsse der Thiere sind in der Luft und in paralleler Linie mit dem Boden, um die Schnelligkeit anzudeuten, mit der sie forteilen; ihre dicken, vollen Schwänze sind in die Höhe gehoben, dieselben sind sehr naturgetreu und so auch der Rest der Leiber mit Ausnahme der Köpfe, die mehr Kamelsköpfen als Pferdeköpfen ähnlich sind; die Stränge, womit die Pferde an den Wagen gebunden wurden, sind nicht angedeutet. Der letztere ist verschieden von denjenigen, die wir in den mykenischen Sculpturen

A B

Nr. 333, A und B. Zwei goldene Siegelringe.

sehen, denn hier sind die Seiten halbmondförmig ausgeschnitten und mit drei hervorstehenden Leisten befestigt, welche wahrscheinlich um den Wagen, wenigstens auf drei Seiten, herumgehen. Jedoch ist das Rad vollkommen den Rädern auf den Sculpturen gleich, denn es hat nur vier Speichen, die ein Kreuz um die Achse bilden.

Die beiden Männer sind nackt und tragen nur einen Gürtel um die Lenden; ihre unbedeckten Köpfe zeigen dickes aber nicht langes Haar; beide tragen Ohrringe; die Kinnbacken stehen weit vor und sehr archaisch sind die Gesichter, besonders das des Wagenlenkers, von dessen Körper wir die ganze Vorderseite sehen, obwol sein Kopf nach rechts gewandt ist; seine Schultern sind zu breit und eckig und ausser

Verhältniss zum übrigen Körper. Der Jäger, der viel jünger als sein Begleiter zu sein scheint, lehnt sich über den Wagen; er hält in der Linken einen Bogen, hat mit der Rechten die Sehne gespannt und steht gerade im Begriff einen Pfeil auf einen Hirsch mit langem Geweih abzuschiessen, der vor dem Wagen herläuft und angstvoll den Kopf umzudrehen scheint; es ist beachtenswerth, dass der Hirsch in der Luft dargestellt ist und dass seine Hinterfüsse auf gleicher Höhe mit den Männern im Wagen, die Vorderfüsse aber noch viel höher stehen. Im übrigen ist der Leib des Hirsches natur-

Nr. 334, 335. Intaglio auf den beiden Siegelringen aus dem Vierten Grabe. Natürliche Grösse.

getreu gemacht. Der Gegenstand unmittelbar vor den Füssen der Pferde soll wol den ebenen Boden darstellen; er sieht hier — wegen der Biegung des Ringes — einem Baum ähnlich. Was wir oberhalb des Hirsches und des Schützen sehen, ist ein blosses Ornament und soll vielleicht die Wolken darstellen; Herr Newton glaubt jedoch, es stelle Berge dar.

Noch interessanter ist die Schlachtscene auf dem Siegel Nr. 335; wir sehen dort vier Krieger, von denen der eine jedenfalls die andern drei besiegt hat; einer der letztern, der verwundet ist, sitzt zur rechten des Siegers auf dem Boden, auf den er sich mit den Händen stützt; er hat nur einen kleinen

Helm (κυνέη) auf dem Kopfe und ist sonst ganz nackt; sehr gut ist sein Bart dargestellt, und der mykenische Goldschmied hat sich viel Mühe gegeben die Anatomie des Körpers darzustellen; obwol die Figur sitzt und die Füsse seitwärts vom Beschauer ausgestreckt sind, so sehen wir doch den ganzen obern Körper in Vorderansicht ohne irgend eine Modification der Perspective.

Der zweite besiegte Krieger scheint ebenfalls verwundet zu sein, denn er liegt auf einem Knie vor dem Sieger, während sein anderes Bein auf dem Boden ausgestreckt ist; aber noch ficht er mit seinem Gegner, dessen Brust er mit der linken Hand ergreift, indem er trachtet ihm einen Stich mit dem langen Schwerte zu versetzen, das er in der rechten Hand hält. Ich mache ganz besonders auf den grossen Knauf am Ende des Schwertgriffs aufmerksam. Dieser verwundete Mann ist nicht ganz nackt, denn deutlich erkennen wir seine Hosen, die jedoch nur bis zur Mitte der Lenden hinabreichen; jedenfalls würde der Kopf im Verhältniss sein, hätte der Künstler nicht vergessen ein ganz kleines Stückchen Gold wegzuschneiden; durch dies letztere wird eine kleine weisse Linie in der Photographie erzeugt, welche den Eindruck hervorbringt, als wenn nur ein Helm und kein Kopf vorhanden sei; wenn wir uns diese kleine weisse Linie fortdenken, so erkennen wir sofort das wirkliche Verhältniss, den Kopf mit dem kleinen Helm, welcher letztere zwar einen obern Theil (φάλος), aber keinen λόφος noch Helmbusch hat. Obgleich dieser Mann auch seitwärts vom Beschauer kniet, so sehen wir dennoch seinen ganzen Körper in Vorderansicht ohne Verminderung der Perspective.

Der dritte Krieger scheint die Flucht ergriffen zu haben: wir sehen nur den Kopf und die Füsse, der Rest des Körpers ist mit einem riesigen Schilde von ganz besonderer Form verdeckt, der, wenn der Mann aufrecht stände, seinen ganzen Körper von Kopf zu Fuss bedecken würde; um den Schild herum ist ein Rand, auch scheint eine Ornamentation auf demselben zu sein, die sich jedoch nicht genau erkennen lässt. Nur wegen der Biegung oder Krümmung des Siegels ist dieser Mann mit dem grossen Schild nicht aufrechtstehend dargestellt. Der Schild zeigt uns ohne Zweifel einen der grossen homerischen Schilde, die wegen ihrer ungeheuren Grösse vom Dichter mit Thürmen verglichen werden, so z. B. Ilias, VII, 219; XI, 485; XVII, 128:

Αἴας δ' ἐγγύθεν ἦλθε, φέρων σάκος ἠΰτε πύργον;

an der ersten dieser Stellen fügt der Dichter noch hinzu:

χάλκεον, ἑπταβόειον, ὅ οἱ Τυχίος κάμε τεύχων
σκυτοτόμων ὄχ' ἄριστος, Ὕλῃ ἔνι οἰκία ναίων

(Ajax näherte sich, tragend seinen Schild, der gross war wie ein Thurm; er war von Bronze, mit sieben Rindshäuten bedeckt; Tychios, der beste Lederarbeiter, welcher in Hyla wohnte, hatte ihn angefertigt).

Der Kopf dieses Mannes ist mit einem Helm bedeckt, der einen breiten Rand und einen obern Theil (φάλος) hat; auf diesem letztern sehen wir den λόφος, von welchem ein langer, schön dargestellter Helmbusch (ἵππουρις) weht. Er scheint auf seiner Flucht innegehalten zu haben, hat den Kopf umgedreht und versucht seine lange Lanze auf den Sieger zu werfen. Dieser letztere ist von riesiger Grösse; sein Helm ist ähnlich dem des andern Kriegers mit dem thurmähnlichen Schild, nur der Helmbusch ist verschieden, denn dieser besteht aus drei Streifen, die Straussfedern andeuten mögen. Er scheint einen breiten Gürtel zu tragen, denn vier lange Streifen hängen von seinen Lenden herab; sein Körper zeigt von allen die richtigsten Verhältnisse. Er ergreift mit der Linken den vor ihm knienden Besiegten, während er ihm mit der emporgehobenen Rechten einen tödtlichen Schlag versetzt, und zwar mit einem breiten, zweischneidigen Schwert, an dessen Griff wir wiederum einen jener grossen Knaufe sehen, von denen wir hier so viele aus

Alabaster oder Holz finden. Die Stellung des Siegers ist ausserordentlich naturgetreu; er tritt mit dem linken Fuss vor und stemmt sich mit dem ganzen Gewicht seines Körpers darauf um einen kraftvollern Hieb versetzen zu können. Was wir oberhalb der vier Krieger sehen, ist vielleicht nur ein Ornament und soll die Wolken andeuten, nach Herrn Newton's Meinung aber bezeichnet es Berge. Ich kann nicht unerwähnt lassen, dass beide Siegelringe sehr klein sind und nur auf Damenfinger passen.

Nr. 336. Ein goldenes Armband aus dem Vierten Grabe. Natürliche Grösse.

Als ich diese wunderbaren Ringe ans Licht brachte, rief ich unwillkürlich aus: der Verfasser der Ilias und der Odyssee muss jedenfalls in einer Civilisation wie dieser, die solche Kunstsachen hervorbringen konnte, geboren und erzogen sein; nur ein Dichter, der Kunstsachen wie diese beständig vor Augen hatte, konnte die göttlichen Gedichte verfassen. Gladstone hat bereits in seinem Werke „Homeric Synchronism" ausser Zweifel gestellt, dass Homer ein Achäer ist, und ich bringe in den Tiefen Mykenaes Tausende von weitern Beweisen ans Licht, dass er Recht hat.

Sehr interessant ist auch das grosse massive Armband,

das ich unter Nr. 336 in horizontaler Lage darstelle. Im Gegensatz zu den Siegelringen ist es so ungeheuer gross, dass es auf die Lenden eines gewöhnlichen Menschen passen würde. Es ist geschmückt mit zwei durch je zwei kreisförmige Streifen gebildete Rändern, zwischen denen der Raum mit verticalen Strichen ausgefüllt ist; ferner mit einer hübschen goldenen Blume, die nicht unmittelbar auf dem Armband, sondern mittels eines breitköpfigen silbernen Stifts auf einer silbernen Platte befestigt ist, diese letztere ist dann an den Ring gelöthet. Die silberne Platte, von der ringsherum ein Theil abgebrochen ist, scheint vier Blumen dargestellt zu haben, und es sind alle Anzeichen vorhanden, dass sie mit Kupfer plattirt war, welches vergoldet gewesen sein wird, da, wie vorhin bemerkt, der mykenische Goldschmied die Kunst Silber zu vergolden nicht kannte.

Diejenigen beiden der mit dem Kopf nach Osten gewandten Gerippe, deren Gesichter mit goldenen Masken bedeckt waren, hatten ebenfalls die Brust mit grossen goldenen Brustplatten bedeckt; die eine ist von massivem Golde, aber ohne irgendeine Ornamentation, die andere von sehr dünnem Goldblech und in Repoussé-Arbeit geschmückt mit zwei Rändern von kleinen Kreisen, zwischen welchen fünf Reihen von schildförmigen Ornamenten mit concentrischen Kreisen liegen. Diese letztere Brustdecke hat an jedem Ende ein Loch um an dem Leibe befestigt zu werden.

Neben dem Kopfe eines andern Körpers fand ich die schöne goldene Krone (στέμμα) Nr. 337. Wohlverstanden aber ist sie hier mit der obern Seite nach unten dargestellt, denn an der Seite, die hier die untere ist, waren mit ganz kleinen breitköpfigen Stiften, von denen sechs erkennbar sind, eine Menge goldener Blätter befestigt, von denen einige noch in Bruchstücken vorhanden sind; wenn daher die Krone, wie sie hier dargestellt ist, um den Kopf gebunden worden wäre, so würden

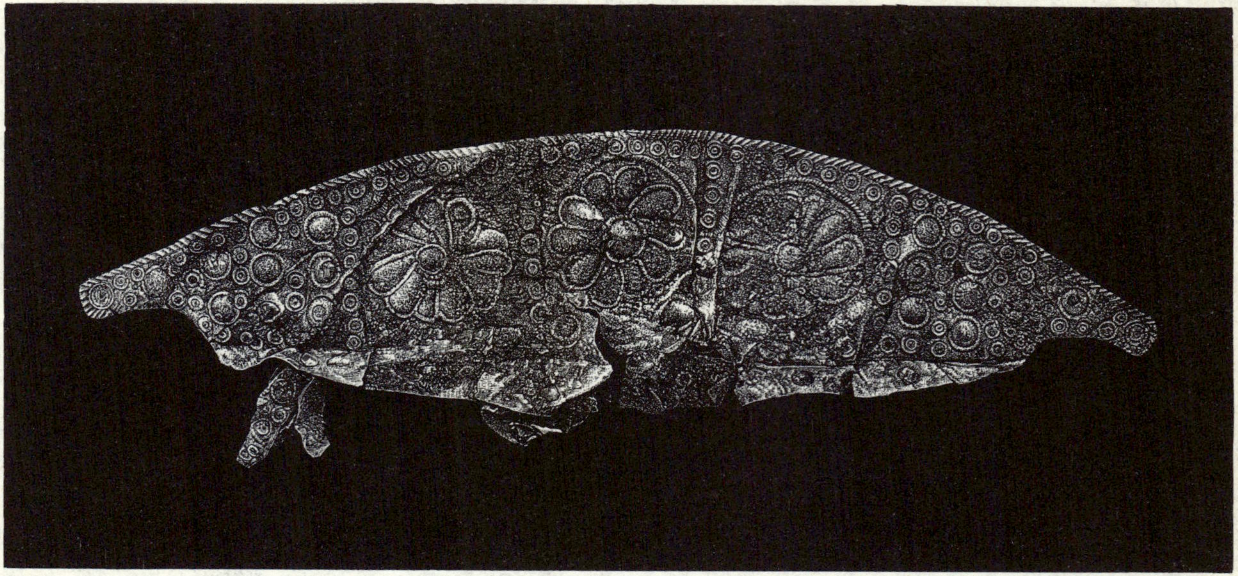

Nr. 337. **Prachtvolle goldene Krone, dicht neben dem Kopfe einer der Leichen im Vierten Grabe gefunden.** Circa 1/4 Grösse.

die Blätter über den Augen gehangen haben, was nie der Fall gewesen sein kann[1]. Somit hatte diese Krone an ihrer obern Seite die Blätter und an der untern einen kleinen Rand mit kleinen schrägen Strichen, während der übrige Raum in der Mitte mit drei schönen Rosetten, durchschnitten von verticalen Reihen sehr kleiner schildförmiger Kreise, und an beiden Enden mit ähnlichen oder grössern Kreisen ausgefüllt ist. An jedem Ende ist ein sehr kleines Loch, durch welches ein dünner Golddraht gezogen wurde, um die Krone zu befestigen. Diese Krone ist der bereits unter Nr. 281 dargestellten ähnlich, aber die Ornamentation ist hier weniger prächtig.

Nr. 338 stellt den Lendenknochen eines der Körper dieses Grabes dar; man sieht an demselben das goldene Band, das zum Befestigen und zum Schmuck der Beinschiene (κνημίς) diente. Das Band besteht aus einem untern horizontalen und einem obern verticalen; ersteres wurde mit einem feinen Golddrahte, letzteres mit dem Ringe befestigt, den wir an seinem Ende sehen und der an einen an kurze Hosen genähten Knopf gehakt gewesen sein muss; von solchen Hosen haben wir auf dem Ringe Nr. 335 ein Beispiel gesehen.

Schon das Bild der Krieger unter Nr. 213 hat uns gezeigt, dass die Beinschienen oberhalb des Knies befestigt waren, und das Vorhandensein dieses Beinschienenhalters an dem Lendenknochen kann keinen Zweifel übrig lassen, dass dies der allgemeine Gebrauch war. Das untere Band ist ringsherum mit einer Nachbildung von Blättern und in der Mitte mit zwei Rosetten geschmückt; an das obere Band ist ein

---

[1] Diese Auseinandersetzung ist durch die Art und Weise, wie die Photographie gemacht ist, nöthig geworden; denn wenn man die Krone umdrehen wollte, so würde dies eine vollständige Umstellung des Lichts und des Schattens erfordern, und deshalb hat es unser Künstler bei Nr. 281 wegen der Wichtigkeit des Gegenstandes so gemacht.

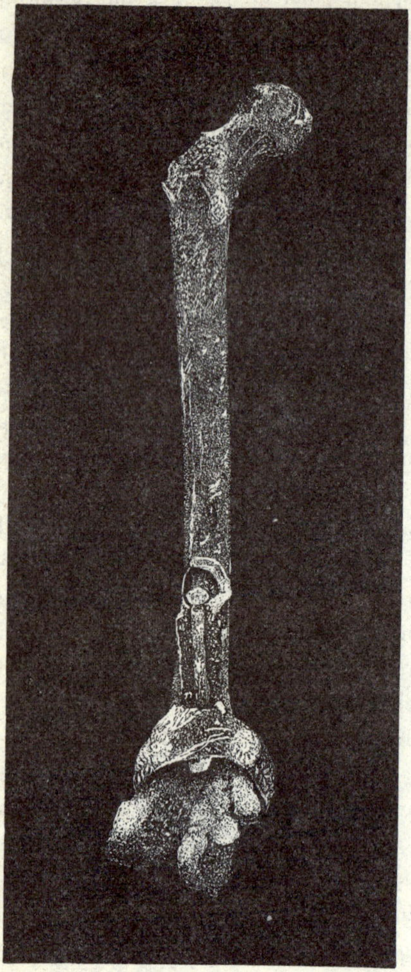

Nr. 338. Lendenknochen eines Menschen mit einem noch daran hängenden Beinschienenschmuck aus dem Vierten Grabe. Circa 1/4 Grösse.

schmäleres und dickeres gelöthet, augenscheinlich zum Zweck es mehr zu befestigen.

Da ich hier von Löthen spreche, so erwähne ich, dass nach den Mittheilungen des Professor Landerer die mykenischen Goldschmiede das Gold mittels Sodium-Borax lötheten, welches bis heute zu dem gleichen Zweck gebraucht und Boratze genannt wird. Er fügt hinzu, dass es ihm geglückt ist, dieses Salz auf dem Rande einer alten falschen Münze von Aegina zu entdecken, dass es im Alterthum χρυσόκολλα (Goldleim) genannt und aus Persien und Indien unter dem Namen Baurac Pounxa Tinkal, ferner im Mittelalter durch die Venetianer von Persien nach Venedig importirt wurde, wo man es reinigte und unter dem Namen Borax Venetus exportirte.

Ferner wurden bei den fünf Gerippen dieses Grabes neun goldene Gefässe gefunden; das erste, Nr. 339, ist ein grosser, massiv goldener Becher mit zwei Henkeln, also ein homerisches δέπας ἀμφικύπελλον; derselbe hat keine Ornamentation. Es folgen dann zwei goldene Becher, deren einer unter Nr. 340 dargestellt ist. Wie mir Professor A. Rhouso-

Nr. 339. Goldener Becher mit zwei Henkeln (δέπας ἀμφικύπελλον) aus dem Vierten Grabe. Circa $^5/_8$ Grösse.

poulos richtig bemerkt, wird diese Art Becher griechisch αὐλακωτά (gefurcht) genannt, jeder derselben hat ringsherum neun parallele Furchen; beide haben nur einen Griff. Ferner die beiden goldenen Gefässe Nr. 341 und Nr. 342; ersteres ist eine prachtvolle Weinkanne (Oenochoe) mit grossem Griff, geschmückt mit Repoussé-Arbeit in drei horizontalen, parallelen Reihen von Spiralen, die mit einander verbunden sind und eine verflochtene Ornamentation darstellen, die den gan-

Nr. 340. Goldener Becher mit einem Henkel aus dem Vierten Grabe. Circa 5/6 Grösse.

Nr. 341. Goldene Weinkanne (οἰνοχόη) aus dem Vierten Grabe. 7/10 Grösse.

zen Bauch des Gefässes mit einem Netzwerke bedeckt. Diese Ornamentation ist, wie mir Dr. Schlie hinsichtlich des derselben vollkommen gleichen Netzwerkes auf der Grabstele Nr. 140 (vgl. S. 91) bemerkt, im Princip dasselbe wie die Ausfüllung mit horizontal und vertical verbundenen, rechtlinig gebrochenen Mäandern. Der Fuss der Weinkanne (Oenochoe) ist mit schrägen Strichen geschmückt.

Nr. 342 ist ein goldener Becher mit einem Griff, der Bauch ist umgeben von einer einfachen Ornamentation in Repoussé-Arbeit in Gestalt von Messerklingen.

Nr. 343 ist ein einfacher massiv goldener Becher, mit

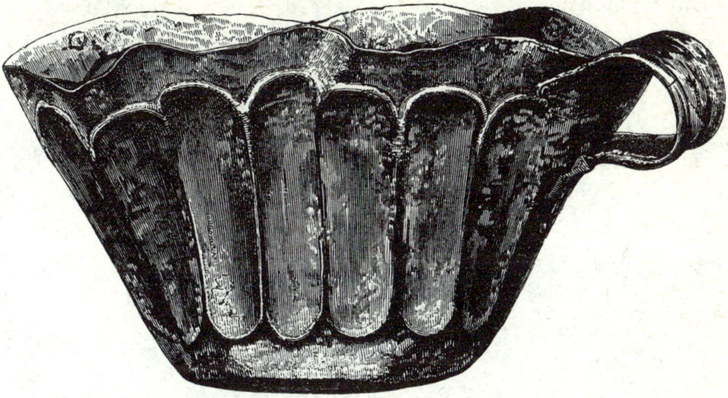

Nr. 342. Goldener Becher aus dem Vierten Grabe. 4/5 Grösse.

einem Griff, der wie alle übrigen Griffe durch goldene Nägel mit grossen convexen Knöpfen befestigt ist, die an der

Nr. 343. Einfacher, massiv goldener Becher aus dem Vierten Grabe. Circa 2/5 Grösse.

innern Seite des Randes sichtbar sind; wenn wir uns den Griff entfernt denken, ist dieser Becher unsern jetzigen Wassergläsern ähnlich, nur ist der Bauch grösser und der Fuss kleiner. Ich mache hier ganz besonders darauf aufmerksam, dass dieser goldene Becher mehr oder weniger genau die Form aller in Mykenae vorkommenden Becher von Terracotta darstellt (vgl. Nr. 83, Seite 78, Nr. 84 und 88, Seite 79). Ebenso verweise ich wiederholt darauf hin, dass ich ganz genau

Nr. 344. Grosser massiv goldener Becher mit zwei Henkeln (δέπας ἀμφικύπελλον), im Gewicht von 4 Pfund aus dem Vierten Grabe. Halbe Grösse.

dieselbe Form von Bechern auch in einer Tiefe von 50 Fuss in der urältesten der vier vorhistorischen Städte in Troja (Hissarlik) fand (vgl. „Atlas der Trojanischen Alterthümer“, Tafel 105, Nr. 2311). Auch ist es sehr beachtenswerth, dass, wie bereits erwähnt, das British Museum von genau derselben Form 14 Becher aus Terracotta hat, die in dem merkwürdigen Grabe in Ialysus auf Rhodus entdeckt wurden.

Nr. 344 stellt einen sehr grossen massiv goldenen Becher

dar; er hat zwei Henkel[1], ist daher ein δέπας ἀμφικύπελλον; er wiegt fast vier Pfund. Er ist einer der prachtvollsten Juwelen der mykenischen Schätze, aber unglücklicherweise unter der Last des Schuttes und der Steine zerdrückt und der Bauch so sehr auf den Fuss gepresst, dass der Beschauer im Bilde nicht ganz die Pracht dieses königlichen Bechers erkennen kann. Jeder Goldschmied würde ihm leicht

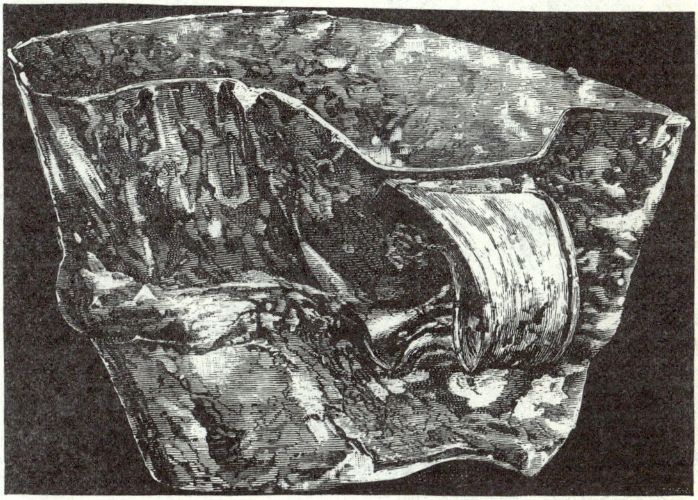

Nr. 345. Goldener Becher mit einem Henkel aus dem Vierten Grabe. Circa $^{11}/_{12}$ Grösse.

seine frühere Gestalt wiedergeben können, ich glaube aber, dass es besser ist, wenn er so bleibt, wie er ist, denn er hat so einen viel höhern Werth für die Wissenschaft. Ich darf es als allgemeine Regel hinstellen: je weniger alte Juwelen von Gold mit den Händen berührt werden, desto besser ist es,

---

[1] Unglücklicherweise wurde die Photographie des Bechers in solcher Stellung aufgenommen, dass nur einer der Henkel sichtbar ist.

denn ihr hoher Werth liegt in dem „Patina“ genannten Rost des Alterthums, den die Jahrtausende erzeugen, den keine Menschenhand nachahmen kann, und der, wenn einmal verloren, nicht wiederherzustellen ist. Der Bauch dieses herrlichen Bechers ist, zwischen einem obern Streifen von drei und einem untern von zwei Linien, mit einer Reihe von 14 prachtvollen Rosetten umgeben, der Fuss von einer Reihe

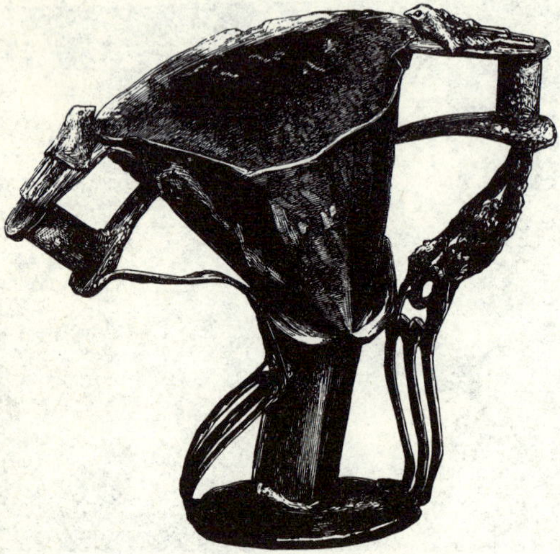

Nr. 346. Goldener Becher (δέπας ἀμφικύπελλον) mit zwei Tauben auf den Henkeln aus dem Vierten Grabe. $^3/_8$ Grösse.

grosser, hervorstehender, halbkugelförmiger Punkte. Nicht nur die flachen Seiten, sondern auch die Kanten der Henkel sind ornamentirt. Hier sehen wir ebenfalls die Köpfe der goldenen Nägel, mit welchen die Henkel an den Rand und den Bauch befestigt sind.

Nr. 345 stellt einen einfachen, grossen massiv goldenen Becher mit einem Henkel dar; die dem Beschauer zugewandte Seite ist sehr verbogen und zerdrückt; er hat kein anderes

Ornament als einen dicken hervorstehenden Streifen, der den Bauch umgibt.

Der schöne massiv goldene Becher Nr. 346 ist ebenfalls entstellt und besonders nach der linken Seite vom Beschauer hin verbogen; er hat zwei horizontale Henkel, bestehend aus zwei dicken Goldplatten, die durch einen kleinen Cylinder mit einander verbunden sind. Die untere Platte jedes dieser Henkel ist mit dem grossen runden Fuss verbunden durch eine lange, breite, dicke goldene Platte, deren oberer Theil mit einer langen Oeffnung, die nach oben spitz, nach unten rund ausläuft, verziert ist. Zu gleichem Zweck ist der untere Theil der Goldplatte in drei Streifen ausgeschnitten, die sich wieder am Fusse des Bechers vereinigen, wo die Goldplatte durch zwei goldene Nägel mit breiten, flachen, runden Köpfen — die im Bilde sichtbar sind — befestigt ist. Auf jede obere Platte der beiden Henkel ist eine kleine, hübsche goldene Taube anscheinend gegossener Arbeit gelöthet, deren Schnabel nach dem Becher gerichtet ist, sodass die beiden Tauben einander ansehen. Dieser Becher erinnert uns lebhaft an Nestor's Becher (Ilias, XI, 632—635):

> πὰρ δὲ δέπας περικαλλές, ὃ οἴκοθεν ἦγ' ὁ γεραιός,
> χρυσείοις ἥλοισι πεπαρμένον· οὔατα δ' αὐτοῦ
> τέσσαρ' ἔσαν, δοιαὶ δὲ πελειάδες ἀμφὶς ἕκαστον
> χρύσειαι νεμέθοντο· δύω δ' ὑπὸ πυθμένες ἦσαν

(sie setzte dort auch einen wunderschönen Becher nieder, den der Greis von Hause mitgebracht hatte; er war mit goldenen Nägeln beschlagen und hatte vier Henkel, auf deren jedem zwei goldene Tauben mit dem Schnabel hackten; der Becher hatte zwei Böden).

Die Beschreibung des Nestor'schen Bechers stimmt ganz mit dem vor uns stehenden Becher überein, ausgenommen dass ersterer viel grösser ist und vier Henkel, jeden mit zwei Tauben hat, während unser Bild nur zwei Henkel, jeden mit e i n e r Taube zeigt. Der Nestor'sche Becher hat zwei

Böden, und ebenso viele hat auch unser Becher, denn unmöglich kann man unter doppeltem Boden irgendetwas anderes verstehen als den Boden des Bechers und den Boden seines Fusses.

Die gewöhnliche Erklärung des Nestor'schen Bechers, „mit einer obern und einer untern Schale“, ganz so wie man sich das homerische δέπας ἀμφικύπελλον denkt, ist durchaus irrig. Ein solcher Becher würde, ungeachtet seiner beiden Schalen, nur einen gemeinsamen Boden haben und daher den Anforderungen von Homer's Beschreibung nicht entsprechen. Da ferner ein solcher Becher jedenfalls nur auf einer Seite zur Zeit gefüllt werden könnte, so wäre ja das Vorhandensein der beiden Becher in entgegengesetzter Richtung durchaus zwecklos. Ueberdies, wenn ein Becher mit Wein von einer Person der andern hingereicht wird, so will Homer immer verstanden haben, dass es ein δέπας ἀμφικύπελλον ist, nämlich ein Becher mit zwei Henkeln, der mit einem Henkel dargereicht, mit dem andern entgegengenommen wird.

Ausserdem ist ein solcher Becher mit oberer und unterer Schale noch niemals gefunden, während ich in Troja zwanzig verschiedene Arten von Bechern mit zwei Henkeln, auch viele zweihenkelige Becher in Mykenae fand, welche alle nichts anderes sein können als δέπα ἀμφικύπελλα. Athenaeus (Deipnosophistae, XI, 77) legt viel Gewicht auf die von einem gewissen Apelles gegebene Erklärung des Nestor'schen Bechers; dieser behauptete, dass derselbe nichts anderes sei als ein Becher mit einem Fuss, auf dessen zwei Seiten zwei Streifen oder Bänder (von Metall) gelöthet waren, die, von einem einzigen Stück auslaufend, sich in gerader Richtung nach oben erheben und nicht weit von einander abstehen; ferner, dass sich diese Bänder bis über den Mund des Gefässes hinaus erheben, dort umgebogen sind und wiederum in ein einziges Stück zusammenlaufen, welches an den Rand gelöthet wurde. Apelles führte aus, dass Homer unter den vier Henkeln des Nestor'schen Bechers nichts anderes als diese Henkel verstehen konnte, die eigentlich nur zwei ausmachten, aber, weil jeder derselben in zwei Bänder zertheilt war, als vier angesehen wurden. Da

Nr. 347. Grosser goldener Becher aus dem Vierten Grabe. $^4/_5$ Grösse.

nun auf jeder der Vereinigungsstellen der beiden Metallbänder nur zwei Tauben waren, so hatte der Nestor'sche Becher im ganzen nur vier Tauben. Diese Erklärung des Apelles stimmt beinahe mit der Gestalt des vor uns stehenden Bechers überein.

Ich möchte vorschlagen, die Form des Nestor'schen

Bechers sogar als vollkommen dem vor uns stehenden Becher ähnlich anzusehen, denn in Wirklichkeit hat dieser vier Henkel, nämlich zwei horizontale, auf denen die Tauben liegen, und die beiden untern, welche durch die am Fusse befestigten, dicken, senkrechten Goldbänder dargestellt werden. Sollte es sich so verhalten, dann wäre der einzige Unterschied, dass Nestor's Becher auf jedem dieser doppelten Henkel eine

Nr. 348. Grosser silberner, reich vergoldeter Becher aus dem Vierten Grabe. $^4/_7$ Grösse.

Taube mehr hatte. Aber die Frage ist, woraus dieser Becher bestand; wahrscheinlich war er von Holz und mit goldenen Nägeln beschlagen, denn wäre er von Gold oder einem anderen Metall gewesen, so würde man sich schwer vorstellen können, dass er mit goldenen Nägeln beschlagen sein konnte.

Ich fand ferner in diesem Grabe den grossen, schönen goldenen Becher Nr. 347; dieser hat einen breiten Henkel, der mittels drei goldener Nägel mit grossen flachen Köpfen am Rande und Bauch befestigt ist. Die Aussenseite des Bechers ist durch senkrechte Linien in sieben verticale Felder getheilt, und man sieht in jedem Felde — in herrlicher Repoussé-Arbeit — eine Blume dargestellt, die den ganzen Raum zwischen dem Rande und dem Boden ausfüllt. Ich fand noch einen anderen goldenen Becher mit schöner Repoussé-Ornamentation in diesem Grabe, aber durch ein

Nr. 349. Mit der Hand gefertigte Vase von Terracotta aus dem Vierten Grabe. Circa halbe Grösse.

mir unerklärliches Versehen ist er nicht mit photographirt worden.

Es wurde ferner bei den fünf Gerippen des vierten Grabes der schöne, grosse, massiv silberne Becher Nr. 348 gefunden, der ausgezeichnet erhalten ist und nur einen Henkel hat, an Form dem des goldenen Bechers, Nr. 346, gleich und mittels vier goldener Nägel mit grossen, flachen, runden Köpfen am Rande und Bauch befestigt. Das Stück Metall, welches wir an dem Bauch des Gefässes sehen, wurde im Feuer des Scheiterhaufens zufällig daran gelöthet und kann nicht dazu gehören. Der ganze Bauch war mit Kupfer und dies wiederum mit Gold plattirt, das mit herrlicher Ornamentation in Intaglio verziert war; letztere scheint ausgezeichnet erhalten zu sein, jedoch ist wegen des Schmutzes, womit der Becher bedeckt ist, wenig davon zu sehen. Herr A. Postolaccas erinnert mich daran, dass das Spiralenband, von dem ein klei-

Nr. 350, 351. Gegenstände von ägyptischem Porzellan aus dem Vierten Grabe. Gebrauch unbekannt. 2/5 Grösse.

ner Theil in der Photographie sichtbar ist, sich auch auf den Medaillen von Tarent findet und dort die Wogen der See darstellt.

Auch wurden in demselben Grabe drei aus freier Hand gemachte Vasen aus Terracotta mit zwei Henkeln wie Nr. 349 gefunden. Diese Form ist in Troja sehr gewöhnlich, hat aber sehr häufig drei Füsse (vgl. „Atlas der Trojanischen Alterthümer", Tafel 49, Nr. 1200 und 1202, sowie Tafel 50, Nr. 1214 und Tafel 143, Nr. 2831.

Ferner wurden dort die beiden Gegenstände Nr. 350 und 351 gefunden, die Herr Newton für ägyptisches Porzellan ansieht;

Nr. 352. Alabastermodell einer Art Gürtel, der wie eine Schleife gebunden ist; aus dem Vierten Grabe. Circa 2/3 Grösse.

ihr Gebrauch ist mir durchaus ein Räthsel; der kleinere Gegenstand hat eine Ornamentation von weissen und schwarzen parallelen Linien; der andere hat auf grünem Grunde parallele Streifen von vier weissen Linien, die sich durchkreuzen und eine Menge kleiner Quadrate bilden. Der untere Theil von Nr. 351 hat eine eingepresste Ornamentation von schwarz gemalten Troddeln; in jeder sehen wir eine Schleife, die an Form den ebenfalls in diesem Grabe gefundenen beiden grossen Alabasterornamenten ähnlich ist, wovon ich eins unter Nr. 352 darstelle. Diese letztern haben jedes drei Durchbohrungen

Nr. 353. Silberne Kanne (οἰνοχόη) aus dem Vierten Grabe. Ungefähr halbe Grösse.

und müssen daher auf einen andern Gegenstand geheftet gewesen sein; sie haben auf hellgrünem Grunde eine jetzt beinahe verwischte Ornamentation von parallelen Streifen, bestehend aus zwei weissen Linien, die sich unter rechtem Winkel kreuzen und kleine Vierecke bilden; am untern Theil der Vorderseite beider sieht man in flachem Relief schwarz gemalte Troddeln. Beide Gegenstände können nichts anderes sein als Ornamente, aber die Frage ist, wie sie als solche benutzt worden sind.

Auch wurde dort die silberne Kanne oder Oenochoe Nr. 353 gefunden; sie hat einen langen, senkrechten Henkel und eine sehr schöne Form, jedoch keine Ornamentation, wenigstens ist keine sichtbar; jedoch mag immerhin eine Verzierung

Nr. 354. Goldener Schultergürtel (τελαμών) aus dem Vierten Grabe. Circa $^{3}/_{16}$ Grösse.

in Repoussé-Arbeit unter dem Schmutz, womit das Gefäss bedeckt ist, existiren.

Es wurden dort ferner drei Wehrgehenke (τελαμῶνες) von Gold, von denen ich eins unter Nr. 354 darstelle, gefunden. Von den beiden anderen ist das eine ein breites aber dünnes Band ohne Ornamentation und scheint besonders für das Leichenbegängniss gemacht worden zu sein, denn es ist nicht solide genug um von lebenden Menschen getragen zu werden; es ist $4^{1}/_{2}$ Fuss lang und 2 bis $2^{1}/_{3}$ Zoll breit.

Das hier abgebildete goldene Wehrgehenk Nr. 354 ist weit dicker und solider; es ist 4 Fuss $1^1/_2$ Zoll lang, $1^7/_8$ Zoll breit und hat an jeder Seite einen kleinen Rand, der durch das Ueberbiegen des Goldblechs entstanden und mit einer ununterbrochenen Reihe von Rosetten geschmückt ist; an einem Ende sind zwei Einschnitte in Form von Schlüssellöchern, die

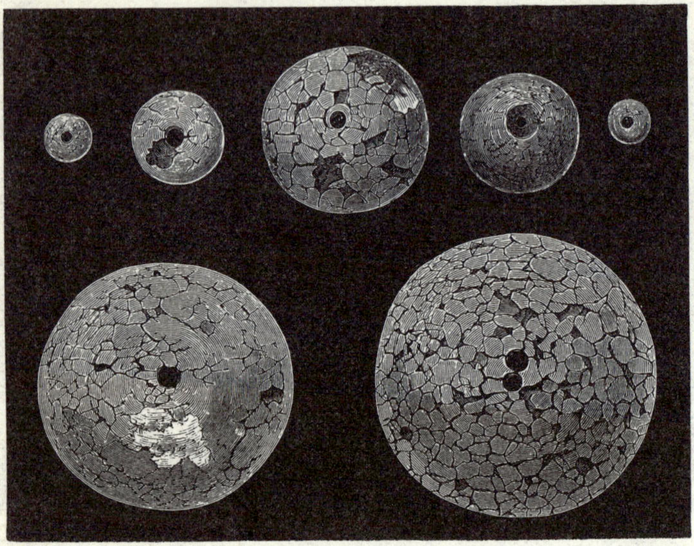

Nr. 355. Bernsteinkugeln von Halsbändern aus dem Vierten Grabe. Natürliche Grösse.

dazu dienten den Haken zu befestigen, der, wie zwei kleine Einschnitte und ein kleines Loch beweisen, am andern Ende angebracht war. Ganz dasselbe Modell und dieselbe Ornamentation, sowie auch dieselben schlüsselförmigen Einschnitte an dem einen und Löcher an dem andern Ende, wo der Haken befestigt war, stellt das dritte Wehrgehenk dar; nur hat dies mehr vom Feuer gelitten und die Ornamentation ist daher hier undeutlicher.

Ferner wurden in demselben Grabe vierzehn Gegenstände aus sehr reinem Bergkrystall gefunden, deren Gebrauch mir aber unbekannt ist; auch eine Scheibe von Alabaster, vermuthlich der Boden eines Gefässes.

Nr. 356. Grosse Vase von Alabaster mit drei Griffen, aus den Bruchstücken zusammengesetzt. Viertes Grab. Halbe Grösse.

Neben dem Kopfe der mittlern der drei mit den Häuptern nach Osten gewandten Leichen fand ich mehr als 400 grössere und kleinere durchbohrte Kugeln von Bernstein, von denen ich sieben unter Nr. 355 darstelle. Ungefähr ein gleiches Quantum Bernsteinkugeln wurde bei einer der mit dem Kopfe nach Norden gewandten Leichen gefunden.

Alle diese Bernsteinkugeln sind ohne Zweifel in Form von Halsketten auf Schnüre gezogen gewesen, und ihr Vorhandensein in den Gräbern unter so grossen Schätzen von goldenen Ornamenten scheint zu beweisen, dass Bernstein zur Zeit der alten mykenischen Könige sehr kostbar war und als ein besonderer Schmuck betrachtet wurde.

Einer der prachtvollsten Gegenstände dieses Grabes ist eine Vase von Alabaster mit drei davon getrennten Henkeln, die ich in dem Bilde Nr. 356 wieder zusammengestellt gebe. Jeder Griff hat zwei oder drei Durchbohrungen, mittels derer er an der Vase befestigt wurde, in welcher man gleichartige Löcher sieht; aber nach der Feinheit der Durchbohrungen, die nur für kleine Stifte gross genug sind, der Zerbrechlichkeit der kunstvoll gearbeiteten Griffe und der Schwere der Vase selbst zu urtheilen, kann letztere nur als Ornament gedient haben und nicht einmal an den Henkeln aufgehoben worden sein.

Ferner wurden in diesem Grabe vier Diademe, nämlich zwei grosse und zwei kleine, gefunden, die den bereits dargestellten ähnlich sind (vgl. Nr. 282, 283, 284). Das grössere davon ist 1 Fuss $8\frac{1}{2}$ Zoll lang und in der Mitte 4 Zoll breit; es hat, zwischen zwei Rändern von Zickzacklinien, eine Ornamentation von schildförmigen doppelten Kreisen in Repoussé-Arbeit, zwischen welchen der Raum auf beiden Seiten mit kleinen Kreisen desselben Musters ausgefüllt ist, während beide Enden mit schönen Spiralen verziert sind; an einem Ende ist eine Nadel (ἔμβολον), am anderen ein Ring oder Röhrchen (αὐλίσκος), womit das Diadem um den Kopf befestigt wurde. Die kleineren Diademe sind nur 1 Fuss $5\frac{1}{2}$ Zoll lang, in der Mitte $2\frac{4}{5}$ Zoll breit, und scheinen die Stirn eines Kindes geschmückt zu haben; die Ornamentation in Repoussé-Arbeit ist sehr mannichfaltig und merkwürdig. Wir sehen dort, zwischen zwei Rändern von je zwei

Nr. 357, 358. Gürtel und Stirnband von Gold aus dem Vierten Grabe. 1/3 Grösse.

Linien, in der Mitte einen Kreis, umgeben von dreizehn kleinen Kreisen und auf jeder Seite der letztern zwei verticale Streifen, die mit kleinen horizontalen Strichen gefüllt sind; darauf sehen wir einen verticalen Streifen von drei Kreisen und wiederum zwei senkrechte Streifen, gefüllt mit horizontalen Strichen; darauf folgt ein verticaler Streifen mit Spiralen, zwei concentrische Kreise, umgeben von kleinern derselben Form, und wiederum ein senkrechter Streifen mit horizontalen Strichen, endlich zwei verticale Streifen von concentrischen Kreisen, zwischen denen ein horizontaler Streifen mit schrägen Strichen sich bis zum Ende ausdehnt. Nur ein durchbohrtes Ende ist erhalten; wahrscheinlich war das andere Ende von ähnlicher Form und das Diadem mit einem feinen Golddraht um den Kopf eines Kindes befestigt. Gerippe von Kindern wurden in diesem Grabe nicht gefunden, aber eine Menge kleiner, nur einem

Kinde passender Ornamente veranlassen mich zu glauben, dass ein Kind oder sogar mehr als eins in diesem Grabe bestattet sind. Bei keinem dieser Diademe waren die Ränder um Drähte gewickelt.

Hier wurden ferner zwei goldene Diademe gefunden, die, gleich den vorhergehenden, von dünnem Goldblech sind, aber auch keine Drähte in den Rändern haben; beide sind so klein, dass sie nur für Kinderköpfe passen würden; das eine ist 1 Fuss $4^1/_2$ Zoll, dass andere 1 Fuss $^1/_3$ Zoll lang. Ersteres zeigt zwischen zwei Rändern von Punkten in der Mitte eine Ornamentation von fünf schildförmigen Kreisen, von denen drei Rosetten, die übrigen ein in Bewegung befindliches Rad darstellen; der übrige Raum zur rechten und linken ist mit kleinen schildförmigen Kreisen ausgefüllt, auch mit zwei grössern, die wiederum die Drehung des Rades darstellen, und mit Spiralen. Das andere Diadem hat, zwischen zwei Rändern von concentrischen Kreisen, in der Mitte einen schildförmigen, die Drehung des Rades darstellenden Kreis und zur rechten und linken einen ähnlichen Kreis mit Rosetten. Oberhalb des zweiten Kreises, vom mittlern aus gerechnet, zur rechten des Beschauers, ist ein Vogel dargestellt; der übrige Raum ist mit einer schönen, sehr symmetrischen Ornamentation von Spiralen, auch mit zwei schildförmigen Kreisen, welche die Drehung des Rades darstellen, und wiederum mit Spiralen und concentrischen Kreisen geschmückt. Diese beiden Diademe haben an jedem Ende einen dünnen Draht zur Befestigung um die Stirn.

Nr. 357 und 358 aus demselben Grabe stellen einen kleinen, schön ornamentirten goldenen Gürtel und eine goldene „belle Hélène“ oder ein Stirnband dar; beide sind von starkem Goldblech, aber so kurz, dass sie auch als Kinderschmuck gedient zu haben scheinen. Der Gürtel ist mit sieben schildförmigen Kreisen geschmückt, die sich drehende Räder darstellen; an jedem Ende ist ein Loch zur Befestigung mit dünnen Drähten.

Das Stirnband ist ornamentirt mit Rosetten und Kreuzen von Repoussé-Arbeit; man sieht zwei Löcher im Rande, unweit der beiden Enden; von dem einen derselben hängt noch das Bruchstück eines sehr feinen Kettchens herab, und ohne Zweifel ist ein ähnliches Kettchen in dem andern Loch befestigt gewesen; beide Kettchen müssen viel länger als das Bruchstück gewesen sein und Ornamente müssen daran gehangen haben, ähnlich wie bei den trojanischen Diademen (vgl. „Atlas der Trojanischen Alterthümer“, Tafel 205 und 206), die Herr Gladstone mit Recht für identisch hält mit den homerischen πλεκταὶ ἀναδέσμαι. An jedem Ende dieses Stirnbandes ist ein feiner Golddraht zum Befestigen um den Kopf.

Ich fand noch in diesem Grabe ein goldenes Gürtelornament, ein goldenes Beinschienenornament, zwei goldene Bänder und zwei goldene Blätter, alles mit Ornamentation in Repoussé-Arbeit, wie wir sie wiederholt gesehen haben, ich unterlasse es daher hier Abbildungen davon zu geben.

Ferner wurden bei den fünf Gerippen des vierten Grabes die nachstehenden goldenen Gegenstände gefunden: das reich verzierte Band Nr. 359, das an jedem Ende fünf Löcher hat um an einen andern Gegenstand genagelt oder genäht zu werden; es hat zwei Abtheilungen, deren eine durch eine Menge verticaler Linien in eine Menge kleinerer oder grösserer Felder getheilt ist; drei der letztern zeigen eine wellenförmige Linie mit kleinen Strichen an beiden Seiten, welche ihr das Ansehen einer Feder geben; die andere Abtheilung zeigt zwischen zwei Rändern von je drei oder vier horizontalen Linien zwei Streifen schöner Spiralen und zwei Fächer mit kleinen schmalen Strichen.

Die beiden folgenden Gegenstände, Nr. 360 und 361, sind schwere, massiv goldene Tuchnadeln, die aber auch als Haarnadeln gebraucht sein mögen, denn Homer's Landsleute, die Achäer, trugen sehr langes Haar und werden daher vom Dichter καρηκομώοντες Ἀχαιοί genannt. Die Köpfe dieser

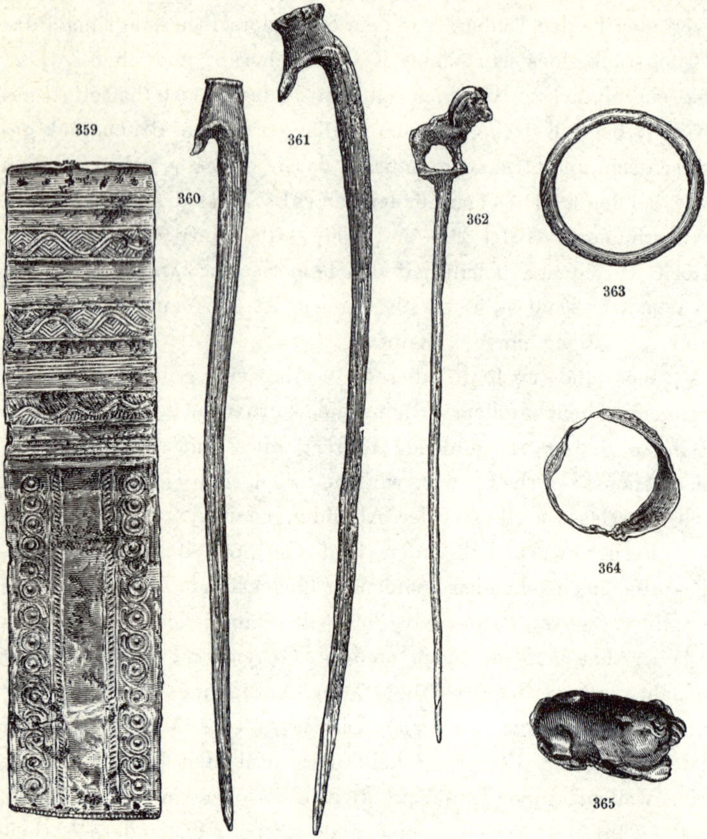

Nr. 359—365. Verschiedene Ornamente von Gold aus dem Vierten Grabe. Natürliche Grösse.

beiden Tuchnadeln haben fast die Form von Helmen, und jeder derselben hat eine senkrechte Durchbohrung, die dazu benutzt sein mag, ein anderes Ornament oder vielleicht eine

Blume hineinzustecken; beide Tuchnadeln scheinen viel gebraucht zu sein. Viel dünner ist die dritte goldene Tuchnadel (Nr. 362), die mit einem ausgezeichnet dargestellten Widder mit langen Hörnern geschmückt ist.

Die Ringe Nr. 363 und 364 sind auch von Gold, der erstere, welcher massiv und ohne Ornamentation ist, scheint als Fingerring gedient zu haben; der andere, wovon zwei

Nr. 366. Prächtig ornamentirter Goldcylinder, wahrscheinlich der Griff eines Schwertes oder Scepters; aus dem Vierten Grabe. 4/5 Grösse.

Exemplare vorhanden sind, besteht aus einem kleinen verzierten Bande, welches umgedreht und in Form eines Ringes befestigt ist; er mag als Ohrring gedient haben.

Nr. 365 ist ein junger Löwe, massiv und schwer, und ich theile Herrn Newton's Meinung, dass er gegossen ist.

Ferner ist zu erwähnen der goldene Cylinder Nr. 366, der ohne Zweifel zum hölzernen Griff eines Schwertes oder Scepters gehört hat, denn die ganze mittlere Seite entlang sehen wir eine Reihe von kleinen Löchern, auch vier goldene Nägel mit flachen Köpfen, sowie in der Mitte den Kopf eines sehr grossen Nagels, womit der Cylinder befestigt war; derselbe ist an beiden Enden mit einem breiten Rande von Wellenlinien verziert und der übrige Raum mit verflochtenen Spiralen angefüllt — alles in prachtvollem Intaglio.

Auch wurde dort ein goldenes, von drei doppelten Goldblättern gebildetes Ornament gefunden; die Blätter sind in der Mitte zusammengelöthet und stellen einen schönen Stern dar, der ganz mit schildartigen, concentrischen Kreisen in Repoussé-Arbeit verziert ist; der Künstler hat es sogar nicht vergessen, die Ränder mit kleinen Strichen zu versehen, ohne Zweifel in der Absicht, den Charakter der Blätter noch mehr hervorzuheben.

Ferner wurden dort zwei andere goldene Sterne gefunden, von denen jeder aus zwei doppelten goldenen Blättern besteht, die in der Mitte zusammengelöthet sind und, wie das darin sichtbare Loch beweisst, mit einem Stift an einen andern Gegenstand befestigt waren; die Blätter beider Sterne sind mit schildförmigen concentrischen Kreisen verziert, zwischen denen wir birnenähnliche Zeichen sehen; die Ränder der Blätter sind auch mit kleinen Strichen versehen. Auf welche Weise alle diese Sterne als Ornamente gebraucht sein mögen, ist schwer zu sagen.

Ich fand ferner bei den fünf Gerippen dieses Grabes zwei kleine, dünne goldene Ringe (vgl. Nr. 367) mit eingepresster Ornamentation von kleinen Kreisen; auch zwei kleine zweischneidige Streitäxte von sehr dünnem Goldblech (vgl. Nr. 368). Von dem Stiel der einen ist nur ein Bruchstück erhalten und der Griff der andern ist beinahe ganz verschwunden. Genau dieselbe Form zweischneidiger Streitäxte sahen wir bereits zwischen den Hörnern der beiden goldenen Kuhköpfe Nr. 329 und 330, und wir sehen dieselben in vollkommen gleicher Form auf allen Münzen der Insel Tenedos, auch auf einigen der übrigen goldenen Schmucksachen von Mykenae und auf einer linsenförmigen Gemme vom grossen Heraeon, von denen wir unten

367 369

368

370

Nr. 367—370. Goldene Ornamente aus dem Vierten Grabe. 2/3 Grösse.

handeln werden. Herr Postolaccas macht mich auf die Stelle bei Plutarch (Moral. ed. Didot, I, 488, de Pythiae Oraculis, XII) aufmerksam: „und die Tenedier haben die Axt den Krebsen entlehnt, die bei ihnen beim sogenannten Asterion massenhaft vorhanden sind, denn es scheint, dass die Krebse allein das Bild der Axt in ihrer Schale haben“. Derselbe Freund macht mich ausserdem darauf aufmerksam, dass die Doppelaxt das Symbol des labrandischen Jupiters ist, der in Labranda verehrt wurde, und dass sie auf den Medaillen der alten Könige von Carien dargestellt ist, so z. B. auf denen von Mausolos (auf den Münzen immer Maussollos; 353 v. Chr.), Idrieus (344 v. Chr.), Pixodaros (336 v. Chr.) und Othomtopatos (334 v. Chr.). Auch finde ich bei Plut., Quaest. graec. 45, dass die Axt, πέλεκυς, in lydischer Sprache λάβρυς hiess.

Herr Professor A. Rhousopoulos schreibt mir über diesen Gegenstand: „Ich vermuthe, die doppelte zweischneidige Axt auf den Münzen von Tenedos ist ein Opfer- oder Kriegssymbol; ich schliesse dies nach Vergleich mit andern Münzen besserer Art. Es war ein Sprichwort in Griechenland Τενέδιος πέλεκυς — tenedische Axt — für die, welche auf derbe oder kurzangebundene Weise Fragen lösen. Der tenedische Apollo hielt die Doppelaxt in der Hand, nämlich jene, die auf den Münzen von Tenedos dargestellt wird, jedoch war die Erklärung des Symbols im Alterthum zweifach, die einen betrachteten es als das Symbol des Tennes, andere, so Aristoteles, behaupteten, dass ein gewisser König von Tenedos ein Gesetz erliess, wonach der, welcher Ehebrecher ertappte, beide mit einer Axt zu tödten hatte. Nun geschah es, dass sein eigener Sohn als Ehebrecher ertappt wurde, und der Vater befahl, dass derselbe dem allgemeinen Gesetze gemäss bestraft werden sollte. Infolge dessen wurde die Axt, zum Andenken an das tragische Schicksal des Prinzen, auf die Münzen von Tenedos geprägt“.

Ich wage aber keine Meinung darüber auszusprechen, welche Bedeutung dieses Symbol in jenem fernen Alterthum hatte, in welches die mykenischen Gräber gehören.

Der herrliche goldene Gegenstand Nr. 369 ist dem gewöhnlichen Beinschienenhalter ähnlich, womit man die Beinschienen um die Lenden, gerade oberhalb der Kniee befestigte, er kann jedoch nicht als solcher gedient haben, denn sein Goldblech ist bei weitem zu dick dazu; ausserdem ist dies Ornament vollkommen gerade und augenscheinlich nie gebogen gewesen,

Nr. 371, 372. Gegenstände von Kupfer aus dem Vierten Grabe. Circa 1/3 Grösse.

es muss daher etwas anderes sein. So wie wir den Gegenstand vor uns haben, sieht er einem Menschen ähnlich, wie ihn kleine Kinder zeichnen; der Ring über dem Kopfe mag einen Kranz andeuten; die Ornamentation von Repoussé-Arbeit, womit der Körper bedeckt ist, haben wir — obwol weniger prächtig — in dem Rande der Grabstele Nr. 24 (in der Vignette S. 58) gesehen; die Füsse sind — zwischen zwei schmalen Rändern — mit Reihen kleiner, dem Buchstaben „koppa“

ähnlichen Zeichen geziert, wie wir sie auf allen corinthischen Medaillen sehen.

Es wurden dort ferner drei Gegenstände genau wie Nr. 370 gefunden, ich wage aber nicht zu sagen, wozu dieselben gedient haben mögen; als Tuchnadeln können sie nicht ge-

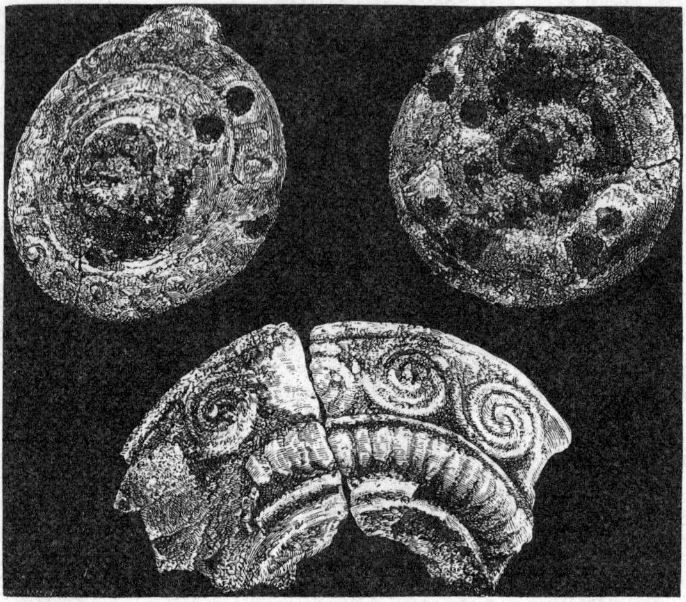

Nr. 373—375. Zwei knöcherne Vasendeckel und Bruchstück einer Alabastervase aus dem Vierten Grabe. 5/6 Grösse.

braucht worden sein, da die Nadel am Fusse zu kurz und zerbrechlich dazu ist; alle drei haben ringsherum einen Rand und in der Mitte eine durch Punkte dargestellte Rosette.

Ferner wurden dort die unter Nr. 371 und 372 dargestellten kupfernen Gegenstände gefunden; wozu der erste (Nr. 371) gebraucht sein mag, ist schwer zu sagen; er hat ein viereckiges Loch, welches jedoch nicht dazu gedient haben kann einen

Stil darin zu befestigen, denn dazu ist die Kupferplatte nicht dick genug. Der zweite Gegenstand ist eine grosse Gabel mit drei gebogenen Zähnen und einer Röhre am andern Ende, in welche der hölzerne Stil gesteckt wurde; diese Gabel hat augenscheinlich dazu gedient, das Feuer der Scheiterhaufen zu schüren.

Auch wurden in diesem Grabe die unter Nr. 373 und 374 dargestellten Gegenstände gefunden; sie sind von Knochen und genau von gleicher Form; beide haben an einer Seite eine eingeschnittene Ornamentation, und man sieht dort einen Rand mit Spiralen und zwei oder drei concentrische Kreise, sowie zwei Löcher; in der Mitte scheint ein Knopf gewesen zu sein, der jetzt abgebrochen ist. An der andern Seite sind im Rande drei hervorstehende, kegelförmige Füsse. Das Bild stellt von dem einen Gegenstande die obere, von dem andern die untere Seite dar. Es würde fast unmöglich sein ihren Gebrauch zu bestimmen, wenn ich nicht ganz ähnliche Dinge, aber von Terracotta und mit vier kleinen Kegeln in Form von Füssen, in Troja gefunden hätte (vgl. „Atlas der Trojanischen Alterthümer“, Tafel 21, Nr. 583 und 584).

Die drei kegelförmigen Füsse der Deckel, deren Bilder wir vor uns sehen, passten in die Oeffnung des Gefässes; der Knopf in der Mitte diente dazu den Deckel abzuheben, die beiden Löcher den Deckel mit einer Schnur an die Kanne zu befestigen. Vier solcher Vasendeckel von Knochen wurden in diesem Grabe gefunden. Dieser Vasenverschluss erklärt uns auch die bereits erwähnte Stelle, wo die Amme Euryclea die Deckel auf den Weinamphoren für Telemach befestigt (Odyssee, II, 353):

δώδεκα δ' ἔμπλησον, καὶ πώμασιν ἄρσον ἅπαντας

Zwölf nun fülle mir an und spünde sie alle mit Deckeln.

Nr. 375 stellt das Bruchstück einer Vase von Alabaster dar mit schöner eingeschnittener Ornamentation; wir sehen dort zwischen zwei parallelen Streifen eine Reihe von Spiralen und darunter eine Reihe senkrechter Furchen.

In einem kupfernen Gefäss in der südöstlichen Ecke dieses Grabes wurde das unter Nr. 376 dargestellte Thier gefunden, welches nach Professor Landerer's Untersuchung aus einer Mischung von zwei Drittel Silber und ein Drittel Blei besteht; es ist hohl und scheint als Vase gedient zu haben; die schornsteinartige Oeffnung ist auf dem Rücken; der ganze Körper des Thieres ist sehr plump und schwer, besonders die Füsse, die denen eines Büffels gleichen, während der Kopf einem Kuhkopf

Nr. 376. Ein Hirsch, aus einem Gemisch von Silber und Blei; aus dem Vierten Grabe. Circa 3/7 Grösse.

ähnlich ist; da derselbe aber ein Hirschgeweih hat, wovon die eine Hälfte erhalten ist, so leidet es keinen Zweifel, dass der Künstler beabsichtigte einen Hirsch darzustellen; wir müssen ihn entschuldigen, dass er das Thier so grob dargestellt hat, denn hätte er es naturgetreu gemacht, so würde die Vase, die er herstellen wollte, zu zerbrechlich geworden sein. Vasen von Terracotta in Gestalt von Thieren waren in Troja in starkem Gebrauch (vgl. „Atlas der Trojanischen Alterthümer", Tafel 91,

Nr. 1893; Tafel 104, Nr. 2299; Tafel 174, Nr. 3380; Tafel 188, Nr. 3450).

Es wurden ferner bei den fünf Gerippen des vierten Grabes zwölf kreuzförmige, hölzerne, mit Goldblech überzogene und mit prächtiger Ornamentation von Intaglio- und Repoussé-Arbeit gezierte Knöpfe gefunden (vgl. Nr. 377—386).[1] Der grösste davon (Nr. 377) ist etwas über $3\frac{1}{2}$ Zoll lang und $2\frac{1}{8}$ Zoll breit. Höchst merkwürdig ist es, dass alle hölzernen Knöpfe genau dieselbe schöne Ornamentation haben wie das Goldblech, womit sie bedeckt sind; man sieht dies an jenem grössten Knopfe (Nr. 377) an der Stelle, wo etwas von dem Goldblech fehlt. Es entsteht daher die Frage, wie dies geschehen ist.

Bei reiflicher Erwägung überzeugen wir uns, dass es nur auf folgende Weise geschehen sein kann: erst wurden die hölzernen Knöpfe geschnitten und auf denselben mit Sorgfalt und Kunstfertigkeit in Relief die ganze Ornamentation ausgeschnitten, welche wir jetzt auf dem Goldblech in Repoussé-Arbeit sehen. Darauf wurde das Goldblech über die hölzernen Knöpfe gezogen und, nachdem es auf der Rückseite gut befestigt war, auf die Knöpfe geschlagen; auf diese Weise trat die Reliefornamentation des Holzes auf dem Goldblech hervor. Nachdem dies geschehen war, wurde die Intaglio-Arbeit in dem Goldblech gemacht, und da dies nur sehr dünn war, so drangen alle Schnitte des Künstlers gerade soweit ins Holz als ins Gold. Ich glaube, dass man sich nur auf diese Weise die wunderbare Arbeit erklären kann.

Die Gestalt aller dieser Kreuzknöpfe ist die des Rautenvierecks (Rhombus); neun der Knöpfe sind sowol an jedem spitzen als an jedem stumpfen Winkel mit zwei hervorstehenden, kugelförmigen Stücken geschmückt, von denen jedes vier

---

[1] Die beiden übrigen Knöpfe haben gleiche Muster.

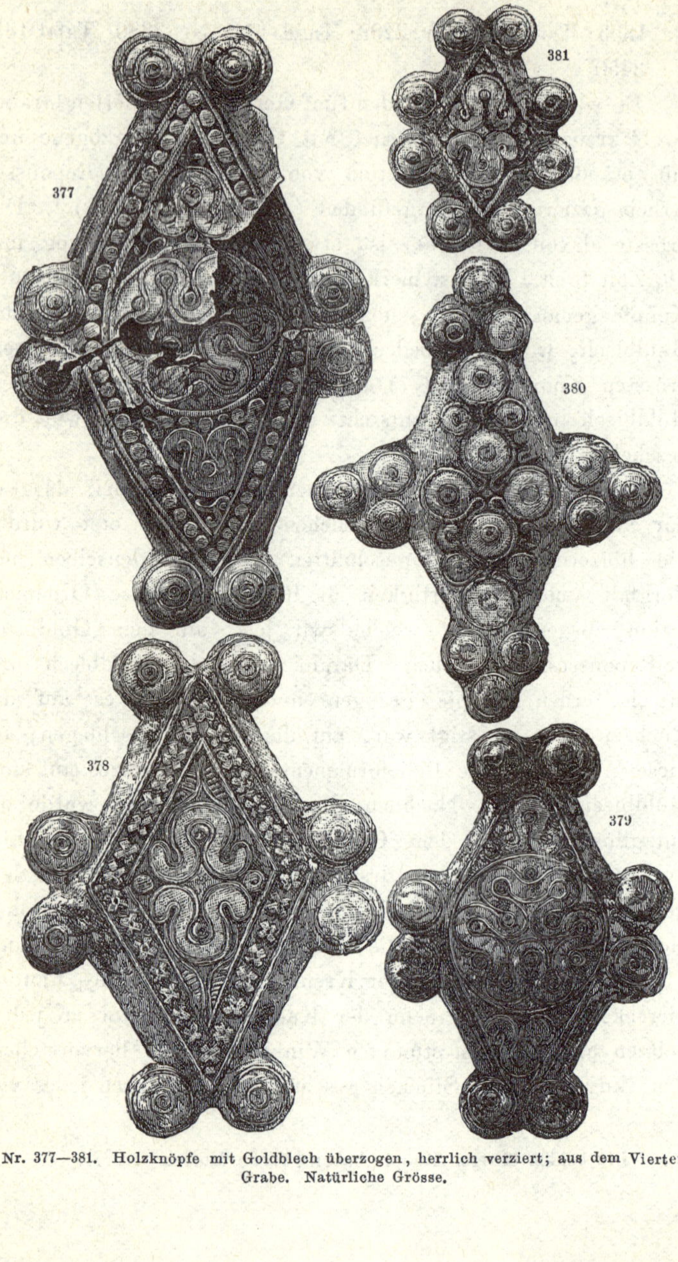

Nr. 377—381. Holzknöpfe mit Goldblech überzogen, herrlich verziert; aus dem Vierten Grabe. Natürliche Grösse.

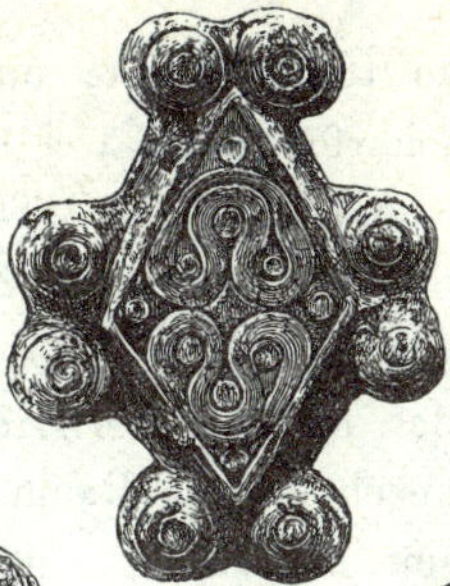

386

383

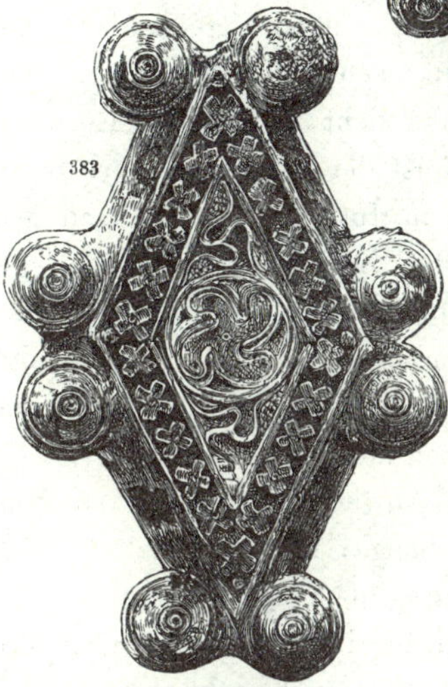

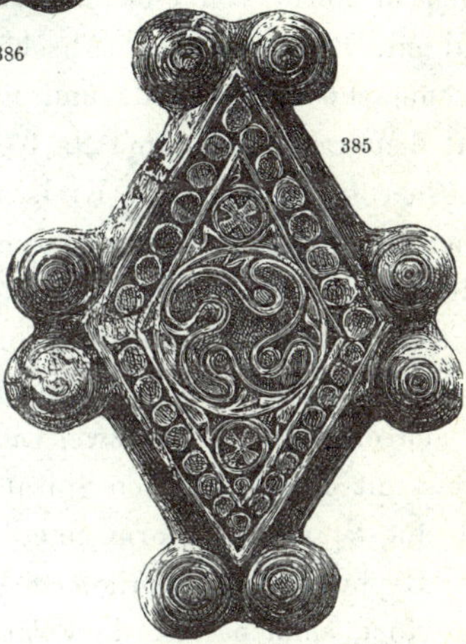

385

382

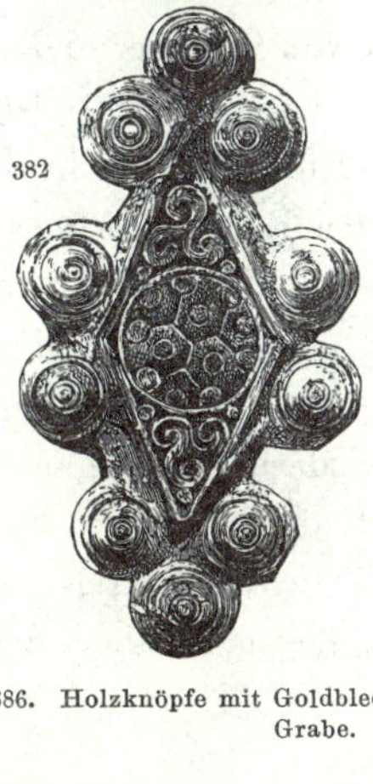

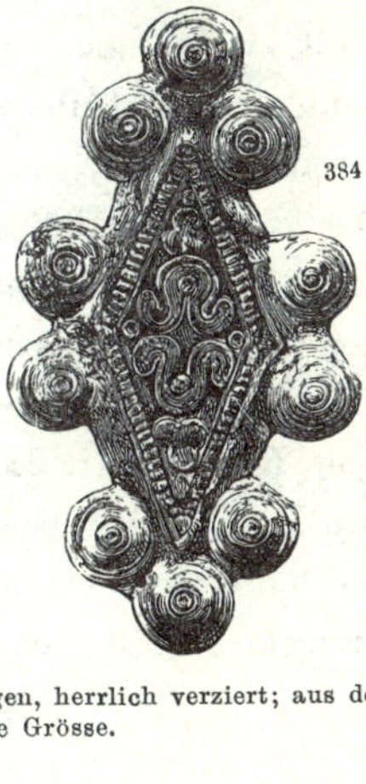

384

Nr. 382—386. Holzknöpfe mit Goldblech überzogen, herrlich verziert; aus dem Vierten Grabe. Natürliche Grösse.

concentrische Kreise in Intaglio hat; nur zwei (Nr. 382 und 384) haben an jeder scharfen Ecke drei solche hervorstehende, kugelförmige Stücke, und eins (Nr. 380) hat drei derselben an jeder der vier Ecken. Der Knopf Nr. 378 hat in seiner innern Raute einen breiten, mit 32 hübschen kleinen Kreuzen gezierten Rand; in der Mitte jedes Kreuzes ist ein Punkt; in dem vom Rande umschlossenen Raum sieht man zwei Spiralen in Form von Omegas, welche einander gegenüberstehen und mit Blättern, dem Anschein nach von der Dattelpalme, geschmückt sind; rechts und links sieht man kleine Rosetten. Auf dem grossen Knopfe Nr. 377 ist der Rand der innern Raute ringsherum mit kleinen Kreisen in Intaglio geziert, und wir sehen in der Mitte einen mit einer Spiralenornamentation gefüllten doppelten Kreis ebenfalls in Intaglio; auf jeder Seite des letztern ist eine Spirale in Form eines Omega, sowie einige kleinere Spiralen und Zeichen in Repoussé-Arbeit. Nr. 379 hat einfach einen Rand von zwei Linien und im innern Raum ist ein Kreis mit einer hübschen Spirale, sowie in jedem spitzen Winkel eine Spirale in Form eines Omega; nur die letzteren sind hier Repoussé-, das übrige ist Intaglio-Arbeit.

Noch einfacher ist die Ornamentation des Knopfes Nr. 381, dessen Rand ebenfalls aus zwei Linien besteht; der innere Raum ist mit zwei Zeichen in Form von Omegas und mit vier kleinen Blumen ausgefüllt, welche letztere allein Repoussé-Arbeit zu sein scheinen; die übrige Ornamentation ist Intaglio-Arbeit. Der Knopf Nr. 380 hat keinen Rand; die ganze Oberfläche desselben ist mit concentrischen Kreisen in Intaglio-Arbeit angefüllt, und wir sehen dort nur zwei oder drei kleine Ornamente in Repoussé-Arbeit.

An dem Knopfe Nr. 382 ist wiederum die ganze Ornamentation in Repoussé-Arbeit, selbst die Randlinie der innern Raute, innerhalb welcher wir einen grossen Kreis, der mit kleinen Kreisen gefüllt ist, und unter und über demselben ein sonderbares Zeichen sehen, welches häufig an den trojanischen, spindelartigen Terracotten vorkommt. Auf dem grossen Knopfe Nr. 383 sehen wir wiederum einen mit 28 Kreuzchen gefüllten Rand, in der innern Raute in der Mitte einen doppelten Kreis und darin ein 卐, dessen Arme in Spiralen umgewandelt sind; in jedem Arm, ebenso wie im Centrum, ist ein Punkt, um die Marken der Nägel zu bezeichnen, womit die beiden Stücke Holz zur Hervorbringung des heiligen Feuers befestigt waren; die beiden spitzen Winkel sind hier wiederum mit demselben Zeichen ausgefüllt, welches wir in der vorhergehenden Figur sahen. Der Rand mit dem Kreuze ist Repoussé-Arbeit; der Kreis mit dem 卐 ist Intaglio.

In der Figur Nr. 384 ist der Rand der innern Raute mit horizontalen Strichen geschmückt; im innern Raum sehen wir in der Mitte zwei sich gegenüberstehende, spiralenartige Omegas und in jedem spitzen Winkel ein kleines Ornament, vielleicht eine Blume; das letztere und der Rand sind hier die einzige Repoussé-Arbeit, das übrige ist Intaglio. Auch der Knopf Nr. 386 ist mit sich gegenüberstehenden Spiralen geschmückt, die Omegas ähnlich sehen. Endlich hat der grosse Knopf Nr. 385 einen breiten, mit 28 kleinen Kreisen in Repoussé-Arbeit geschmückten Rand, und von derselben Arbeit ist auch das kleine, von einem Kreise umschlossene Kreuz in jedem spitzen Winkel; dagegen ist der grosse Kreis mit dem 卐 in der Mitte Intaglio-Arbeit. Auf der andern Seite ist das Holz aller dieser zwölf kreuzförmigen Knöpfe ganz wie unsere Hemdenknöpfe ausgeschnitten, mit dem einzigen Unterschiede, dass hier die untere Seite von ovaler Form ist. Somit kann es nicht zweifelhaft sein, dass alle als Schmuck der Gewänder dienten; natürlich aber können sie nie als wirkliche Knöpfe gebraucht worden sein.

Alle diese Knöpfe zeigen die deutlichsten Merkmale des Leichenfeuers; da jedoch das Holz erhalten ist, so kann kein

Zweifel darüber bestehen, dass das Leichenfeuer nicht dazu dienen sollte, die Körper in Asche umzuwandeln oder die Schmucksachen, womit sie beladen waren, zu vernichten.

Es wurden ferner bei den fünf Leichen des Vierten Grabes

Nr. 387—401. Goldene Knöpfe aus dem Vierten Grabe. Natürliche Grösse. (Nr. 387—392 oberste, 393—397 mittelste, 398—401 unterste Reihe.)

110 goldene Blumen in Gestalt der vier, die ich unter Nr. 387—390 darstelle, gefunden, sowie 68 goldene Knöpfe ohne alle Ornamentation, wie Nr. 391 und 392; ferner 134 runde Stücke Goldblech mit einem Rande, wie Nr. 395 und 396; auch 98 grosse, schildförmige, runde Stücke Goldblech mit zwei reifenförmigen Rändern in Repoussé-Arbeit, wie Nr. 402. Keine dieser 410

Scheiben von Goldblech zeigt eine Spur davon, dass sie einst auf einem hölzernen Knopf befestigt gewesen, und wir schliessen daraus, dass sie nur mit Leim oder sonstwie an den Gewändern der Verstorbenen befestigt waren.

Ausserdem wurden dort 118 Goldknöpfe mit Intaglio-

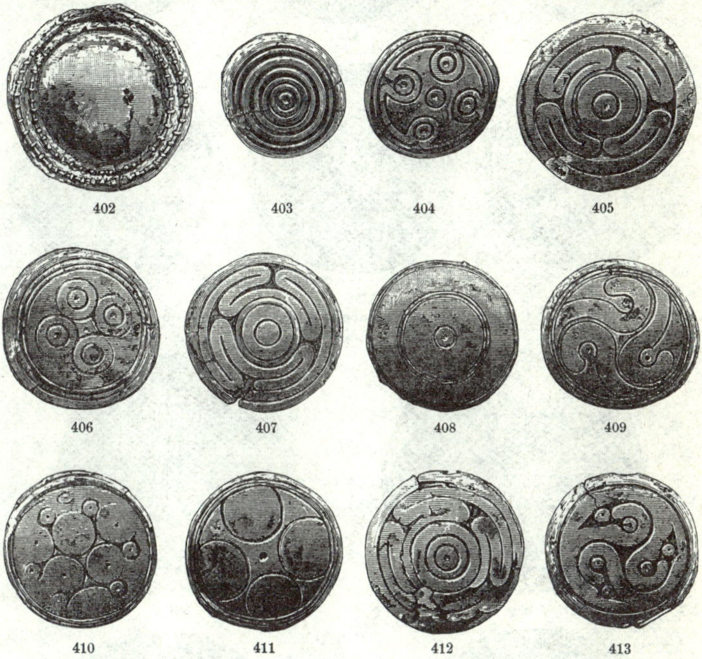

Nr. 402—413. Goldene Knöpfe aus dem Vierten Grabe. Natürliche Grösse.

Ornamentation in 17 verschiedenen Typen gefunden, die der Leser in den unter Nr. 393—401 und Nr. 403—413 dargestellten Exemplaren sieht; alle bestehen aus Goldblech, welches entweder, wie unsere Hemdenknöpfe, auf hölzernen Knöpfen oder einfach auf platten, runden Stückchen Holz befestigt ist; aber von vielen derselben ist der Holzknopf verschwunden und nur das Goldblech übriggeblieben. Ich unterlasse es die Orna-

414

415

416

417

418

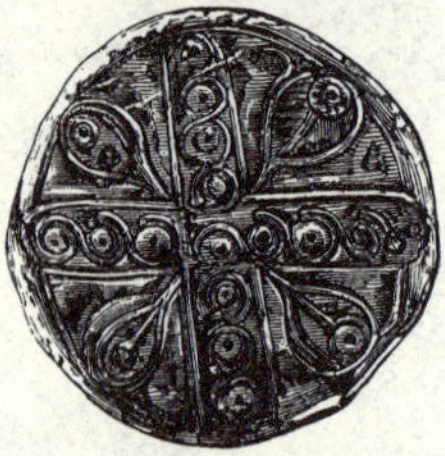
419

Nr. 414—419. Goldene Knöpfe aus dem Vierten Grabe. Natürliche Grösse.

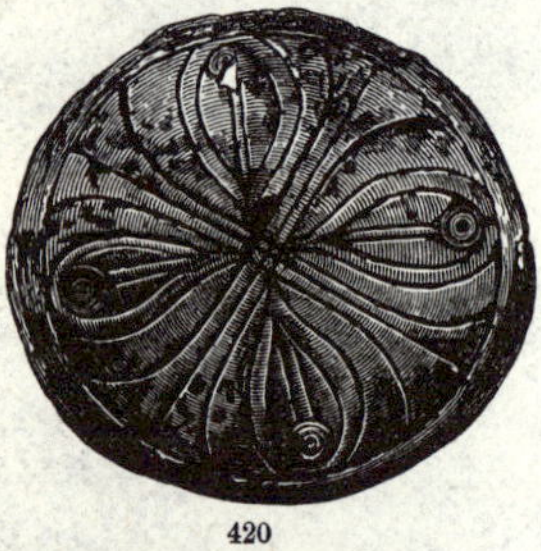
420

421

422

422[a]

Nr. 420—422[a]. Goldene Knöpfe aus dem Vierten Grabe. Natürliche Grösse.

mentation jedes einzelnen dieser Knöpfe zu beschreiben, denn der Leser sieht dieselben vor sich; nur möchte ich hier auf das wunderschöne Intaglio des Knopfes Nr. 397 aufmerksam machen, welches vier lange, breite Messer darstellt, deren Griffe in Spiralen auslaufen.

Auch fand ich dort 130 grosse goldene Knöpfe mit Intaglio-Ornamentation, wie Nr. 421, welches hübsche Spiralornamentation und andere, wie Nr. 414—420, welche hübsche Sterne, Blumen oder Kreuze darstellen. Gleich den kleinern Knöpfen haben viele dieser 130 Knöpfe noch ihr Holz in Form von Hemdenknöpfen bewahrt; viele andere haben nur flache Stückchen Holz, und von sehr vielen andern ist das Holz verschwunden und das Goldblech allein geblieben.

Endlich fand ich dort acht sehr grosse goldene Knöpfe mit schöner Intaglio-Arbeit, von denen ich zwei unter Nr. 422—422[a] darstelle; ersterer zeigt eine Sonne, in deren Mitte ein in Spiralen umgewandeltes 卍 ist, welches jedoch nicht die Marken der vier Nägel verloren hat. Auch Nr. 422[a] stellt eine Sonne mit ihren Strahlen dar, in deren Mitte die schon so häufig vorgekommene Ornamentation von Spiralen ist. Alle diese acht sehr grossen Knöpfe haben platte, nicht knopfartige Stückchen Holz, und da ich manchmal ganze Reihen solcher allmählich kleiner werdenden Knöpfe neben den Schwertern finde, so bin ich überzeugt, dass sie in ununterbrochenen Reihen auf die hölzernen Scheiden dieser Waffen geleimt waren, der grösste Knopf nämlich dort, wo die Schwertscheide am breitesten war, während die folgenden Knöpfe, je nach der Breite der Scheide, allmählich an Grösse abnahmen (vgl. Nr. 460). Ausserdem ist bemerkenswerth, dass überall, wo die Goldknöpfe ihre platten oder knopfförmigen Stückchen Holz erhalten haben, diese letztern ohne Ausnahme vollkommen dieselbe Intaglio-Ornamentation zeigen, welche wir auf dem Golde sehen; daher unterliegt es keinem Zweifel, dass alle Intaglio-Arbeit gemacht wurde, als schon das Goldblech auf den hölzernen Knöpfen befestigt war, und dass auf diesen die auf dem Golde gemachten Einschnitte durch den Druck der Hand des Künstlers reproducirt wurden.

Das ganze ungeheure Grab war mit kleinen Goldblättchen bestreut, von denen ich ungefähr 200 Gramm[1] sammelte; eine Masse davon fand ich sogar unterhalb der Leichname und schliesse daraus, dass diese Goldblättchen vor Errichtung der

Nr. 423. Modell eines Tempels in Gold aus dem Vierten Grabe. Natürliche Grösse.

Scheiterhaufen im Grabe ausgestreut wurden. Ich fand ferner in diesem Grabe zwei silberne Becher, zwei silberne Schalen, zehn silberne Vasen, welche letztere alle zerbrochen sind, und endlich drei grosse silberne Gefässe und ein kleines; diese letztern sind mit Kupfer plattirt und sehr flach, ich vermuthe daher, dass sie als Untersätze oder Unterschalen von grossen silbernen Vasen gedient haben müssen.

---

[1] Beinahe $6\frac{1}{2}$ Unzen oder etwas mehr als ein halbes Pfund.

Auch entstammt diesem Grabe ein hölzerner Kamm mit grossem, gebogenem goldenen Griff, der augenscheinlich am Vorderkopfe gebraucht worden ist, um die Haare zurückzuhalten.

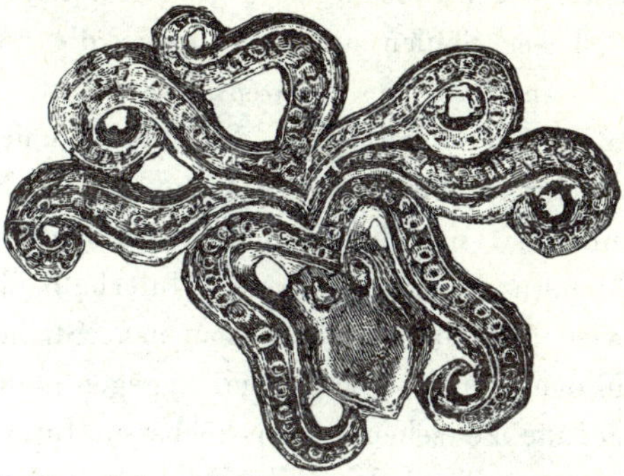

Nr. 424. Ein Tintenfisch von Gold aus dem Vierten Grabe. Natürliche Grösse.

Vielleicht die merkwürdigsten aller in diesem Grabe gefundenen Gegenstände sind drei kleine Gebäude von Gold in

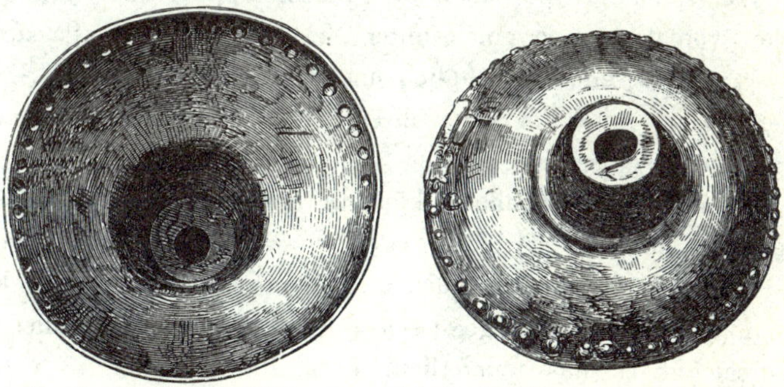

Nr. 425, 426. Die zwei Hälften eines spindelförmigen Gegenstandes von starkem Goldblech aus dem Vierten Grabe. Natürliche Grösse.

Repoussé-Arbeit, von denen ich eins unter Nr. 423 darstelle. Dieselben sind für Wohnhäuser zu klein und ich vermuthe daher, dass sie kleine Tempel darstellen sollen. In dieser Vermuthung werde ich bestärkt sowol durch die vier Hörner, womit der Thurm verziert ist, als durch die beiden Tauben mit aufgehobenen Flügeln, welche an den Seiten sitzen, ferner durch die Säulen mit Kapitäl, die wir in jeder der drei thürartigen Nischen sehen; ich weise ganz besonders hin auf die Aehnlichkeit dieser Säulen mit derjenigen, die zwischen den beiden Löwen oberhalb des Löwenthores steht. Ich mache ferner darauf aufmerksam, dass die rechts und links von den Säulen schräg ablaufenden Linien dieser Nischen die grösste Aehnlichkeit mit den fünf Gräbern und ihren schräg ablaufenden innern Wänden haben. Unterhalb der Nischen sehen wir vier Schichten von behauenen Steinen deutlich angegeben; in dem ganzen obern Theil dagegen glauben wir ein hölzernes Gebäude zu sehen. Von höchstem Interesse ist der thurmähnliche obere Theil des Gebäudes, in dessen Mitte man drei sonderbare, Buchstaben ähnliche Zeichen sieht. Ich erinnere an die Münzen von Paphos, auf welchen ein Tempel der Aphrodite mit einer Taube auf jedem Giebelende dargestellt ist.

Ich sammelte hier auch 53 goldene Sepien oder Tintenfische, von denen ich einen unter Nr. 424 darstelle; alle sind aufs genaueste einander ähnlich und mit hervorstehenden Spiralen geziert; auch ist jeder ihrer acht Füsse in eine Spirale umgewandelt. Es ist schwer zu sagen, wie diese Sepien als Schmuck gedient haben können; wahrscheinlich sind sie irgendwie an den Kleidern oder Gewändern befestigt gewesen. Alle diese 53 goldenen Tintenfische müssen durchaus in derselben Form gegossen worden sein, denn andernfalls scheint es uns unmöglich, dass alle einander so vollkommen gleich sein können.

Auch wurden zwei Gegenstände von sehr dickem Goldblech in Form von Brummkreiseln gefunden, von denen ich die beiden Hälften des einen unter Nr. 425, 426 darstelle; ihr Gebrauch ist mir durchaus unerklärlich.

Ich fand dort ferner zehn Gegenstände von Gold mit herrlicher Intaglio-Ornamentation, die als Ueberzüge der grossen hölzernen oder alabasternen Knaufe der Schwertgriffe gedient haben; ich gebe davon acht unter Nr. 427—434 in Abbildung. In Nr. 427 sieht man einen Löwen dargestellt; Nr. 428 ist überreich mit herrlicher Intaglio-Ornamentation bedeckt, und nirgends sieht man einen, wenn auch nur $^1/_4$ Zoll breiten Raum, der nicht verziert wäre. Wir sehen hier in der Mitte einen

Nr. 427. Goldener Ueberzug eines Schwertgriffes aus dem Vierten Grabe. Natürliche Grösse.

doppelten Kreis und erkennen darin eine in Mykenae häufig vorkommende hübsche Spirale, welche aber hier mit sechsfachen Linien dargestellt ist; dieser Doppelkreis ist von einem andern umgeben und der Zwischenraum mit kleinen Kreisen ausgefüllt. Darauf folgt ein Kreis mit schöner Ornamentation von Spiralen; weiter ein mit kleinen, getrennten Spiralen gefüllter Kreis; dann ein Rand von drei Linien und ein anderer Kreis mit sonderbaren Spiralen; darauf wieder ein kreisförmiger Streifen von drei Linien und endlich ein breiter Kreis mit Spiralen.

Der goldene Gegenstand Nr. 429 gehört augenscheinlich zum obern Theil des Schwertgriffs. Der goldene Gegenstand Nr. 430 hat allem Anschein nach ebenfalls als Hülle eines Schwertgriffknaufes gedient, wir sehen darin die runden Löcher

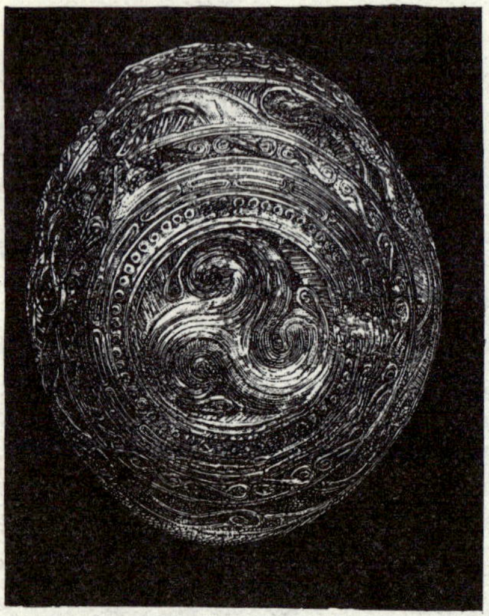

Nr. 428. Goldene Hülle eines Schwertgriffes aus dem Vierten Grabe. Natürliche Grösse.

der drei goldenen Nägel, womit sie befestigt war; sie ist mit schönen Spiralen in Intaglio geschmückt.

Weniger prachtvoll sind die goldenen Gegenstände Nr. 431 und 432, die ebenfalls als Decken von hölzernen oder alabasternen Schwertgriffknaufen gedient haben: ersterer hat eine Menge concentrischer Kreise, von denen zwei mit fischförmigen Spiralen geziert sind, letzterer ist ebenfalls mit vielen concentrischen Kreisen verziert; der innerste Kreis hat einen mit fischförmigen Spiralen verzierten Rand, während der übrige Raum mit hufeisenförmigen Ornamenten gefüllt ist. Auf ähnliche Weise haben auch die goldenen Gegenstände Nr. 433 und 434 als Hüllen von Schwertgriffknaufen gedient; ersterer ist mit einem doppelten, reifenähnlichen Streifen geziert, letzterer mit verticalen Furchen.

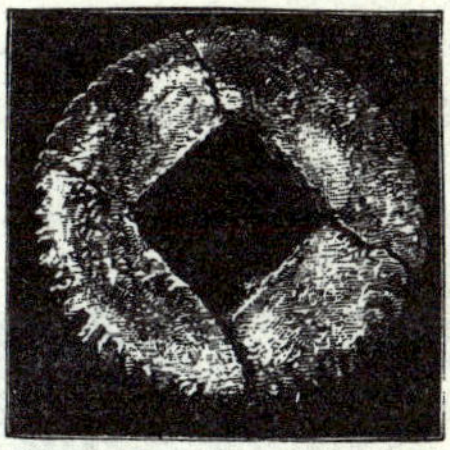

Nr. 429. Goldene Hülle eines Schwertgriffes aus dem Vierten Grabe. Natürliche Grösse.

Es wurden ferner in diesem Grabe, auf einem Haufen, 35 Pfeilspitzen von Obsidian gefunden; wahrscheinlich waren sie an hölzernen Pfeilen befestigt und diese in einem jetzt verschwundenen hölzernen Köcher enthalten. Ich stelle unter Nr. 435 die 15 verschiedenen Typen dieser Pfeilspitzen dar.

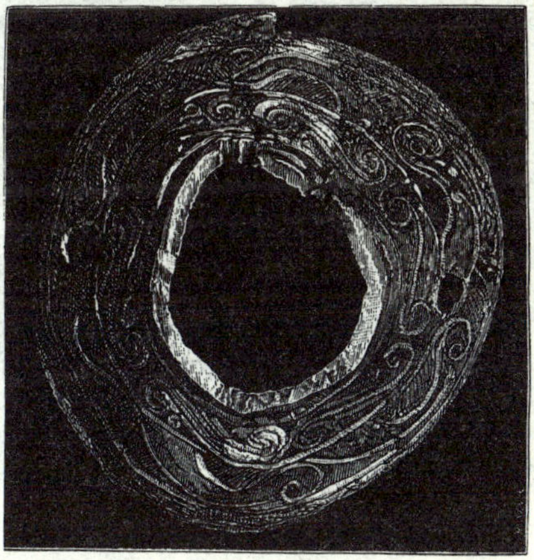

Nr. 430. Goldene Hülle eines Schwertgriffes aus dem Vierten Grabe. Natürliche Grösse.

Nichts kann von dem hohen Alterthum dieser Gräber eine bessere Anschauung geben als diese steinernen Pfeilspitzen, denn die Ilias scheint nur Pfeilspitzen von Bronze zu kennen (z. B. Ilias,

XIII, 650—662). Wahrscheinlich wurden auch Bogen ins Grab gelegt, aber gleich den Köchern und Pfeilen müssen sie von Holz gewesen und verfault sein.

Es wurden ferner 60 Eberzähne gefunden, von allen ist die Wurzelseite vollkommen platt geschnitten und hat zwei

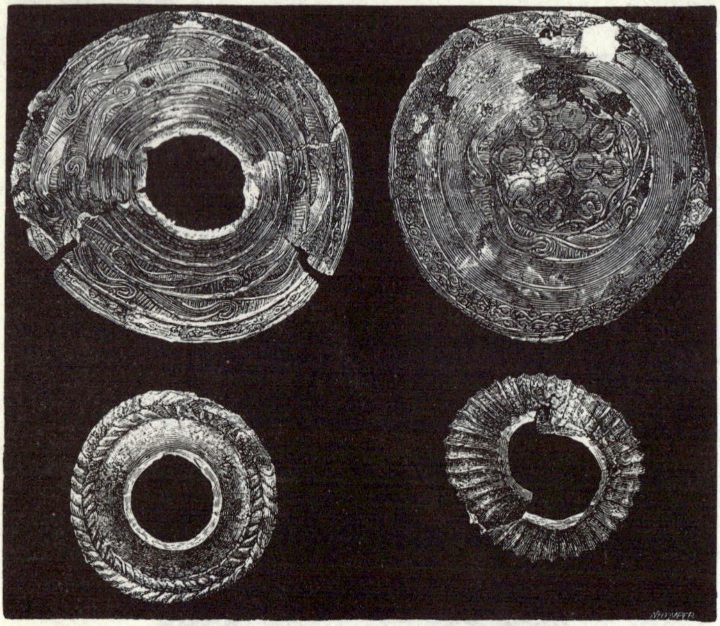

Nr. 431—434. Goldene Hüllen von Schwertgriffen aus dem Vierten Grabe. Natürl. Grösse.

Löcher, die dazu gedient haben müssen, sie an einem andern Gegenstande, vielleicht an Pferdegeschirr zu befestigen. Wir sehen jedoch in der Ilias (X, 261—265), dass sie auch als Schutz oder Schmuck der Helme gebraucht wurden:

. . . ἀμφὶ δέ οἱ κυνέην κεφαλῆφιν ἔθηκεν
ῥινοῦ ποιητήν· πολέσιν δ' ἔντοσθεν ἱμᾶσιν
ἐντέτατο στερεῶς· ἔκτοσθε δὲ λευκοὶ ὀδόντες
ἀργιόδοντος ὑὸς θαμέες ἔχον ἔνθα καὶ ἔνθα,
εὖ καὶ ἐπισταμένως . .

. . . und deckte des Königs Haupt mit dem Helme,
Auch aus Leder geformt, inwendig mit häufigen Riemen
Wölbt' er sich, straff durchspannt; und auswärts schienen die Hauer
Vom weisszahnigen Schwein, und starreten hierhin und dorthin,
Schön und künstlich gereiht . . . .

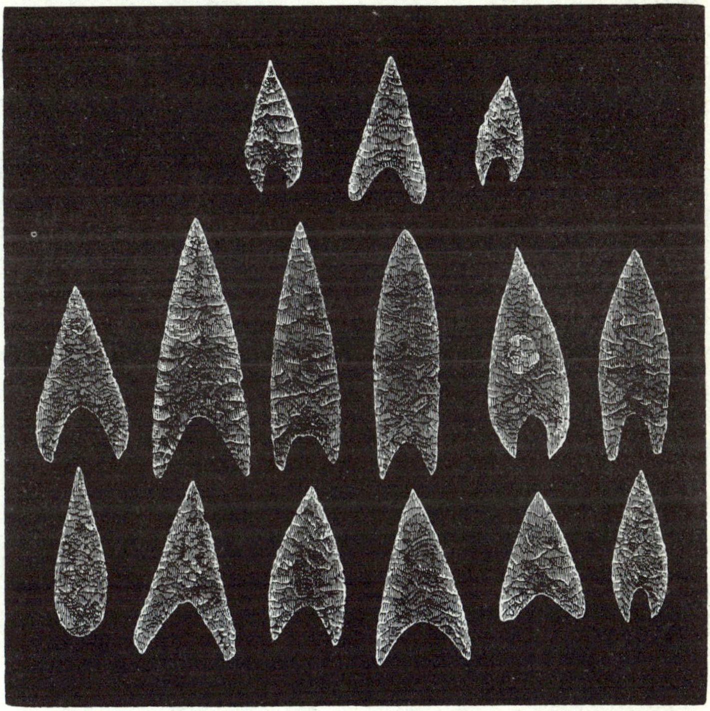

Nr. 435. Pfeilspitzen von Obsidian aus dem Vierten Grabe. Circa 7/8 Grösse.

Ich fand dort auch eine Masse von flachen, viereckigen, aus Eberzähnen geschnittenen Stücken; sie sind 1—2 Zoll lang, ½—¾ Zoll breit und haben an jedem Ende zwei Durchbohrungen, womit sie an andern Gegenständen, vermuthlich an Pferdegeschirr, befestigt waren; auch ein fast scheibenförmiges Stück Knochen mit einem runden Loch in der Mitte und sechs kleinen Durchbohrungen, welches wahrscheinlich ebenfalls als Pferdeschmuck gedient hat. Dass ähnliche Gegenstände aus Knochen oder Elfenbein als Zierde des Pferdegeschirrs gebraucht wurden, darüber kann kein Zweifel obwalten; man scheint die Gewohnheit gehabt zu haben denselben durch

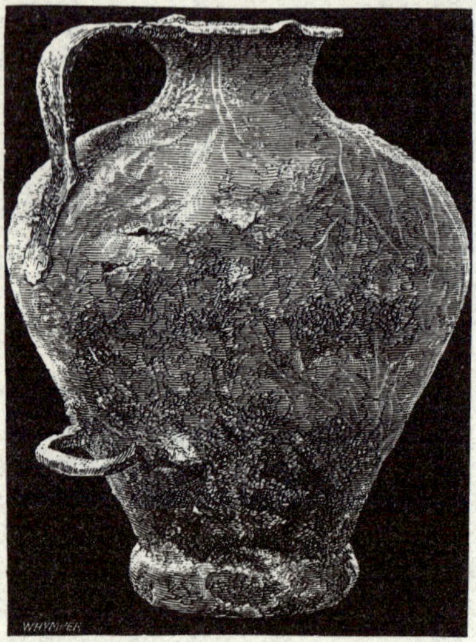

Nr. 436. Grosse kupferne Kanne aus dem Vierten Grabe. 1/8 Grösse.

Färbung mit Purpur ein prachtvolles Ansehen zu geben, denn wir lesen in der Ilias (IV, 141—145):

Ὡς δ' ὅτε τίς τ' ἐλέφαντα γυνὴ φοίνικι μιήνῃ
Μῃονὶς ἠὲ Κάειρα παρήϊον ἔμμεναι ἵππων·
κεῖται δ' ἐν ϑαλάμῳ, πολέες τέ μιν ἠρήσαντο
ἱππῆες φορέειν· βασιλῆϊ δὲ κεῖται ἄγαλμα,
ἀμφότερον, κόσμος ϑ' ἵππῳ, ἐλατῆρί τε κῦδος

Wie wenn ein Elfenbein die Mäonerin, oder die Karin,
Schön mit Purpur gefärbt, zum Wangenschmucke des Rosses;
Dort nun liegt's im Gemach, und viel der reisigen Männer
Wünschten hinweg es zu tragen; doch Königen hegt sie das Kleinod,
Beides ein Schmuck dem Rosse zu sein, und Ehre dem Lenker.

Ferner fand ich dort zwei grosse kupferne Griffe mit deutlichen Merkmalen einstiger Vergoldung, die wahrscheinlich zu einer grossen silbernen Vase gehören.

Ausser den bereits erwähnten, am Südende des Grabes

Nr. 437. Zwei zusammengesteckte kupferne Gefässe aus dem Vierten Grabe. Circa $^1/_8$ Grösse.

gefundenen fünf grossen kupfernen Gefässen fand ich weitere fünf an der Ostseite hinter den Köpfen der Gerippe, ferner zehn an der Westseite neben den Füssen und zwölf am Nordende, wohin zwei der Leichen mit den Köpfen gewandt lagen. Somit enthielt das Grab im ganzen 32 grosse kupferne

Gefässe, jedoch waren mehrere derselben in sehr zerbrochenem Zustande. Die hauptsächlichen Typen dieser kupfernen Gefässe sieht man in den hier gegebenen Abbildungen.

Nr. 436 stellt eine 1 Fuss 8 Zoll hohe und 1 Fuss 4 Zoll im Durchmesser haltende Kanne mit zwei Griffen dar, wovon

Nr. 438. Grosses kupfernes Gefäss mit drei Henkeln aus dem Vierten Grabe. 1/8 Grösse.

der eine, welcher senkrecht ist, den Rand mit dem Bauch des Gefässes vereinigt, während der andere horizontale Griff am untern Theil des letztern befestigt ist; beide Griffe sind mit grossköpfigen Nägeln befestigt. Von diesem Typus wurden sieben Kannen in diesem Grabe gefunden. Eine derselben, Nr. 437, steckt fest in einer grossen Casserole mit zwei aufrechtstehenden Griffen, deren jeder mit vier grossköpfigen Nägeln an den Rand genagelt sind. Die beiden Gefässe scheinen im Leichenfeuer an einander geschmolzen zu sein. Von der Form des untern Gefässes waren sieben Stück vorhanden.

Nr. 438 ist die Abbildung eines grossen und tiefen Gefässes mit drei aufrechtstehenden Griffen, die ebenfalls mit dicken Nägeln an den Rand befestigt sind; von dieser Form wurden vier Gefässe gefunden; ebenso zwei weitere von ähnlicher Form, aber mit nur zwei Griffen. Endlich gibt Nr. 439

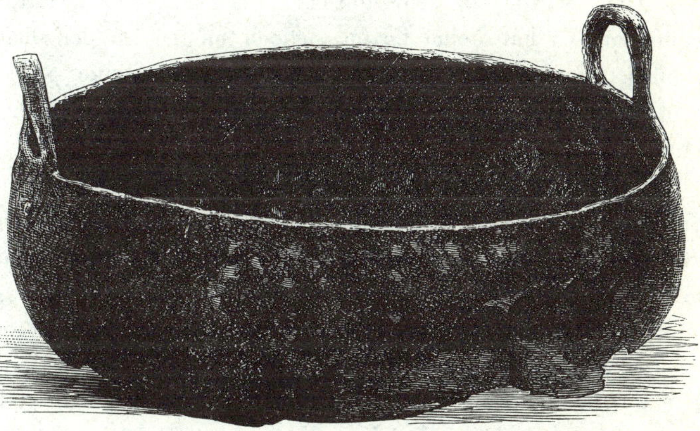

Nr. 439. Grosses zweihenkliges Gefäss von Kupfer aus dem Vierten Grabe. 1/4 Grösse.

das Bild eines sehr grossen Gefässes mit zwei senkrechten Griffen; ganz so oder annähernd so wie dies wurden acht oder neun gefunden. Von den weiter vorkommenden verschiedenen Formen kupferner Gefässe, wovon keine Abbildungen gegeben sind, erwähne ich erstens ein Becken oder eine tiefe Pfanne mit nur einem Griff in Gestalt einer Röhre, in welche der hölzerne Stiel gesteckt wurde; dieses Gefäss hat 2 Fuss im Durchmesser. Ferner erwähne ich einen sehr grossen, 2 Fuss 6 Zoll im Durchmesser haltenden Kessel mit drei aufrechtstehenden Griffen; in dem an einer Stelle losgetrennten Boden dieses Gefässes sehen wir im Rande eine Reihe kleiner Löcher von den Nägeln, womit derselbe festgenagelt war. Dieser Kessel ist so gross, dass er wol nur zur Erwärmung des Badewassers gedient haben kann, und er würde daher λέβης λοετροχόος genannt werden müssen. Der Dichter erwähnt jedoch (Ilias, XVIII, 346 und Odyssee, VIII, 435) nur solche grosse Gefässe zur Erwärmung des Badewassers mit drei Füssen und nennt sie daher τρίπους λοετροχόος.

Auch wurde ein sehr hübsches Becken von ovaler Form gefunden; es hat keine Griffe, jedoch mögen an den beiden Stellen, wo der Rand weggebrochen ist, zwei Griffe gewesen sein. Von diesen letztbeschriebenen drei Gefässen waren keine Duplikate vorhanden.

Die meisten aller dieser kupfernen Kessel, Becken und Gefässe zeigen die untrüglichsten Merkmale langen Gebrauchs auf dem Feuer; eine geringe Zahl anderer dagegen scheint nie gebraucht worden zu sein.

Die Gewohnheit, eine grosse Zahl kupferner Kessel oder grosser kupferner Gefässe in die Gräber zu stellen, gehört einem hohen Alterthum an. Das Museum des Warwakeion in Athen besitzt sieben kupferne Leichenurnen mit an Haspen befestigten Deckeln, welche die Asche der Verstorbenen enthielten; diese geringe Zahl zeigt aber, wie selten kupferne Gefässe in Griechenland zu diesem Zwecke gebraucht wurden. Dass aber kupferne Kessel einzig und allein zu Ehren des Abgeschiedenen in ein Grab gestellt worden sein sollten, ist in Griechenland ein ganz unerhörter Fall. Dass dies jedoch im hohen Alterthum Gebrauch war, wird durch diese mykenischen Gräber, sowie durch das Grab von Corneto und das kürzlich entdeckte Grab von Palestrina bewiesen, von denen ich später sprechen werde. Kupferne Gefässe als Schmuck der Gräber wurden im Grabfelde von Hallstatt gefunden (vgl. Ed. Freiherr von Sacken, „Das Grabfeld von Hallstatt"), jedoch gehört dies einer viel spätern Zeit an als die mykenischen Gräber.

Es wurde dort ferner der kupferne Dreifuss Nr. 440 gefunden; derselbe hat drei Henkel, von denen zwei horizontal und einer aufrecht steht; rechts vom Beschauer ist ein kleiner Mund. Dreifüsse wurden in homerischer Zeit zu verschiedenen Zwecken

Nr. 440. Grosser kupferner Dreifuss aus dem Vierten Grabe. 1/3 Grösse.

benutzt. In der Odyssee (XIII, 13; XV, 84), sowie in der Ilias (VIII, 290; IX, 122) sehen wir sie als Ehrengeschenke gebraucht; in der Ilias (XI, 700; XXIII, 264, 485, 513, 718) werden sie als Kampfpreise gegeben; auch dienen sie zum Schmuck der Zimmer (XVIII, 373), ferner zur Erwärmung des Wassers und zum Kochen (Odyssee, VIII, 434; Ilias, XVIII, 344). Um den Gebrauch der Dreifüsse zu diesen letztern

Zwecken zu zeigen gibt ihnen Homer (Ilias, XXIII, 702) auch das Epitheton ἐμπυριβήτης; einmal (Ilias, XXII, 164) wird der Dreifuss τρίπος, sonst immer τρίπους genannt.

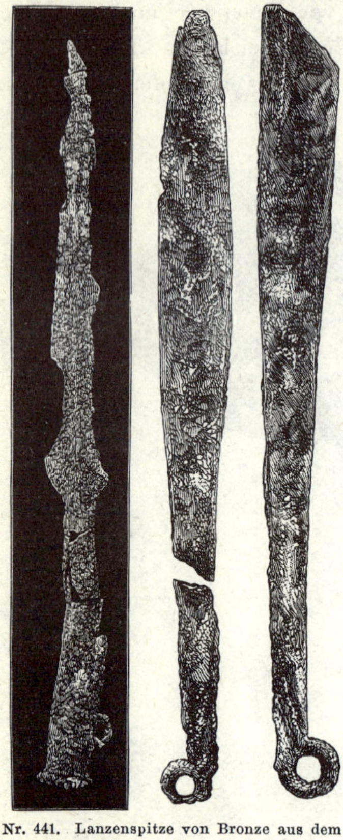

Nr. 441. Lanzenspitze von Bronze aus dem Vierten Grabe. Circa $^1/_5$ Grösse.
Nr. 442, 442[a].
Schmale einschneidige Bronzeschwerter aus dem Vierten Grabe. Circa $^3/_{16}$ Grösse.

Auch wurde in diesem Grabe eine Menge kleiner, dünner, runder Kupferplatten mit ringsherum durchbohrtem Rande gefunden, die als Schmuck, wahrscheinlich am Pferdegeschirr, gebraucht zu sein scheinen; auch ein vergoldeter Vasenhenkel.

Ich fand in diesem Grabe ferner 46 mehr oder weniger zerbrochene bronzene Schwerter, vier Lanzen und drei lange Messer, wovon ich die merkwürdigsten beschreiben will. Eine der Lanzen ist unter Nr. 441 dargestellt; gleich allen mykenischen Lanzen hat sie eine Röhre, in welcher der hölzerne Lanzenstiel befestigt war; aber ausnahmsweise hat sie an jeder Seite einen Ring, der wahrscheinlich dazu gedient hat, die Lanzenspitze mittels einer Schnur an den Schaft zu befestigen, um zu verhüten, dass sie verloren gehe. Wie vorhin bemerkt, scheinen alle homerischen Lanzen eine ähnliche Röhre gehabt zu haben, in welche der Schaft gesteckt wurde; wir

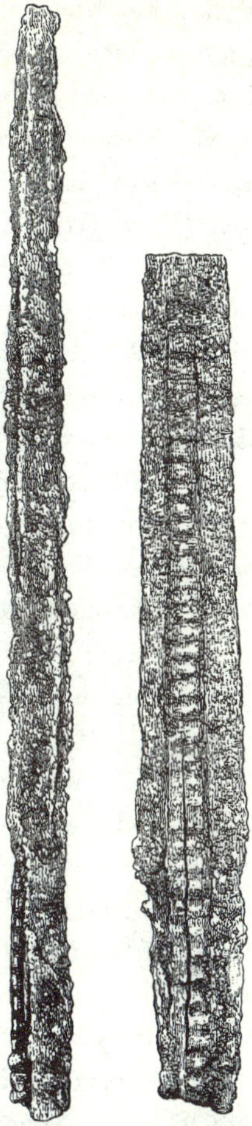

Nr. 443, 444. Bruchstück eines zweischneidigen Bronzeschwertes und eine andere Waffe, wahrscheinlich ein Dolch, aus dem Vierten Grabe. $^1/_2$ Grösse.

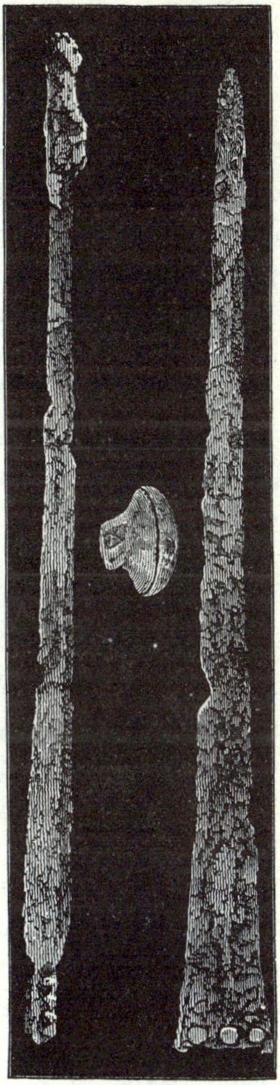

Nr. 445 *a*, *b*, *c*. Zweischneidiges Bronzeschwert und ein alabasterner Schwertknopf aus dem Vierten Grabe. Circa $^1/_6$ Grösse.

erkennen im Bilde den grossen, flachen Kopf des Nagels, womit der Schaft befestigt wurde.

Unter den Schwertern waren zehn einschneidige, von denen ich zwei unter Nr. 442 und 442[a] darstelle; sie bestehen aus einem soliden Stück Bronze und waren in unversehrtem Zustande 2—2¼ Fuss lang; der Griff ist zu dick, um mit Holz eingefasst gewesen zu sein, und muss so wie er ist gebraucht worden sein; er endet in einem Ringe, mittels dessen das Schwert an den Schultergürtel (τελαμών) oder an den Gürtel (ζωστήρ oder ζώνη) gehängt wurde. Da diese kurzen, einschneidigen Schwerter eigentlich nichts anderes sind als lange Messer, so stellen sie den ursprünglichen Begriff des homerischen Wortes φάσγανον dar (für σφάγανον, von der Wurzel σφαγ, wovon auch das Verbum φασγάνω „mit dem Schwerte tödten"; Hesych. Lexikon). Von derselben Wurzel stammt natürlich auch σφάγη und σφάζω (schlachten), die Umstellung der Buchstaben kann nur der Euphonie wegen geschehen sein. Diese Waffe muss daher ursprünglich zum Schlachten der Thiere gebraucht worden sein, vielleicht aber auch im Handgemenge; nach und nach verlor das Wort seine ursprüngliche Bedeutung und ist im Homer vollkommen synonym mit ξίφος und ἄορ.

Weiter hebe ich eine zweischneidige Waffe mit langer Röhre, αὐλός, hervor; da jedoch diese letztere sehr eng ist, so ist es kaum möglich, dass es eine Lanze sein kann; ich glaube daher, es ist nichts anderes als ein langes Dolchmesser, dessen Griff hohl gemacht ist, um das Gewicht der Waffe zu erleichtern. Ferner ist zu erwähnen das Bruchstück der Klinge eines zweischneidigen bronzenen Schwertes (Nr. 444), dessen mittlerer Theil auf beiden Seiten in seiner ganzen Länge hervorstehende, rippenartige Streifen hat, jedoch wage ich nicht zu sagen, ob diese nur als Ornamentation oder dazu dienen sollten, die mit dem Schwerte versetzten Wunden gefährlicher zu machen. Ich erwähne ferner eine aus zwei oder drei langen, schmalen, zusammengelötheten Stücken Bronze hergestellte Waffe (Nr. 443); in dem untern, runden Theil derselben erkennen wir eine grosse Menge kleiner bronzener Stifte, deren Vorhandensein uns gerade so unerklärlich ist wie der Gebrauch der Waffe selbst; ihr ganzer oberer Theil ist viereckig, nimmt aber nach dem Ende zu allmählich ab, sodass letzteres eine scharfe Spitze bildet. Ich mache besonders aufmerksam auf die 16 Marken kleiner Nägel in dem linken Rande des untern Risses, welche mich veranlassen zu glauben, dass der untere runde Theil in einem Griff von Holz oder Knochen gesteckt haben muss und dass die Waffe als Dolch gebraucht sein mag. Ich erwähne hier, dass der trojanische Schatz zwei ähnliche, aber aus solidem Metall bestehende Waffen enthält (vgl. „Atlas der Trojanischen Alterthümer“, Tafel 193, Nr. 3495[g] und Tafel 201, Nr. 3600[b]).

Beachtenswerth ist ferner eine Lanzenspitze mit einer Röhre zum Einstecken des Schaftes, aber ohne Ringe, wie sie Nr. 441 hat. Unter den obenerwähnten Schwertern muss ich ferner hervorheben das Bruchstück einer höchst sonderbaren zweischneidigen Klinge mit hervorstehendem Mittelstück oder Rücken; auch das Bruchstück eines kurzen zweischneidigen Schwertes, auf welchem wir noch Reste der hölzernen Scheide sehen. Am untern Ende sieht man an jeder Seite drei grosse, flache, runde goldene Köpfe von Nägeln, welche zur Befestigung des Griffes dienten. Von besonderem Interesse sind auch die Bruchstücke von drei langen zweischneidigen Schwertklingen, von denen zwei noch Ueberreste ihrer hölzernen Scheiden zeigen. Das eine ist 2, das andere $2^1/_2$ Fuss, das dritte 1 Fuss 9 Zoll lang, jedoch muss jedes derselben in unversehrtem Zustande mehr als 3 Fuss lang gewesen sein. Am untern Ende von allen dreien sehen wir die flachen Köpfe der Nägel, die den Griff am Schwert befestigen, sowie den auffallend hervorstehenden Rücken oder das Mittelstück.

Ich muss noch erwähnen zwei Schwertklingen und den mit grossen, flachen goldenen Nagelköpfen verzierten alabasternen Knauf eines Schwertgriffes (vgl. Nr. 445[a, b, c]). Vollkommen

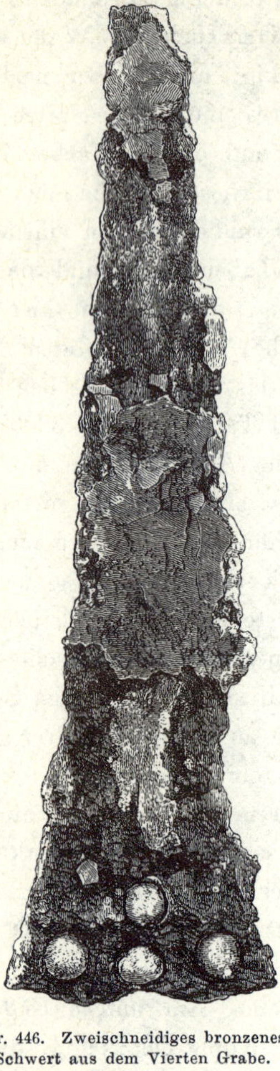

Nr. 446. Zweischneidiges bronzenes Schwert aus dem Vierten Grabe. $^1/_2$ Grösse.

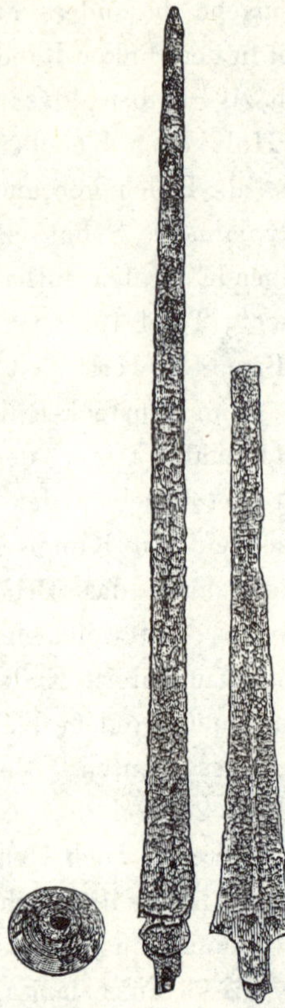

Nr. 447—449. Zweischneidige bronzene Schwerter und ein alabasterner Schwertknauf aus dem Vierten Grabe. Circa $^1/_8$ Grösse.

ähnliche alabasterne Knaufe, aber ohne goldene Nägel, fand ich in Troja, ich glaubte jedoch damals nicht, dass sie zu Schwertgriffen gehörten und vermuthete, dass sie an Hausthüren oder

Spazierstöcken gebraucht sein möchten (vgl. „Atlas der Trojanischen Alterthümer“, Tafel 99, Nr. 2158 und 2171).

Die Schwertklinge Nr. 445[a] ist 2 Fuss 7 Zoll lang; am obern Theil derselben sind noch kleine Reste der hölzernen Scheide sitzen geblieben. An jeder Seite des untern Endes sehen wir vier bronzene Nägel mit flachen Köpfen, womit der Griff befestigt war. Das untere Ende der Schwertklinge Nr. 445[c] ist an jeder Seite mit drei flachen goldenen Nagelköpfen verziert. Ich erwähne noch ein langes bronzenes Messer mit Resten des knöchernen Griffes, dessen Ende augenscheinlich umgebogen gewesen ist; ferner die Klinge eines kurzen zweischneidigen Schwertes, an dessen unterem Ende man an jeder Seite vier grosse, flache goldene Nagelköpfe sieht (vgl. Nr. 446); in der Mitte bemerkt man, die ganze Klinge entlang, an beiden Seiten eine Goldplatte und Reste der hölzernen Scheide sowol in der Mitte wie am Ende. Weiter erwähne ich die Bruchstücke von vier zweischneidigen Schwertklingen; der mittlere Theil der einen hat an beiden Seiten, die ganze Klinge entlang, horizontale Einschnitte. Der untere Theil eines andern Schwertes ist an beiden Seiten stark vergoldet und mit drei grossen, flachen goldenen Nagelköpfen verziert. Nr. 447 stellt noch einen der alabasternen Schwertgriffknaufe dar, die mit zwei goldenen Nägeln verziert sind.

Nr. 448 und 449 sind Schwertklingen, von denen die längere (Nr. 448) gut erhalten und 2 Fuss 10 Zoll lang ist. Von der Klinge Nr. 449 ist der im Griff gewesene untere Theil geblieben; derselbe ist mit Goldblech bedeckt und mit goldenen Nägeln befestigt; diese Klinge ist in ihrer ganzen Länge mit parallel laufenden Linien von Intaglio-Arbeit geschmückt, die ihr ein sehr hübsches Ansehen geben.

Noch erwähne ich das Bruchstück eines grossen, prachtvollen bronzenen Schwertes; die Klinge ist in ihrer ganzen Länge stark vergoldet, auch ist der Griff mit dickem Goldblech überzogen und mit herrlicher Intaglio-Arbeit geschmückt; aber leider hat sie so stark im Leichenfeuer gelitten und ist so schmutzig vom Rauch und der Asche des Scheiterhaufens, dass die Photographie nicht gelingen konnte, ich gebe daher kein Bild davon.

Ich mache hier ganz besonders auf die ausserordentliche Schmalheit aller mykenischen Schwerter und die ungeheure Länge der meisten aufmerksam, die in vielen Fällen über drei Fuss betragen haben muss; in der That sind sie in den meisten Fällen nicht breiter als unsere Rappiere. Soviel ich weiss, sind bisjetzt noch niemals Schwerter weder von dieser Form noch von dieser Länge gefunden.

Sehr richtig bemerkt Newton: „An einigen der mykenischen Schwerter erstreckt sich der hervorstehende Rücken in der Mitte der Klingen so weit hinunter, dass wir vermuthen müssen, diese Waffe sei wie ein Rappier nur zum Stechen gebraucht worden".

An einigen Schwertern fand ich Spuren ausgezeichnet gewebter Leinwand, wovon hier und da ganz kleine Läppchen an den Schwertklingen klebten, es unterliegt somit keinem Zweifel, dass viele Schwerter Scheiden von Leinwand hatten.

Auch sammelte ich in diesem Grabe eine grosse Masse Austerschalen und viele ganze Austern, die nie geöffnet waren, und schliesse daraus, dass man, wie im alten Aegypten, den Verstorbenen Speise in die Gräber legte. Ausserdem wurde sowol in diesem Grabe wie in allen übrigen eine grosse Masse zerbrochener Töpferwaaren gefunden, bei deren Anblick mich Herr Panagiotes Eustratiades, der Generaldirector der Alterthümer in Griechenland, darauf aufmerksam machte, dass die Gewohnheit, mit Wasser gefüllte Gefässe auf den Gräbern dahingeschiedener Freunde zu zerbrechen, noch jetzt in Griechenland besteht. Herr Eustratiades erwähnte auch, dass bronzene Kessel und Vasen nicht nur im

Alterthum, sondern auch das ganze Mittelalter hindurch und bis zur griechischen Revolution der Hauptschmuck der Häuser waren. Das ist alles sehr richtig, aber ausser in den mykenischen Gräbern und den beiden Mausoleen in Corneto und Palestrina, vielleicht auch einigen der Gräber des Grabfeldes von Hallstatt, haben wir noch kein Beispiel gesehen, dass sie dazu gedient hätten die Wohnungen der Todten zu schmücken.

Der in diesem Grabe gefundene Griff einer mit der Hand gefertigten Vase zog ganz besonders meine Aufmerksamkeit auf sich; derselbe hat sechs durchgehende Löcher; das eine ist gross genug für eine dicke Schnur und mag zum Aufhängen gedient haben; dagegen sind die übrigen fünf Löcher sogar für dünnen Bindfaden zu eng, und können also nie zum Aufhängen der Vase gedient haben; ich vermuthe daher, dass sie nur dazu gebraucht sein können, Blumen zum Schmuck darin zu befestigen.

Von den Knochen der fünf Leichen dieses Grabes sowie von denen der übrigen Gräber sammelte ich alle nicht zu sehr beschädigten, sie werden zusammen mit den Schätzen im Nationalmuseum zu Athen ausgestellt werden; natürlich wird der Inhalt eines jeden Grabes getrennt gehalten werden. Ich gebe hier nur den am besten erhaltenen Kinnbacken in Abbildung (vgl. Nr. 450); derselbe hat 13 wohl erhaltene Zähne; nur drei fehlen.

Es wurden dort ferner zwei zerbrochene Alabastervasen gefunden, sowie ein Fussgestell von Alabaster, um Vasen darauf zu stellen. Sowol von uralter, auf der Töpferscheibe gedrehter als auch mit der Hand gefertigter Töpferwaare wurde hier eine grosse Masse Bruchstücke gefunden; zu letzterer Kategorie gehört eine sehr hübsche, beinahe ganz unversehrte Vase mit zwei Henkeln, von denen aber nur einer erhalten ist, man hat derselben durch Polirung mit der Hand eine glänzende Oberfläche gegeben; ferner eine uralte, sehr schöne, auf dem Töpferrade gefertigte Vase; sie hat vier Henkel und auf hellgelbem Grunde eine Ornamentation von dunkelrother Farbe in Form von Spiralen, kreisförmigen Streifen und Kreisen mit einem Netz von Linien.

In diesem Grabe, wie in den vier andern, wurden auch

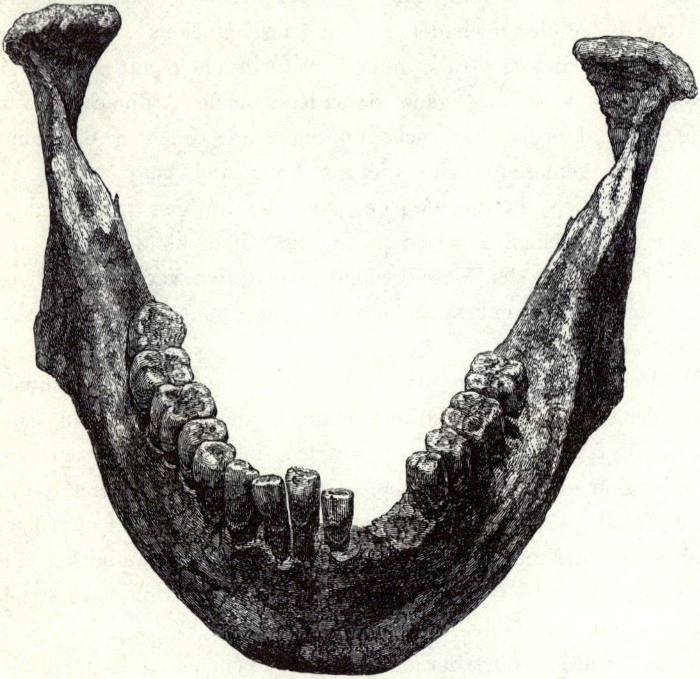

Nr. 450. Menschlicher Unterkiefer aus dem Vierten Grabe. 3/4 Grösse.

sehr viele Bruchstücke jenes Bechers von Terracotta gefunden, der sich hier in Mykenae über tausend Jahre lang fast ohne Veränderung erhalten hat; in der That sehen wir an den Exemplaren eine Veränderung nur in Farbe und Fabrikation; denn während wir in den Gräbern diesen Becher von hellgrüner Farbe mit schönen schwarzen Spiralen sehen, finden wir ihn später von einfach grüner Farbe, aber immer noch mit der Hand gemacht; in spätern Zeiten sehen wir ihn entweder von einfacher, glänzend dunkelrother Farbe oder von hellgelber mit zahlreichen dunkelrothen und schwarzen Streifen (vgl. Nr. 84 und 88); in noch höhern Schuttschichten finden wir ihn von keiner andern Farbe als der hellgelben oder weissen des Lehms selbst (vgl. Nr. 83). Becher dieser letztern Kategorie müssen hier viele Jahrhunderte in Gebrauch gewesen sein, und zwar bis zur Eroberung der Stadt durch die Argiver, denn Bruchstücke derselben werden in sehr grossen Massen gefunden und von ihren Füssen hätte ich Tausende von Exemplaren sammeln können. Von Gold haben wir eine Menge Exemplare dieses Bechers (vgl. Nr. 343 und Nr. 528). Ich wiederhole hier, dass ich in Troja ganz genau dieselbe Becherform in der urältesten der vier vorhistorischen Städte, in einer Tiefe von ungefähr 50 Fuss fand (vgl. „Atlas der Trojanischen Alterthümer“, Tafel 105, Nr. 2311).

Als Exemplar des einzigen abweichenden Typus führe ich den bereits erwähnten, im ersten Grabe gefundenen, unter Nr. 230 dargestellten Becher an; es ist der untere Theil eines mit der Hand gefertigten, grossen, glänzend schwarzen Bechers mit hohlem Fuss und horizontalen Furchen in der Mitte; Bruchstücke von dieser Art Becher wurden jedoch auch in den vier andern Gräbern gefunden. Becher dieser Gestalt kamen ausserhalb der fünf Gräber nur sehr selten vor und nur hie und da in den untersten Trümmerschichten. Wie S. 179 bemerkt fand ich sie jedoch auch in der urältesten Stadt in Troja vor.

In dem Vierten Grabe wurden ferner zwei Schleifsteine von feinem harten Sandstein gefunden; beide haben an einem Ende ein Loch zum Aufhängen mit einer Schnur.

Noch habe ich unter den Funden in diesem Grabe den herrlichen goldenen Cylinder Nr. 451 und den schönen goldenen Griff Nr. 452 zu erwähnen, der in einen Drachenkopf ausläuft. Diese beiden Gegenstände scheinen entschieden zusammenzugehören und bildeten wahrscheinlich den Griff eines Scepters, eines Augurstabes oder eines andern Gegenstandes von ähnlicher Bedeutung, denn beide zeigen unter den mykenischen Alterthümern das einzige Beispiel von Gold, das mit einer Art von Mosaik aus Bergkrystall versehen ist.

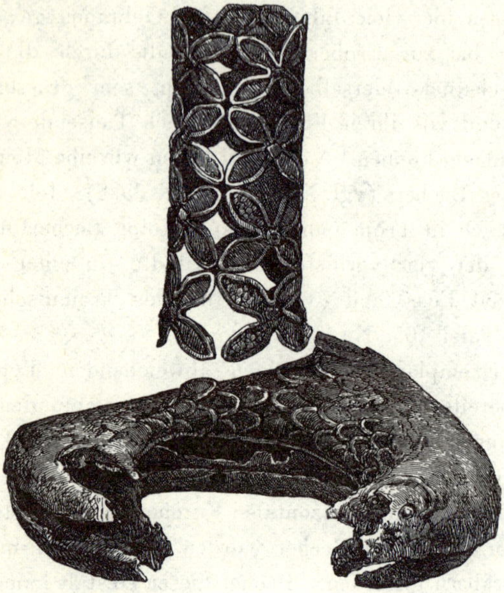

Nr. 451, 452. Ein goldener Cylinder und ein goldener Drache mit Schuppen von Bergkrystall, wahrscheinlich Bruchstücke von einem Sceptergriffe; aus dem Vierten Grabe. 3/4 Grösse.

Wenn wir zuerst den goldenen Cylinder (Nr. 451) untersuchen, so besteht derselbe aus vierblättrigen Blumen, deren Enden mit einander verbunden sind. Jedes der letztern hat in seiner ganzen Länge eine flache, ovale Höhlung, die ausgefüllt ist mit einem Stück Bergkrystall, das ganz genau hineinpasst. Zwischen je zwei Blumen ist ein leerer viereckiger Raum mit halbmondförmig ausgeschnittenen Seiten, der mit gut passenden Stückchen Bergkrystall ausgefüllt ist; von diesen letztern ist nur ein einziges im Bilde zu sehen, dasselbe ist in der Mitte der rechten Seite des Cylinders, sowie er dargestellt ist. Die übrigen Stücke, die meistentheils erhalten sind, werden eingesetzt, sobald die archäologische Gesellschaft im Stande sein wird die mykenische Sammlung auszustellen. Der Cylinder muss ein prachtvolles Aussehen gehabt haben, als noch alle Krystallstückchen an ihrer Stelle waren. Der zu dem Cylinder gehörige goldene Griff mit dem Drachenkopf (vgl. Nr. 452) ist hohl und enthält noch Trümmer des Holzes, womit er gefüllt war. Der Drachenkopf mit seinen kleinen Augen, von denen nur eins auf dem Bilde sichtbar ist, sowie der offene Rachen desselben sind deutlich zu erkennen. Kunstvoll sind die Schuppen des Drachen mit kleinen, schöngeschnittenen Stückchen Bergkrystall nachgeahmt, die so gut in die kleinen, symmetrisch für sie ausgeschnittenen Höhlungen des Goldes passen, dass bisjetzt erst eins davon herausgefallen ist. Dies ist um so merkwürdiger, als der Griff die deutlichsten Merkmale des Feuers zeigt, dem er auf dem Scheiterhaufen ausgesetzt gewesen ist. Hätte Homer diesen merkwürdigen Griff, als er noch ganz unversehrt war, gesehen, so würde er ihn ohne Zweifel der kunstvollen Hand des Hephaestos zugeschrieben und seine Pracht durch die Worte θαῦμα ἰδέσθαι (ein Wunder anzuschauen) angedeutet haben.

Nr. 474. Massiv goldene Maske von dem Körper am Südende des Ersten Grabes. Ungefähr $^1/_3$ Grösse.

NEUNTES KAPITEL.

DAS FÜNFTE GRAB UND WIEDERUM DAS ERSTE.

Endlich wiederum Wache und Wachtfeuer in der Akropolis von Mykenae. — Ausgrabung des Fünften Grabes. — Seine Grabstelen. — Beschreibung des Grabes; es enthält nur einen Leichnam. — Goldenes Diadem und andere in diesem Grabe gefundene Gegenstände. — Mit der Hand gefertigte Vasen aus Terracotta; eine mit Frauenbrüsten, ganz so wie die vorhistorischen Vasen in Thera und Troja. — Auf der Töpferscheibe gedrehte Vasen. — Ausgrabung des Ersten Grabes vollendet. — Seine Lage und Einrichtung. — Drei Leichname darin, von denen der mittlere seiner goldenen Ornamente beraubt worden ist. — Grösse derselben. — Goldene Maske und Zustand der ersten Leiche. — Wunderbare Erhaltung des dritten

Leichnams. — Dessen schwere goldene Maske, Gesicht und Zähne. — Beschreibung des Körpers, seine merkwürdige Zerdrückung. — Goldene Brustplatte und goldene Blätter auf Stirn, Auge und Brust. — Die durch die Entdeckung verursachte Sensation. — Getroffene Massregeln, um die Leiche zu erhalten und fortzuschaffen. — Schultergürtel derselben und bronzenes Schwert mit einem Ornament von Krystall; Goldscheiben der Scheide; alles besonders für das Leichenbegängniss und nicht für den gewöhnlichen Gebrauch gemacht. — Beschreibung der goldenen Brustdecken dieses und des ersten Leichnams. — Prächtig verzierte bronzene Schwerter und andere bei dem dritten Leichnam gefundene Gegenstände. — Verzierte Goldblätter, ein hölzerner Kamm und bronzene Schwerter beim zweiten Leichnam. — Ein grosser Haufen zerbrochener bronzener Schwerter, auch Messer und Lanzen. — Bruchstücke anderer Waffen. — Grosse und kleine Perlen von Bernstein und Gold und verschiedene Gegenstände von Gold und Silber. — Vase von Alabaster. — Wunderbare Goldplatten. — Die beiden massiv goldenen Masken des Ersten Grabes. — Die Kunstfertigkeit lässt uns eine Jahrhunderte lang bestehende Künstlerschule voraussetzen. — Mehrere grosse goldene Becher, auch solche von Silber. — Gegenstände im Ersten Grabe. — Silberne Vase, erst mit Kupfer belegt und darauf vergoldet. — Ein Trinkbecher von Alabaster. — Goldplatten in Form von doppelten Adlern u. s. w. — Bruchstücke von silbernen Vasen; die eine mit goldenem Mundstück und Henkel. — Prachtvoll verzierte Goldplatte, die einen Cylinder von verkohltem Holz umschliesst. — Hunderte von grossen und kleinen goldenen Knopfplatten mit verschiedenen Verzierungen. — Die neuen Typen werden gezeigt. — Goldplatten, Bänder und Ornamente von Beinschienen. — Röhren und Knöpfe von Knochen, ihr wahrscheinlicher Gebrauch. — Eine Platte von Elfenbein, sowie ein sonderbarer Gegenstand von glasirtem aegyptischen Porzellan. — Mit der Hand verfertigte oder auf der Töpferscheibe gedrehte Terracotten. — Sieben grosse kupferne Gefässe, Kessel und Kannen. — Eine viereckige hölzerne Kiste mit höchst interessanten Reliefs.

Mykenae, 6. December 1876.

Zum ersten Mal seit ihrer Eroberung durch die Argiver im Jahre 468 v. Chr., also zum ersten Mal seit 2344 Jahren hat die Akropolis von Mykenae wieder eine Garnison, deren Wachtfeuer bei Nachtzeit in der ganzen Ebene von Argos sichtbar sind, uns an jene Wachtposten erinnernd, die unterhalten wurden, um Agamemnons Rückkehr von Troja zu verkünden, und an jenes Signal, welches Klytaemnestra und ihren Geliebten vor seinem Herannahen warnte (vgl. die Anfangsscene von

Aeschylus' Agamemnon). Diesmal aber ist der Zweck der Besatzung friedlicher Natur, denn dieselbe soll nur dazu dienen, den Landleuten Scheu einzuflössen und sie zu verhindern, heimlich Ausgrabungen in den Gräbern zu machen oder zu nahe heranzutreten, wenn wir darin beschäftigt sind.

Schon während der Ausgrabung des grossen Vierten Grabes, deren Resultat ich beschrieben habe, untersuchte ich das Fünfte und letzte Grab, welches unmittelbar nordwestlich von demselben liegt (vgl. Pläne B, C sowie die Tafel VI) und durch die grosse Grabstele mit dem zwei Schlangen darstellenden Mäanderrelief, sowie durch einen Grabstein ohne Sculptur bezeichnet war; diese letztern lagen 11 Fuss 8 Zoll unter der Oberfläche des Berges, wie dieselbe vor Anfang der Ausgrabungen war. In einer Tiefe von 10 Fuss unterhalb der beiden Grabstelen oder 21 Fuss 8 Zoll unterhalb der frühern Bergfläche fand ich zwei augenscheinlich viel ältere Grabsteine und nur 3 Fuss 4 Zoll unter diesen ein 11 Fuss 6 Zoll langes und 9 Fuss 8 Zoll breites Grab, welches nur 2 Fuss tief in den Kalkfels eingehauen war, dessen Grund 27 Fuss unter der frühern Bergfläche lag. Im Gegensatz zu den übrigen Gräbern waren die vier innern Seiten dieses Grabes nicht mit Mauern bekleidet, sondern einfach mit grossen Stücken Schist, die in schräger Richtung an die niedrige Kante des Grabes gelehnt und nicht mit Lehm verbunden waren.

Wie gewöhnlich war der Grund des Grabes mit einer Schicht Kieselsteine bedeckt, auf der ich die irdischen Ueberreste nur einer, mit dem Kopfe nach Osten gewandten Person fand, die wie alle übrigen Leichen an der Stelle, wo sie lag, verbrannt war. Dies wurde sowol durch die von der Glut gebräunten oder geschwärzten Kieselsteine unter und neben dem Gerippe, als auch durch die in ihrer ursprünglichen Lage befindlichen Massen von Asche, womit es bedeckt war, und endlich durch die Merkmale des Leichenfeuers an der

Felskante bewiesen. Um den Schädel, der leider zu zerbrechlich war um erhalten zu werden, war ein goldenes Diadem mit einer Ornamentation in Repoussé-Arbeit, die in der Mitte drei schildartige Kreise mit Blumen und ein in Bewegung befindliches Rad darstellt; der übrige Raum ist mit schönen Spiralen ausgefüllt. Da dies Diadem den aus dem Vierten Grabe stammenden

Nr. 453. Ein reich verzierter goldener Kelch aus dem Fünften Grabe. Ungefähr $^9/_{10}$ Grösse.

und bereits dargestellten ähnlich ist, so unterlasse ich es, ein besonderes Bild davon zu geben. Auf der rechten Seite des Körpers fand ich eine Lanzenspitze mit einem Ringe an jeder Seite (ähnlich wie Nr. 441), ferner zwei kleine bronzene Schwerter und zwei lange Messer von demselben Metall.

An seiner linken Seite wurde der unter Nr. 453 dargestellte goldene Becher gefunden; dieser hat nur einen Henkel und seine Ornamentation in Repoussé-Arbeit stellt vier horizontale

Streifen dar, von denen zwei und zwei vereinigt und mit kleinen schrägen Strichen verziert sind, die dem Anscheine nach keilförmig zusammenlaufen, sodass die Ornamentation beider Streifen zusammen Fischgräten ähnlich ist; die Schönheit dieser Streifen wird noch mehr dadurch gehoben, dass die Keilspitzen derselben in entgegengesetzter Richtung stehen. Oberhalb der vier Streifen sehen wir eine ununterbrochene Reihe von Spitzbögen, deren miteinander vereinigte Seiten durch neun horizontale Striche verziert sind; der Griff ist mit vier Nägeln an dem Rand und Bauch des Gefässes befestigt. Bei den Schwertern wurden kleine Lappen schön gewebter Leinwand gefunden, welche ohne Zweifel zu den Scheiden dieser Waffen gehört hat.

In diesem Grabe war auch eine zerbrochene $6^1/_2$ Zoll hohe, hellgrüne Vase von ägyptischem Porzellan vorhanden, welche mit zwei Reihen von je drei hervorstehenden Buckeln geziert ist; ferner Bruchstücke einer hellrothen Vase von Terracotta mit schwarzen Spiralen und zwei Frauenbrüsten, welche letztern von kreisförmigen schwarzen Strichen umgeben sind. Professor Landerer, der ein Bruchstück der erstern untersucht und analysirt hat, schreibt mir, dass das Porzellan sehr kalkartig sei und in der Mineralogie „Thonmergel-Schiefer“ genannt werden würde; ferner dass der Rand des Gefässes, mit einem Vergrösserungsglase an der Sonne betrachtet, einen gold- und silberartigen Glanz zeige, und dass dieser durch einen Bleifirniss erzeugt werde, mit dem die Vase übertüncht und der darauf mit ihr eingebrannt wurde.

Was die Vase mit den Frauenbrüsten betrifft, so wurden ähnliche Vasen auf den Inseln Thera (Santorin) und Therassia in den Ruinen der vorhistorischen Städte gefunden, die, wie bereits erwähnt, von dem grossen Centralvulkan verschüttet wurden, der nach der Meinung competenter Geologen ungefähr 1800—1700 Jahre v. Chr. versunken und verschwunden sein muss.

Diese Art Vasen ist ferner sehr häufig in den Ruinen von Troja, wo jedoch die meisten derselben auch einen Bauchnabel und ein Eulengesicht haben (vgl. „Atlas der Trojanischen Alterthümer“, Tafel 54, Nr. 1275; Tafel 59, Nr. 1355 und 1366). Es wurde hier ausserdem eine grosse Masse Scherben anderer, auf dem Töpferrade oder mit der Hand gefertigter Terracotten gefunden, von denen ich die mit gemalter Ornamentation, in Spiralen umgewandelte Pflanzen oder blosse Spiralen von dunkelrother Farbe auf hellgelbem Grunde darstellend, besonders hervorhebe.

Da der durch vorhergegangenen Regen erzeugte Schlamm in dem durch die drei sculptirten Stelen bezeichneten Ersten Grabe bei schönem Wetter wieder aufgetrocknet war, so setzte ich dort die Ausgrabung fort und erreichte endlich den Grund des Grabes, welches an der Nordseite $17^1/_2$, an der südöstlichen Seite 17 Fuss tief in den Fels gehauen ist; aber von diesen Punkten ab ist der Bergabhang so steil, dass, obwol die obere Breite des Grabes nicht 10 Fuss 10 Zoll übersteigt, dennoch der grössere Theil der Westseite nur 11 Fuss tief in den Fels gehauen zu werden brauchte, um den Boden des Grabes vollkommen horizontal zu machen. Diese Westseite ist neben der cyclopischen Mauer, welche die doppelte parallele Reihe grosser, kalkartiger Platten der Agora trägt und sich senkrecht über dem Grabe erhebt. Daher schien es mir anfänglich, als ob die Mauer durch die Nordwestecke dieses Grabes ginge. Indem ich aber mit Balken und Bretern die Erde und Steine stützte, die, ohne zur Mauer zu gehören, daran festsitzen und über die Nordwestecke des Grabes hinüberhängen, grub ich letzteres in seiner ganzen Länge aus, und die Besucher von Mykenae können sich mit eigenen Augen überzeugen, dass die Mauer nicht durch das Grab geht und nur in der Nordwestecke den Rand desselben berührt.

Die Länge des Grabes ist 21 Fuss 6 Zoll, seine Breite am Grunde 11 Fuss 6 Zoll, also 8 Zoll mehr als oben. Die vier innern Seiten waren mit einer drei Fuss hohen, zwei Fuss breiten cyclopischen Mauer bekleidet, welche mit einer schrägablaufenden Mauer aus unregelmässigen, mit Lehm verbundenen Stücken Schist überlegt war; diese zweite Mauer war 6½ Fuss hoch und dehnte sich nach allen vier Seiten noch um einen Fuss weiter als die cyclopische Mauer, also im ganzen 3 Fuss, im Grabe aus. Der Grund des Mausoleums war mit der gewöhnlichen Schicht Kieselsteine bedeckt, jedoch waren diese hier unregelmässiger als in den andern Gräbern gestreut; es waren sogar mehrere Stellen ohne alle Kieselsteine, ein Umstand, der mich anfänglich vermuthen liess, dass es in diesem Grabe gar keine Schicht Kieselsteine gebe. Aber bei näherer Untersuchung fand ich, dass sie wirklich vorhanden war; ja sie war sogar unter den Gerippen gerade so regelmässig wie in irgendeinem andern Grabe, was einen neuen Beweis dafür gibt, dass man nur damit beabsichtigte dem Scheiterhaufen den nöthigen Luftzug zu verschaffen.

Die in diesem Grabe enthaltenen drei Körper lagen ungefähr 3 Fuss von einander entfernt und waren auf der Stelle, wo ich sie fand, verbrannt worden. Davon zeugten sowol die Brandmale an den Kieselsteinen und am Felsen unter und neben den Gerippen und links und rechts davon an den Mauern, als auch die ungestört gebliebenen Schichten von Holzasche.

Nur bei dem in der Mitte gelegenen Gerippe war es anders, hier war die Holzasche entschieden umgewühlt worden, der Lehm, womit die beiden andern Körper und ihre Schmucksachen bedeckt waren, sowie die Schicht Kieselsteine, welche die Lehmschicht bedeckte, waren hier verschwunden. Da das Gerippe ausserdem beinahe ohne jeglichen Goldschmuck gefunden wurde, so ist es augenscheinlich, dass es beraubt worden ist. Diese meine Meinung wird ebenfalls bestätigt durch die 12 goldenen

Knöpfe, die kleinen Goldbleche und die zahlreichen Gegenstände von Knochen, die, zusammen mit kleinen Quantitäten schwarzer Asche, in verschiedenen Tiefen unterhalb der sculptirten Stelen, die das Grab schmückten, gefunden wurden. Sie wird ferner bestätigt durch die Bruchstücke gewöhnlicher mykenischer Töpferwaare späterer Zeit, die in diesem Grabe mit den Scherben uralter, mit der Hand oder auf dem Töpferrade gemachter Vasen vermischt waren. Wahrscheinlich hat hier jemand einen Schacht gegraben um das Grab zu untersuchen, ist auf den mittlern Leichnam gestossen, hat ihn sorglos geplündert und, aus Furcht entdeckt zu werden, seine Beute in solcher Eile davon getragen, dass er nur darauf bedacht gewesen ist, die grossen massiven Goldornamente, wie z. B. die Maske, die grosse Brustdecke, die Diademe, und die bronzenen Schwerter zu retten, und dass er beim Wiederheraufsteigen viele der kleinern Gegenstände, so z. B. die 12 goldenen Knöpfe u. s. w. fallen liess, die beim Graben in verschiedenen Tiefen gefunden wurden. Es kann keinem Zweifel unterliegen, dass dieser Raub vor der Einnahme von Mykenae durch die Argiver (468 v. Chr.) geschah, denn hätte er sich ereignet, als die griechische Stadt über die vorhistorischen Ruinen hingebaut war, so würde ich auch Bruchstücke griechischer Töpferwaare im Grabe gefunden haben; davon aber fand ich keine Spur.

Die drei Körper dieses Grabes lagen mit den Köpfen nach Osten und den Füssen nach Westen gewandt; alle drei waren ungewöhnlich gross und schienen mit Gewalt in den kleinen Raum von nur 5 Fuss 6 Zoll hineingepresst zu sein, der ihnen zwischen den vorerwähnten Mauern verblieb; die fast unverletzten Beinknochen sind aussergewöhnlich lang. Obwol der Kopf des ersten Gerippes, von der Südseite gerechnet, mit einer massiv goldenen Maske bedeckt war, so zerfiel doch der Schädel, als er der Luft ausgesetzt wurde, und ausser den Beinknochen konnten nur wenige Knochen gerettet werden. Dasselbe war mit dem bereits im Alterthum geplünderten zweiten Körper der Fall. Aber von dem dritten, am Nordende des Grabes gelegenen Körper war das runde Gesicht mit allem Fleisch wunderbar unter der schweren goldenen Maske erhalten; man sah keine Spur von Haar, jedoch waren beide Augen deutlich sichtbar, ebenso der Mund, der unter der auf ihn drückenden grossen Last weit geöffnet war und alle seine 32 schönen Zähne zeigte.

Aus diesen schlossen alle Aerzte, die gekommen waren den Körper zu sehen, dass der Mann im frühen Alter von 35 Jahren verstorben sei. Die Nase war ganz verschwunden. Da der Körper für den Raum zwischen den beiden innern Wänden zu lang gewesen, so war der Kopf so auf die Brust gepresst worden, dass der obere Theil der Schultern beinahe in horizontaler Linie mit dem Scheitel des Kopfes lag. Ungeachtet der grossen goldenen Brustplatte war so wenig von der Brust erhalten, dass die innere Seite des Rückgrats an vielen Stellen sichtbar war. In seinem gepressten, verstümmelten Zustande mass der Körper nur 2 Fuss $4^1/_2$ Zoll vom Scheitel bis zum Anfang der Lenden; die Breite der Schultern überstieg nicht 1 Fuss $1^1/_4$ Zoll und die Breite der Brust 1 Fuss 3 Zoll; jedoch konnten die langen Lendenknochen über die wirklichen Verhältnisse des Körpers keinen Zweifel lassen. So stark war der Druck des Schuttes und der Steine gewesen, dass der Körper auf eine Dicke von $1—1^1/_2$ Zoll reducirt war. Die Farbe des Körpers ist der einer ägyptischen Mumie sehr ähnlich. Die Stirn des Mannes war mit einem einfachen runden Goldblatte geziert und ein noch grösseres Blatt lag auf dem rechten Auge; ausserdem bemerkte ich ein grosses und ein kleines rundes Goldblatt auf der Brust unterhalb der grossen Brustplatte und ein anderes oberhalb der rechten Lende.

Die Nachricht, dass der ziemlich gut erhaltene Körper eines Mannes aus dem mythischen, heroischen Zeitalter, mit goldenen Schmucksachen bedeckt, gefunden worden sei, ver-

Nr. 454. Der obere Theil eines in dem Ersten Grabe gefundenen Körpers. Nach einem sofort nach der Auffindung gemachten Oelgemälde.

breitete sich mit Blitzesschnelle in der ganzen Argolis, und Tausende kamen von Argos, Nauplia und den Dörfern, um dies Wunder zu sehen. Da jedoch niemand im Stande war mir

Rath zu ertheilen, wie der Körper erhalten werden könnte, so liess ich einen Maler kommen, um wenigstens ein Oelgemälde davon machen zu lassen, denn ich war besorgt, er möchte zerfallen. Somit bin ich im Stande, unter Nr. 454 ein treues Bild des Körpers zu geben, wie er aussah, als alle goldenen Schmucksachen davon abgenommen waren. Jedoch hielt er sich zu meiner grossen Freude zwei Tage lang, als ein Droguist aus Argos, namens Spiridon Nikolaou, ihn durch Aufgiessen von Alkohol, worin Sandarak aufgelöst war, hart und fest machte. Da unter dem Körper keine Kieselsteine gesehen wurden, so dachte man, er könnte durch Unterschieben einer eisernen Platte gehoben werden; dies war jedoch ein Irrthum, denn man fand gar bald heraus, dass die gewöhnliche Schicht Kieselsteine darunter vorhanden war. Da nun diese durch das starke Gewicht, welches seit Jahrtausenden darauf gelastet hatte, mehr oder weniger in den weichen Felsen eingedrungen waren, so waren alle Versuche vergeblich, die eiserne Platte unterhalb der Kieselsteine hineinzuschieben und diese mit dem Körper zu heben. Es blieb daher nichts anderes übrig, als rings um den Körper einen kleinen Graben in den Fels zu hauen und dann einen horizontalen Einschnitt zu machen, eine 2 Zoll dicke Felsplatte abzulösen, diese mit den Kieselsteinen und dem Körper zu heben, auf ein dickes Bret zu legen, um dieses eine solide Kiste zu machen und letztere nach dem Dorfe Charvati zu senden, von wo sie nach Athen transportirt werden wird, sobald die archäologische Gesellschaft ein passendes Local für die mykenischen Alterthümer gefunden haben wird. Bei den hiesigen elenden Werkzeugen war es eine schwere Arbeit, die grosse Steinplatte horizontal vom Felsen abzutrennen, aber es war noch viel schwerer, diese in der hölzernen Kiste an die Oberfläche und auf Menschenschultern mehr als eine Meile weit nach dem Dorfe Charvati zu schaffen. Jedoch steht all diese Mühe und Arbeit in keinem Verhältniss zu dem grossen

Nr. 455. Ein goldener Schultergürtel (τελαμών) mit einem Fragment eines zweischneidigen Schwertes, aus dem Ersten Grabe. Halbe Grösse.

Interesse, welches dieser Körper aus dem fernen heroischen Zeitalter für die Wissenschaft hat. [1]

Der jetzt fast mumificirte Körper war mit einem 4 Fuss

[1] Ich mache ganz besonders darauf aufmerksam, dass die Archäologische Gesellschaft in Athen ganz allein sich der Mühe und der Kosten unterzogen hat, den Körper hart machen, ihn aus dem Grabe holen und nach dem Dorfe Charvati bringen zu lassen, und dass ich von dieser Arbeit durchaus keine Mühe oder Kosten gehabt habe.

langen, $1^3/_4$ Zoll breiten goldenen Schultergürtel (τελαμών) geschmückt, der aus dem einen oder andern Grunde nicht an seiner Stelle war, sondern über den Lenden des Körpers lag und sich in gerader Linie nach rechts hin ausdehnte; in der Mitte des Schultergürtels hängt das Bruchstück eines zweischneidigen bronzenen Schwertes (vgl. Nr. 455) und an dieses war zufällig ein kleiner, schön geschliffener, durchbohrter Gegenstand von Bergkrystall in Form einer Amphora (πίϑος) mit zwei

Nr. 456. Ein kleines Gefäss von Bergkrystall aus dem Ersten Grabe. Natürliche Grösse.

Nr. 457. Ein trichterförmiger Gegenstand aus dem Ersten Grabe. Natürliche Grösse.

kleinen silbernen Henkeln geklebt. Die innere Röhre sieht man in ihrer ganzen Länge durch einen dicken silbernen Stift ausgefüllt. Dieser kleine krystallene Gegenstand ist leider beim Transport der Sachen von Charvati nach Athen vom Schwerte abgelöst, ich stelle ihn daher unter Nr. 456 besonders dar. Zusammen mit dem Schultergürtel und der kleinen krystallenen Amphora wurde auch der unter Nr. 457 dargestellte Gegenstand von Bergkrystall in Gestalt eines Trichters gefunden. Am Ende des Schultergürtels, links vom Beschauer, sind zwei Löcher, es wird am entgegengesetzten Ende eine Spange gewesen sein; am Bruchstück des Schwertes sehen wir eines jener kleinen schildförmigen oder knopfartigen goldenen Scheibchen mit einer Ornamentation in Repoussé-Arbeit, die in ununterbrochenen Reihen die Schwertscheiden geschmückt haben, indem sich

Nr. 458. Verzierte Brustplatte von Gold aus dem Ersten Grabe. Ungefähr $^{26}/_{100}$ Grösse.

ihre Grösse immer nach der Breite der Schwerter richtete. Das vor uns liegende Scheibchen ist durch drei concentrische Kreise in drei kreisförmige Felder getheilt, von denen das äussere sowol als das mittlere eine Menge hufeisenförmiger Ornamente enthält. Beim Anblick dieses Schultergürtels überzeugt sich ein jeder, dass er viel zu dünn und zerbrechlich ist, um von lebenden Menschen getragen zu werden. Ausserdem glaube ich, dass kein lebendiger Krieger je in die Schlacht gegangen ist mit Schwertern in hölzernen Scheiden, geschmückt mit Reihen von Goldplatten, die nur auf das Holz geleimt sind. Wir können daher mit Gewissheit annehmen, dass ein grosser Theil der goldenen Schmucksachen eigens für das Leichenbegängniss angefertigt war. Noch wurde neben dem Schultergürtel ein Gegenstand von Alabaster gefunden, der als Fussgestell von Vasen gedient haben muss.

Nr. 459. Kleiner Knochen mit einem Fragment eines reich verzierten Goldbandes, aus dem Ersten Grabe. $^3/_8$ Grösse.

Die massive goldene Brustplatte dieses Körpers ist $15^3/_5$ Zoll lang und $9^1/_2$ Zoll breit; sie ist ohne Verzierung, ich habe sie daher hier nicht abgebildet. Indess sieht man deutlich in derselben zwei hervorstehende Brüste; diese sind jedoch nicht, wie sie sein sollten, in der Mitte, sondern etwas mehr zur rechten des Beschauers. Da ich von Brustplatten spreche, so gebe ich hier unter Nr. 458 die Brustplatte des Körpers am Südende dieses ersten Grabes. Dieselbe ist 1 Fuss 9 Zoll lang und 1 Fuss $2^3/_5$ Zoll breit; hier sind die beiden Brüste durch zwei hervorstehende, schildartige Buckel sehr schön dargestellt, und der ganze übrige Raum ist reich verziert mit schönen

Spiralen in Repoussé-Arbeit. Um einen kleinen Knochen, wahrscheinlich einen Armknochen dieses Körpers, sieht man ein breites goldenes Band mit herrlicher Ornamentation in Repoussé-Arbeit (vgl. Nr. 459).

Ich kehre zu dem Körper an der Nordseite zurück. Zu seiner Rechten lagen die beiden unter Nr. 460 dargestellten Schwerter und daneben alle übrigen Gegenstände ganz so, wie wir sie auf dem Bilde sehen. Der Griff des oberen Schwertes ist von Bronze, aber mit Goldblech überlegt, welches über und über prachtvoll mit Intaglio verziert ist; am obern Theil des Griffs, da wo die Klinge aus demselben heraustritt, ist eine breite gebogene Goldplatte mit herrlicher Intaglio-Arbeit befestigt, ähnlich der unter Nr. 462 abgebildeten, deren Gebrauch uns erst hier klar wird. Ohne Zweifel hat dies Schwert eine hölzerne Scheide gehabt und diese muss geschmückt gewesen sein mit der langen, mit einem Ringe versehenen

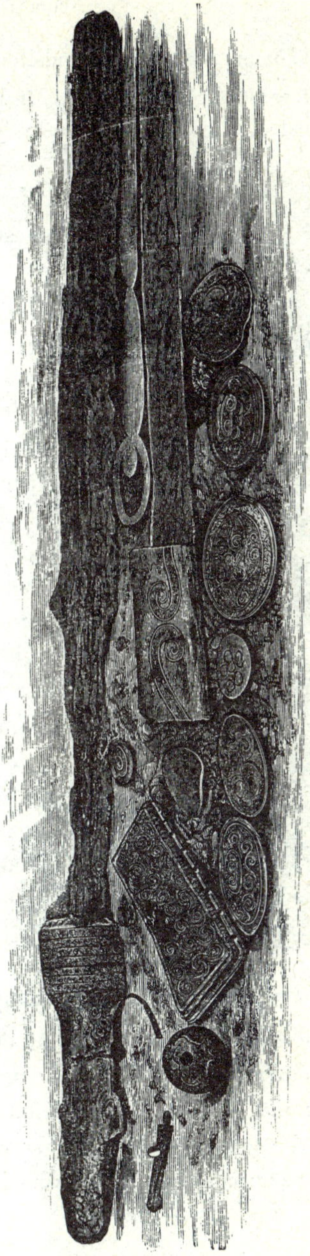

Nr. 460. Zwei bronzene Schwerter mit goldenen Griffen; goldenen zu den zerstörten hölzernen Scheiden gehörigen Knöpfen, zwei Goldplatten u. s. w., gefunden neben einem der Körper im Ersten Grabe. Ungefähr $^1/_3$ Grösse.

und einem Menschen ähnlichen Goldplatte, die wir rechts davon sehen, und die der unter Nr. 369 dargestellten ähnlich ist. Die Scheide muss ferner mit dem goldenen, mit concentrischen Kreisen in Intaglio versehenen Knopfe geschmückt gewesen sein, welchen wir neben der Klinge sehen. Noch viel reicher ist augenscheinlich das andere bronzene Schwert decorirt gewesen, denn seine hölzerne Scheide muss auf jeden Fall in ihrer ganzen Länge mit einer Reihe jener grossen goldenen Knöpfe mit prachtvollen Spiralen in Intaglio geschmückt gewesen sein, die wir unter dem Schwerte und rechts davon erblicken. Ferner ist die Scheide jedenfalls mit der röhrenförmigen, Spiralen in Intaglio-Arbeit zeigenden Goldplatte geschmückt gewesen, die noch jetzt um das Schwert liegt.

Nr. 461. Eine Goldquaste aus dem Ersten Grabe. $^5/_8$ Grösse.

Der Griff des Schwertes muss von Holz gewesen sein, denn er ist ganz verschwunden; jedenfalls war er geschmückt mit den beiden viereckigen Goldplatten, die wir noch fest zusammengefügt an derselben Stelle, wo der Knauf des Griffes hätte sein sollen, liegen sehen; nur an der schmalen, dem Beschauer zugewandten Seite sind die beiden Platten ein wenig von einander getrennt. Sie sind an Form und Grösse ganz derjenigen ähnlich, die ich unter Nr. 472 darstellen werde; beide haben ganz dieselbe Ornamentation von verschlungenen Spiralen in Repoussé-

Arbeit, die wir auf dieser sehen werden; auch finden wir hier wie an letzterer die Spuren zahlreicher kleiner Stifte, die dazu gedient haben müssen, beide Platten an ein Stück Holz zu befestigen, welches zwischen ihnen gesteckt hat und wovon Ueberreste vorhanden sind. Dies Stück Holz muss nur dünn gewesen sein, denn sonst könnten die beiden Platten nicht nach seinem Verschwinden so genau aufeinander gefallen sein, dass sie als zusammengefügt erscheinen. Wahrscheinlich haben sie als Schmuck des Schwertgriffes gedient, es ist mir jedoch ein Räthsel, wie dies geschehen ist, denn unmöglich kann man

Nr. 462. Goldene Decken von Schwertgriffen mit Intaglio-Ornamentation aus dem Ersten Grabe. 4/9 Grösse.

vermuthen, dass der Schwertgriff in ein dünnes Stück Holz endigte, welches zwischen den beiden Goldplatten hätte befestigt sein können; ausserdem steht der erhabene Rand damit in Widerspruch. Der Gegenstand links von den beiden Platten ist eine durchbohrte Kugel von Bernstein, deren Vorhandensein hier nur zufällig sein kann, denn natürlich kann sie nicht zu den Schwertern gehört haben. An einem der Schwerter war ohne Zweifel die goldene Troddel Nr. 461 befestigt, die daneben lag. Wahrscheinlich hingen diese Waffen an einem jetzt verschwundenen gestickten Gürtel.

Nur einen Fuss rechts vom Körper fand ich elf bronzene Schwerter, von welchen neun mehr oder weniger von der

Feuchtigkeit gelitten hatten; nur zwei waren gut erhalten. Eins davon hat die ungeheure Länge von 3 Fuss 2 Zoll, das andere ist 2 Fuss 10 Zoll lang. Bei den Schwertern lagen

Nr. 463—466. Bronzene Waffen aus dem Ersten Grabe. Ungefähr 1/4 Grösse.

die beiden unter Nr. 462 dargestellten Goldplatten, welche zu Schwertgriffen gehört haben; die eine hat den obern Theil eines Schwertgriffes geziert, an welchem sie mit nicht weniger als zwölf goldenen Stiften befestigt gewesen ist, von denen fünf mit halbkugelförmigen Köpfen noch sichtbar sind. Dieser

Gegenstand ist so dick mit Asche vom Scheiterhaufen bedeckt, dass von der darauf in Intaglio dargestellten Ornamentation von Spiralen nur wenig zu erkennen ist. Die andere Platte hat als Hülle des hölzernen Schwertgriffknaufes gedient und ist ganz den im vierten Grabe gefundenen und unter Nr. 430 und 431 dargestellten ähnlich.

Ich fand ferner bei den Schwertern drei Röhren von Goldblech, deren eine $12^1/_2$ Zoll, die andere $10^1/_2$ Zoll lang ist; beide enthielten Reste von Holz; die dritte ist $5^3/_5$ Zoll lang; ausserdem 124 grosse runde goldene Knöpfe, theils ohne Verzierung, theils mit herrlicher Ornamentation in Intaglio-Arbeit; zwei dieser Knöpfe haben 2 Zoll im Durchmesser, vier haben die Grösse von Fünffrankenstücken, die übrigen 118 goldenen Knöpfe sind kleiner; ferner sechs grosse, herrlich mit Intaglio verzierte goldene Knöpfe in Form von Kreuzen; drei derselben sind 3 Zoll lang und $2^1/_4$ Zoll breit. Alle diese Knöpfe bestehen entweder aus platten, mit Goldblech bedeckten Stücken Holz, und in diesem Fall sind sie stets als Schmuck auf Schwertscheiden oder andere Gegenstände geklebt oder sonst wie befestigt gewesen, oder sie bestehen aus wirklichen hölzernen, unsern Hemdenknöpfen ähnlichen, mit Goldblech überzogenen Knöpfen, und in diesem Fall müssen sie an Kleidungsstücken oder Gewändern gebraucht worden sein. Die ungemein prachtvolle Ornamentik dieser beiden Arten von Knöpfen kann keinen Zweifel lassen, dass man sie für sehr wichtig hielt. Es ist beachtenswerth, dass in diesem Grabe nicht nur die grossen kreuzförmigen Knöpfe, sondern auch die sehr grossen runden goldenen Knöpfe an der Unterseite ein plattes Stück Holz haben.

Bei dem Körper in der Mitte des Grabes waren einige runde Goldblätter mit eingedrückter Ornamentation vorhanden, auch die Ueberreste eines hölzernen Kammes. Bei dem Körper am Südende des Grabes fand ich funfzehn bronzene Schwerter, von denen zehn zu seinen Füssen lagen. Davon sind acht sehr gross und ziemlich gut erhalten.

Ein grosser Haufen von mehr oder weniger zerbrochenen Schwertern, die mehr als 60 ganze dargestellt haben mögen, befand sich auf der Westseite, zwischen dem letzterwähnten

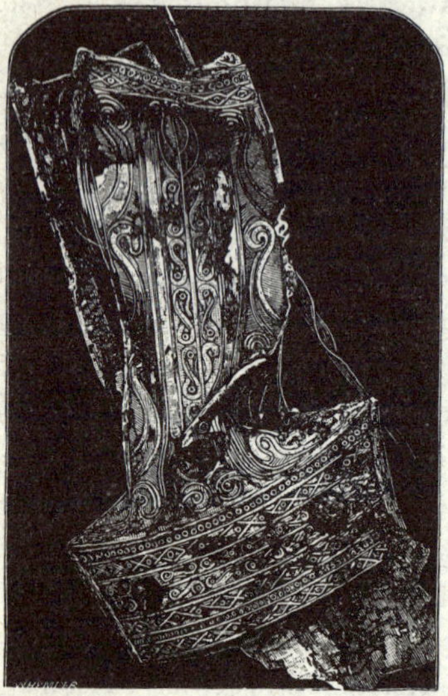

Nr. 467. Schwertgriff von prächtig verziertem Gold aus dem Ersten Grabe. $^1/_2$ Grösse.

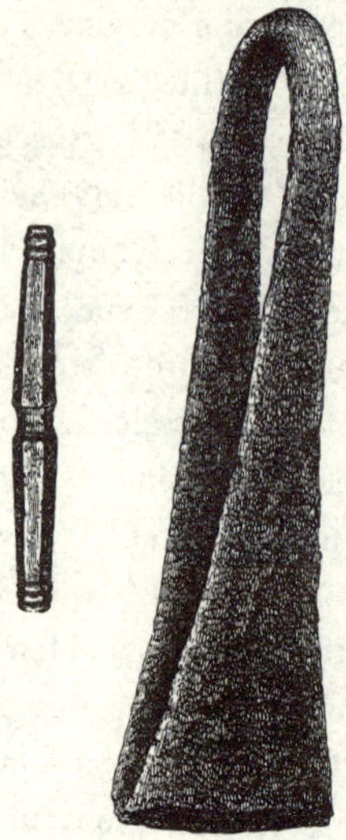

Nr. 468, 469. Ein merkwürdiger Gegenstand von Gold und eine silberne Zange aus dem Ersten Grabe. Natürliche Grösse.

und dem mittlern Todten; auch einige bronzene Messer und Lanzen.

Sehr beachtenswerth ist eine Streitaxt, die ich unter Nr. 463 darstelle, denn es kam hier kein anderes Exemplar vor. Indess ist dieselbe Art von Streitäxten in Troja sehr häufig, 14 derselben waren im trojanischen Schatz enthalten (vgl. „Atlas der Trojanischen Alterthümer“ Tafel 193, Nr. 3491—3494, 3495^{b}—3495^{g}). Im Vergleich mit unsern jetzigen Aexten unterscheiden sich diese mykenischen und die trojanischen Streitäxte dadurch, dass sie kein Loch haben, in welches der Schaft hätte gesteckt werden können, es muss daher jedenfalls die Axt im Schaft anstatt der Schaft in der Axt befestigt gewesen sein. Einige der Schwerter zeigen Spuren von Vergoldung; mehrere haben goldene Stifte im Griff. Die übrigen, unter Nr. 464, 465 und 466 dargestellten Waffen sind kurze Schwerter. Am untern Ende von Nr. 465 sieht man Spuren von Vergoldung.

Ich fand ferner bei dem Gerippe am Südende des Grabes den unter Nr. 467 dargestellten grossen Schwertgriff mit einem Bruchstück der bronzenen Klinge. Dieser Griff ist mit einem dicken Goldblech überzogen, welches mit einer prachtvollen Ornamentation in Intaglio geschmückt ist; letztere ist sehr wohl kenntlich, obgleich der Griff mit Russ und Schmutz vom Scheiterhaufen bedeckt ist. Die Verzierung ist an beiden Seiten vollkommen dieselbe. In der Höhlung des Griffes sind noch Reste des Holzes, womit er einst gefüllt war.

Bei dem Leichnam am Südende lagen auch eine grosse Masse von durchbohrten Bernsteinkugeln, ferner fünf kleine einfache Cylinder von Goldblech, in deren einem noch ein Stück Holz steckt; alle haben jedenfalls einen Stock, vielleicht ein Scepter bekleidet; weiter sieben grosse alabasterne Knaufe von Schwertgriffen und ein hölzerner, alle mit goldenen Nägeln geschmückt; auch ein Gegenstand von Gold in Gestalt eines Uhrschlüssels (vgl. Nr. 468), welcher als Spange oder Haken an einem Schultergürtel (τελαμών) gedient haben muss.

Auch wurden bei diesem Gerippe 37 runde Goldblätter von verschiedener Grösse, 21 Bruchstücke von Goldblättern, zwei zerbrochene silberne Vasen, eine silberne Zange (vgl. Nr. 469) und eine grosse Vase von Alabaster mit einem bronzenen, stark vergoldeten Mundstück gefunden; im obern Theil des Bauches sieht man an drei Seiten kleine Löcher, die beweisen, dass drei

Henkel dagewesen sind; ein grosses rundes Loch, von vier kleinen Löchern umgeben, beweist ferner, dass das Gefäss eine

Nr. 470. Goldplatte mit Intaglio: Löwe einen Hirsch jagend. Aus dem Ersten Grabe. Natürliche Grösse.

Röhre zum Ablaufen der Flüssigkeit gehabt hat. In dieser Vase lagen 32 kleine und drei grosse runde Knöpfe mit

Nr. 471. Goldplatte mit Intaglio: Löwe einen Hirsch jagend. Aus dem Ersten Grabe. Natürliche Grösse.

prachtvollem Intaglio, weiter zwei goldene Knöpfe in Gestalt von Kreuzen, jedes mit zwei ganz kleinen goldenen Griffen, und ausserdem ein kegelförmiger goldener Knopf und eine keilförmige goldene Röhre.

Ich gebe hier ferner drei jener wunderbaren Goldplatten (vgl. Nr. 470—472) in Abbildung, von denen wir schon zwei bei der Beschreibung von Nr. 460 besprochen haben. Im ganzen wurden davon 12 rechts und links von dem Körper am Nordende des Grabes gefunden. Nr. 470 stellt einen Löwen dar, der einen Hirsch verfolgt; seine vier Füsse liegen in horizontaler Linie, um die Schnelligkeit des Laufes anzudeuten, er hat aber gerade den Hirsch erreicht, der vor ihm niedersinkt, und sein Rachen ist weit offen, um ihn zu verschlingen. Der Kopf sowie die Mähne des Löwen sind ziemlich gut gemacht, dagegen ist die Darstellung des Hirsches plump und undeutlich und er hat kein Geweih. Oberhalb desselben sehen wir ein Thier mit Stacheln und langem Fischschwanz, wahrscheinlich ein Seeungeheuer. Oberhalb des Löwen sind zwei grosse Palmblätter dargestellt, unterhalb desselben die Kronen von zwei Palmbäumen und ein Palmblatt.

Eine ähnliche Scene erblicken wir auf Nr. 471, auch hier ist wiederum ein Löwe, der einen Hirsch verfolgt; dieser ist mit dem Leibe seinem Verfolger entgegengewandt, während der Kopf rückwärts gebogen ist; er steht auf den Hinterfüssen, in welche gerade der Löwe mit offenem Rachen beisst. Die Vorderfüsse des Hirsches sind emporgehoben; seine Hinterfüsse stehen unter rechtem Winkel vom Knie hervor. Gerade vor den emporgehobenen Schenkeln des Hirsches sehen wir den offenen Rachen eines grossen Kuhkopfes mit zwei langen Hörnern in Form von Halbmonden und zwei ungeheuer grossen Augen, auf die ich ganz besonders aufmerksam mache; zwischen den beiden langen Hörnern sehen wir zwei kleinere, zwischen welchen der Raum mit kleinen Gegenständen in Form von Feigen gefüllt ist; ähnliche Gegenstände sehen wir zwischen den kleinen und den grossen Hörnern. Obgleich uns der Künstler eine Vorderansicht des Kuhkopfes gegeben hat, so stellt er doch dessen Rachen im Profil dar. Rechts vom

Kuhkopf sehen wir fünf lange Palmblätter, unter welchen rechts in der Ecke ein schwer zu erkennender Gegenstand ist; er sieht einem Vogelfuss ähnlich. Jedenfalls scheint die ganze Darstellung symbolisch zu sein.

Ich glaube, es kann keinem Zweifel unterliegen, dass der Kuhkopf die Hera βοῶπις [1], die Schutzgöttin von Mykenae, darstellt, und dass, als in spätern Zeiten diese Göttin einen Frauenkopf erhielt, ihre ungeheuern Kuhaugen allein von ihrer frühern Kuhform übrig blieben und zum alleinigen charakteristischen Zeichen wurden, daher ihr Epithet βοῶπις, welches, durch Jahrhunderte langen Gebrauch geheiligt, von jener Zeit an ohne Unterschied für Göttinnen und sterbliche Frauen angewandt wurde, um grosse Augen zu bezeichnen. So z. B. wird, wie bereits erwähnt, Clymene, eine von Helena's weiblichen Dienstboten, von Homer (Ilias III, 144) βοῶπις genannt.

Die Darstellung der Hera hier mit einem doppelten Paar Hörner und den Früchten zwischen den vier Hörnern kann, wie ich glaube, keinen andern Zweck haben als den, sie zu verherrlichen. Ich glaube ferner, dass der Löwe das Haus der Pelopiden darstellt, vielleicht Agamemnon selbst, und dass der Hirsch ein vom Löwen (dem Hause der Pelopiden, vielleicht Agamemnon selbst) der Schutzgöttin der Stadt dargebrachtes Opfer darstellt; das offene Maul des Kuhkopfes mag andeuten, dass sie das Opfer gnädig entgegennimmt.

Die Goldplatte Nr. 472 stellt dieselbe Spiralornamentik dar, die wir schon mehrmals gesehen haben. An der untern Seite dieser wunderbaren Goldplatten hängt eine schwärzliche Masse fest, vielleicht eine Art Leim oder Kitt, welcher dazu gedient haben mag, sie auf platte Stücken Holz zu befestigen,

---

[1] Homer's βοῶπις πότνια Ἥρη, „die ehrwürdige Hera mit dem Kuhkopf", daher „mit Kuhgesicht" und dann „mit grossen Augen wie eine Kuh, oder mit Ochsenaugen".

auf deren beiden Seiten eine Goldplatte gewesen sein muss. Diese meine Meinung scheint auch durch die Marken der Nägel bestätigt zu werden, die wir in den Rändern der Platten sehen, denn diese Nägel können natürlich nur dazu gedient haben, sie an eine weichere Masse zu befestigen.

Nr. 473 [1] stellt die massive Goldmaske desselben Körpers am Nordende des Grabes dar; unglücklicherweise ist die untere Stirn so stark auf Nase und Augen gedrückt, dass sie entstellt ist und die Gesichtszüge unkenntlich geworden sind; charakteristisch

Nr. 472. Goldplatte mit Spiral-Ornamentation in Intaglio aus dem Ersten Grabe. Natürliche Grösse.

ist der grosse runde Kopf, die ungeheure Stirn und der kleine Mund mit den dünnen Lippen. Dagegen ist die unter Nr. 474 [2] dargestellte massiv goldene Maske des Körpers am Südende des Grabes vollkommen gut erhalten; dieselbe stellt durchaus rein hellenische Gesichtszüge dar, und ich mache besonders aufmerksam auf die lange dünne Nase, die in gerader Linie von der nur kleinen Stirn abläuft; die geschlossenen Augen sind gross, und durch die Augenbrauen gut bezeichnet; sehr charakteristisch ist auch der grosse Mund mit seinen verhältniss-

---

[1] Vgl. Vignette S. 381.
[2] Vgl. Vignette S. 332.

mässigen, schön dargestellten Lippen. Ziemlich gut ist auch der Bart dargestellt, besonders der Schnurbart, dessen Enden halbmondförmig aufwärts gebogen sind; dieser Umstand scheint zu beweisen, dass die alten Mykenier Oel oder eine Art Pomade bei ihrem Haarputz gebrauchten. Beide Masken sind von getriebener Arbeit, und gewiss wird niemand auch nur einen Augenblick daran zweifeln, dass sie die Porträts der Verstorbenen darstellen, deren Gesichter sie seit Jahrtausenden bedecken.

Man wirft sich nun unwillkürlich die Frage auf: sind sie zu Lebzeiten oder nach dem Tode ihrer Eigenthümer gemacht? Wahrscheinlich nach deren Ableben; dann aber wundern wir uns wiederum, wie es möglich war, die Masken so schnell herzustellen, denn hier wie in allen heissen Klimaten werden die Todten innerhalb 24 Stunden nach ihrem Ableben begraben, und diese Gewohnheit muss zu allen Zeiten bestanden haben. Wenn Homer die Leichen des Patroklus und Hector zehn oder zwölf Tage lang unbestattet liegen liess, so geschah dies aus besondern Gründen, und wenn sie wohl erhalten blieben, so war es, weil Thetis in die Adern des erstern und Apollo in die des letztern Ambrosia träufelten. Wie es sich auch mit den vor uns liegenden Leichen verhalten haben mag, so staunen wir doch über die Geschicklichkeit der alten mykenischen Goldschmiede, die aus massiven Goldplatten die Porträts von Menschen anfertigen konnten, die also so viel leisten konnten wie irgend ein jetziger Goldschmied. Jedenfalls aber zeigt die Geschicklichkeit der mykenischen Goldschmiede eine lange Praxis und Erfahrung in ähnlichen Arbeiten, und es kann keinem Zweifel unterliegen, dass sie zu einer Künstlerschule gehörten, die Jahrhunderte lang blühte, ehe sie solche Arbeiten liefern konnte.

Ferner wurde rechts von dem Körper am Nordende des Grabes der unter Nr. 475 dargestellte, sehr grosse goldene Becher gefunden; derselbe ist 6 Zoll hoch und ebenso breit; er hat eine schöne Ornamentik in getriebener Arbeit, welche durch einen reifartigen, horizontalen Streifen in zwei Felder getheilt ist; das Ornament des obern ist einer Reihe von Bogen auf hohen Pfeilern und aus viereckigen Steinen ähnlich, die wie eine römische Wasserleitung aussehen; das untere Feld enthält keilförmige Ornamente.

An dieser Stelle lag auch der sehr grosse goldene Becher Nr. 476, der ebenfalls nur einen grossen, breiten Henkel hat.

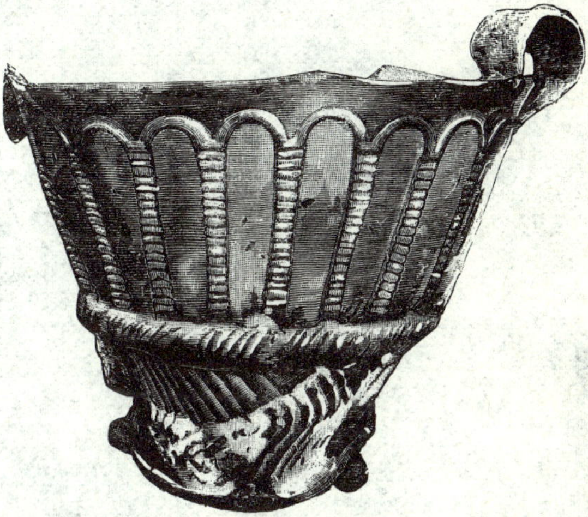

Nr. 475. Grosser goldener Becher aus dem Ersten Grabe. Ungefähr $^{3}/_{7}$ Grösse.

Dieser Becher hat $5^{3}/_{5}$ Zoll im Durchmesser und ist durch einen horizontalen Streifen in zwei Felder getheilt, beide sind verziert mit parallelen, horizontalen Reihen schöner Spiralen, in denen man eine Menge jener sonderbaren Kreuze sieht, die in den Ruinen Trojas so häufig sind und als das Symbol des heiligen Feuers, das Arani der Brahmanen angesehen werden können (vgl. „Atlas der Trojanischen Alterthümer", Tafel 121, Nr. 2377 und 2385).

Es wurde dort ferner der grosse, schöne, dicke goldene Becher Nr. 477 gefunden, der in Repoussé-Arbeit mit drei in schnellem Lauf begriffenen Löwen geschmückt ist. Dieser Becher stellt wiederum den mit einer einzigen Ausnahme allgemeinen Typus aller in Mykenae vorkommenden Becher von Terracotta dar (vgl. Nr. 83, 84, 88). Die Henkel aller dieser goldenen Becher sind mit grossen plattköpfigen goldenen Nägeln am Rande und Bauche der Gefässe befestigt.

Nr. 476. Goldener Becher aus dem Ersten Grabe. Ungefähr halbe Grösse.

Es lagen dort noch zwei andere goldene Becher, von denen der eine ebenfalls von dickem Golde, aber dessenungeachtet verbogen ist; er hat einen schönen massiven Henkel, dessen Form uns bereits mehrfach an den Bechern des Vierten Grabes vorgekommen ist. Der andere goldene Becher hat in schöner getriebener Arbeit zwei hervorstehende, parallele, reifenförmige Streifen; das obere Feld zeigt eine horizontale Zickzacklinie, die durch senkrechte Streifen aus kleinen horizontalen Strichen mit dem obern reifenförmigen Streifen verbunden ist;

ich mache aufmerksam auf die Aehnlichkeit der Ornamentik mit der Form der Galerien von Spitzbögen hier und in Tiryns. In diesem letzteren Becher steckt ein kleiner, sehr dünner und zerknickter goldener Becher.

Nr. 477. Ein goldener Becher aus dem Ersten Grabe. Ungefähr 7/10 Grösse.

Ferner wurden vier silberne Becher gefunden; einer derselben hat keine Verzierung; ein anderer zeigt in getriebener Arbeit eine Menge von parallelen Doppellinien, die oben durch Bögen verbunden sind. Die beiden andern silbernen Becher sind sehr gross, aber zerbrochen und entstellt; der eine hat nur einen hervorstehenden Streifen und ist noch mit Asche vom Scheiterhaufen gefüllt, der andere ist mit einer Menge pa-

Nr. 478. Der obere und untere Theil einer grossen Silbervase aus dem Ersten Grabe. Ungefähr $^{4}/_{10}$ Grösse.

ralleler, horizontaler Furchen geziert; in diesem steckt ein kleinerer silberner Becher und an seinem Fusse hängt noch einer jener Kieselsteine, mit welchen der Boden des Grabes bestreut ist.

In dem Fünften Grabe war neben dem in Rede stehenden Todten eine grosse silberne Vase von 2 Fuss 6 Zoll Höhe und 1 Fuss 8 Zoll im Durchmesser vorhanden, aber leider ist sie mit einer salzigen Substanz in Berührung gekommen, die das Silber in Chlorsilber verwandelt hat, infolge dessen sie in viele Stücke zerbrochen ist. Deshalb kann ich hier in Nr. 478 nur den obern und untern Theil dieser herrlichen Vase abbilden, deren ganzer Bauch mit ineinander verwebten Spiralen in Repoussé-Arbeit, der untere Theil mit horizontalen, parallelen Furchen verziert ist; ich mache aber ganz besonders darauf aufmerksam, dass man im Bilde nur die innere Seite des unteren Theils sieht. Sowol der Mund als der Streifen von kleinen Strichen am obern Theil des Bauches sind mit Kupfer plattirt, welches vergoldet war. Der Boden ist ganz von Kupfer, wahrscheinlich um dem Gefäss mehr Solidität zu geben; vermuthlich ist auch der Rand dieses kupfernen Bodens vergoldet gewesen. Von dieser Vase kann man daher sagen, dass der uralte Künstler das äusserste gethan hat, um Solidität mit Pracht zu verbinden. Ferner wurde dort der grosse Becher von Alabaster Nr. 479 gefunden; er ist $10^1/_4$

Nr. 479. Grosser Becher von Alabaster aus dem Ersten Grabe. Ungefähr $^3/_8$ Grösse.

Zoll hoch und seine Form ist der unserer Gläser nicht unähnlich.

Auch wurden dort fünf goldene Platten in Form von doppelten Adlern gefunden, von denen ich ein Paar unter Nr. 480

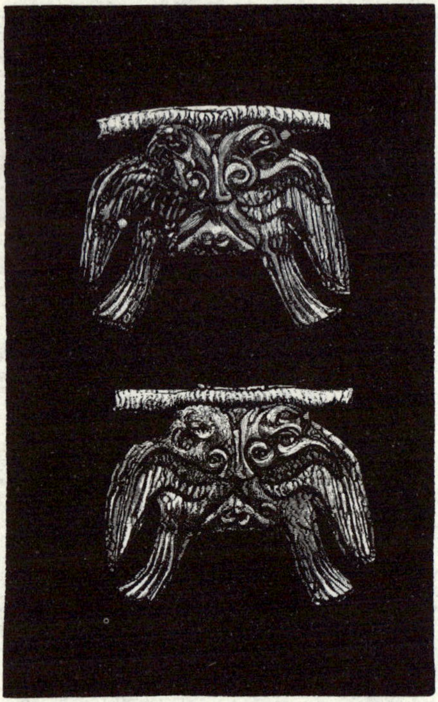

Nr. 480. Doppeladler von Goldblech aus dem Ersten Grabe. Natürliche Grösse.

darstelle; alle sind von getriebener Arbeit und einander vollkommen gleich; die Adler sind naturgetreu dargestellt, abgesehen von einer Spirallinie, die am Halse hervortritt; gerade unterhalb der Spirale sehen wir eine lange Schlange quer über den Leibern der beiden Adler liegen; sowol die Spirale wie die Schlange mögen eine symbolische Bedeutung haben. Die beiden Adler sind mit dem ganzen Leibe, sogar mit den Klauen aneinandergelehnt, halten aber die Köpfe in entgegengesetzter Richtung; über den letztern sehen wir eine lange Röhre, die nur dazu gedient haben kann, den Gegenstand auf eine Schnur, die als Halskette diente, zu ziehen.

Nr. 481. Goldblech mit Muster in Repoussé-Arbeit aus dem Ersten Grabe. Natürl. Grösse.

Ferner stammen daher fünf grosse und eine kleine schildförmige Scheibe von dünnem Goldblech mit einer Ornamentation in getriebener Arbeit (vgl. Nr. 481); dieselben haben in der Mitte einen Stern, und um denselben herum, innerhalb eines Randes von zwei doppelten Kreisen von Punkten, eine Ornamentation von Spiralen. Weiter wurden zwei kreiselförmige hohle Gegenstände von Gold gefunden, die zusammenpassen, deren Gebrauch uns aber ein Räthsel ist; vollkommen ähnliche

Gegenstände haben wir schon unter Nr. 425 und 426 gesehen; ferner eine zerbrochene silberne Vase mit dem prachtvollen

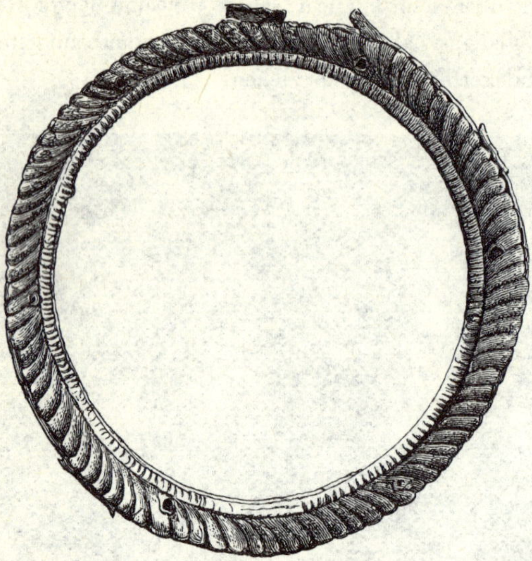

Nr. 482. Goldenes Mundstück einer Vase aus dem Ersten Grabe. Ungefähr 5/7 Grösse.

goldenen Mundstücke Nr. 482 und dem goldenen Griff Nr. 483; beide haben eine Ornamentation in getriebener Arbeit. Im Mundstück sehen wir die sechs Löcher, durch welche es mittels kleiner Nägel auf dem Halse der silbernen Vase, von der wir ein Bruchstück noch am Griff haben, befestigt war. Es wurden ferner zwei zerbrochene, unverzierte silberne Vasen gefunden, von deren einer die untere Hälfte vollkommen erhalten ist; weiter eine zerbrochene silberne Vase mit kupfernem Boden und Mundstück, welches wahrscheinlich vergoldet gewesen ist; auch wurde noch gefunden eine grosse zerbrochene silberne

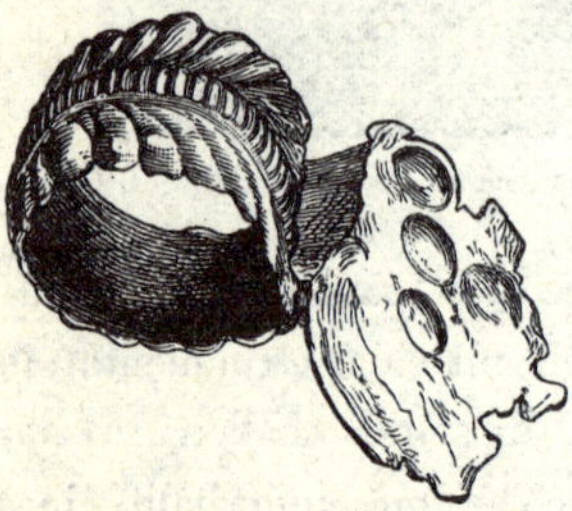

Nr. 483. Goldener Vasengriff aus dem Ersten Grabe. Natürliche Grösse.

Vase mit Spiralenverzierung in getriebener Arbeit, und zwei grosse kupferne, versilberte Scheiben, die wahrscheinlich zu silbernen Vasen gehört haben.

Aus demselben Grabe stammt der kleine Cylinder von Goldblech Nr. 484, der ganz mit einer Verzierung in Intaglio bedeckt ist, und in welchem noch jetzt ein Stück verkohlten Holzes steckt; unten war der Cylinder mit drei goldenen Nägeln an dem Holze befestigt, einen davon sieht man zur rechten. Wenn wir die Ornamentation des Cylinders von oben nach unten betrachten, so finden wir, dass sein oberer Theil durch horizontale Streifen von je drei oder vier Linien in vier Felder getheilt ist, deren oberes eine Ornamentation von kleinen concentrischen Kreisen[1] hat; das zweite Feld hat senkrechte Striche, das dritte wiederum concentrische Kreise und das vierte abermals senkrechte Striche; auf beiden Seiten dieses vierten Feldes waren goldene Nägel, von denen rechts noch einer an seiner Stelle ist. Der Raum unten ist durch senkrechte Streifen in drei vertikale Felder getheilt, von denen die zur Rechten und Linken mit einer Ornamentation von Spiralen, das mittlere mit einem baumartigen Streifen geschmückt ist; aus dem obern Theil des letzteren treten nach rechts und links zweigartige Spiralen hervor, welche Kreise bilden, in denen wir wiederum kleine Spiralen erkennen; der übrige Raum ist mit Spiralen und engverbundenen keilförmigen Verzierungen angefüllt. Somit sehen wir an diesem Cylinder nicht den zehnten Theil eines Zolls ohne Ornamentation.

Nr. 484. Cylinder von Goldblech aus dem Ersten Grabe. Natürliche Grösse.

---

[1] Wegen der Asche und des Rauchs, womit der Cylinder bedeckt ist, ist die obere Reihe von Kreisen in der Photographie nicht sichtbar.

Einschliesslich der bereits erwähnten Goldknöpfe wurden in diesem Ersten Grabe im ganzen 340 goldene Knöpfe gefunden; von den meisten derselben ist der Holzknopf verschwunden, sodass nur das Goldblech übrig ist. 84 sind glatt und ohne jegliche Ornamentation, und zwar von diesen 35 sehr gross, zwei Zoll im Durchmesser haltend, 36 kleiner von nur $1^1/_2$ Zoll im Durchmesser, und 13 klein von nur 1 Zoll oder weniger im Durchmesser. Die übrigen 256 Goldknöpfe sind in Intaglio ornamentirt; die Zahl besteht aus 13 sehr grossen von 2 Zoll im Durchmesser, 39 von ungefähr $1^1/_2$ Zoll und 194 von 1 Zoll oder weniger im Durchmesser, ferner aus acht grossen und zwei kleinen in Form von Kreuzen. Somit wurden in diesem

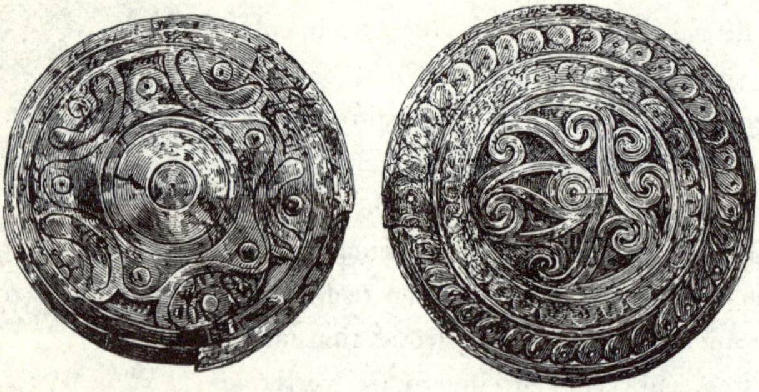

Nr. 485, 486. Goldene Knöpfe aus dem Ersten Grabe. Natürliche Grösse.

Grabe im ganzen zehn Kreuzknöpfe gefunden, die alle ihre hölzernen Knöpfe bewahrt haben; zwei der Kreuzknöpfe haben, wie bereits erwähnt, zwei kleine goldene Griffe. Um den Leser nicht zu ermüden, gebe ich hier keine Abbildung der einfachen Knöpfe, und selbst von den reich ornamentirten Knöpfen nur diejenigen, welche im Vergleich mit denen des Vierten Grabes abweichende Typen haben. Der Leser kann es daher als gewiss ansehen, dass die unter Nr. 485—491 dargestellten die einzigen grossen Knöpfe dieses Ersten Grabes sind, deren Ornamentation abweichende Typen zeigt. Auf Nr. 485 sehen wir um drei concentrische Kreise herum und innerhalb eines Randes von zwei Kreisen ein sternartiges Ornament mit halbmondförmigen Seiten und stumpfen Ecken, von denen jede

487

488

489

490

491

Nr. 487—491. Goldene Knöpfe aus dem Ersten Grabe. Natürliche Grösse.

einen kleinen Kreis enthält; der Raum zwischen den Bogen und dem Rande ist mit Halbmonden und einem kleinen Kreise ausgefüllt.

In Nr. 486 sehen wir sechs concentrische Kreise um die im Mittelpunkt befindliche Ornamentation aus Spiralen von einer neuen Form, und im Rande eine ununterbrochene Reihe eines dem Buchstaben koppa ähnlichen Zeichens. In Nr. 487 haben wir in der Mitte zwei sich gegenüberstehende Spiralen, die von fünf concentrischen Kreisen umgeben sind und darauf von einer Ornamentation aus vier Zeichen in Form eines Füllhorns und aus vier den Rand bildenden Kreisen.

Auf dem Knopf Nr. 488 erkennen wir in der Mitte eine beinahe ovale Figur, innerhalb welcher wir schwer zu beschreibende Spiralen sehen; der übrige Raum ist von einem kleinen Rande, einer Menge Bogenlinien und zwei Zweigen, die Handsägen mit Griffen in Spiralform ähnlich sind, ausgefüllt.

Die Verzierung von Nr. 491 ist prachtvoll, jedoch finde ich es schwer sie zu beschreiben. In Nr. 490 sehen wir um den mittlern Kreis herum zwei Ränder, von denen der äussere mit einer kreisförmigen Reihe doppelter Kreise ausgefüllt ist, der innere mit einer kreisförmigen Reihe von Zeichen, die einer Schlinge, auf welche ein Stein gelegt ist, ähnlich sehen. Was die Goldknöpfe zweiter Grösse betrifft, so ist das einzige neue Muster, das ich fand, unter Nr. 489 abgebildet; es stellt im Mittelpunkt ein schöne Spirale in Gestalt einer aufgerollten Schlange dar, deren Kopf deutlich sichtbar ist; ringsherum sind drei concentrische Kreise und ein Rand, der mit einer Verzierung, die einer Reihe von Feigen ähnlich sieht, ausgefüllt ist.

Von den kleinen Knöpfen stelle ich die neuen Typen unter Nr. 492—499 und 501—512 dar. Wegen ihrer besonderen Schönheit habe ich noch ein paar Muster beigefügt, wie der Leser sie bereits gesehen hat. In Nr. 492 sehen wir innerhalb eines kleinen Randes von zwei Kreisen ein blumenartiges Ornament mit drei innern und drei äussern Kreisen. In Nr. 493 innerhalb eines Randes mit runden oder viereckigen Zeichen eine Spirale in Form einer Schlange; in Nr. 494 zwei concen-

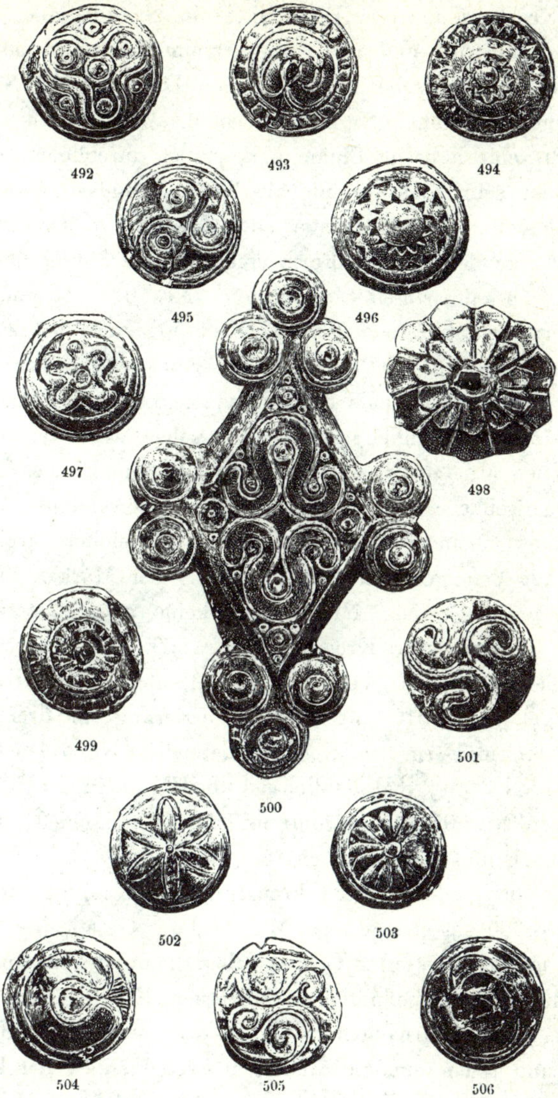

Nr. 492—506. Goldene Knöpfe aus dem Ersten Grabe. Natürliche Grösse.

trische Kreise zahnartiger Einschnitte; in Nr. 495 eine Spirale, wie sie häufig hier und in Troja vorkommt; in Nr. 496 sehen wir zwei concentrische Kreise kleiner Dreiecke; in Nr. 497 wiederum eine Blume. Nr. 498 ist ein massiver goldener Knopf und stellt eine hübsche Blume dar; er ist durchbohrt, und es mag daher sein, dass er nie als Knopf, sondern als Deckel einer kleinen goldenen Kanne oder Flasche gedient hat. In Nr. 499 erkennen wir die Form einer schönen Blume mit zwei Kreisen von zahnartigen Einschnitten. Nr. 501 zeigt genau dieselbe Ornamentation wie Nr. 495; Nr. 502 und 503 Blumen. Die Verzierung von Nr. 504 ist schwer zu beschreiben; wenn wir die Figur nach rechts drehen, so sieht sie dem Brustbilde eines Menschen ähnlich; in Nr. 505 sehen wir zwei Spiralen eines neuen Musters, in Nr. 506 wiederum eine Blume. Nr. 507 zeigt ein dreifaches 卍 mit in Spiralen umgewandelten Armen, deren jeder in einem runden Punkt endigt, welcher durch einen Strich mit den gewöhnlichen Punkten, den Marken der vier Nägel, verbunden ist. Nr. 508 hat keine andere Verzierung als vier concentrische Kreise. In Nr. 509 erkennen wir nur ein einfaches 卍 mit gebogenen Armen und den Marken der vier Nägel, in Nr. 510 eine hübsche Verzierung, die drei Messer mit Griffen in Form von Spiralen darstellt; Nr. 511 ist identisch mit Nr. 501, und endlich ist die Figur in Nr. 512 derjenigen in Nr. 507 ähnlich, nur mit dem Unterschied, dass sie hier einfach und dort dreifach ist.

Von den zehn grossen kreuzförmigen Knöpfen stelle ich unter Nr. 500 das einzige neue Muster dar. Gerade wie bei den Kreuzknöpfen des Vierten Grabes haben die unter dem Goldblech der zehn Knöpfe befindlichen hölzernen Knöpfe ganz genau dieselbe Intaglio-Ornamentation, die wir auf dem Goldblech sehen, und es ist unmöglich daran zu zweifeln, dass das Intaglio gemacht wurde, als das Goldblech schon auf dem Holzknopf befestigt war, und dass sich die auf ersterem eingeschnittene

Nr. 507—512. Verzierte goldene Knöpfe } aus dem Ersten Grabe. $^5/_6$ Grösse.
Nr. 513—518. Verzierte goldene Bänder }

Decoration durch den Druck von des Künstlers Hand auf letzterem einprägte. Der Kreuzknopf Nr. 500 hat an jedem spitzen Winkel der Lozenge oder Raute drei, und an jedem stumpfen Winkel zwei kugelförmig hervortretende Verzierungen, auf denen wir concentrische Kreise sehen, und in der innern

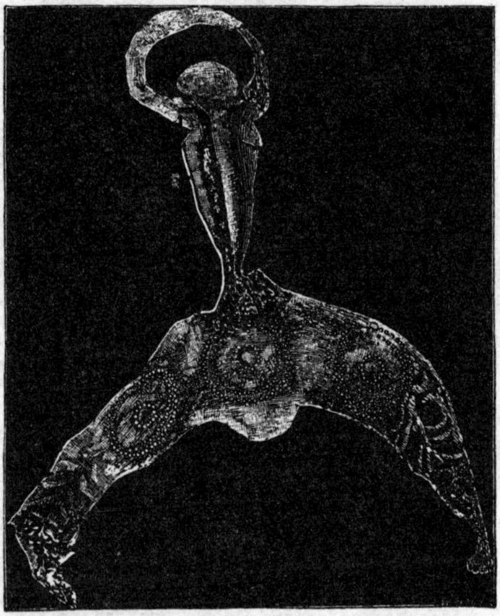

Nr. 519. Goldenes Ornament von Beinschienen aus dem Ersten Grabe. $^{10}/_{13}$ Grösse.

Lozenge oder Raute zwei Spiralen in Form von Omegas, die einander gegenüberstehen; die vier Ecken sind mit kleinen Kreisen ausgefüllt.

Die übrigen kreuzförmigen Knöpfe, die nicht Verschiedenheit genug zeigen, um abgebildet zu werden, stellen folgende Muster dar: der eine hat an jeder Ecke drei kugelförmige Verzierungen mit eingeschnittenen Kreisen, die zusammenstehen und Blumen bilden; ein anderer hat an jeder Ecke nur zwei kugelförmige Verzierungen, und die Raute hat einen breiten, mit einer ununterbrochenen Reihe kleiner Kreise gefüllten Rand. In der Mitte sehen wir einen doppelten Kreis mit Spiralen gefüllt, deren Form uns mehrfach vorgekommen ist; der übrige Raum ist in den spitzen Winkeln mit einer Spirale in Form eines Omega ausgefüllt, sowie mit drei kleinen Figuren, ähnlich wie in Nr. 500. Aehnlich dieser ist die Ornamentation eines andern kreuzförmigen Knopfes, nur mit dem Unterschiede, dass sein Rand breiter ist, und dass er anstatt des Zeichens in Nr. 500 nur einen kleinen Kreis in jedem spitzen Winkel der

520 521 522 523 524

Nr. 520—524. Knochenröhren und Knöpfe aus dem Ersten Grabe. Natürliche Grösse.

innern Raute hat. Hinsichtlich der übrigen Kreuzknöpfe finde ich keine Bemerkung nöthig, da sie den früher dargestellten vollkommen gleich sind.

Weiter wurden gefunden die breiten goldenen Bänder Nr. 513—518 mit herrlicher Ornamentation in Repoussé-Arbeit. Auch wurde dort eine runde Goldplatte gefunden, in deren Mitte wir einen Stern umgeben von drei concentrischen Kreisen, eine kreisförmige Reihe kleiner spiralischer Verzierungen und einen Rand von drei Kreisen sehen; ferner eine doppelte Goldplatte, die wahrscheinlich einen Cylinder gebildet hat.

Es wurden ferner zwei Beinschienenhalter von Gold gefunden, von denen ich einen unter Nr. 519 abbilde. Er besteht aus einem obern, in einen Ring auslaufenden Goldbande; der Ring wird dazu gedient haben ihn an einen Knopf zu befestigen; ferner aus einem untern Goldbande, das in der Mitte breit ist und allmählich nach den beiden Enden zu abnimmt; dies hat dazu gedient die Beinschiene um die Lende zu befestigen. Am obern Bande ist keine Verzierung; wir sehen dort nur ein röhrenartiges dickeres Goldblech, welches an den Rand des Ringes gelöthet ist, allmählich schmäler wird und mit Goldstiften am untern Ende des obern Bandes befestigt ist, um es dauerhafter zu machen; das untere horizontale Band ist mit getriebener Arbeit verziert, und man sieht in der Mitte drei Ornamente, bestehend in dreifachen concentrischen Kreisen aus hervorstehenden Punkten, und an jedem Ende einen Zweig mit Blättern.

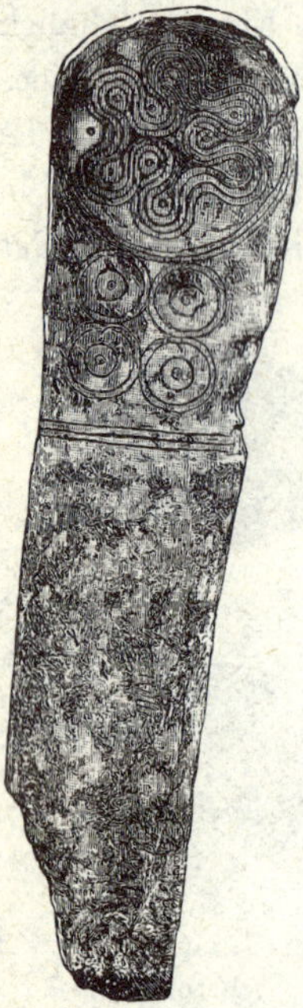

Nr. 525. Gegenstand von Elfenbein; vielleicht Griff eines Dolches. Aus dem Ersten Grabe. Nat. Grösse.

Unter den Funden in diesem Grabe erwähne ich ferner die drei knöchernen Röhren Nr. 520, 521, 522 und die beiden knöchernen Knöpfe Nr. 523 und 524, an welchen letztern noch ein Bruchstück des knöchernen Stockes vorhanden ist, der in den drei vereinigt gewesenen Röhren als Spritzenstock gebraucht ist. Somit haben wir hier höchst wahrscheinlich eine alte mykenische Clystirspritze.

Der Gegenstand Nr. 525 ist ein flaches, dickes Stück Elfenbein und mag als Griff eines Prachtdolches gedient haben. Das obere abgerundete Ende ist ein wenig concav, und wir sehen auf demselben einen doppelten concentrischen Kreis mit jener schönen Art von Spiralornamentik, die hier so häufig ist. Darunter sieht man vier dreifache concentrische Kreise und einen Streifen von drei horizontalen Linien.

Der Gegenstand Nr. 526 hat die Form eines Hufeisens und besteht, nach Professor Landerer, aus ägyptischem Porzellan, das mit einer Bleiglasur überstrichen ist, ehe es in den Ofen gestellt wurde; durch diese Procedur hat es eine glänzend grünliche Farbe. Auf der andern Seite ist dieser Gegenstand hohl

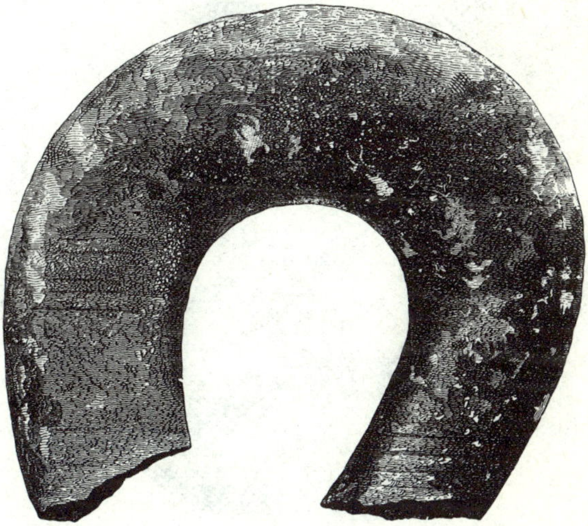

Nr. 526. Gegenstand von gebranntem Thon aus dem Ersten Grabe. Natürliche Grösse.

und muss daher auf irgend etwas anderem befestigt gewesen sein. Dieser Gegenstand sowol wie die drei vorhergehenden sind sehr dem Feuer des Scheiterhaufens ausgesetzt gewesen.

In diesem Grabe war eine ungeheure Masse Bruchstücke schöner mit der Hand gefertigter und auf dem Töpferrade gemachter Terracotten vorhanden. Unter den erstern verdienen die Becher des gewöhnlichen mykenischen Typus, aber von hellgrüner Farbe, mit schwarzer Ornamentation von Spiralen, besondere Aufmerksamkeit; ferner die viel grössern schwarzen Becher mit grossem hohlen Fuss und tiefen horizontalen Furchen in der Mitte; weiter die herrlich geformten, kleinen, einfarbigen, glänzend rothen oder schwarzen Vasen, die von feinerem Thon und besser gemacht sind als alle hier gefundenen, auf dem Töpferrade gedrehten Vasen; ferner die ebenfalls mit der Hand gefertigten hellgrünen Vasen mit schwarzen Spiralen; diese letztern sind grob gemacht und die gemalte Ornamentation

Nr. 527. Eine auf dem Rad gedrehte Vase von Terracotta aus dem Ersten Grabe. Ungefähr 1/3 Grösse.

ist sehr roh; Bruchstücke der letztgenannten Vasen fand ich in allen Gräbern und selbst zwischen den cyclopischen Mauern auf dem Berge Euboea. Unter den bemalten, auf dem Töpferrade gedrehten Vasen sind die interessantesten die mit einer dunkelrothen Ornamentation auf hellrothem oder gelbem Grunde; von diesen stelle ich eine Vase unter Nr. 527 dar.

Von grossen kupfernen Gefässen fand ich in diesem Grabe

nur sieben, die alle an der Westseite standen. Das eine derselben ist ein λέβης λοετροχόος oder Kessel zum Erwärmen des Badewassers, wie wir ihn bereits dargestellt haben [1]; er hat drei senkrechte Henkel und misst 22 Zoll im Durchmesser. Vier andere Gefässe von genau derselben Form sind etwas kleiner; das eine derselben hat drei, die übrigen haben nur zwei senkrecht stehende Henkel. Zwei der Gefässe sind ungeheure Kannen mit zwei Henkeln, deren einer den Rand mit dem Bauch verbindet, während der andere unten befestigt ist. Ich gebe hier keine weitere Abbildung davon, da wir bereits vollkommen ähnliche Kannen unter Nr. 436 und 437 sahen.

Ich erwähne ferner unter den gefundenen Gegenständen den kupfernen Boden eines Gefässes und eine Scheibe von Marmor, die als Boden einer Alabastervase benutzt sein mag, ferner einen grossen Schleifstein von feinem Sandstein; auch 16 flache viereckige Stücke Knochen mit zwei Löchern an jedem Ende; sie sind 1 Zoll 10 Linien lang, 7 Linien breit und müssen irgendwie als Verzierung gedient haben, wahrscheinlich am Pferdegeschirr.

Charakteristisch war in diesem Grabe die Masse von Holz; ausser vielen halbverbrannten Stücken Holz von dem Scheiterhaufen fand ich dort ein 9 Zoll langes, $4\frac{1}{2}$ Zoll breites Stück Cypressenholz, welches nicht vom Feuer berührt worden war, obwol es augenscheinlich zum Scheiterhaufen gehört hat; auch eine Masse von zerspaltenen hölzernen Griffen oder Werkzeugen, sowie Ueberreste von hölzernen Schwertscheiden oder von Hausgeräth, und drei Deckel von Kästchen wurden in diesem Grabe gefunden. Vielleicht noch interessanter als alle in diesem Grabe gefundenen Juwelen war ein viereckiges hölzernes Kästchen (νάρθηξ), von dem ich zwei Seiten fand, auf deren jeder ein Löwe und ein Hund in Relief ausgeschnitten sind. Obgleich

---

[1] Vgl. Nr. 438.

diese Holzsculpturen nur klein sind, so sind sie doch von sehr grossem Interesse für die Wissenschaft, denn sie beweisen uns, dass die Kunst der Holzsculptur schon im mythischen heroischen Zeitalter blühte.

Beim Herausnehmen aus dem Grabe war all dies Holz feucht und weich wie ein Schwamm, jetzt aber ist es trocken, und ich hoffe, dass es bei einiger Sorgfalt erhalten werden kann. Auch viele grössere und kleinere Stücke Kork wurden gefunden, von denen mehrere einen gebogenen Rand haben; ich schliesse daraus, dass alle zu Schilden gehört haben, andernfalls ist ihr Gebrauch unerklärlich. Auch Lebensmittel scheinen den drei Todten dieses Grabes mitgegeben zu sein, denn ich sammelte in demselben eine grosse Masse von Austerschalen, darunter mehrere ungeöffnete Austern. Eberzähne waren auch vielfach vorhanden.

Die in diesem Grabe gefundenen Menschenknochen werden mit dem übrigen Inhalt desselben im Nationalmuseum zu Athen ausgestellt werden.

Nr. 473. Massiv goldene Maske des Körpers am Nordende des Ersten Grabes. Circa 1/5 Grösse.

ZEHNTES KAPITEL.

ZUSAMMENHANG DER FÜNF GRÄBER MIT DEM KÖNIGLICHEN HAUSE DES PELOPS UND DIE CHRONOLOGIE DER AGORA.

Discussion über die Identität der fünf Gräber mit denen, welche Pausanias als die des Agamemnon und seiner Gefährten bezeichnet. — Meinungen der Gelehrten über den trojanischen Krieg. — Derselbe im Alterthum als Thatsache angesehen. — Des Verfassers fester Glaube an die Wahrheit der Tradition führte ihn zur Entdeckung von Troja und der fünf Königsgräber in Mykenae. — Die Civilisation von Mykenae ist höher als die in Troja. —

An beiden Orten ist die Töpferwaare sehr primitiver Art. — Das Alphabet war in Troja bekannt, aber nicht in Mykenae. — Dennoch mögen die beiden Civilisationen gleichzeitig bestanden haben. — Alles in den Gräbern zeugt vom gleichzeitigen Tode der Begrabenen in jedem derselben und wahrscheinlich in allen fünf. — Traditionelle Ehrfurcht vor den Gräbern. — Die wiederholt darauf errichteten Grabmäler. — Keine Gräber zwischen den beiden parallelen Reihen von schrägen Steinplatten, welche als Einfriedigung der Agora und Bank für die Versammlung dienten. — Die Agora wurde wahrscheinlich errichtet, als die Grabsteine erneuert und der Altar über das Vierte Grab gesetzt wurde, unter dem von den Rhapsoden hervorgerufenen Enthusiasmus. — Alle diese Monumente wurden im Laufe der Zeit im Schutt begraben, aber die Erinnerung an die Grabstellen blieb frisch in der Tradition, selbst lange nach der Zerstörung der neuen Stadt von Mykenae. — Zeugniss des Pausanias. — Die ungeheuern Schätze beweisen, dass es königliche Gräber waren. — Das Königthum endete in Mykenae mit der Invasion der Dorier. — Dies Ereigniss muss viel früher sein als das angenommene Datum, 1104 v. Chr. — Beantwortung der Einwürfe. — Die den Gemordeten sogar von Seiten der Mörder zutheil gewordenen Ehrenbezeugungen. — Nach der Tradition wurde Agamemnon auf schmachvolle Weise begraben. — Gebrauch die Todten mit ihren Schätzen zu begraben. — Der Grabesschatz von Palestrina. — Das Grab der Nitocris in Babylon. — Pyrrhus und die königlichen Gräber in Aegeae. — Das Grab von Corneto.

Nachdem ich nun die fünf grossen Gräber und die darin enthaltenen Schätze beschrieben habe, will ich jetzt die Frage erörtern, ob es möglich ist, erstere mit den Mausoleen zu identificiren, die Pausanias, der Tradition gemäss, dem Agamemnon, der Cassandra, dem Eurymedon und ihren Gefährten zuschreibt.

Der trojanische Krieg ist seit langer Zeit von vielen berühmten Gelehrten als ein Mythus angesehen worden, dessen Ursprung sie jedoch vergeblich bemüht gewesen sind im Rig-Veda zu finden. Im ganzen Alterthum ist die Belagerung und Eroberung von Ilium durch die griechische Armee unter Agamemnon als eine sichere historische Thatsache angesehen worden, und als solche wird sie auch von der hohen Autorität des Thucydides (I, 8—10) betrachtet. Die Tradition hat sogar die Erinnerung vieler von Homer ausgelassener Details jenes Kriegs bewahrt. Was mich betrifft, so habe ich immer fest an den trojanischen Krieg geglaubt; mein fester Glaube an Homer und die Tradition ist nie von der modernen Kritik erschüttert worden, und diesem Glauben verdanke ich die Entdeckung Trojas und seiner Schätze.

Aber das Fehlen der Ornamentation an den trojanischen Juwelen, die mit der Hand gemachte, unbemalte Töpferwaare mit eingepresster oder eingeschnittener Ornamentation, und endlich das Nichtvorhandensein des Eisens und Glases überzeugten mich, dass die Ruinen von Troja einem so hohen Alterthum angehören, dass sie um viele Jahrhunderte älter sind als die Ruinen von Mykenae, deren Chronologie ich bestimmen zu können glaubte durch das Resultat der von mir im Februar 1874 in der Akropolis gegrabenen 34 Schachte. Ich dachte daher, dass Homer nur aus einer alten, durch ihm vorangegangene Dichter bewahrten Tradition die Belagerung und Zerstörung Trojas gekannt, und dass er, für empfangene Gunstbezeugungen, seine Zeitgenossen als handelnde Personen in sein grosses Trauerspiel gestellt habe. Ich habe aber nie daran gezweifelt, dass ein König von Mykenae mit Namen Agamemnon, sein Wagenlenker Eurymedon, eine Prinzessin Cassandra und ihre Begleiter verrätherischer Weise ermordet wurden, entweder bei Tische durch Aegisthus, wie Homer (Odyssee IV, 530—535 und XI, 409—411) sagt, oder im Bade durch Klytaemnestra, wie die spätern tragischen Dichter (Aeschylus, Agamemnon 1438; Euripides, Orestes 26) behaupten, und ich hatte festes Vertrauen zu der Angabe des Pausanias (II, 16, 6), dass die ermordeten Personen in der Akropolis begraben wären. Ich war, wie schon erwähnt, in dieser Beziehung im Widerspruch mit Leake, Dodwell, O. Müller, Ernst Curtius, Prokesch und andern Reisenden im Peloponnes, welche alle die Stelle des Pausanias missverstanden und geglaubt hatten, er meine, die ermordeten Personen wären in der untern Stadt begraben.

Mein fester Glaube an die Tradition veranlasste mich die Ausgrabungen in der Akropolis zu machen und führte zur

Entdeckung der fünf Gräber mit ihren ungeheuern Schätzen. Obwol ich in diesen Gräbern in technischer Hinsicht eine sehr hohe Civilisation erkannte, so fand ich hier doch, wie in Ilium, nur mit der Hand gemachte oder uralte auf dem Töpferrade gedrehte Vasen und kein Eisen. Ausserdem war die Buchstabenschrift in Troja bekannt, denn ich fand dort eine Menge Inschriften in sehr alten cyprischen Schriftzeichen und in einer Sprache, die, soweit wir urtheilen können, wesentlich der griechischen gleichkommt, (vgl. mein „Troy and its Remains", S. 363—372), während wir jetzt die Gewissheit haben, dass das Alphabet in Mykenae unbekannt war. Wäre es bekannt gewesen, so würden die mykenischen Goldschmiede, die stets bemüht waren eine neue Ornamentation zu erfinden, freudig die Neuheit der Schriftzeichen benutzt haben, um die sonderbaren Züge in ihre Ornamentation zu verweben.

Ausserdem bestand in jenem hohen Alterthum, auf welches die homerischen Rhapsodien und die Tradition der mykenischen Gräber hinweisen, noch kein Handelsverkehr. Keiner reiste damals, es sei denn in kriegerischen oder seeräuberischen Unternehmungen. Somit mag es eine sehr hohe Civilisation in Mykenae gegeben haben, während zu derselben Zeit in Troja die Künste nur erst im Entstehen waren, und dessenungeachtet mag die Schreibkunst mit cyprischen Buchstaben um mehr als 1000 Jahre früher in Troja in Gebrauch gewesen sein, als das Alphabet in Griechenland bekannt geworden ist.

Ich habe nicht das allergeringste Bedenken zuzugeben, dass die Tradition, welche die Gräber in der Akropolis dem Agamemnon und seinen Gefährten zuschreibt, die bei ihrer Rückkehr von Ilium durch Klytemnaestra oder ihren Buhlen Aegisthus meuchlerisch umgebracht wurden, vollkommen richtig und wahr sein mag. Ich muss dies umsomehr annehmen, als wir die Gewissheit haben, dass, um nicht mehr zu sagen, alle Leichen eines jeden Grabes von gleichzeitig Gestorbenen herrühren. Die calcinirten Kieselsteine unter jeder Leiche, die Merkmale des Feuers rechts und links an den innern Wänden der Gräber, der unberührte Zustand der Asche und des verkohlten Holzes auf den Gerippen und um sie herum geben uns in dieser Beziehung die bestimmtesten Beweise. Wegen der ungeheuern Tiefe dieser Gräber und der Lage der Körper unmittelbar nebeneinander ist es unmöglich, dass drei oder gar fünf Scheiterhaufen zu verschiedenen Zeiten in einem und demselben Grabe errichtet seien. Die Gleichheit der Begräbnissweise, die vollkommene Aehnlichkeit aller Gräber, ihre sehr grosse Nähe aneinander, die Unmöglichkeit anzunehmen, dass drei oder fünf unermesslich reiche königliche Personen, die in langen Zwischenräumen verstorben waren, in einem und demselben Grabe zusammengeworfen seien, endlich die grosse Aehnlichkeit aller Schmucksachen, die sämmtlich denselben Kunststil und dieselbe Epoche beurkunden, alle diese Thatsachen sind ebenso viele Beweise, dass die 12 Männer, 3 Frauen und vielleicht 2 Kinder gleichzeitig ermordet und gleichzeitig verbrannt worden sind. Die Wahrheit der Tradition scheint ferner durch die tiefe Verehrung, welche die Mykenier, ja in der That die Bewohner der ganzen Argolis, immer diesen fünf Gräbern bewiesen haben, bestätigt zu werden. Die Scheiterhaufen waren noch nicht ausgebrannt, als sie schon mit einer Schicht Lehm und darauf mit einer Schicht Kieselsteine bedeckt wurden, auf die man sofort Erde warf. Diesem Umstand verdanken wir hauptsächlich die Erhaltung eines so grossen Quantums Holz und die verhältnissmässig gute Bewahrung der Leichen, denn nirgends waren die Knochen vom Feuer verzehrt, und an mehreren Körpern, welche mit goldenen Masken und dicken Brustplatten bedeckt waren, war sogar viel von dem Fleisch geblieben. Die Stelle eines jeden Grabes war durch Grabsteine bezeichnet, und als diese vom Staube der Jahrhunderte bedeckt und verschwunden waren, errichtete man andere Grabsteine auf der neuen Oberfläche, aber ganz genau an den Stellen, wo die alten Denkmäler verdeckt lagen. Nur auf dem grossen vierten Grabe mit den fünf Leichen errichtete man anstatt neuer Grabsteine einen Opferaltar von fast runder Form.

Wie vorhin auseinandergesetzt, war allem Anschein nach das erste Grab ursprünglich mit einem grossen Denkmal verziert, von dem die drei Grabstelen mit den Basreliefs herrühren, diese müssen wieder ausgegraben und auf der neuen Oberfläche aufgestellt worden sein.

Zuerst dachte ich, dass jede der grossen Steinplatten der kreisförmigen, doppelten, parallelen Reihen, welche als Einfriedigung und Bank der Agora dienten, ein Grabstein sei und ein Grab bezeichne; dies ist aber nicht der Fall. Es gibt keine wirklichen Gräber weder zwischen den beiden parallelen Reihen noch auf dieser oder jener Seite derselben. Die zwölf grabähnlichen, viereckigen Behälter, welche an der Nordseite innerhalb der Einfriedigung der Agora sind, haben sich als blosse Cisternen oder Reservoirs erwiesen. Sie waren mit Ueberbleibseln von Haushaltungen und Thierknochen gefüllt.

Jedenfalls scheint die Agora nur zu Ehren der in den fünf Gräbern ruhenden Personen errichtet worden zu sein, jedoch muss dies in einer späteren Zeitperiode geschehen sein, wenn auch natürlich lange vor der Einnahme von Mykenae durch die Argiver. Ich schliesse dies aus der unregelmässigen und sorglosen Bauart der cyclopischen Mauer, welche die doppelte, parallele Reihe in dem niedrigeren Theil der Akropolis trägt, und aus der Menge der darin enthaltenen Steinplatten, welche denen der Einfassung der Agora vollkommen ähnlich sind. Als ferneren Beweis erwähne ich, dass ich zwischen den Steinen dieser Mauer, sowie zwischen den beiden doppelten, kreisförmigen Reihen von Steinplatten, welche die Agora umschliessen, und in den grabförmigen Wasserbehältern nur Bruchstücke der gewöhnlichen mykenischen

Töpferwaare finde und keine Spur jener uralten, mit der Hand gefertigten oder auf der Scheibe gedrehten Gefässe, die ich in den Gräbern fand. Ich halte es daher für sehr wahrscheinlich, dass die Errichtung der Agora zusammentrifft mit der Erneuerung der Grabsteine auf dem ersten, zweiten, dritten und fünften Grabe und der Errichtung des Opferaltars auf dem vierten, und dass diese Erneuerung veranlasst wurde durch den ungeheuern Enthusiasmus, den die von Haus zu Haus wandernden und die homerischen Hymnen singenden Rhapsoden für die Helden der Ilias und der Odyssee unter dem Volk erweckten. Wahrscheinlich wurden die ruhmvollen Thaten des Königs der Männer, Agamemnon's, und seiner Gefährten häufig hier in der Agora auf ihren Gräbern gesungen.

Ich bemerke hier, dass ich innerhalb jenes geheiligten Kreises der Agora keine Spur irgendeines vorhistorischen Gebäudes fand, während die ganze übrige Akropolis auf dem Urboden mit Trümmern von cyclopischen Hauswänden bedeckt ist.

Aber dessenungeachtet dauerte die Zunahme der Schuttanhäufung fort, im Laufe der Zeit wurden die neuen Grabsteine sowie die Agora selbst begraben und verschwanden, während die Stelle der Gräber trotzdem stets frisch im Gedächtniss der Einwohner blieb.

Ich glaube übrigens, wir können mit Bestimmtheit annehmen, dass die Agora bis zur Einnahme durch die Argiver (im Jahre 468 v. Chr.) als Platz der Volksversammlung diente, denn nicht nur waren die Mykenier durch die ruhmreichsten und theuersten Erinnerungen an jene geheiligte Stätte gefesselt, sondern die Agora war auch die imposanteste und schönste Stelle der ganzen Stadt, und die Versammlung übersah von dort nicht nur die ganze untere Stadt, sondern auch die ganze Ebene mit Argos, Tiryns und Nauplia, sowie den herrlichen Golf von Nauplia.

Es ist also auch gewiss, dass bis 468 v. Chr. die Agora

rein gehalten wurde, und dass dort die Schuttaufhäufung erst anfing, als die Mykenier gezwungen worden waren auszuwandern.

Ich glaube, durch die Stellen bei Euripides, Iphig. Taur., 845; Iphig. Aul., 152, sowie 1498—1499; Hercul. Furios., 944; Orest., 1246—1247; Troad., 1088; Electra, 710—712 und 1158 bewiesen zu haben, dass dieser Dichter nothwendigerweise Mykenae besucht haben muss, denn er kannte vollkommen die besondere Bauart seiner cyclopischen Mauern, sowie die Agora in der Akropolis, und wusste sehr wohl, dass sich neben derselben das von mir ans Licht gebrachte Gebäude befand, welches von der Tradition als der alte königliche Palast bezeichnet wurde. Zu diesen Beweisen könnten wir auch noch die Stelle Electra 615 fügen, wo der Bote zu Orestes sagt: „selbst wenn Du bis innerhalb der Mauern (der Akropolis) kämest, so würdest Du doch nicht im Stande sein (den Aegisthus zu tödten)“, τειχέων μὲν ἐλθὼν ἐντὸς οὐδὲν ἂν σθένοις; ferner die Stelle Orestes 919, wo der Bote von einem Manne sagt: „selten kommt er zur Stadt (Mykenae) und zur kreisförmigen Agora“ (ὀλιγάκις ἄστυ κἀγορᾶς χραίνων κύκλον). Aus ersterer Stelle dürfen wir auch schliessen, dass Euripides wusste, dass der Palast des Aegisthus in der Akropolis war, während wir in der letzteren einen neuen Beweis davon sehen, dass er wusste, die Agora sei rund.

Ich glaube, wir können als ferneren Beweis dafür, dass Euripides Mykenae kannte, auch die Stelle Orestes 871—873 anführen:

> ὁρῶ δ' ὄχλον στείχοντα καὶ θάσσοντ' ἄκραν,
> οὗ φασι πρῶτον Δάναον Αἰγύπτῳ δίκας
> διδόντ' ἀθροῖσαι λαὸν εἰς κοινὰς ἕδρας

(Ich sehe das Volk gehen und sich setzen auf die Höhe [ohne Zweifel die Akropolis], wo nach der Ueberlieferung Danaus zuerst das Volk auf gemeinschaftlichen Sitzen vereinigte, als er [für sein Verbrechen] gegen Aegyptus zur Rechenschaft gezogen wurde).

Newton glaubt, dass der Dichter hier von Argos spreche, und so scheint es in der That schon wegen der Namen Danaus und Aegyptus, über deren Besuch in Mykenae die Sage stumm ist; ausserdem wurden ja die Mauern der Akropolis von Argos dem Danaus zugeschrieben. Wenn wir jedoch den vorhergehenden Theil der Tragödie aufmerksam durchlesen, so überzeugen wir uns, dass die Stelle nur auf die Akropolis von Mykenae Bezug haben kann. Wie es aber auch sein mag, jedenfalls gibt uns diese Stelle einen neuen Beweis dafür, dass man in der Agora sass.

Unmöglich ist es uns zu bestimmen, wie viel Jahre nach der Einnahme durch die Argiver (468 v. Chr.) Mykenae von Euripides, der im Jahre 480 geboren und im Jahre 402 v. Chr. gestorben ist, besucht wurde. Aber nach den Einzelheiten, die er uns von der Agora, sowie vom königlichen Palast gibt, scheint es keinem Zweifel zu unterliegen, dass er diese Monumente sah, dass sie folglich zur Zeit, als er die Akropolis besuchte, noch nicht ganz in Schutt begraben waren. Dagegen haben meine Ausgrabungen bewiesen, dass die Agora schon mit einer tiefen Schuttschicht bedeckt war, als die spätere griechische Stadt darüber gebaut wurde, und wegen der verschiedenen von mir angeführten Gründe (vgl. III. Kapitel, S. 70—72) muss die neue Ansiedelung ungefähr im Jahre 400 v. Chr. stattgefunden haben. Da aber aller Schutt, der die Agora bedeckte, nothwendigerweise durch den Regen, von den fünf oberen, natürlichen oder künstlichen Terrassen des steilen Felsens der Akropolis heruntergewaschen sein muss, so müssen wir auch daraus schliessen, dass Euripides Mykenae in seiner Jugend, und also bald nach der Einnahme der Stadt, besucht haben muss, denn andernfalls ist uns die gewaltige Schuttaufhäufung im Jahre 400 v. Chr. durchaus unerklärlich.

Obwol tief unter der neuen Stadt begraben, blieb dennoch

die genaue Stelle eines jeden Grabes den Bewohnern der Argolis in frischer Erinnerung. Nach einer Existenz von 200 Jahren wurde aus der einen oder andern Ursache die neue Stadt wiederum verlassen und ihre Baustelle blieb unbewohnt, dennoch aber erhielt sich die Tradition so frisch, dass beinahe 400 Jahre nach der Zerstörung der neuen Stadt die genaue Stelle eines jeden Grabes dem Pausanias gezeigt wurde. Ja, das Interesse, welches die Einwohner des Peloponnes für die fünf Gräber hegten, war noch 16 oder 18 Jahrhunderte nach dem tragischen Ereigniss so gross, dass, wie Pausanias sagt, die Lacedämonier von Amyklae den Mykeniern die Ehre streitig machten, Cassandra's Grab zu besitzen, welches sie in ihrem eigenen Dorfe zu haben glaubten. Jedenfalls sagt Pausanias (III, 19, 6), dass die Amyklaeer in ihrem Dorfe das Heiligthum und die Bildsäule der Alexandra hatten, welche sie mit Cassandra identificirten.

Die fünf Gräber von Mykenae oder wenigstens drei derselben enthielten so riesige Schätze, dass sie nur Mitgliedern der königlichen Familie angehören können. Aber die Zeit der Könige gehört in Mykenae einem sehr hohen Alterthum an. Das Königthum hörte dort auf mit der dorischen Invasion, deren Zeitpunkt immer in das Jahr 1104 v. Chr. gesetzt worden ist. Thucydides sagt, dass sie 80 Jahre nach dem trojanischen Kriege geschah, für dessen Beendigung man das Jahr 1184 v. Chr. anzusetzen pflegte. Aber in Uebereinstimmung mit allen Archäologen schliesse ich aus den trojanischen Bauten und den dort von mir gesammelten Alterthümern, dass die Eroberung und Zerstörung der Stadt, folglich auch die dorische Invasion in einer viel frühern Epoche stattgefunden haben muss.

Man hat den Einwand gemacht, dass die fünf Gräber unmöglich die irdischen Ueberreste von Agamemnon, Eurymedon, Cassandra und ihren Begleitern enthalten könnten, da diese von ihren Feinden Aegisthus und Klytaemnestra getödtet wurden, welche die Gewalt usurpirt hatten und die von ihnen Ermordeten weder selbst mit grossen Schätzen begraben noch andern erlaubt haben würden, dies zu thun. Aber dieser Einwand fällt vor dem Zeugniss Homer's, nach welchem selbst der, welcher seinen Feind tödtete, ihn mit der ganzen Rüstung und allen Waffen verbrannte. So z. B. sagt Ilias VI, 413—419 Andromache zu Hector:

. . . . οὐδέ μοι ἔστι πατὴρ καὶ πότνια μήτηρ.
ἤτοι γὰρ πατέρ' ἁμὸν ἀπέκτανε δῖος Ἀχιλλεύς,
ἐκ δὲ πόλιν πέρσεν Κιλίκων εὐναιετάωσαν,
Θήβην ὑψίπυλον· κατὰ δ' ἔκτανεν Ἠετίωνα,
οὐδέ μιν ἐξενάριξε, σεβάσσατο γὰρ τόγε θυμῷ,
ἀλλ' ἄρα μιν κατέκηε σὺν ἔντεσι δαιδαλέοισιν,
ἠδ' ἐπὶ σῆμ' ἔχεεν . . . .

. . . . und nicht mehr hab' ich ja Vater und liebende Mutter.
Siehe den Vater erschlug mir der göttliche Streiter Achilleus,
Und er verheerte die Stadt, die kilikische Männer bevölkert,
Thebe mit ragendem Thor; den Eëtion selber erschlug er,
Doch nicht nahm er die Waffen; denn graunvoll war der Gedank' ihm;
Nein er verbrannte den Held mit dem künstlichen Waffengeschmeide,
Hoch dann häuft er ein Mal . . . .

Dass es im heroischen Zeitalter Sitte war, die Todten mit den ihnen im Leben theuer gewesenen Gegenständen zu begraben, finden wir ferner bestätigt im Homer (Odyssee XI, 72—76), wo die Seele des Elpenor den Odysseus bittet, ihren Körper mit seinen Waffen zu begraben und einen Tumulus darüber zu errichten:

μή μ' ἄκλαυτον, ἄθαπτον ἰὼν ὄπιθεν καταλείπειν
νοσφισθείς, μή τοί τι θεῶν μήνιμα γένωμαι,
ἀλλά με κακκῆαι σὺν τεύχεσιν, ἅσσα μοι ἔστιν,
σῆμα τέ μοι χεῦαι πολιῆς ἐπὶ θινὶ θαλάσσης

Nicht unbeweint, unbegraben verlass mich, wann du hinweggehst,
Scheidend von mir; dass nicht dir Götterzorn ich erwecke;
Nein, mich verbrenne zuvor mit den Rüstungen, die ich geführet;
Häufe mir dann am Gestade des graulichen Meeres ein Grabmal.

Mein geehrter Freund, Professor Semiteles in Athen erinnert mich daran, dass bei Sophocles (Ajax 577) Ajax bittet, mit seinen

Waffen begraben zu werden: τὰ δ' ἄλλα τεύχη κοίν' ἐμοὶ τεθάψεται (meine übrigen Waffen sollen mit mir begraben werden).

Es scheint ausserdem, dass die Mörder, indem sie die 15 königlichen Leichen mit ungeheuren Schätzen begruben, nur einem von Alters her bestehenden Gebrauch gemäss handelten, und somit nur eine heilige Pflicht erfüllten.

Dagegen scheint die Sitte des Zeitalters ihnen hinsichtlich der Gestalt der Gräber und der Bestattungsweise volle Freiheit gelassen zu haben, infolge dessen jene denn auch so schmachvoll und erbärmlich wie möglich waren. Die Gräber waren nichts als unregelmässige, tiefe, viereckige Löcher, worin die königlichen Schlachtopfer zu drei und sogar zu fünf niedergelegt und auf deren Grunde sie verbrannt wurden, aber alle abgesondert von einander, damit ihre Knochen nicht vermischt würden. Ich theile vollkommen Newton's Meinung, dass alle fünf grossartigen und prachtvollen Schatzhäuser in der untern Stadt und der Vorstadt nothwendigerweise älter sein müssen als die fünf königlichen Gräber in der Akropolis, und wenn wir bedenken, dass Fürsten, die so grandiose unterirdische Paläste als Speicher für ihre Schätze gebrauchten, wie Aas unreiner Thiere in erbärmliche Löcher geworfen worden sind, so finden wir schon in dieser schmählichen Bestattung ein gewaltiges Argument zu Gunsten der Wahrheit der Tradition, welche diese Gräber als die Mausoleen des Königs der Männer, Agamemnon's, und seiner Begleiter bezeichnete, die bei ihrer Rückkunft von Ilium meuchlerischerweise von Aegisthus und Clytaemnestra getödtet wurden.

Professor Paley erinnert mich daran, dass schon die ausgezeichnete griechische Gelehrte, Fräulein A. Swanwick, die Uebersetzerin mehrerer griechischer Classiker (unter andern auch der „Orestea“ des Aeschylus), die sehr richtige Bemerkung gemacht hat, dass die alte Tradition den Agamemnon in der Stille und auf schmähliche Weise begraben werden lässt; er macht mich gleichzeitig auf die nachstehenden Stellen den Tragikern aufmerksam, um zu beweisen, wie alle in dieser Hinsicht übereinstimmen. So z. B. lesen wir bei Aeschylus, Agamemnon 1552—1554:

πρὸς ἡμῶν
κάππεσεν, κάτθανε, ἡμεῖς καὶ καταθάψομεν
οὐχ ὑπὸ κλαυθμῶν τῶν ἐξ οἴκων

(durch unsere Hände ist er gefallen und gestorben und wir werden ihn begraben, aber nicht mit häuslichen Wehklagen und Jammergeschrei). Wir sehen aber fortwährend bei Homer, dass das Wehklagen der Verwandten und aller derjenigen, die zum Hause gehörten, für die Ehre und den Frieden des Verstorbenen wesentlich nothwendig war. So z. B. lesen wir in der Ilias XIX, 301—302:

ὣς ἔφατο (Βρισηῒς) κλαίουσ'· ἐπὶ δὲ στενάχοντο γυναῖκες,
Πάτροκλον πρόφασιν, σφῶν δ' αὐτῶν κήδε' ἑκάστη

(so sprach die Tochter des Brises weinend, und die Frauen [die übrigen Sklavinnen] brachen in Jammergeschrei aus, dem Scheine nach um Patroklos, in Wirklichkeit aber bejammerte jede nur ihr eigenes Unglück).

Wir lesen ferner bei Aeschylus, Choeph. 430—433:

πάντολμε μᾶτερ, δαΐαις ἐν ἐκφοραῖς
ἄνευ πολιτᾶν ἄνακτ',
ἄνευ δὲ πενθημάτων
ἔτλης ἀνοίμωκτον ἄνδρα θάψαι

(O freche Mutter! wie einen Feind hast du es gewagt deinen Herrn zu begraben, einen König ohne seine Bürger, einen Ehemann ohne der Frau Thränen).

Ferner ebendaselbst Vers 479: πάτερ, τρόποισιν οὐ τυραννικοῖς θανών (O Vater! der du nicht auf königliche Weise gestorben bist). Auch bei Sophocles, Electra, 444: ὑφ' ἧς θανὼν ἄτιμος, ὥστε δυσμενής, ἐμασχαλίσθη (nachdem sie ihn auf schmähliche Weise wie einen Feind getödtet hatte, zerhieb und zerhackte sie seine Glieder). So bei Euripides, Troades 446: ἦ κακὸς κακῶς ταφήσει νυκτός, οὐκ ἐν ἡμέρᾳ (gewisslich wie ein Verbrecher wirst Du bei Nachtzeit, nicht am Tage begraben werden).

Es mag hier an der Stelle sein, zu erwähnen, dass Sophocles, dem Anschein nach, Mykenae nie besucht hat, denn er dachte sich Agamemnon's Grab als einen Tumulus, Electra 894: τύμβου δ' ἐπ' ὄχθῳ τῷδε κηρύσσω πατρί (auf dem Hügel dieses Grabes verkündige ich dies meinem Vater).

Dass es im hohen Alterthum Sitte war, Könige mit ihren Schätzen zu begraben, wird durch verschiedene alte Schriftsteller bewiesen. So lesen wir z. B. bei Diodorus Sic. (II, 21—28), dass Sardanapal, der letzte König von Assyrien, in einem seiner Höfe einen ungeheuern Scheiterhaufen errichtete, auf welchem er sich mit allen seinen Schätzen, seinem königlichen Schmuck, seinen Frauen und Eunuchen verbrannte.

Auch lesen wir im Herodot (I, 187): „Dieselbe Königin, Nitokris, beging den folgenden Betrug. Oberhalb des frequentesten Thores der Stadt (Babylon) errichtete sie für sich selbst ein Grab, welches aus dem Giebel des Thores hervorstand. Und in dies Grab schnitt sie eine Inschrift nachstehenden Inhalts ein: «wer von den Königen Babylons, die mir nachfolgen, sich in Geldverlegenheit befinden mag, möge er das Grab öffnen und soviel Schätze nehmen, als er will. Möge er es aber in keinem andern Falle öffnen, als wenn er wirklich Geld nöthig hat, denn es würde (andernfalls) nicht gut sein». Dies Grab blieb unangerührt, bis das Königreich an Darius überging. Darius war ärgerlich darüber, dass er nie das Thor gebrauchen konnte, und dass, obgleich Schätze dalagen und obgleich die Schätze selbst ihn einluden, es ihm dennoch nicht erlaubt sein sollte sie zu nehmen. Er konnte aber dies Thor nicht gebrauchen, denn durch dasselbe gehend würde er den Leichnam über seinem Kopfe gehabt haben. Als er nun das Grab öffnete, fand er keine Schätze, er fand aber die Gebeine und eine Inschrift, wie folgt: «wenn Du nicht unersättlich und gierig wärest nach Schätzen, so würdest Du nicht die Gräber der Todten geöffnet haben».“

Diese Erzählung des Herodot beweist zwei Dinge, erstens, dass es in Babylon Sitte war die königlichen Leichen mit Schätzen zu begraben, und zweitens, dass eine heilige Scheu die Leute abhielt die Wohnungen der Todten zu plündern.

Wir lesen ferner im Diodorus (IV, 22, 23): „Als Pyrrhus Aegeae geplündert hatte, welches die Residenz der macedonischen Könige war, liess er dort die Galater. Da diese von einigen Leuten gehört hatten, dass nach alter Sitte grosse Schätze in den königlichen Gräbern zusammen mit den Leichen beigesetzt waren, so gruben sie alle Gräber auf, und nachdem sie dieselben beraubt hatten, theilten sie die Schätze unter sich, warfen aber die Knochen der Todten weg. Pyrrhus schalt sie wegen dieses Frevels, bestrafte sie aber nicht, da er sie in den Kriegen nöthig hatte“. Dies beweist nun wiederum, dass es in Macedonien eine alte Sitte war, die Verstorbenen aus königlicher Familie mit Schätzen zu begraben, und dass das Volk durch eine heilige Scheu verhindert wurde die Gräber anzurühren, denn obwol es seit Jahrhunderten bekannt war, dass dieselben Schätze enthielten, so hatte dennoch niemand gewagt diese zu rauben.

Ich erinnere ferner an den grossen Schatz von kunstvoll geschmückten Gold- und Silbervasen und andern Juwelen, sowie von bronzenen Gefässen, Vasen, Waffen u. s. w., der kürzlich in einem Grabe in Palestrina entdeckt worden ist und dem 7. Jahrhundert v. Chr. zugeschrieben wird, jener Epoche, in welcher der Einfluss der Civilisation und Industrie des Orients in Etrurien und in Latium dominirte, ehe diese Länder der Gewalt des hellenischen Geistes unterlagen, jener Epoche, in welcher die beiden Ströme des assyrischen und ägyptischen Luxus und Ideenkreises sich in ihrer Wirkung auf die Kunst gemischt hatten und durch die phönizischen Handwerker und

Händler nach dem Occident geleitet wurden, denn dahin brachten sie ihre Fabrikate, welche geschmückt waren gemäss den Ideen, die sie an den Ufern des Euphrats auf der einen Seite und des Nils auf der andern Seite eingesogen hatten.

Ich mache ferner auf das Grab von Corneto aufmerksam, dessen Inhalt, wie bereits erwähnt, im Museum zu Berlin ist. Dies Grab, welches einer dem Einfluss griechischer Cultur in Italien vorangehenden Epoche angehört, somit älter ist als das 7. Jahrhundert v. Chr., enthält nicht nur Rüstung und Waffen, sondern auch alles Hausgeräth, bronzene Kessel, Trinkgefässe u. s. w. eines reichen Kriegers.

Mein geehrter Freund, Dr. Karl Blind, führt in seinem ausgezeichneten Werkchen „The Fire Burial", das Gesetz des Odin in Skandinavien an, welches wie folgt lautet: „Odin befahl, dass die Todten verbrannt werden sollten, und dass alles, was ihnen zugehört hatte, auf den Scheiterhaufen getragen werden sollte. Er sagte, dass ein jeder zu Walhalla emporsteigen würde mit so viel Reichthümern, als man auf seinem Scheiterhaufen anhäufen würde, und dass er sich in Walhalla ebenfalls aller jener Dinge erfreuen würde, welche er in der Erde versteckt hätte. Die Asche solle ins Meer geworfen oder tief in der Erde begraben werden. Jedoch solle man durchlauchtigen Männern einen Tumulus errichten, als Zeichen der Erinnerung".

Dr. Blind gibt auch in demselben Werkchen die Beschreibung von Beowulf's Leichenbegängniss, um zu beweisen, dass es auch bei den Angelsachsen Sitte war, die Todten mit ihren Schätzen zu begraben:

Geatland's men for him then made
A pyre broad, most firmly built,
With helms bedeckt, with war-shields hung,
And armour bright, as he them bade,
In the midst they laid, the sorrowing heroes,
Their mighty ruler, their beloved lord

(Geatland's Männer errichteten alsdann für ihn einen breiten, sehr fest gebauten Scheiterhaufen, und wie er ihnen befohlen hatte, bedeckten sie diesen mit Helmen und behängten ihn mit Kriegsschilden und glänzenden Rüstungen. In die Mitte legten die trauernden Helden ihren mächtigen Herrscher, ihren geliebten Herrn).

Ich halte es für überflüssig hier an die Sitte im alten Aegypten zu erinnern, die Todten mit ihren Schätzen zu begraben, denn alle Sammlungen von ägyptischen Alterthümern in der ganzen Welt stammen aus ägyptischen Gräbern. Somit haben wir den Beweis, dass es im hohen Alterthum in Babylon, Aegypten, Italien, Macedonien, Scandinavien und Deutschland Sitte war, die Reichen mit ihren Schätzen zu begraben, und meine Ausgrabungen haben bewiesen, dass diese Sitte auch zur Zeit der Atriden in Mykenae bestand.

Nr. 528. Goldener Becher (δέπας ἀμφικύπελλον) mit Hundskopfhenkeln aus dem Grabe südlich von der Agora. Halbe Grösse.

ELFTES KAPITEL.

GOLDSACHEN GEFUNDEN IN DEM GRABE UNMITTELBAR SÜDLICH VON DER AGORA.

Entdeckung und Beschreibung eines fernern Grabes in der Akropolis ausserhalb der Agora. — Sein cyclopisches Mauerwerk ist dem der fünf Gräber ähnlich. — Die Goldsachen dieses Grabes. — Becher mit zwei Henkeln. — Eine einfache goldene Schale (φιάλη). — Spiralen und Ringe von Gold- und Silberdraht, ähnlich denen der ägyptischen Gräber. — Ein goldener Siegelring mit schöner Intaglio-Arbeit. — Ausführliche Beschreibung desselben. — Die Gesichtsdecken der weiblichen Gestalten beweisen, dass man bei Lebzeiten Masken trug. — Eine Figur stellt ein Palladium dar. — Sechs andere rohe Figuren, die den trojanischen Idolen sehr nahe kommen;

ihre Aehnlichkeit mit dem „corinthischen Helm“ der Minerva. — Jener Ring erinnert an Homer's Beschreibung von Achill's Schild. — Ein kleinerer goldener Siegelring mit vier Palladien und drei Idolen der Hera. — Ein schöner Löwe von massivem Golde. — Goldene Schieber von Halsketten. — In diesem Grabe gefundene Thierknochen. — Die Menschengerippe wahrscheinlich beim Bau der Wasserleitung weggeworfen; der kleine Raum, wo die Goldsachen lagen, entging der Plünderung. — Die drei sonderbaren linsenförmigen Gemmen von Halsbändern, der eine gefunden auf der Baustelle von Phoenike, die andern neben dem alten Heraeum. — Der erste stellt phoenizische Figuren dar. — Beschreibung der beiden andern. — Die cyclopischen Fundamente des alten Heraeums sind wahrscheinlich so alt wie die Mauern von Tiryns und Mykenae. — Es wurde 423 v. Chr. durch Feuer zerstört und seine Baustelle blieb verlassen.

Athen, 1. März 1877.

Mein Ingenieur Vasilios Drosinos aus Nauplia war in Gesellschaft des Malers D. Tuntopulos am 20. Januar nach Mykenae gegangen, denn letzterer hatte für mich eine Ichnographie der fünf grossen Gräber und der sie umgebenden grossen kreisförmigen Agora anzufertigen. Drosinos benutzte die Zeit, um die von ihm für mich gemachten Pläne zu prüfen, und erkannte bei dieser Gelegenheit genau südlich von der Agora die Form eines Grabes, dessen Stelle auf beifolgendem Plane B mit dem Buchstaben P bezeichnet ist und von welchem Plan G eine besondere, sehr genaue Zeichnung gibt. Aus letzterer ersieht man, dass die Einrichtung dieses Grabes von jener der innerhalb der Agora befindlichen fünf Mausoleen verschieden ist, denn an seiner Nordseite ist der Fels auf eine Strecke von nur 2 Meter (6 Fuss 8 Zoll) senkrecht ausgeschnitten, während dies an der Ostseite doppelt so weit als nöthig der Fall ist; die verticale Höhe dieses Felsens ist 1 Meter 70 Centimeter (5 Fuss 8 Zoll). Die senkrecht geschnittene Ostseite ist mit einer sehr plumpen, ohne Cement gebauten Mauer aus unbehauenen Steinen bekleidet, und dasselbe ist an der Nordseite der Fall. Hier aber erstreckt sich die kleine cyclopische Mauer in gerader Linie 6 Meter (20 Fuss) weit, somit um 13 Fuss 4 Zoll weiter westlich als der Fels reicht; an der West- und Südseite ist gar kein Fels, sondern nur dieselbe Art roh gebauter Mauer, die so unregelmässig errichtet ist, dass, während die Nordseite des Grabes 20 Fuss und seine Ostseite 13 Fuss 4 Zoll lang ist, seine Südseite nur 17 Fuss 4 Zoll und seine Westseite 12 Fuss misst. In der Südostecke des Grabes ist das cyclopische Mauerwerk auf eine Strecke von 1 Meter 80 Centimeter (6 Fuss) zerstört, augenscheinlich von den Erbauern der kleinen cyclopischen Wasserleitung aus unbehauenen, ohne Cement verbundenen Steinen, welche an der Ost- und Nordseite des Grabes entlang läuft und ohne Zweifel aus späterer Zeit als letzteres stammt.

Wie man aus dem Plan G ersieht, hatte ich diese Stelle bis zu einer Tiefe von 6 Meter 70 Centimeter (22 Fuss 4 Zoll) ausgegraben und war auf der einen Seite 5 Fuss, auf der andern 5 Fuss 4 Zoll tief innerhalb der Mauern dieses Grabes vorgedrungen, in welchem ich nur eine 1 Fuss 10 Zoll tiefe Schuttschicht zurückgelassen hatte. Da aber das Grab unmittelbar östlich von dem grossen cyclopischen Hause liegt, von welchem ich mehrere Zimmer bis zum Felsen ausgegraben hatte, ohne etwas besonderes zu finden, so hatte ich das Grab als ein zum Hause gehöriges Zimmer betrachtet und es unterlassen, den geringen Schutt auszugraben, der noch seinen Grund bedeckte. Aber mein ausgezeichneter Ingenieur war scharfsichtiger; ihm fiel das Aussehen der Mauern auf, die viel roher und unregelmässiger als das cyclopische Haus gebaut sind, er erkannte sogleich die vollkommene Gleichartigkeit des Mauerwerks mit dem in den grossen Gräbern, und da er die nördliche Mauer theilweise und die südliche ganz und gar an den Felsen gelehnt sah, so überzeugte er sich, dass es ein Grab sei. Bei seiner Rückkehr nach Nauplia theilte er daher seine wichtige Entdeckung einem Regierungsbeamten Namens Stamatakes mit, der am selbigen Tage vom Generaldirector der Alterthümer,

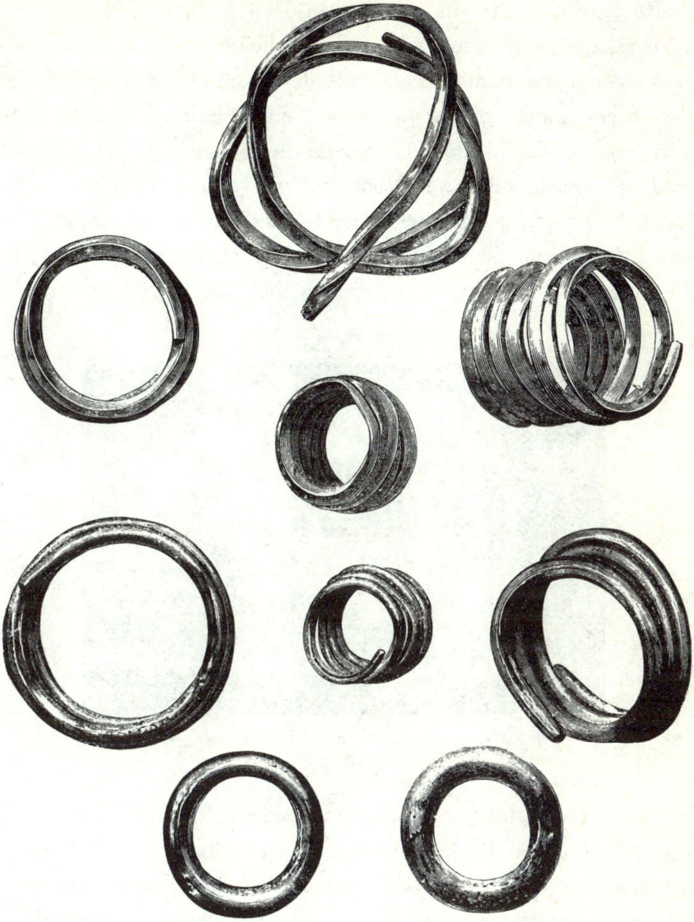

Nr. 529. Goldene Ringe, Golddraht (rund und viereckig) in Spiralen, und ein Silberring. Alle in doppelter Grösse.

Herrn Panagiotes Eustratiades nach Nauplia geschickt war, um in der Akropolis von Mykenae eine Stelle zur Errichtung einer hölzernen Hütte für die Wächter auszuwählen. Drosinos zeigte ihm auf meinen Plänen genau die Stelle des Grabes und gab ihm in Rücksicht darauf die genauesten Details, sodass der Beamte sogleich die Stelle fand und einen Arbeiter annahm, bei dessen erstem oder zweitem Schlage mit der Hacke ein goldenes Gefäss ans Licht kam. In weniger als einer halben Stunde hatte man die nachstehenden Gegenstände gesammelt: vier grosse goldene Becher mit zwei Henkeln, von denen ich einen unter Nr. 528 darstelle; alle diese vier Becher haben ganz genau dieselbe Form und sind beinahe von gleicher Grösse; alle stellen den homerischen δέπας αμφικύπελλον dar, denn alle haben zwei

Nr. 530. Goldener Siegelring aus dem Grabe südlich von der Agora. Doppelte Grösse.

Henkel. Diese letztern sind mit goldenen Nägeln am Rande und Bauche der Becher befestigt, und alle endigen in einen Hundskopf, der den Rand im Maule hält und aus dem Becher zu trinken scheint. Ausser den Hundsköpfen haben diese vier Becher durchaus keine Ornamentation und ihre Form ist mit der des Bechers Nr. 343 identisch, nur mit dem Unterschied, dass letzterer nur einen Henkel hat. Zusammen mit den vier Bechern wurde eine grosse unverzierte goldene Tasse, φιάλη, gefunden; dieselbe hat nur einen Henkel, der mittels vier goldener Nägel mit grossen flachen Köpfen befestigt ist.

Es wurden dort ferner vier Spiralen aus dickem viereckigen und sieben Spiralen aus dickem runden Golddraht, fünf einfache goldene Ringe und ein gleicher von Silber gefunden, von denen ich unter Nr. 529 eine Auswahl darstelle. Ich erinnere hier daran, dass ähnliche Spiralen und Ringe von dickem Golddraht in den Wandgemälden der ägyptischen Gräber vorkommen und, wie vermuthet wird, als Geschenke oder vielleicht als Tauschmittel gedient haben.

In diesem Grabe fand sich ausserdem ein goldener Siegelring gleicher Form wie die von mir im Vierten Grabe entdeckten (vgl. Nr. 334—335), aber doppelt so gross wie diese. Aus dem Bilde dieses Ringes, Nr. 530, welches denselben in doppelter Grösse darstellt, ersieht man, dass er ganz mit Intaglio-Arbeit bedeckt ist. Links vom Beschauer ist ein Baum dargestellt, dessen Stamm sicher dem einer Palme ähnlich ist; er hat funfzehn kurze Zweige, an denen wir keine Blätter, aber grosse Trauben kleiner Früchte sehen; jede Traube sieht einer Ananas ähnlich; unter dem Baume steht ein kleines Mädchen, welches etwas rückwärts übergebogen ist und beide Arme gerade unter der niedrigen Fruchttraube ausstreckt, als wenn es im Begriff stände, dieselbe abzupflücken. Mein geehrter Freund, der Professor der Botanik Th. Orphanides in Athen, sagt, dass unter allen Bäumen Griechenlands dieser Baum am meisten einer Fichte ähnlich sieht, dass aber, da das kleine Mädchen im Begriff steht eine der Früchte abzupflücken, die Frucht nothwendigerweise essbar sein muss; er vermuthet daher, dass der Künstler hier einen Brotfruchtbaum hat darstellen wollen, da von allen Früchten Indiens die Brotfrucht der des vor uns stehenden Baumes am ähnlichsten sieht. Ich erinnere mich jedoch nicht, je den Brotfruchtbaum in Indien gesehen zu haben; ich sah ihn nur in Centralamerika.

Mein geehrter Freund, der Professor der Botanik v. Heldreich in Athen, glaubt hingegen, dass der alte mykenische

Künstler hier einfach einen mit Trauben beladenen Weinstock hat darstellen wollen und dass nur durch seine Ungeschicklichkeit der Weinstock zum dicken Baum geworden ist. Ich bin vollkommen derselben Meinung.

Von des jungen Mädchens Kopf hängen zwei lange Haarflechten den Rücken hinab; das Kleid ist unterhalb der Taille durch zwei horizontale Streifen in drei Felder getheilt, wahrscheinlich um auf seine Pracht aufmerksam zu machen; von den Armen hängen zwei Bänder herab, welche die Aermel andeuten mögen.

Auf der andern Seite des Baumes, mit dem rechten Arm daran gelehnt, sitzt eine grosse Frau mit edlen griechischen Gesichtszügen; die Augen sind gross und die Nase läuft in gerader Linie von der Stirn aus wie auf den Sculpturen des Parthenon; der Kopf ist mit einem spitz zulaufenden Turban bedeckt, unter welchem eine Haarflechte auf den Rücken niederhängt; gerade über der Haarflechte sehen wir am Turban zwei Ornamente. Ich mache besonders aufmerksam auf das sonderbare Zeichen gerade über der Stirn, welches wahrscheinlich bezweckt ein Diadem darzustellen; jedoch habe ich kein Diadem dieser Art in irgendeinem der fünf Gräber gefunden; der obere Theil des Gewandes sitzt sehr straff am Leibe, dennoch stehen die Brüste hervor; der untere Theil des Kleides ist mit einer Menge horizontaler Streifen geschmückt und hat die Form weiter Beinkleider, welche halbmondförmig an den Knöcheln endigen; während die rechte Hand auf dem Schos ruht, hält die Frau in ihrer emporgehobenen linken drei Mohnblumen, die sie, dem Anschein nach, einer prachtvoll gekleideten hohen Frau darbietet, die vor ihr steht und die rechte Hand nach den Blumen ausstreckt.

Der Kopf dieser grossen, stehenden Frau ist mit einer Art Turban bedeckt, welcher den Turbanen, wie sie jetzt in Indien getragen werden, ähnlich sieht, nur mit dem Unterschiede, dass der Turban hier in eine Spitze ausläuft, von der ein langes

Ornament auf den Rücken niederhängt. Eine weitere Verschiedenheit ist, dass von dem Vordertheil des Turbans eine Art Gesichtsbedeckung oder Maske hervorsteht, in welcher wir deutlich die beiden Augen und die Nase erkennen; hier aber ist diese Maske emporgehoben, und wir sehen unterhalb derselben die natürlichen Augen der Frau. Ein dritter Unterschied zwischen diesem und einem indischen Turban ist, dass von der rechten Seite desselben, also zur linken des Beschauers, ein Streifen, der ebenfalls ein Ornament darstellen muss, herabhängt. Eine vierte Verschiedenheit ist das sonderbare Ornament, welches wir gerade über der Stirn sehen und welches eine Art Diadem sein muss. Die Gesichtszüge dieser Frau sind entschieden männlich und das Haar ist kurz geschnitten; jedoch wollte der Künstler, dass hinsichtlich des Geschlechts kein Zweifel bestünde und gab ihr zwei grosse, hervorstehende Frauenbrüste. Gerade über den Brüsten sehen wir zwei horizontale Streifen, die wahrscheinlich Halsbänder darstellen sollen; auch dürfen wir den langen Streifen nicht unerwähnt lassen, der von der rechten Schulter herabhängt. Ihr unteres Gewand scheint ebenfalls die Form von ungeheuer weiten Beinkleidern zu haben, und von den Hüften nach unten sehen wir auf der Bekleidung eines jeden Beines fünf breite, krumme, parallele Streifen, die keinen andern Zweck haben können, als die Pracht und den Glanz des Gewandes zu beurkunden: je weiter nach unten diese Streifen sich befinden, desto mehr sind sie gebogen, und der unterste hat ganz die Form eines Halbmondes. Unterhalb des untern Endes der Beinkleider sehen wir, dass die Frau Unterhosen trägt, die mit einer Spange befestigt sind. Ueber dem Vordertheil des Turbans dieser Frau ist wiederum ein Ornament dargestellt, dessen Art sich nicht erkennen lässt.

Gerade unter ihrem ausgestreckten rechten Arm sehen wir eine kleine weibliche Gestalt, wahrscheinlich ein Kind, welches in jeder seiner ausgestreckten Hände einen Gegenstand hält, dessen Natur wir nicht zu erkennen vermögen, und den es der sitzenden Frau darzubieten scheint; der Kopf des Kindes ist mit einem Turban bedeckt und eine lange Haarflechte oder ein Ornament hängt auf seinen Rücken hinab; es trägt ein Halsband, und sein Kleid ist durch horizontale, parallele Streifen in drei oder vier Felder getheilt. Die Gesichtszüge des Kindes sind sehr ausdrucksvoll.

Gerade über der ausgestreckten Hand der grossen, stehenden Frau sehen wir an einem Stiel zwei doppelte Aexte, die denen auf den Medaillen von Tenedos und den zwischen den Kuhhörnern dargestellten (vgl. Nr. 329, 330) vollkommen ähnlich, aber reich ornamentirt sind; die zweite doppelte Axt steht auf beiden Seiten hinter der ersten hervor. Selbst der Stiel dieser Aexte ist ornamentirt und endet in eine scharfe Spitze.

Hinter dieser grossen, stehenden Frau steht eine andere, deren Anzug ich nicht beschreiben will, da derselbe vollkommen mit dem ihrer Gefährtin identisch ist, über dem Vordertheil ihres Turbans sehen wir dasselbe sonderbare Ornament, dessen Art nicht zu erkennen ist. Sehr gut sichtbar ist ihr indischer Turban, der auch in eine Spitze ausläuft, und von dem ein langes, bandähnliches Ornament auf ihren Rücken niederhängt. Die Gesichtsdecke oder die Maske, die vom Vordertheil ihres Turbans herabhängt, bedeckt genau den obern Theil des Gesichts und die Nase; dieselbe enthält Oeffnungen für die Augen, denn das grosse linke Auge sieht heraus. Ich mache ganz besonders auf die Gesichtsdecken dieser beiden Frauen aufmerksam, denn sie geben uns den deutlichsten Beweis, dass Masken nicht nur zum Schmuck der Todten dienten, sondern dass sie auch von lebenden Menschen getragen wurden. Die letztgenannte Frau hält in ihrer emporgehobenen rechten Hand drei Gegenstände, deren Form dem, was wir am Vordertheil des Turbans der sitzenden Frau sehen, ähnlich ist. In ihrer Linken hält sie zwei Blumen mit langen Stengeln, die Professor Orphanides für Lilien ansieht. Von der linken Schulter sehen wir zwei Streifen oder Bänder hervortreten und einen dritten von dem linken Elnbogen. Gleich ihrer grossen Begleiterin ist sie barfuss, trägt aber Unterhosen, und am linken Fusse ist deutlich das Ornament sichtbar, womit dieselben befestigt waren.

Gerade über den sonderbaren Gegenständen, die diese zweite grosse, stehende Frau in ihrer rechten Hand hält, sehen wir eine merkwürdige Figur mit einem langen Stabe in der Hand, der wahrscheinlich eine Lanze darstellen soll; der Kopf ist im Profil gegeben, der übrige Körper, der in voller Vorderansicht dargestellt ist, besteht aus zwei Kreisen, von denen der obere den obern Leib vom Halse bis zu den Hüften, der untere den untern Theil des Körpers bis zu den Lenden darstellt. Beine sind nicht angegeben und nur ein Arm ist sichtbar; vom Rücken stehen zwei lange Streifen hervor. Die beiden Kreise, woraus der Leib besteht, haben einen kleinen Rand und sind Schilden sehr ähnlich; dass der Künstler aber nicht beabsichtigte, Schilde darzustellen, sieht man aus den beiden Punkten, welche die Brüste angeben. Diese roh dargestellte Figur neben den prachtvoll geputzten Frauen kann nach meiner Meinung nichts anderes sein als ein Palladium von uraltem und primitivem Typus, welcher, wie der Typus der kuhköpfigen oder gehörnten Hera-Idole, wegen der sich daran knüpfenden Heiligkeit nicht der Laune der Mode unterworfen war und viele Jahrhunderte lang unverändert blieb.

Der Rand des Siegels zwischen dem Palladium und den Füssen der zweiten grossen Frau ist durch sechs Gegenstände von sonderbarer Form ausgefüllt, an denen wir Köpfe mit Augen und sogar eine Art Helm erkennen; ihre grosse Aehnlichkeit mit den trojanischen Idolen (vgl. „Atlas der Trojanischen Alterthümer“, Tafel 20) veranlasst uns zu glauben, dass auch sie Palladien darstellen sollen. Aber Professor Rhousopoulos erinnert mich an die grosse Aehnlichkeit dieser sechs Figuren mit dem κράνος κορινθιακόν oder korinthischen Helm der Pallas Athene, wie derselbe auf den korinthischen Medaillen des 4. Jahrhunderts v. Chr. dargestellt wird, sowie mit den drei bronzenen Büsten dieser Göttin in natürlicher Grösse, deren eine im British Museum, die zweite im Ministerium für Volksaufklärung in Athen und die dritte in einem Privathause im Piraeus ist. Der Vordertheil des Helms ist sowol auf den korinthischen Münzen als auch an den Büsten der Göttin als aufgezogen dargestellt, denn sie pflegte ihn nur im Kampfe über das Gesicht zu ziehen. An diesem Vordertheil des Helms sehen wir sowol zwei Augen als auch Nase und Mund; er stellte somit eine Maske dar und liefert einen weitern Beweis, dass es Mode war Masken zu tragen.

Die Aehnlichkeit zwischen den sechs Figuren und dem κράνος κορινθιακόν ist in der That höchst auffallend; der letztere ist sicher nicht im 4. Jahrhundert v. Chr. erfunden, sondern jedenfalls von einem uralten Idol copirt, und ich hege nicht den allergeringsten Zweifel, dass die sechs Figuren dasselbe Idol darstellen.

Endlich sehen wir nahe am obern Ende zwei Wellenlinien, die keinesfalls etwas anderes darstellen können als das Meer, welches in ähnlicher Weise auf den Medaillen von Tarent dargestellt ist.

Aus der See steigt zur Linken die Sonne in vollem Glanze empor, und ihre Strahlen sind gut dargestellt. Links geht die Mondsichel auf.

Beim Anblick dieses wunderbaren Ringes riefen Frau Schliemann und ich unwillkürlich aus: „Diesen Ring muss Homer gesehen haben, ehe er alle die Wunder beschrieb, welche Hephaestos auf dem Schilde des Achill bildete“ (Ilias, XVIII, 483—498):

Ἐν μὲν γαῖαν ἔτευξ', ἐν δ' οὐρανόν, ἐν δὲ θάλασσαν,
ἠέλιόν τ' ἀκάμαντα, σελήνην τε πλήθουσαν,

ἐν δὲ τὰ τείρεα πάντα, τάτ' οὐρανὸς ἐστεφάνωται,
Πληϊάδας ϑ' Ὑάδας τε τό τε σϑένος Ὠρίωνος,
Ἄρκτον ϑ', ἣν καὶ ἅμαξαν ἐπίκλησιν καλέουσιν,
ἥτ' αὐτοῦ στρέφεται καί τ' Ὠρίωνα δοκεύει,
οἴη δ' ἄμμορός ἐστι λοετρῶν Ὠκεανοῖο

Drauf nun schuf er die Erd', und das wogende Meer, und den Himmel,
Helios auch, unermüdet im Lauf, und die Scheibe Selenes;
Drauf auch alle Gestirne, so viel sind Zeichen des Himmels,
Auch Plejad' und Hyad', und die grosse Kraft des Orion,
Auch die Bärin, die sonst der Himmelswagen genannt wird,
Welche sich dort umdreht und stets den Orion bemerket,
Und sie allein niemals in Okeanos Bad sich hinabtaucht.

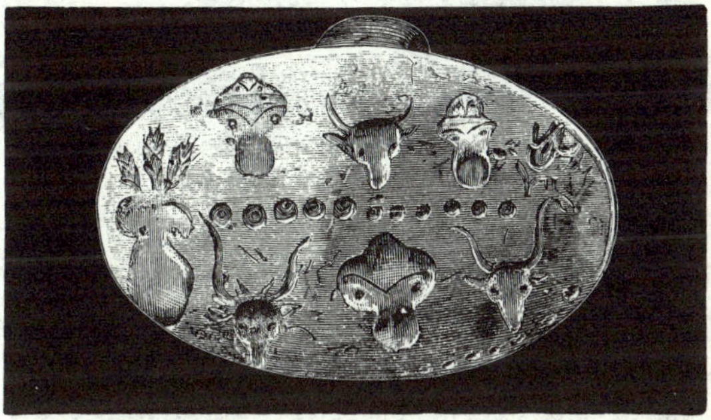

Nr. 531. Zweiter goldener Siegelring in demselben Grabe gefunden. Doppelte Grösse.

Zusammen mit diesem wurde ein anderer, etwas kleinerer goldener Siegelring gefunden, den ich ebenfalls in doppelter Grösse unter Nr. 531 darstelle. Wir sehen auf demselben nicht weniger als vier Palladien und drei Hera-Idole in guter Intaglio-Arbeit. Die Palladien sind vollkommen den trojanischen Idolen der Pallas Athene ähnlich (vgl. „Atlas der Trojanischen Alterthümer“, Tafel 20), nur ist der Kopf etwas verschieden, welcher hier spitzer ausläuft und vielleicht als mit einem Helm bedeckt dargestellt sein soll. Aber ganz wie die trojanischen Idole ist das Palladium in der untern Reihe zur Linken, ist jedoch etwas verwischt; über demselben sehen wir drei Kornähren. Von den Hera-Idolen in Form von Kuhköpfen mit zwei Hörnern sehen wir eins in der obern und zwei in der untern Reihe; die Hörner der beiden letztern sind besonders lang und zwischen denen des Kopfes links vom Beschauer sehen wir zwei kleinere Hörner; also hat dieser Kuhkopf vier Hörner. Am rechten Ende der obern Reihe sieht man

Nr. 532. Goldener Löwe aus demselben Grabe. Doppelte Grösse.

einen sonderbaren Gegenstand, dessen Art ich nicht erkennen kann; wenn wir das Bild nach links wenden, sieht er einem Vogel ähnlich. Zwischen den beiden Reihen sind elf Zeichen, welche Augen ähnlich sind.

Zusammen mit den beiden Siegelringen wurde der schöne,

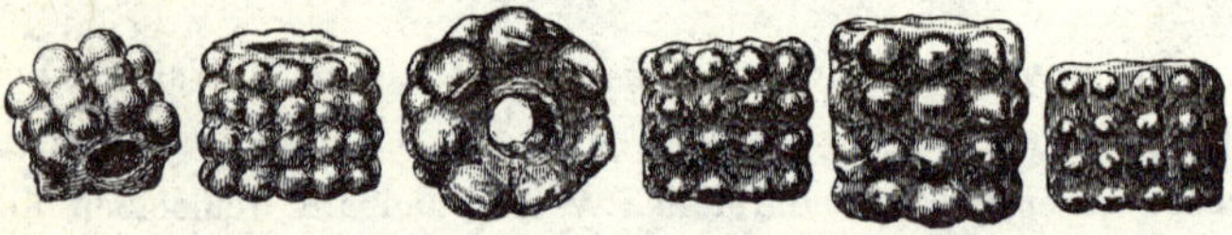

Nr. 533—538. Goldene Perlen von einem Halsbande aus demselben Grabe. Doppelte Grösse.

massiv goldene Löwe gefunden, der unter Nr. 532 ebenfalls in doppelter Grösse dargestellt ist. Derselbe ist auf einem dicken Golddraht befestigt und in liegender Stellung, mit dem Kopfe dem Beschauer zugewandt, dargestellt; sowol der Kopf wie der übrige Leib sind ganz naturgetreu. Ich theile Newton's Meinung, dass der Löwe gegossen und darauf polirt ist.

Es wurden ferner vierzehn goldene Schieber von Halsbändern

gefunden, von denen ich sechs unter Nr. 533—538 darstelle; sie sind ringsherum mit vier Reihen kugelförmiger, hervorstehender Punkte verziert.

Wie aus beifolgendem Plan G ersichtlich ist, wurden alle vorbeschriebenen Goldsachen in einem nicht mehr als 2 Fuss langen und 8 Zoll breiten Raum gefunden, genau 6 Meter 90 Centimeter oder 23 Fuss unter der Bergfläche, wie sie vor Anfang meiner Ausgrabungen war, oder nur 8 Zoll unter der Oberfläche meiner Ausgrabungen, so wie ich sie am 6. December verliess. Ferner ist aus dem Plan G ersichtlich, dass der Schutt unterhalb der Goldsachen noch 1 Fuss 2 Zoll tief war. Es wurden in diesem Grabe Knochen gefunden, die ich anfänglich für Menschenknochen hielt; jedoch erklärt sie mein geehrter Freund, der berühmte Chirurg Dr. Theodoros Aretaeos in Athen nach sorgfältiger Prüfung für Thierknochen.

Wie erwähnt, wurde die im Plan G dargestellte cyclopische Wasserleitung augenscheinlich in einer spätern vorhistorischen Zeit als das Grab gebaut, und ihre Erbauer, welche nothwendigerweise das Grab bis zum natürlichen Felsen auszugraben hatten, werden es ohne Zweifel geplündert und die Knochen des Todten weggeworfen haben. Glücklicherweise aber wurde die kleine, nur 2 Fuss lange, 8 Zoll breite Stelle neben der Mauer, wo die obigen Goldsachen lagen, nicht von ihnen aufgegraben und diese so für die Wissenschaft erhalten.

Endlich gebe ich hier die Abbildung dreier linsenförmiger Gemmen von Halsbändern, die ich in Chonika kaufte, einem in der Ebene von Argos, unmittelbar neben der alten Stadt Phoenike (Φοινίκη), in der Entfernung von einer halben Stunde vom alten Heraeon gelegenen Dorfe. Ich mache darauf aufmerksam, dass der Name Chonika nur eine Corruption des Namens Φοινίκη sein kann.

Die beiden Bauern, welche mir die drei Schieber verkauften, behaupteten, den mittlern, Nr. 540, beim Pflügen auf der Baustelle von Phoenike, die beiden andern, Nr. 539 und 541, neben dem alten Heraeon gefunden zu haben. Ich finde keinen Grund, ihre Angabe in Zweifel zu ziehen, denn, wie der Name beweist, war Phoenike eine phönizische Colonie, und die angeblich dort gefundene mittlere Gemme, Nr. 540, stellt entschieden phönizische Figuren, wahrscheinlich alte Typen von Idolen dar. Ihre Köpfe sind nur durch eine kleine horizontale Aushöhlung dargestellt und es ist kein Gesicht vorhanden; sehr lang sind die Hälse und ungeheuer breit die Schultern, die, wie der ganze übrige Körper, geradlinig sind. Sehr charakteristisch sind die langen Beine, wie auch die Füsse mehr Pferdehufen als Menschenfüssen ähnlich sind. Die eine der Figuren

Nr. 539—541. Drei linsenförmige Gemmen von Serpentin und Achat mit Intaglioverzierung, gefunden auf der Baustelle von Phoenike und vom Heraeon. Natürliche Grösse.

hält in der Rechten und die andere in der Linken einen Zickzack, der wahrscheinlich ein Symbol des Feuers, vielleicht des Blitzes ist. Die sehr kurze linke Hand des Mannes links vom Beschauer ist emporgehoben und scheint einen Gegenstand zu halten, während die linke Hand der andern Figur sehr lang ist und beinahe bis zur Erde reicht. Ueber der rechten Schulter der Figur links vom Beschauer ist ein sonderbares Zeichen, vielleicht ein Schriftzeichen, und ein pfeilförmiges Zeichen ist neben dem Halse der andern Figur. Ich mache auf diese beiden Zeichen ganz besonders aufmerksam. Diese Gemme ist von dunkelrothem Achat in Gestalt einer Halbkugel und hat eine horizontale Durchbohrung.

Die Gemme links davon, Nr. 539, ist von grünem Serpentin; sie ist auf beiden Seiten convex und hat ebenfalls eine horizontale Durchbohrung. Man sieht auf derselben, in schönem Intaglio, zwei Pferde, die auf den Hinterfüssen einander gegenüberstehen, während ihre Köpfe nach der entgegengesetzten Richtung gewandt sind. Der Schweif des Pferdes links vom Beschauer ist durch einen blossen Streifen angegeben, der des andern ist buschig; am Kopfe jedes der beiden Pferde ist ein Gegenstand befestigt, der wahrscheinlich zum Geschirr gehört. Zwischen den Köpfen der beiden Pferde sehen wir zwei menschliche Figuren, von denen diejenige zur linken des Beschauers eine phrygische Mütze auf dem Kopf hat und die Hände nach der andern Figur ausstreckt, deren Kopf unbedeckt zu sein scheint und die einen runden Gegenstand in der einzigen sichtbaren Hand hält.

Auf der dritten linsenförmigen Gemme, Nr. 541, welche ein Achat von weisser und brauner Farbe, ebenfalls convex und in der Quere durchbohrt ist, sehen wir eine noch künstlichere Intaglio-Arbeit, die ein Hera-Idol in Form eines sehr naturgetreuen Kuhkopfes mit zwei langen Hörnern darstellt. Zwischen den Hörnern sehen wir, mit dem Kopf nach unten gekehrt, eine verzierte zweischneidige Axt mit ihrem Stiel, dessen Ende mit zwei Ringen oder gedrehten Knöpfen verziert ist. Zur rechten und linken des Kuhkopfes sehen wir einen schön verzierten Gegenstand, dessen Art wir nicht bestimmen können; er sieht einem Füllhorn ähnlich.

Ich erinnere den Leser daran, dass sowol diese Gemme wie die andere mit den beiden Pferden neben dem alten Heraeon gefunden sind, dessen Fundamente, bestehend aus mehreren Schichten cyclopischen Mauerwerks aus ungeheuren unbehauenen Blöcken, noch vorhanden sind und so alt, ja sogar älter sein mögen als die Mauern von Mykenae und Tiryns. Jedoch haben meine im Februar 1874 angestellten Nachforschungen bewiesen, dass die Schuttaufhäufung dort nur

$1\frac{1}{2}$—3 Fuss Tiefe beträgt und daher Ausgrabungen unmöglich sind. Das alte Heraeon wurde im Jahre 423 v. Chr. zufällig durch eine Feuersbrunst zerstört und seine Baustelle blieb verlassen, denn das neue Heraeon wurde auf dem Bergabhange, ungefähr 50 Fuss unterhalb des alten, gebaut.

Bei Entdeckung der Schätze in den königlichen Gräbern hatte ich die Ehre an Se. Majestät den König der Hellenen ein Telegramm zu senden, welches ich hier, nebst Sr. Majestät gnädigen Antwort, einschalte:

A Sa Majesté le Roi George des Hellènes, Athènes.

Avec une extrême joie j'annonce à Votre Majesté que j'ai découvert les tombeaux que la tradition, dont Pausanias se fait l'écho, désignait comme les sépulcres d'Agamemnon, de Cassandra, d'Eurymédon et de leurs camarades, tous tués pendant le repas par Clytemnestre et son amant Egisthe. Ils étaient entourés d'un double cercle parallèle de plaques, qui ne peut avoir été érigé qu'en honneur des dits grands personnages. J'ai trouvé dans les sépulcres des trésors immenses en fait d'objets archaïques en or pur. Ces trésors suffisent à eux seuls à remplir un grand musée, qui sera le plus merveilleux du monde, et qui, pendant des siècles à venir, attirera en Grèce des milliers d'étrangers de tous les pays. Comme je travaille par pur amour pour la science, je n'ai naturellement aucune prétention à ces trésors, que je donne avec un vif enthousiasme, intacts à la Grèce. Que Dieu veuille que ces trésors deviennent la pierre angulaire d'une immense richesse nationale.

Mycènes 16 (28) Novembre 1876.

Henry Schliemann.

Monsieur le Docteur Schliemann, Argos. — J'ai l'honneur de vous annoncer que Sa Majesté le Roi, ayant reçu votre dépêche, a daigné me charger de vous remercier de votre zèle et amour pour la science, et de vous féliciter de vos importantes découvertes, et Sa Majesté espère que vos efforts seront toujours couronnés d'aussi heureux succès.

Le Sécrétaire de S. M. Hellénique
A. CALINSKIS.

Ich kann nicht schliessen, ohne die Namen meiner geehrten Freunde, des Professor Euthymios Castorches, Professor Stephanos Coumanoudes und Professor Kokkides in Athen zu erwähnen, und denselben hier öffentlich zu danken für alle Freundlichkeit, die sie mir während der Zeit meiner mühevollen Ausgrabungen in Mykenae erwiesen haben.

Ebenso erfülle ich eine angenehme Pflicht, hier öffentlich meinem ausgezeichneten Ingenieur, dem scharfsinnigen Lieutenant Vasilios Drosinos, für seine gewissenhafte Sorgfalt und Aufmerksamkeit bei Anfertigung aller Pläne von Mykenae zu danken, sowie für den grossen Dienst, den er der Archäologie erwiesen hat, indem er dem Regierungsbeamten sofort das von ihm in meinen Ausgrabungen gefundene Grab bezeichnete, sodass dessen Inhalt für die Wissenschaft gerettet werden konnte.

Ferner ist es mir eine angenehme Pflicht, allen nach Athen Reisenden aufs angelegentlichste die ganz ausgezeichneten Photographen Gebrüder Romaïdes zu empfehlen, nach deren vorzüglichen Photographien alle Abbildungen in diesem Werk gefertigt sind.

ANHANG.

I. ANALYSE DER MYKENISCHEN METALLE.

Herr P. Eustratiades, der Director der Altherthümer in Griechenland, hatte die Güte, mir einige Proben der mykenischen Metalle zu geben, und ich glaubte nicht besser handeln zu können, als wenn ich sie dem berühmten Chemiker und Metallurgen Dr. John Percy in London zur Analyse übergäbe, dem ich für seine werthvolle Untersuchung zu ewigem Danke verpflichtet bin. Ich möchte den Leser besonders hinweisen auf den durch die Analyse höchst wahrscheinlich gemachten, ausgedehnten Gebrauch von natürlichem Golde in Mykenae; ferner auf den Gebrauch von stark mit Silber legirtem Golde.

Eine noch stärkere Silbermischung würde das wohlbekannte Electrum geben, aus welchem mehrere in den Ruinen des vorhistorischen Troja gefundene Becher bestehen.

Ich möchte weiter darauf aufmerksam machen, dass durch Dr. Percy's Analyse auch sehr viel neues Licht auf die so vielfach von Herrn Gladstone besprochene Frage wegen des homerischen χαλκός geworfen ist; nämlich durch den vorliegenden Beweis, dass sowol Kupfer als Bronze im heroischen Zeitalter in Mykenae in Gebrauch waren, dass jedoch die Waffen von Bronze waren, das Hausgeschirr, wie Kessel, von Kupfer. Sonach enthält das Metall eines Schwertes aus dem Vierten königlichen Grabe 86.36 Procent Kupfer und 13.06 Zinn das der Kessel dagegen 98.47 Procent Kupfer und nur 0.09 Zinn.[1]

Die Art und Weise, wie Dr. Percy bei der Analyse zu Werke gegangen, ist in dem Briefe beschrieben, mit welchem er mich beehrt hat, und den ich hier in Uebersetzung gebe:

London, 10. August 1877.

Geschätzter Herr Dr. Schliemann.

Ich habe hiermit das Vergnügen, Ihnen das Resultat der Untersuchung der verschiedenen Proben von Metallen mitzutheilen, die Sie mir zu dem Zwecke übergeben hatten. Lange Zeit und die allergrösste Sorgfalt sind erforderlich gewesen, diese Arbeit zu vollenden; und ich muss Sie bitten, gefälligst in Ihrem Buche anzuführen, dass, mit zwei Ausnahmen, die analytische Untersuchung ganz von meinem fähigen Gehülfen Herrn Richard Smith in dem metallurgischen Laboratorium der königlichen Bergschule zu London geleitet ist. Ich kann Ihnen die Versicherung geben, dass Herr Smith mit grosser Energie und Eifer an dieser Untersuchung gearbeitet hat, und, wie gross das dadurch um die Wissenschaft erworbene Verdienst auch sein mag, es gehört ihm. Einige der Resultate sind, wie ich glaube, sowol in metallurgischer als in archäologischer Hinsicht ganz neu und wichtig.

Ich verbleibe Ihr herzlich ergebener

Dr. John Percy,

Mitglied der Royal Society, Professor der Metallurgie an der königlichen Bergschule zu London u. s. w.

---

[1] Ich erinnere hier daran, dass die eine der in Troja gefundenen bronzenen Streitäxte nur 4 Procent, die andere 8 Procent, die dritte etwas über 9 Procent Zinn enthalten (vgl. „Trojanische Alterthümer" S. 323—324).

1. SILBERHALTIGES GOLDBLÄTTCHEN.

Das ganze Probestück[1] wog 2.177 Gran, und seine Dicke wechselte ab zwischen $\frac{1}{500}$—$\frac{1}{600}$ Zoll. Es war sehr zerknittert, von röthlichgelber Farbe, und beide Oberflächen hatten das Ansehen, als wenn sie gefirnisst oder lackirt gewesen wären. Eine Abbildung des Probestücks in natürlicher Grösse ist in nebenstehender Figur Nr. 542 gegeben. Durch Erhitzen wird die Farbe des Metalls viel blasser und nimmt einen grünlichgelben Anstrich an, indem eine flüchtige, wahrscheinlich organische Substanz gleichzeitig aus demselben entweicht. Die Farbe des Metalls erleidet keine Aenderung durch Digestion in warmem Alkohol, Aether oder Benzol; wenn man es aber in einer starken, wässerigen Auflösung ätzenden (kaustischen) Kalis kocht, so verliert es seinen rothen Anstrich, wird blasser, obwol nicht so blass, als wenn es erhitzt wird. 1.168 Gran des Metalls verlor durch Reinigung mit warmem Wasser, verdünnter Salzsäure, und endlich durch sanftes Reiben 0.15 Gran, was einem Verlust von 1.28 Procent gleichkommt. Das reine Metall, im Gewichte von 1.153 Gran, wurde der Analyse unterworfen und ergab folgendes Resultat:

Nr. 542. Silberhaltiges Goldblatt. Viertes Grab. Natürliche Grösse.

Zusammensetzung in Procenten.

Gold	73.11
Silber	23.37
Kupfer	2.22
Blei	0.35
Eisen	0.24
	99.29

[1] Es ist eines jener Goldblätter, die in grossen Massen unter, über und neben den Leichen lagen.

Aus dieser Zusammensetzung des Probestücks dürfen wir schliessen, dass es eine künstliche Legirung war, denn der hier vorhandene Gehalt an Kupfer und Blei ist, soviel wir wissen, viel grösser als jemals in „natürlichem Golde“ aus irgend welchem Lande gefunden worden ist. Das Vorhandensein des Bleis kommt wahrscheinlich daher, dass das zur Legirung gebrauchte Silber nur unvollkommen mittels Blei gereinigt war. Der grosse Gehalt an Silber dürfte sich dadurch erklären, dass man an Gold hat sparen wollen. Eine Legirung von 75 Procent Gold und 25 Procent Silber hat eine deutlich goldgelbe Farbe; wenn jedoch der Betrag des Silbers 33.33 Procent ist, so ist die Legirung viel blasser von Farbe, und Mischungen, deren Silbergehalt noch grösser ist, würden nicht mehr mit dem Namen „Gold“ zu bezeichnen sein; das Vorhandensein von Kupfer würde dazu beitragen, die dem Golde durch das Silber gegebene blasse Farbe zu verhindern. Die durch das Erhitzen des Metalls bewirkte Farbenveränderung dürfte nicht nur der Wegschaffung einer Lage organischen Stoffes von seiner Oberfläche, sondern auch dem folgenden Umstande zuzuschreiben sein: es ist wohl bekannt, dass man einer Legirung von Gold und Silber, die soviel von letzterem Metall enthält, dass sie demselben an Farbe ähnlich ist, die Goldfarbe geben kann, wenn man oberflächlich das Silber entfernt. Dies kann man auf mehreren Wegen ausführen, und wir haben allen Grund zu glauben, dass einige derselben den Alten bekannt waren. Wenn aber, nachdem auf irgendeine der in Frage stehenden Verfahrungsmethoden eine solche Mischung von Gold und Silber oberflächlich die Goldfarbe erhalten hat, dieselbe eine gewisse Zeit lang der Rothglut ausgesetzt wird, so erhält sie ihre frühere Silberfarbe wieder. Die grossen, ovalen, medaillenähnlichen Münzen der Japanesen geben einen ausgezeichneten Beweis für diese Thatsache. Nach der im Laboratorium der königlichen Bergschule gemachten Analyse enthielt eine solche Münze zwei Theile ihres Gewichts in Silber und einen Theil in Gold. Wenn eine solche Legirung hinreichend erhitzt wird, dann wird sie beinahe silberweiss; wenn sie aber darauf in heisse Schwefelsäure getaucht wird, so erhält sie wiederum die frühere Goldfarbe.

---

2. GOLDBLECH.

Das Gesammtgewicht des Probestücks war 1.702 Gran, seine Dicke ungefähr $\frac{1}{100}$ Zoll. Sein specifisches Gewicht, bei 60° Fahrenheit, war 18.867. Eine Abbildung des Musters in natürlicher Grösse findet man als Nr. 543. Es war gelb, weich, biegsam, markirt oder ausgezackt an der Oberfläche, die das Ansehen hatte, als wenn sie etwas angelaufen wäre. Nach Reinigung mit warmem Wasser, verdünnter Salzsäure und leichtem Abreiben, wog das Metall 1.698 Gran, was einem Verlust von 0.235 Procent gleich ist. 1.4 Gran des gereinigten Metalls wurde analysirt und ergab das nachstehende Resultat:

Nr. 543.
Goldblättchen.
Viertes Grab.
Natürl. Grösse.

Zusammensetzung in Procenten.

Gold	89.36
Silber	8.55
Kupfer	0.57
Eisen	0.20
	98.68

Das Nichtvorhandensein von Blei veranlasst uns zu glauben, dass das Metall möglicherweise natürliches Gold ist oder mit natürlichem Golde zubereitet wurde, in welchem Silber stets in verschiedenem Verhältniss vorhanden ist.

---

3. BRUCHSTÜCK EINES GEGENSTANDES VON SILBER.

Eine Abbildung desselben in natürlicher Grösse des Originals ist nebenstehend Nr. 544 und 545; es war augenscheinlich gebogen, als wenn es zu einem hohlen, dünnen Gefäss gehört hätte.

Das Gesammtgewicht des Probestücks war 44.36 Gran. Das Metall war an beiden Oberflächen sehr zerfressen. Die convexe oder äussere Oberfläche war ganz und gar mit einer etwas unregelmässigen Kruste bedeckt, während die concave innere Oberfläche nur theilweise mit einer ähnlichen Kruste, theilweise mit einem gelblichen, rostartigen Häutchen bedeckt war.

Nr. 544. Convexe Fläche.   Nr. 545. Concave Fläche.
Bruchstücke einer silbernen Vase. Viertes Grab. Natürliche Grösse.

Als es in der Quere gebrochen wurde, ergab sich, dass die zerbrochene Oberfläche der Kruste, an beiden Seiten des Metalls, aus zwei verschiedenartigen Schichten bestand; die unmittelbar auf dem Metall liegende Schicht war schwarz, trübe, etwas spaltbar und leicht zu zerbrechen, während die andere oder äussere Schicht hellgrau, weich, spaltbar und wachsartig war. An einigen Stellen war das Metall durch und durch zerfressen. Die Kruste wurde durch warmes, verdünntes Ammoniakwasser und leises Reiben entfernt; das übrige Metall erwies sich als sehr bröcklig, hatte an der Oberfläche viele Vertiefungen, war im Bruch mattweiss, körnig, und enthielt sehr kleine, unregelmässige

Höhlungen; selbst mit Hülfe des Microscops konnte man keine Spur eines faserigen oder krystallinischen Gefüges entdecken. Durch Ausglühen wurde die Weichheit und Dehnbarkeit dem Metall in bemerkbarem Grade wiedergegeben. Die Dicke des Probestücks, einschliesslich der Kruste auf nur einer Oberfläche, betrug $\frac{1}{25}$ Zoll, und da wo die Kruste am dicksten war, betrug sie $\frac{1}{20}$ Zoll. Nach Entfernung der Kruste mit verdünntem Ammoniakwasser und nach dem Reiben war die Dicke des Metalls $\frac{1}{40}$ Zoll.

Für die Analyse wurde ein Theil des Probestücks ausgewählt, an welchem die Kruste nur an der convexen oder äusseren Oberfläche vorhanden, während die entgegengesetzte Oberfläche verhältnissmäsig frei von Kruste war; das Quantum, welches zur Operation genommen wurde, wog 15.786 Gran. Durch wiederholte Behandlung mit warmem, mässig starkem Ammoniakwasser, gelindes Reiben und Waschen mit warmem Wasser wurde die Kruste leicht entfernt; der grösste Theil derselben wurde durch das Ammoniakwasser aufgelöst, welches blassbläulich wurde, während der unauflösbare Theil als ein bräunlich schwarzes, mit sehr kleinen Theilchen metallischen Silbers vermischtes Pulver blieb. Nach dieser Operation und nach dem Trocknen wog das Metall 11.823 Gran. Das Metall (a), der im Ammoniakwasser lösliche Theil der Kruste (b), und der im Ammoniakwasser unlösliche Rest (c) wurden einzeln der Analyse unterzogen und ergaben nachstehende Resultate:

Zusammensetzung in Procenten.

(*a*) *Metall.*	Silber	71.60	
	Gold	0.22	
	Kupfer	2.42	
	Blei	0.33	
	Eisen	0.09	
	Chlor	Spuren	
			74.66
Ein Theil von (*b*) *der Kruste* löslich in Ammoniak-Wasser.	Chlorsilber	19.98	
	Kupferoxyd (Schwarzes Oxyd)	0.56	
	Chlor	0.15	
	Kupfer	0.13	
	Schwefelsäure	Spuren	
	Kohlensäure, Wasser	1.15	
			21.97
Ein Theil von (*c*) *der Kruste* unlöslich in Ammoniak-Wasser.	Gold	0.05	
	Silber	1.36	
	Kupferoxyd (Schwarzes Oxyd)	0.09	
	Kohlensaurer Kalk	1.36	
	Kieselerde, Eisenoxyd, Thonerde	0.30	
			3.16
			99.79

Die procentische Zusammensetzung des Metalls, ausschliesslich der Kruste, auf Grund der obigen Analyse wird nachstehend gegeben; aber man kann nicht sicher daraus schliessen, dass das ursprüngliche Metall genau die durch die Analyse erwiesene Mischung hatte, denn einige der Bestandtheile mögen während der Corrosion nicht in demselben relativen Verhältniss entfernt worden sein, in welchem sie in der ursprünglichen Legirung vorhanden waren.

Zusammensetzung in Procenten.

Silber	95.59
Gold	0.30
Kupfer	3.23
Blei	0.44
Eisen	0.12
	99.68

Ein Theil der Kruste gab beim Erhitzen in einer Glasröhre Wasser von sich, und das Glas erhielt gelbe Flecken.

Ein Theil der Kruste brauste bei Behandlung mit Salzsäure auf, die Säure wurde blassblau, und es erwies sich, dass sie Kupfer und Kalk enthielt.

Die Kruste wurde unter dem Microscop untersucht, aber es konnte keine Spur von krystallinischer Structur entdeckt werden. Es wurde eine qualitative Untersuchung eines Theils der innern Kruste gemacht, und es ergab sich daraus, dass seine Zusammensetzung derjenigen der äussern Kruste ähnlich war.

---

4. BRUCHSTÜCK EINES BRONZENEN SCHWERTES.

Das Gewicht des Probestücks, inclusive der Inkrustirung, war 585 Gran; es war ungefähr $1\frac{1}{2}$ Zoll lang und seine Dicke variirte zwischen $\frac{5}{8}$ und $\frac{7}{8}$ Zoll. Die Abbildung eines Stücks des Musters findet sich unter Nr. 546.

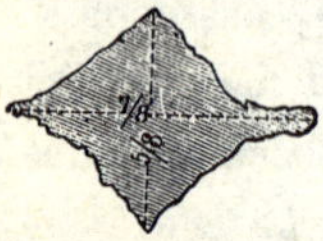

Nr. 546. Theil eines Bronzeschwertes. Viertes Grab. Die Dimensionen sind in Bruchtheilen eines Zolls gegeben.

Das ganze Stück war belegt mit einer unregelmässigen Stoffschicht oder Stoffschichten, die in chemischem wie physikalischem Charakter und in Dicke verschieden waren. In der Mitte, wo die Kruste entfernt wurde, variirte das solide Metall zwischen $\frac{4}{8}$ und $\frac{5}{8}$ Zoll in Dicke.

Die eine Seite war hauptsächlich inkrustirt mit unregelmässigen Klümpchen einer trüben, erdigen, nicht krystallartigen Substanz von abwechselnd grüner oder brauner Schattirung, welche, wie sich erwies, aus grünem Carbonat und Oxychlorid von Kupfer in verschiedenen Proportionen bestanden; an der andern Oberfläche bemerkte man wenige ganz, kleine blassgrüne, nadelförmige Krystalle, ferner unregelmässige dünne Schichten oder Klümpchen von grünen (wie sich erwiesen hat, aus grünem kohlensaurem Kupfer bestehenden, an einigen Stellen mehr oder weniger Oxychlorid von Kupfer enthaltenden) und blauen Krystallen (aus blauem kohlensaurem Kupfer bestehend) von abwechselnden Farben und verschiedenem Glanz. Das eine Ende des Musterstücks war bedeckt mit einer dunkelgrünen Kruste von sammetartigem Glanz, welche, wie sich erwiesen hat, aus ganz kleinen durchsichtigen Krystallen von Kupfer-Oxychlorid bestand; das entgegengesetzte Ende, welches flach war und den Anschein hatte, als wäre es geschnitten oder gerieben worden, war hauptsächlich belegt mit dunkelrothem, nicht krystallinischem rothem Kupferoxyd; eine Vertiefung auf der Oberfläche war von einer dunkelgrünen sammetartigen Kruste umsäumt; an den Rändern, wo der äussere Theil der Kruste abgebrochen war, war eine trübe, weisse, undurchsichtige (opaque) Schicht von Zinnoxyd, und an jeder Seite davon waren Schichten von dunkelrothem, festem rothem Kupferoxyd, hie und da mit Höhlungen, gefüllt mit rubinrothen, glänzenden, durchsichtigen Krystallen derselben Substanz. Als nachher die äussere Inkrustirung entfernt war, erwies es sich, dass sich diese Substanzen mehr oder weniger über die darunter befindliche Oberfläche ausdehnten.

Das Probestück wurde in der Mitte durchgeschnitten und dabei wurden einige Theile der Inkrustirung abgelöst; auf diese Weise konnte das Gefüge der Inkrustirung des Stücks und die Natur der die Inkrustirung bildenden Substanzen gut beobachtet werden. Im allgemeinen fand man, dass die Substanzen in nachstehender Reihenfolge von innen nach aussen auf einander lagen:

I. Massives Metall.

II. Kleine Theilchen von Metall wie Feilspäne, an der Oberfläche verrostet und mehr oder weniger mit einer trüben, grünlichgrauen Substanz vermischt, welche, wie sich erwies, Chlor, Kupfer und Zinn enthielt.

III. Eine blassgrüne, trübe, weiche, aber dichte Schicht, die, wie sich ergab, hauptsächlich aus kohlensaurem Kupfer bestand, welches Chlor, wahrscheinlich in Verbindung als Oxychlorid von Kupfer, und ein wenig Zinnoxyd enthielt.

IV. Rothes Kupferoxyd, abwechselnd in Farbe zwischen ziegelroth und dunkelroth, dicht, trübe und undurchsichtig und theilweise krystallinisch.

V. Zinnoxyd; unter dem Mikroscop untersucht, ergab sich, dass es mit sehr kleinen dünnen Schichten von rothem Kupferoxyd geadert war.

VI. Rothes Kupferoxyd ähnlichen Charakters wie Nr. IV.

VII. Unregelmässige Klümpchen formloser und krystallartiger Substanzen verschiedener Schattirungen von grüner, blauer und brauner Farbe, wie zuvor beschrieben.

Diese Reihenfolge der Lagerung war übrigens nicht überall gleichmässig, so war an einigen Stellen eine Schicht rothen Kupferoxyds in Nr. III.

Als durch Zersägen des Probestücks quer durch die Mitte und durch Abfeilen die Inkrustirung entfernt worden war, erwies sich das Metall als sehr gesund und frei von Höhlungen. Der Bruch war gelblich kupferroth und feinkörnig.

Theile des massiven Metalls, die von Inkrustirung vollkommen frei waren, wurden zur Analyse ausgewählt.

Zusammensetzung in Procenten.

	I.	II.	im Durchschnitt.
Kupfer	86.41	86.31	86.36
Zinn	13.05	13.07	13.06
Blei	—	0.11	0.11
Eisen	0.17	—	0.17
Nickel	0.15	—	0.15
Kobalt	Spuren	—	Spuren
			99.85

Das specifische Gewicht des Metalls war, bei 60° Fahrenheit, 8.858.

Ein Theil des reinen massiven Metalls, im Gewichte von 24.811 Gran, wurde zur Untersuchung verwandt.

Es war nicht möglich, die Substanzen, welche die Inkrustirung bildeten, mit hinlänglicher Genauigkeit von einander zu trennen, um zu erreichen, dass eine jede derselben besonders analysirt werden könnte.

---

5. BRUCHSTÜCK EINES BRONZENEN VASENHENKELS.

Dies Probestück scheint das Bruchstück eines Vasengriffs zu sein (vgl. Nr. 547, 548). Das Stück ist gebogen, und auf

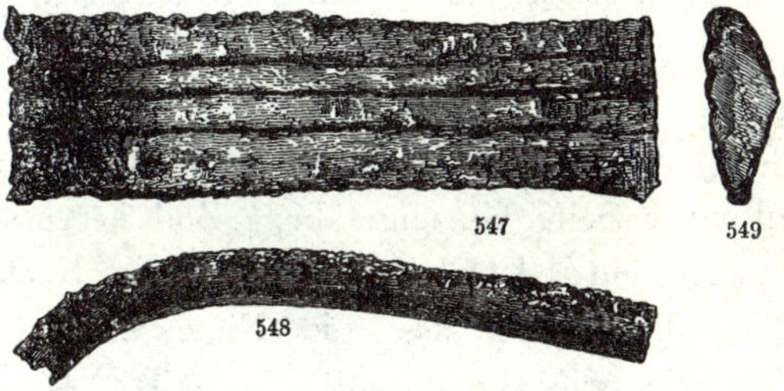

Nr. 547—549. Umriss, Seitenhöhe und Endhöhe des Bruchstücks eines bronzenen Vasenhenkels aus dem Vierten Grabe. Natürliche Grösse.

der convexen Seite sind drei parallele ausgekerbte Linien, welche ohne Zweifel zur Ornamentation gehörten. Ueberall war das Stück mit den Erzeugnissen der Verwitterung inkrustirt. Auf der convexen Oberfläche war die vorherrschende Farbe grün, hie und da mit grauen und dunkelblauen Flecken; auf der concaven Oberfläche war die Inkrustirung viel dünner und mehr gleichmässig grün. Dies Aussehen lässt sich unmöglich genau in Worten beschreiben. Der analysirte Theil wurde durch Abfeilung von dem inkrustirenden Stoffe befreit. Die Analyse wurde von Herrn W. F. Ward im Laboratorium der königlichen Bergschule gemacht.

Zusammensetzung in Procenten.

Kupfer	89.69
Zinn	10.08
	99.77

Dies ist die gewöhnlichste Mischung der alten Bronze. Das Metall scheint ganz besonders rein gewesen zu sein.

---

6. BRUCHSTÜCK EINES KUPFERNEN KESSELS.

Aus dem Vierten Grabe.

Dieses Probestück war in einem Stück, sehr zerknittert, von unregelmässiger Form und an den Kanten zerlappt; es wog ungefähr 800 Gran, und seine Dicke wechselte zwischen $\frac{1}{25}$—$\frac{1}{30}$ Zoll. Es waren drei Nieten im Metall, deren Enden auf einer Seite bis ungefähr $\frac{1}{8}$ Zoll hervorstanden; es fand sich auch ein Nietenloch ohne Niete. Nach der Feilung schien die Farbe des die Niete bildenden Metalls dieselbe zu sein wie die des Blechmetalls. Es war keine Spur von dem Gegenstande vorhanden, der mittels jener

Nieten befestigt gewesen ist. Auf einer Oberfläche scheint das Probestück ursprünglich ziemlich allgemein mit einer blauen und grünen Substanz inkrustirt gewesen zu sein, zwischen welcher und dem Metall, wie gewöhnlich, eine dünne Decke von rothem Kupferoxyd lag; auf der anderen Oberfläche oder derjenigen, welche die hervorstehenden Enden der Nieten zeigt, war das Metall zuerst mit dem rothen Kupferoxyd, darauf mit einer dunkeln grünlichbraunen Substanz bedeckt, hie und da mit Klümpchen, die zwischen hellgrün bis dunkelblau und dunkelgrün wechseln, besonders rings um die Enden der Nieten.

Theile des Metallblechs wurden in einem Strome von Wasserstoff bis zur Rothglut erhitzt und erhielten dadurch die Farbe und den Glanz des Kupfers. Das Wasser, welches sich bei dieser Operation entwickelte, erwies sich als Kupfer und Chlor enthaltend; dies beweist, dass die inkrustirende Substanz Kupferoxychlorid enthielt, da ein Theil des Kupferchloryrs der Zersetzung durch den Wasserstoff entgangen ist. Ein Theil des Metalls, welches von Inkrustirung frei war, wurde in einer, Salzsäure und Eisenchlorid enthaltenden Flasche gekocht, der sich entwickelnde Dampf wurde in ein Abkühlungsgefäss geleitet, und so erhielt man eine Flüssigkeit, in welcher Arsenik in bedeutender Menge vorhanden war. Dies Verfahren wurde angewandt für die quantitative Bestimmung des Arseniks als Ammonium-Magnesium-Arseniat und das Resultat durch mehrfach wiederholte Versuche bestätigt. Das zur Analyse gebrauchte Metall war dasjenige, welches, wie oben angegeben, in Wasserstoff erhitzt gewesen war. Die Analyse wurde im Laboratorium der königlichen Bergschule durch Herrn W. F. Ward ausgeführt.

Zusammensetzung in Procenten.

Kupfer	98.47
Zinn	0.09
Blei	0.16
Wismuth	Spuren
Silber	0.013
Eisen	0.03
Nickel	0.19
Arsenik	0.83
	99.783.

II. AUSGRABUNGEN IN SPATA.

ATHEN, 1. October 1877.

Da in letzterer Zeit in öffentlichen Blättern zu wiederholten malen die grosse Aehnlichkeit zwischen den von mir in Mykenae und den kürzlich in einem Grabe in Spata entdeckten Alterthümern hervorgehoben ist, so halte ich es, nach genauer Untersuchung der letztern, im Interesse der Wissenschaft für meine Pflicht, Nachstehendes darüber zu bemerken.

Das ausschliesslich von Albanesen bewohnte Dorf Spata, welches ich vor einigen Tagen in Gesellschaft meines geschätzten Freundes, des Professors Euthymios Castorches von der Universität Athen, und dessen geistreicher Tochter Helene besuchte, liegt ungefähr zwei deutsche Meilen östlich von Athen, jenseits des Berges Hymettus, auf dem Wege nach Marathon. Unmittelbar neben diesem Dorfe ist ein kleiner Berg, dessen Gipfel fast kreisförmig, anscheinend künstlich geebnet und durchschnittlich drei Fuss tief mit Hausschutt bedeckt ist, in welchem wir hier und da Bruchstücke archaischer Vasen mit gemalten parallelen, horizontalen Streifen sahen. Nach den Angaben der Dorfleute war der Berggipfel noch bis vor kurzem von Ruinen alter Festungsmauern umgeben, die jedoch jetzt sämmtlich verschwunden sind, indem die Steine zum Bau des neuen Dorfs verwandt wurden. Der Name der hier im Alterthum gelegenen Ansiedlung ist durchaus ungewiss. Leake (Demi of Attica, S. 125) erkennt im jetzigen Namen Spata eine Corruption des alten Demos Sphettus (Σφῆττος oder Σφηττός), der von Aristophanes (Plutos 720), Strabo (IX, 397), Pausanias (II, 30, 8), Steph. Byz. (S. 627) und andern erwähnt wird.

In der unter einem Winkel von 52 Grad ablaufenden Südwestseite des vorerwähnten Berges bildete sich in vergangenem Winter eine kleine Erdsenkung, in der man ein in dem weichen Sandstein ausgehauenes Grab erkannte. Die Archäologische Gesellschaft zu Athen liess darauf die Stelle näher untersuchen und man fand, dass ein 74 Fuss langer, im Felsen ausgehauener, schräg ablaufender Weg ins Grab führte; derselbe ist, bis zum Eingange, $8^1/_4$ Fuss breit; der Eingang selbst 10 Fuss lang und $3^1/_3$ Fuss breit. Das Grab besteht aus drei viereckigen Kammern, die durch zwei $6^1/_2$ Fuss lange, $3^1/_3$ Fuss breite Gänge miteinander verbunden und deren Decken dachförmig im Felsen ausgehauen sind. Der alte Baumeister hatte offenbar beabsichtigt, jeder dieser drei Kammern genau die Form eines Hauses zu geben, denn die schrägen Seiten der dachförmigen Decke treffen nicht mit den senkrechten Wänden zusammen, sondern überragen dieselben um 8 Zoll. Die Höhe der ersten Kammer ist $16^1/_2$, ihre Breite 15 und ihre Länge 20 Fuss; die beiden andern Kammern sind $12^1/_2$ Fuss hoch, 12 Fuss lang und $11^1/_2$ Fuss breit. Spuren vom einstigen Vorhandensein hölzerner Thüren finden sich nur in dem Eingang von der ersten zur zweiten Kammer. Vom Anfang des „dromos“ aus gesehen erinnert uns dies Grab an die ägyptischen Gräber (*si parva licet componere magnis*).

In jeder der drei Kammern fand man ein Menschengerippe mit einer Masse von Asche und Holzkohlen, woraus hervorzugehen scheint, dass die Leichen an der Stelle, wo jede derselben lag, auf dem Scheiterhaufen verbrannt wurden, aber nur oberflächlich, sodass die Knochen unversehrt blieben. Hierin, sowie in dem Verbrennen der Leichen in den Gräbern, finden wir eine Aehnlichkeit mit der Bestattungsweise der Leichen in den fünf königlichen Gräbern zu Mykenae. Die Knochen zerfielen jedoch hier in Staub, als sie der Luft ausgesetzt wurden. Dieses Grab war augenscheinlich schon im Alterthum beraubt worden, denn nur wenige Gegenstände fand man neben den Leichen, fast alle zerstreut im Schutt in und vor dem Eingang. Sie bestanden aus Knochen oder Elfenbein, Glas, Bronze und Töpferwaare. Da von Gold nur wenige kleine, sehr dünne Blümchen gefunden wurden, deren Gesammtgewicht kaum den achten Theil eines Pfundes betragen kann, so scheint es, dass die Grabräuber es nur auf die goldenen Schmucksachen abgesehen hatten, und dass sie alles andere beiseite warfen.

Unter der wenig zahlreichen im Grabe gefundenen Töpferwaare, welche sämmtlich auf der Scheibe gedreht ist, bemerken wir eine Vase ganz der in diesem Werke (S. 70, Nr. 25) abgebildeten ähnlich, sie ist nämlich mit rothen und schwarzen kreisförmigen Streifen verziert, hat die Form einer Kugel mit flachem Fuss und läuft oben in einen sehr hübschen geschlossenen Hals aus, dessen oberes Ende durch zwei elegante Henkel mit dem obern Theil des Bauches verbunden ist. Der wirkliche Mund des Gefässes hat die Gestalt eines Schornsteins und steht dicht neben dem geschlossenen Hals. Auch fand sich im Grabe der obere Theil einer ähnlichen Vase. Ich erinnere hier daran, dass, wie S. 74 auseinander gesetzt, 43 Vasen von vollkommen gleicher Form in einem Grabe zu Ialysos auf Rhodos gefunden wurden, welche jetzt im British Museum sind, und ferner, dass solche bisweilen, wenn auch nur selten, in Attika gefunden werden, sowie, dass sie hie und da in den alten ägyptischen Gräbern und in Cypern vorkommen. In Mykenae dagegen ist dies der Typus der am häufigsten vorkommenden Vasen. Eine andere im Grabe von Spata gefundene Vase ist mit schwarzen Spiralen geziert.

Es lagen ferner in diesem Grabe eine grosse Masse von kleinen Schmucksachen, die nach Professor Landerer's Untersuchung aus einer mit vielem Bleioxyd versetzten Glasmasse bestehen; letztere hat die Eigenschaft, die Lichtstrahlen zu brechen, weshalb auch die Schmucksachen einen silberartigen, spiegelnden Schimmer haben. Wie Landerer bemerkt, ist es

Natronglas und hat die Eigenschaft sich in kleine Blättchen oder Splitter zu zertheilen. Merkwürdigerweise sind alle diese Glassachen offenbar in Formsteinen gegossen, und viele derselben haben mehr oder weniger Aehnlichkeit mit den Typen, welche wir in den mykenischen Formsteinen Nr. 162 und 163 auf Seite 121 und 122 sehen; auf der Rückseite der meisten Gegenstände sind ein, zwei oder drei kleine Löcher oder Röhrchen zum Anheften an andere Gegenstände, wahrscheinlich an Gewänder. Ein hier vielfach vorkommender Gegenstand ist der, den wir in dem Typus an der untern Seite des Formsteins Nr. 162 sehen, so wie derselbe auf Seite 121 dargestellt ist. Auch kommen mehrere kleine Kegel aus einer sehr verwitterten Glasmasse vor, welche sowol mit der im Formstein Nr. 163, Seite 122 oben rechts befindlichen Form, als auch mit dem kleinen Kegel Nr. 164 auf Seite 123, wovon eine grosse Masse in Mykenae vorkam, die grösste Aehnlichkeit haben, nur mit dem Unterschiede, dass die kleinen Kegel von Spata eine eingedrückte Schneckenlinie, die von Mykenae dagegen eingepresste concentrische Kreise haben. Der Formstein Nr. 163 zeigt übrigens den Typus eines solchen Kegelchens mit einer Schneckenlinie. Dann aber waltet die grösste Verschiedenheit in der Substanz ob, denn während in Spata alle diese kleinen Schmucksachen aus Glas bestehen, sind die kleinen mykenischen Kegel und andern Gegenstände, wie Nr. 164, 165, 166 und 167, aus einer stark gebrannten, mit einer Bleiglasur glasirten Thonmasse, und da ausser kleinen Glasperlen, dem kleinen Gegenstand Nr. 171 und dem auf Seite 183 und 184 beschriebenen, fast mikroskopischen Röhrchen von Kobaltglas keine Spur von Glas, dagegen sehr viele kleine Schmucksachen aus jener glasirten Thonmasse vorkommen, so dürfen wir nicht daran zweifeln, dass die Glasfabrikation in Mykenae im ersten Entstehen war, dass sie bis zur Einnahme der Stadt (468 v. Chr.) dort keine Fortschritte machte, und dass alle in den mykenischen Formsteinen enthaltenen Typen nur zur Herstellung von Gegenständen aus jener Thonmasse dienten.

Es kamen aber auch in Spata Gegenstände aus blauem Kobaltglase vor, wovon einige in der Art oder ganz wie der Gegenstand aus Stein Nr. 172 (S. 124) sind. Nach allen diesen Glassachen zu urtheilen muss das Grab in Spata einer viel spätern Zeit angehören als die Gräber in Mykenae. Aber einen noch viel kräftigern Beweis dafür finden wir in den im Grabe in Spata gefundenen Schnitzwerken, welche nach Professor Landerer's Untersuchung nicht, wie allgemein vermuthet wurde, aus Elfenbein, sondern aus Knochen sind und entschieden einer späten Zeit assyrischer Kunst angehören. Unter diesen Schnitzwerken verdient ganz besondere Beachtung ein unbärtiger Mannskopf, bedeckt mit einer sehr hohen assyrischen Mitra, welche unten mit einem ganz herumgehenden Diadem geschmückt ist; der obere Theil derselben ist durch drei doppelte Bänder in 4 Fächer getheilt. Das Haar hängt, wie gewöhnlich beim assyrischen Haarputz, in drei aufeinanderliegenden Tressen auf den Nacken herunter. Ich erwähne ferner einen 5.8 Zoll langen, 3.4 Zoll breiten Kamm, dessen oberer Theil durch Querlinien in zwei horizontale Streifen getheilt ist; in dem oberen derselben sieht man in der Mitte eine Blume und jederseits eine weibliche Sphinx, im unteren Streifen drei weibliche Sphinxe dargestellt; ferner zwei knöcherne Platten mit weiblichen Sphinxen; alle diese Sphinxe haben sehr grosse und breite Flügel und zeigen einen ausgezeichneten assyrischen Kunststil, in Vergleich zu welchem die goldenen Sphinxe aus den mykenischen Gräbern, von denen ich einen unter Nr. 277 (S. 213) darstelle, einen uralten, höchst primitiven Stil beurkunden.

Unter den im Grabe in Spata gefundenen Schnitzwerken aus Knochen verdient ferner besondere Erwähnung eine knöcherne Platte, auf welcher ein Löwe dargestellt ist, der einen Ochsen zerfleischt; der ganze Leib des Löwen ist als in der Luft schwebend dargestellt und seine langgestreckten Hinterfüsse erinnern uns lebhaft an die Darstellung der Löwen auf den mykenischen Goldsachen. Der Kopf dieses Löwen, sowie der Ochse, den er würgt, sind aber entschieden assyrischen Stils. Ich wiederhole hier, dass in Mykenae keine Spur von assyrischer Kunst gefunden ist. Noch bemerke ich unter den Schnitzwerken von Spata eine 4.6 Zoll im Durchmesser haltende knöcherne Scheibe mit einem von zwei doppelten Linien gebildeten Rande; der ganze innere Raum ist durch dreifache wellenförmige Linien netzförmig in kleine Dreiecke abgetheilt. Wie Professor Landerer sagt, beweisen diese grossen Platten und Disken von Knochen, dass man es hier in Attika schon in uralter Zeit verstand, Knochen im Wasser zu erweichen und zu pressen und so eine ausgedehnte Knochenmasse zu bereiten.

Unter den im Grabe in Spata gefundenen Gegenständen hebe ich noch die kleinen steinernen Scheiben hervor, die auf einer Seite in der Mitte eine Röhre haben und als Schmuck an den Thüren gebraucht sein mögen; ganz ähnliche Gegenstände fand ich in Mykenae (vgl. Nr. 126 in der obern Reihe am rechten und linken Ende); dieselben wurden aber auch in dem vielfach erwähnten Grabe in Ialysos gefunden, und man sieht dieselben im British Museum. Von bronzenen Pfeilen kamen mehrere im Grabe von Spata vor, aber keine Spur davon in den mykenischen Gräbern; dagegen fanden sich in einem der letztern 35 Pfeile von Obsidian (vgl. Nr. 435, S. 313). Auch in den Schuttschichten oberhalb der Gräber von Mykenae wurden mehrfach Pfeile aus demselben Stein gefunden und nur in den obern Schuttschichten kamen dort auch einige aus Bronze vor.

Noch erwähne ich, dass sich im Grabe von Spata, ähnlich wie in Mykenae, das Bruchstück einer Vase aus schwarzem Granit mit zwei Löchern zum Aufhängen fand. Unmittelbar neben diesem Grabe entdeckte man einen in nur eine kleine Grabkammer führenden, sehr kurzen dromos, jedoch fand man in dieser nur das Gerippe eines ebenfalls an der Stelle, wo er lag, verbrannten Menschen, sowie das Gerippe eines Hirsches und weiter nichts.

Da Leake aller Wahrscheinlichkeit nach Recht hat, wenn er Spata mit dem alten Demos Sphettus (Σφῆττος oder Σφηττός) identificirt, und da nach Plutarch (Leben des Theseus, XIII) die 50 Pallantiden, Söhne des Pallas, Bruders des Aegeus, von Sphettus aus gegen Athen zogen, da ferner Leake, nach einer Inschrift bei Finlay, Demos Pallenae, wo die Pallantiden wohnten, an den Vorhügel des Hymettus, der den Weg nach Probalinthus und Marathon sperrt, also in unmittelbare Nähe von Sphettus verlegt, so ist die Vermuthung ausgesprochen worden, die Gräber von Spata möchten den von Theseus getödteten Pallantiden gehören. Dagegen sprechen aber die in Spata gefundenen Gegenstände, die es uns keinesfalls gestatten das grosse Grab früher als ins 8. Jahrhundert v. Chr. zu setzen, während das Königthum in Athen jedenfalls einer sehr frühen Epoche angehörte und mit dem Königthum in Mykenae gleichzeitig bestanden haben muss.

Da der Gebrauch von Masken im Alterthum eine so wichtige Frage für die Archäologie ist, so kann ich nicht umhin zu erwähnen, dass mich mein geschätzter Freund Professor A. Rhousopoulos von der Universität Athen auf eine sehr kleine goldene Maske aufmerksam macht, die im vergangenen Frühjahr an der Küste des alten Phoenike, gerade der Insel Aradus gegenüber, gefunden worden ist. Sie war dort von einem Antiquitätenhändler angekauft, der sie zuerst nach Athen brachte und sie mir in Boulogne zeigte, auf seinem Wege nach London, wo er sie verkaufen wollte. Die Maske ist von dünnem Goldblech und so ungemein klein, dass sie dem Anscheine nach nur auf das Gesicht eines neugeborenen Kindes passen würde; sie stellt ein Menschengesicht mit geschlossenen Augen in sehr roher Repoussé-Arbeit dar.

III. DAS STRAUSSENEI.

Mein geehrter Freund, der General-Director der Alterthümer, Herr P. Eustratiades, macht mich darauf aufmerksam, dass die von mir im Ersten Grabe in Mykenae gesammelten weisslichen Stücke, die ich für Bruchstücke eines Gefässes aus Alabaster angesehen hatte, nichts anderes sind, als die Bruchstücke eines Strausseneis, welches jetzt völlig aus denselben wieder zusammengesetzt ist und an beiden Enden ein Loch zeigt. Professor Landerer, der eins der Bruchstücke chemisch untersucht hat, schreibt darüber:

„Die Scherben des Strausseneis lösen sich unter Aufbrausen in Salzsäure auf, in der man kleine Flocken findet, die von dem Bindungsmittel der Eierschale, nämlich dem verhärteten Eiweiss, herstammen. Mithin sind die Bestandtheile der Scherben kohlensaurer Kalk und Eiweiss und dies sind die Bestandtheile der Eierschalen. Das von mir untersuchte Stück wurde durch Glühen schwarz und kohlenhaltig, indem sich durch die Hitze das Eiweiss verkohlte. Durch noch stärkeres Glühen wurde aber das schwarze Stück wieder weiss, indem die Kohle verbrannte. In der Mitte durchgesägte Straussenеier dienten den alten Aegyptern als Trinkgefässe.“

Herr Eustratiades bemerkte mir, dass Straussenеier in neuerer Zeit viel zur Verzierung der Schnur oder Kette dienen, woran die Lampen in den griechischen Kirchen aufgehängt sind.

Jedenfalls scheint das Vorhandensein des Strausseneis im Grabe zu beweisen, dass Mykenae schon in uralter Zeit in Handelsverbindung mit Aegypten stand.

IV. DIE ZERSTÖRUNG VON MYKENAE.

Ich schliesse mit einer wörtlichen Uebersetzung der Erzählung des Diodorus Siculus (XI, 65) von dem tragischen Ende von Mykenae.

„In der 78. Olympiade (468 v. Chr.) brach aus den nachstehenden Gründen zwischen den Argivern und den Mykeniern ein Krieg aus. Stolz auf den alten Ruhm ihrer Stadt, weigerten sich die Mykenier den Argivern zu gehorchen, wie es die andern Städte jener Landschaft gethan hatten; sie nahmen eine unabhängige Stellung ein und kehrten sich nicht mehr an die Argiver. Sie hatten Streitigkeiten mit ihnen hinsichtlich des Cultus der Göttin Hera und traten mit der Anforderung auf, dass ihnen allein die Leitung und Anordnung der nemeischen Spiele überlassen werden sollte. Sie waren ausserdem in Zwiespalt mit ihnen weil, während die Argiver beschlossen hatten, den Spartanern nicht in den Thermopylen zu Hülfe zu kommen — es sei denn, dass ihnen ein Antheil am Oberbefehl gegeben würde —, die Mykenier allein von allen Bewohnern der Argolis den Lacedaemoniern zu Hülfe kamen. Wegen der frühern Grösse ihrer Stadt (Mykenae) argwöhnten die Argiver ausserdem, ihre Nebenbuhler möchten wiederum zu mächtig werden und ihnen die Oberherrschaft streitig machen. Mit solchen Gründen zur Feindschaft hatten die Argiver lange auf eine Gelegenheit gewartet Mykenae zu zerstören und nun dachten sie, der rechte Zeitpunkt wäre gekommen, als sie sahen, dass die Lacedaemonier geschlagen und nicht im Stande waren den Mykeniern zur Hülfe zu kommen. Sie brachten daher von Argos und den mit ihnen verbündeten Städten (Tegeae und Cleonae) eine starke Macht zusammen und führten sie zum Angriff. Die

Mykenier wurden geschlagen, innerhalb der Stadtmauern zurückgedrängt und belagert. Eine Zeit lang vertheidigten sie sich tapfer gegen die Belagerer; endlich aber — theils weil sie im Krieg im Nachtheil gewesen, theils weil die mit ihren eigenen Kriegen beschäftigten Lacedaemonier nicht im Stande waren ihnen Hülfe zu leisten; dann auch infolge der durch die Erdbeben angerichteten Verheerungen, und weil sie jetzt niemand mehr hatten, der ihnen hätte zu Hülfe kommen können — wurde wegen gänzlichen Mangels an Hülfe von aussen ihre Stadt mit Sturm genommen. Die Mykenier wurden somit von den Argivern zu Sklaven gemacht, der zehnte Theil ihrer Habe dem Dienste der Religion gewidmet und ihre Stadt geschleift. Diese Stadt nun, welche einst mit Reichthum und Macht gesegnet war, welche so grosse Männer erzeugte und so grosse Thaten vollbrachte, wurde auf diese Weise zerstört und blieb bis zur jetzigen Zeit unbewohnt.“

Vergleichung des Metermaasses mit dem englischen Maass.

Metermass.	Englische Zoll.	Englische Fuss	Zoll	Annährende Angabe.
Millimeter	0.0393708	»	.03937	.04 oder 1/25 Zoll
Centimeter	0.393708	»	.39371	.4 » 2/5 »
Decimeter	3.93708	»	3.9371	4 Zoll
Meter	39.3708	3	3.3708	3 1/4 Fuss
2	78.7416	6	6.7416	6 1/2 »
3	118.1124	9	10.1124	10 »
4	157.4832	13	1.4832	13 »
5	196.8540	16	4.8540	16 1/3 »
6	236.2248	19	8.2248	19 2/3 »
7	275.5956	22	11.5956	23 »
8	314.9664	26	2.9664	26 1/4 »
9	354.3372	29	6.3372	29 1/2 »
10	393.7089	32	9.7080	33 »
11	433.0788	36	1.0788	36 (12 Yards)
12	472.4496	39	4.4496	39 1/3 Fuss
13	511.8204	42	7.8204	42 2/3 »
14	551.1912	45	11.1912	46 »
15	590.5620	49	2.5620	49 1/4 »
16	620.9328	52	5.9328	52 1/2 »
17	669.3036	55	9.3036	55 3/4 »
18	708.6744	59	0.6744	59 »
19	748.0452	62	4.0452	62 1/3 »
20	787.416	65	7.4160	65 2/3 »
30	1181.124	98	5.124	98 1/2 »
40	1574.832	131	2.832	131 1/4 »
50	1968.54	164	0.54	164 »
100	3937.08	328	1.08	328 (109 Yards)

REGISTER.

PLAN A.

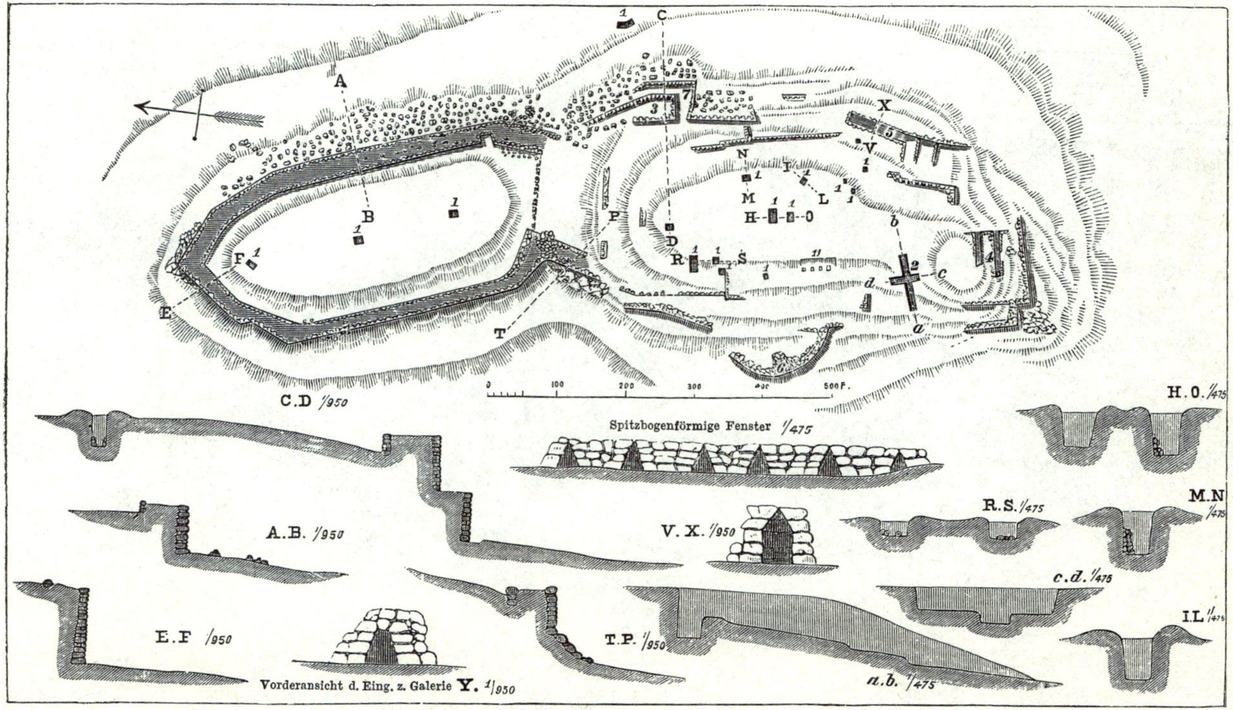

Plan der Akropolis von Tiryns.

1. 1. Von Dr. Schliemann gegrabene Schächte.
2. Von ihm gegrabener Einschnitt.
3. Der Thurm.
4. Ruinen von 2 parallelen Galerien mit Spitzbogen.
5. 6. Galerien mit Spitzbogen.
7. Thor der Akropolis.

Die Buchstaben **A.B.** *u. s. w. zeigen die Linien, längs welcher die in dem untern Theil dieser Tafel dargestellten Durchschnitte genommen sind. Bei den Durchschnitten sind die genauen Massverhältnisse angegeben.*

PLAN B.

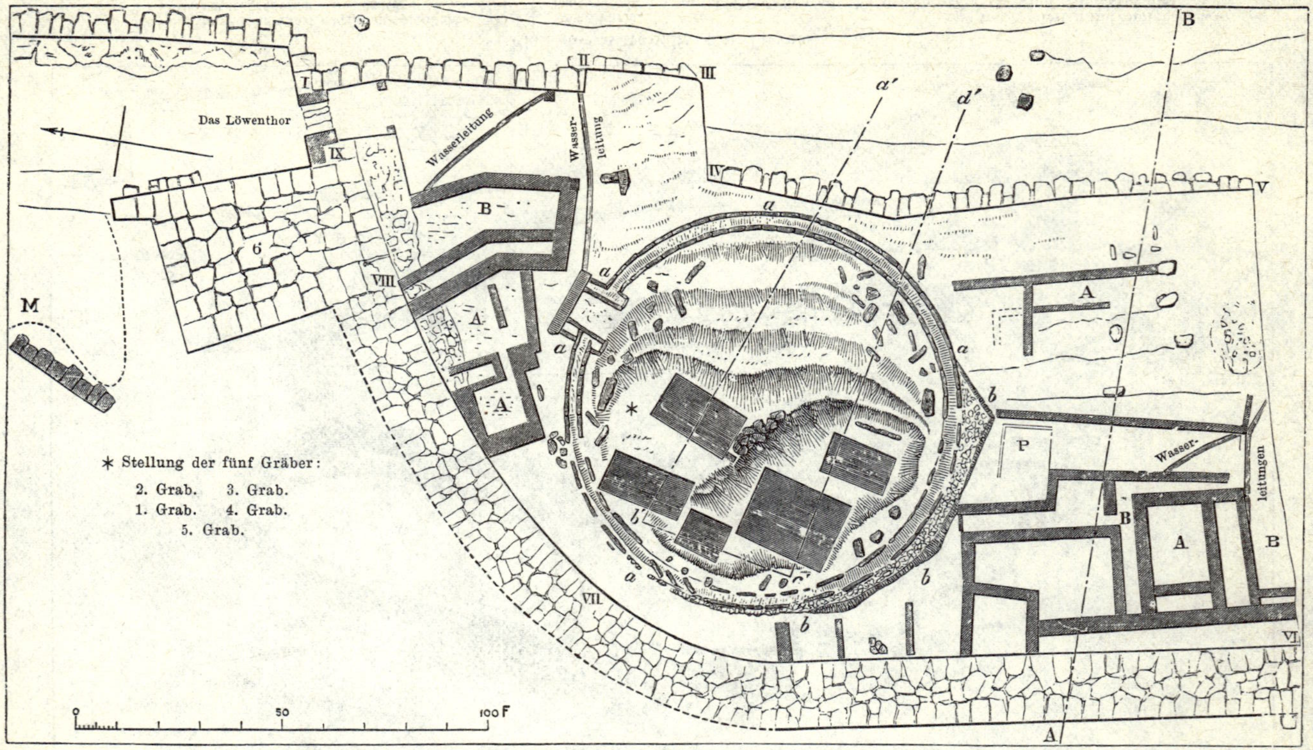

Die kreisförmige Agora mit den fünf königlichen Gräbern in der Akropolis von Mykenae.

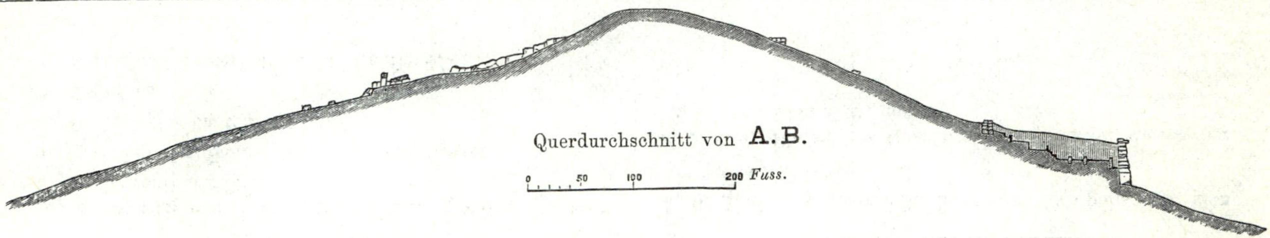

Querdurchschnitt des Hügels der Akropolis, längs der Linie A B auf den Plänen B und C.

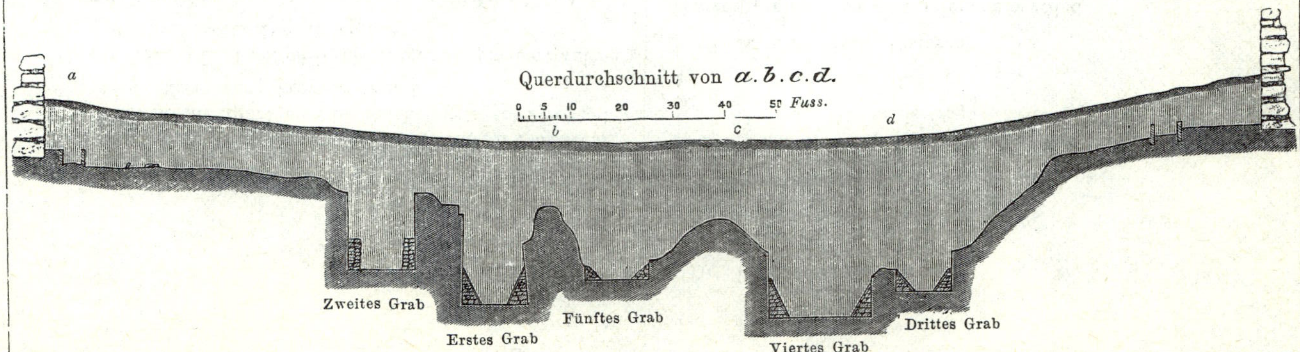

Querdurchschnitt, die Tiefe der Gräber unterhalb der Terrasse *a*, *b*, *c*, *d* der Akropolis darstellend.

Erklärung der Pläne B und C.

Plan B zeigt die Ausgrabungen in der Akropolis, wovon Plan C einen General-Plan gibt.

I. II. III. IV. V. Cyclopische Mauern der innern Umfassung, welche die Agora und die daneben gelegenen Gebäude vom Reste der Akropolis trennt.

VI. VII. VIII. IX. Theil der cyclopischen Ringmauer, welche die ganze Citadelle umschliesst.

a, *a*, *a*. Doppelter Kreis von Steinplatten, welcher die Agora umschliesst (A A A auf Plan C).

b, *b*, *b*. Mauer, welche die Einfassung der Agora im untern Theil der Akropolis trägt.

A, A, A. Cyclopische Häuser.

B, B, B. Cyclopische Cisternen.

P. Grab, wo Goldsachen gefunden wurden.

Nr. 6. Ruinen eines grossen viereckigen Thurms.

(Auf Plan C allein.)

M, N. Spuren der uralten gewundenen Strasse, die zum Löwenthor führte.

1, 1, 1. Von Dr. Schliemann gegrabene Schachte.

4. Cyclopische Bauten.

5. Cisternen.

8. Schatzhaus ausserhalb des Löwenthors.

Punktirte Durchschnittslinien.

A, B. Linie des Querdurchschnitts der Akropolis (vgl. Plan B B, oben).

a, *b*, *c*, *d*. Linien des Querdurchschnitts durch die Gräber (vgl. Plan B B, unten).

Senkrechter Durchschnitt von A B.

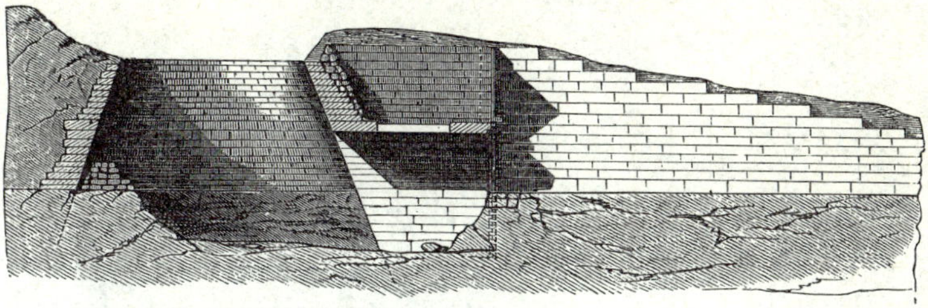

Plan des Schatzhauses.

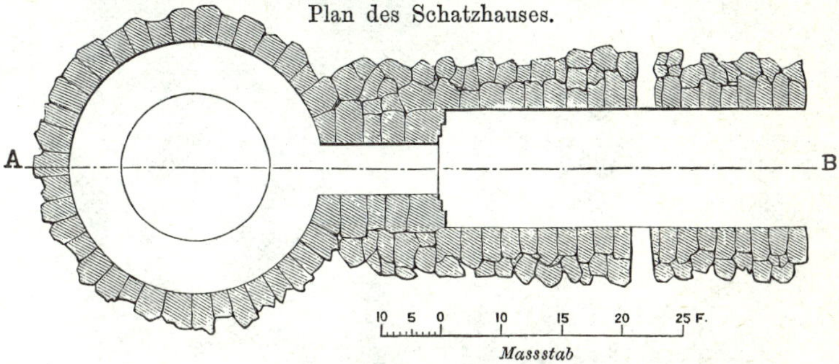

Façade des Schatzhauses.

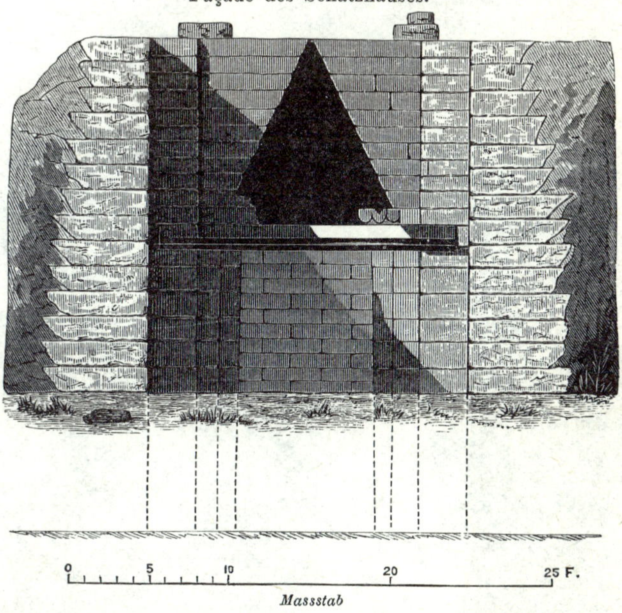

Durchschnitt, Plan und Façade des Schatzhauses bei dem Löwenthor.

Grundriss des Vierten Grabes.

Durchschnitt von A. B.

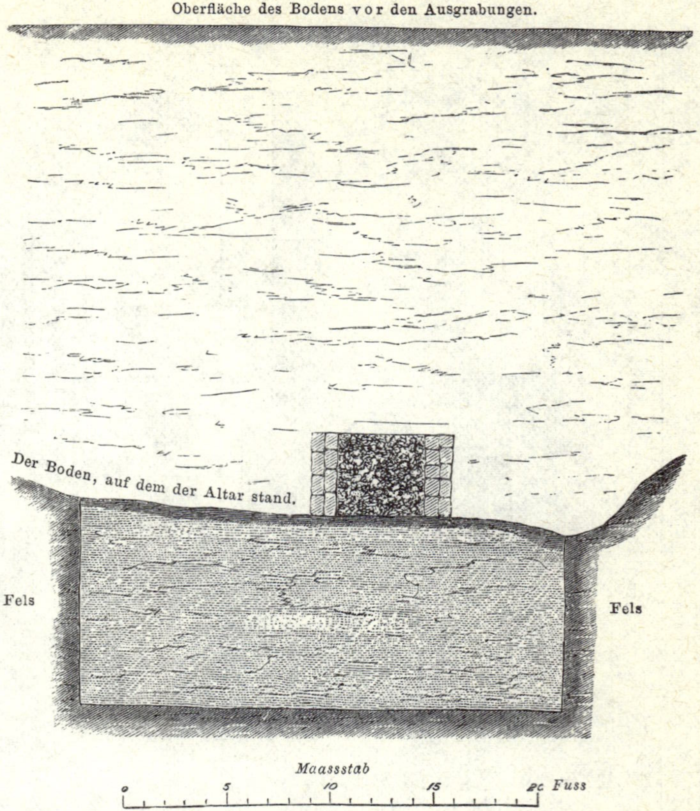

[D]er Leichenaltar oberhalb des Vierten Grabes, mit einer Ansicht des Altars, sowie einem Plane und Durchschnitt des Altars und Grabes.

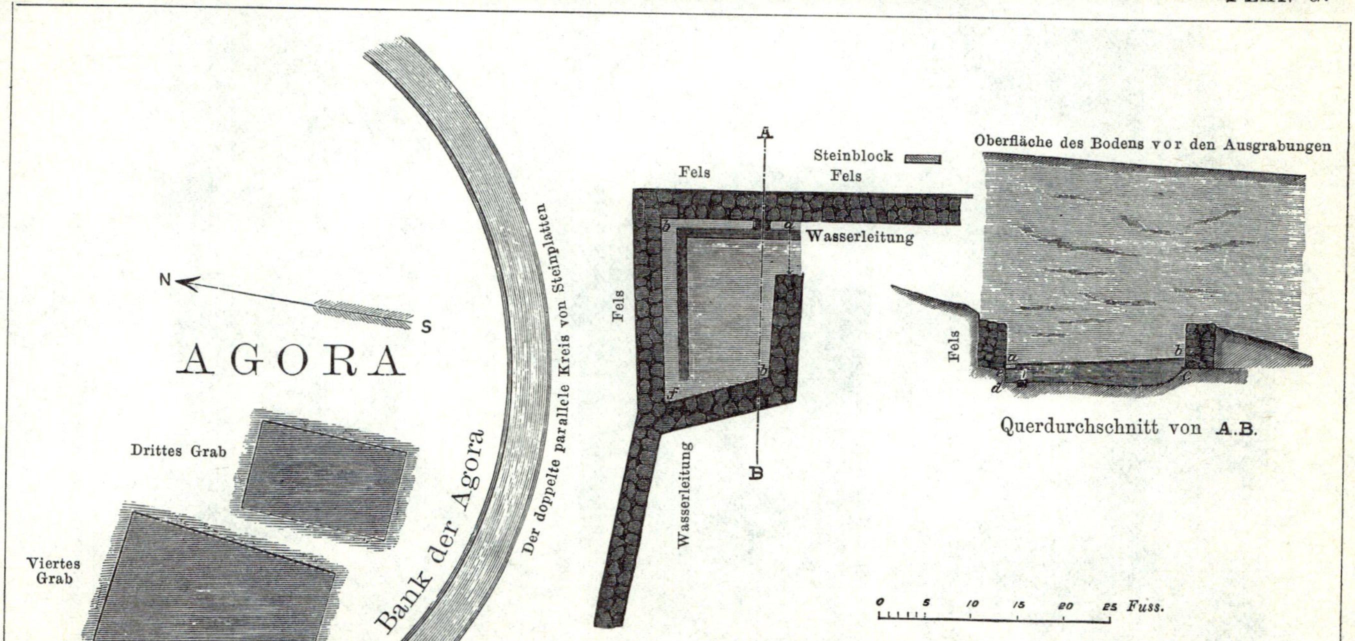

Plan.

a, b, f. Die zuletzt ausgegrabene Stelle.
a. (Auf Plan und Durchschnitt.) Die Stelle, wo die Goldsachen lagen.

Durchschnitt.

a, b, c, d. Der zuletzt ausgegrabene Schutt.
a, d. Tiefe 0.35 M. oder 14 Zoll.
a, e. Tiefe 0.20 M. oder 8 Zoll.
l. Wasserleitung.

Plan und Durchschnitt des Grabes südlich von der Agora, in der Akropolis von Mykenae.

VIII.

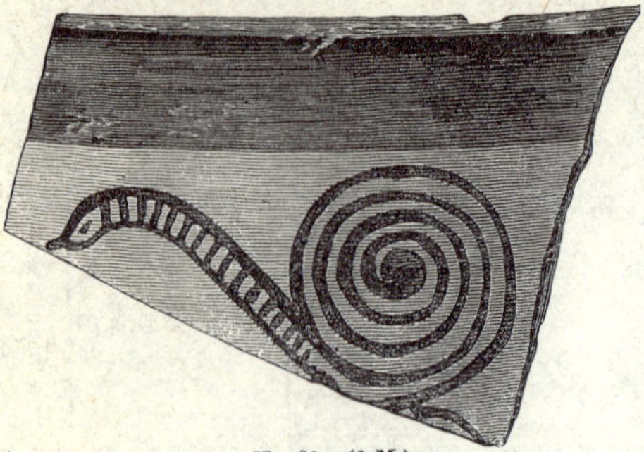

Nr. 30. (6 M.)

Nr. 31. (3 M.)

Nr. 32. (3 M.)

Nr. 33. (5 M.)

Nr. 34. (6 M.)

Nr. 30—34. Bruchstücke bemalter Vasen von Mykenae. Einige von natürlicher Grösse, andere kleiner.

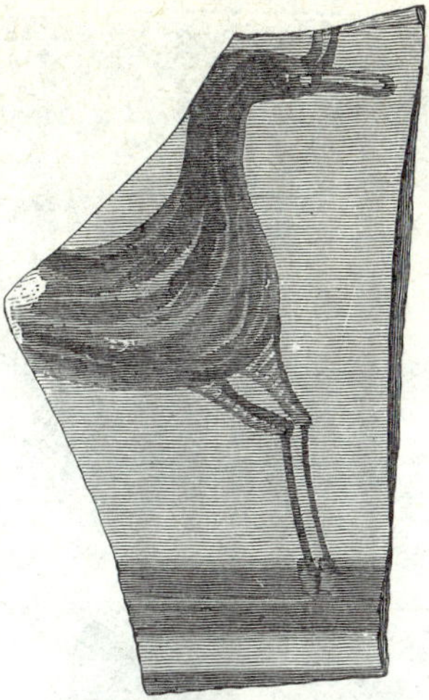

Nr. 35. (4 M.)

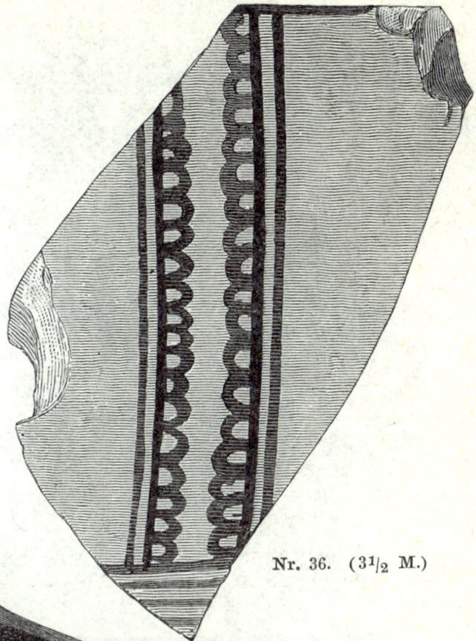

Nr. 36. (3½ M.)

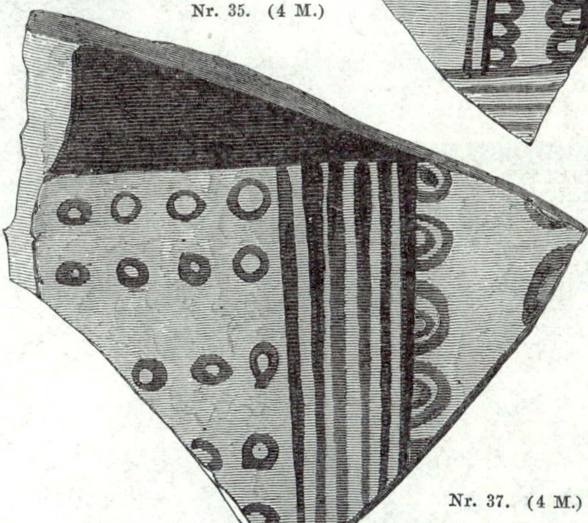

Nr. 37. (4 M.)

Nr. 38. (6 M.)

Nr. 39. (6 M.)

Nr. 35—39. Bruchstücke bemalter Vasen von Mykenae. Einige von natürlicher Grösse, andere kleiner.

X.

Nr. 40.
(5 M.)

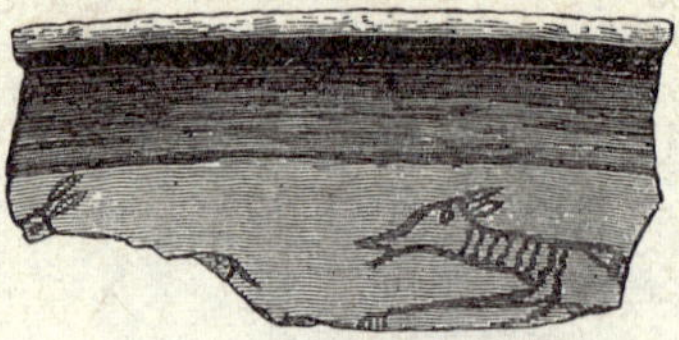

Nr. 41. (3 M.)

Nr. 42. (5 M.)

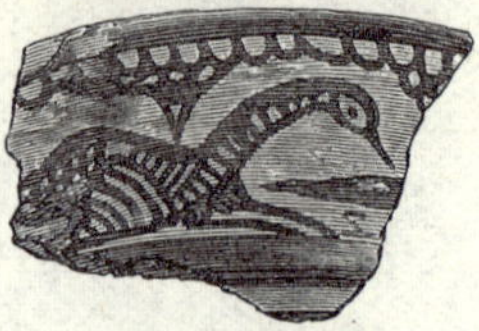

Nr. 43. (5 M.)

Nr. 44. (4½ M.)

Nr. 45. (5 M.)

Nr. 46. (4 M.)

Nr. 47. (2 M.)

Nr. 40—47. Bruchstücke bemalter Vasen von Mykenae. Einige von natürlicher Grösse, andere kleiner.

Nr. 48. (4 M.)

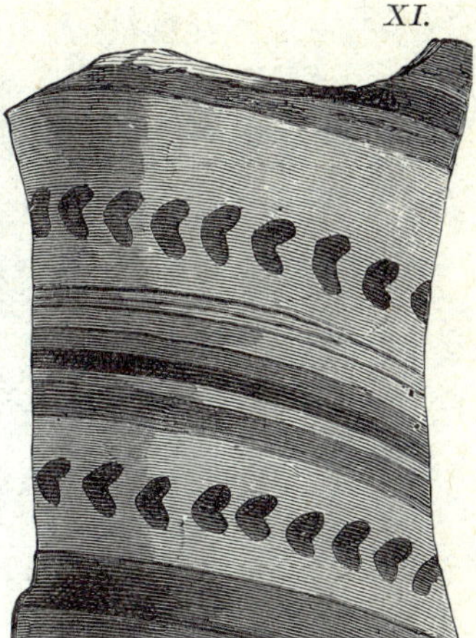
Nr. 49. (3 M.)

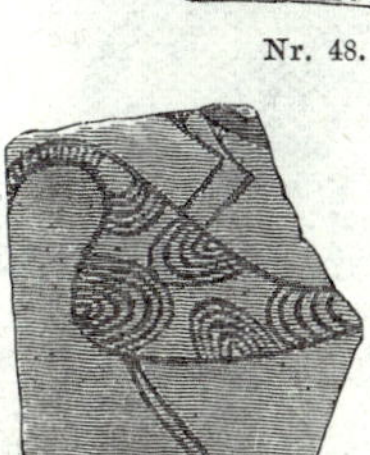
Nr. 50. (3 M.)

Nr. 51. (2 M.)

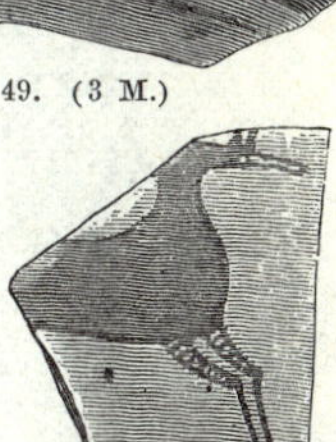
Nr. 52. (4 M.)

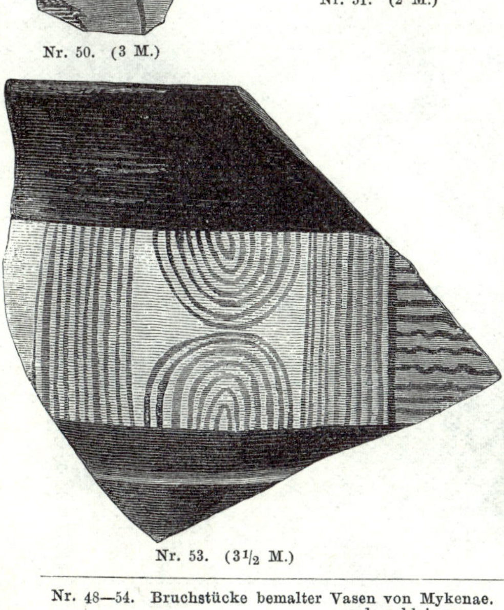
Nr. 53. ($3^1/_2$ M.)

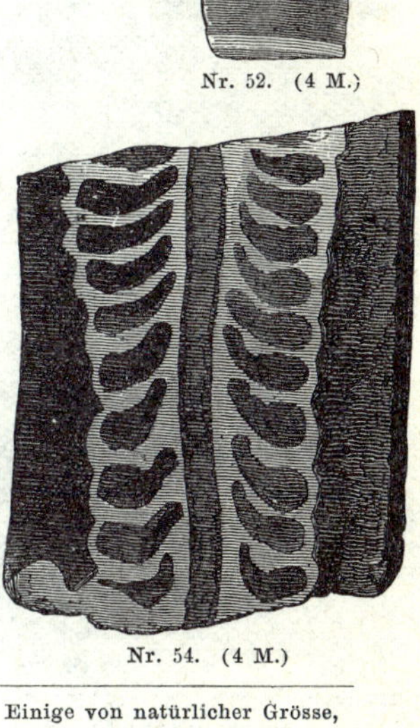
Nr. 54. (4 M.)

Nr. 48—54. Bruchstücke bemalter Vasen von Mykenae. Einige von natürlicher Grösse, andere kleiner.

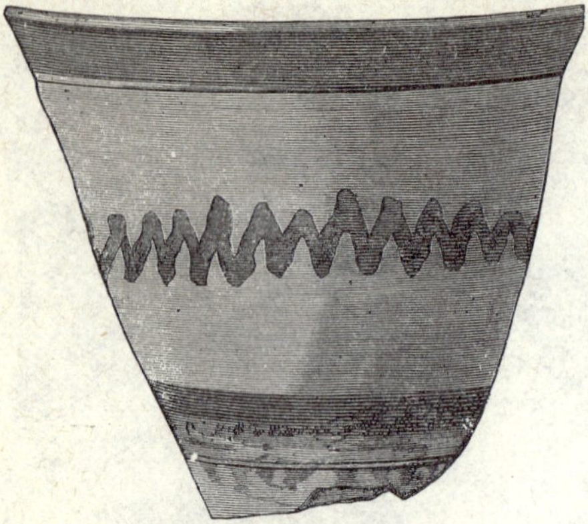

Nr. 55. (3 M.)

Nr. 58. ($3^1/_2$ M.)]

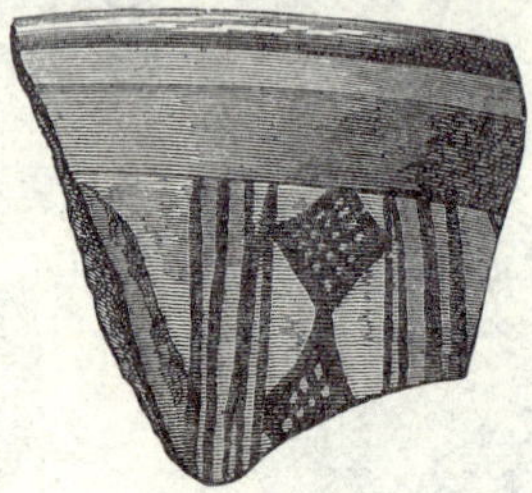

Nr. 59. (5 M.)

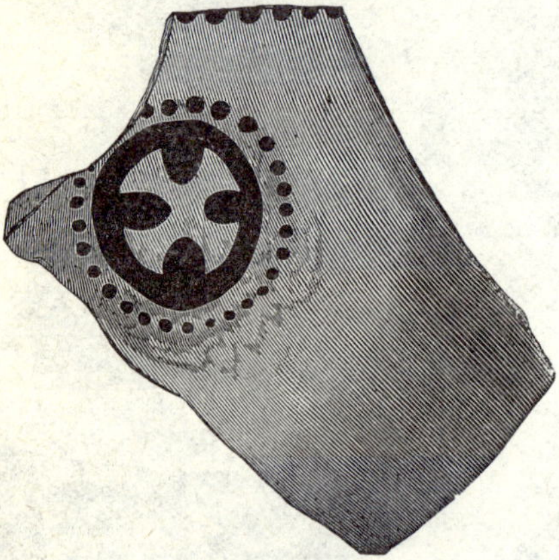

Nr. 56. (4 M.)

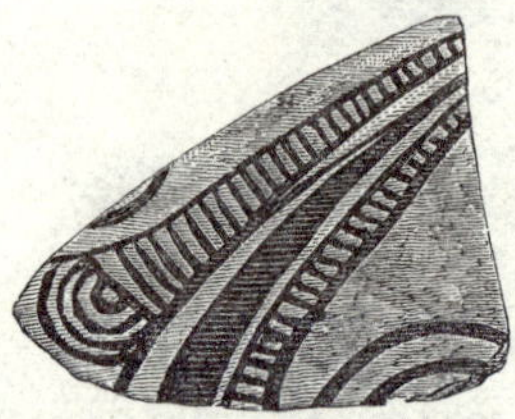

Nr. 60. (5 M.)

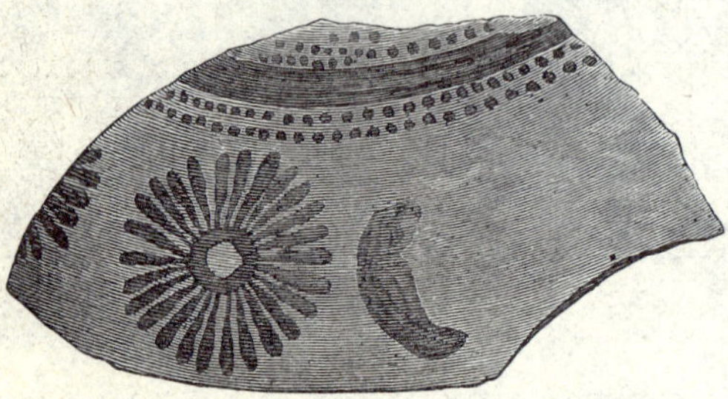

Nr. 57. (4 M.)

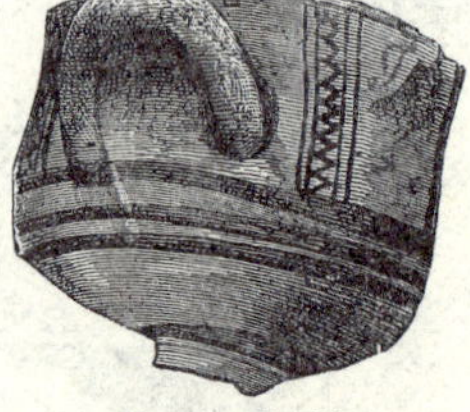

Nr. 61. (5 M.)

Nr. 55—61. Bruchstücke bemalter Vasen von Mykenae. Einige von natürlicher Grösse, andere kleiner.

Nr. 62. (4 M.)

Nr. 63. (5 M.)

Nr. 64. (6 M.)

Nr. 66. (5 M.)

Nr. 65. (4 M.)

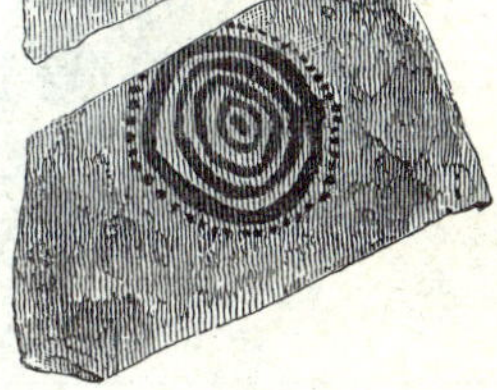

Nr. 67. (5 M.)

Nr. 62—67. Bruchstücke bemalter Vasen von Mykenae. Einige von natürlicher Grösse, andere kleiner.

Nr. 68. (2 M.)

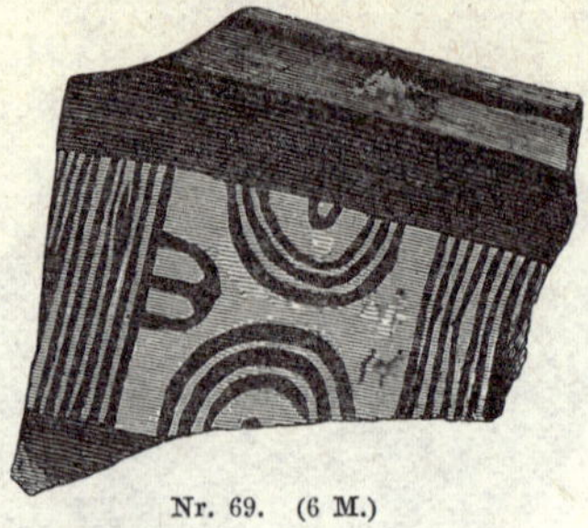

Nr. 69. (6 M.)

Nr. 70. (5 M.)

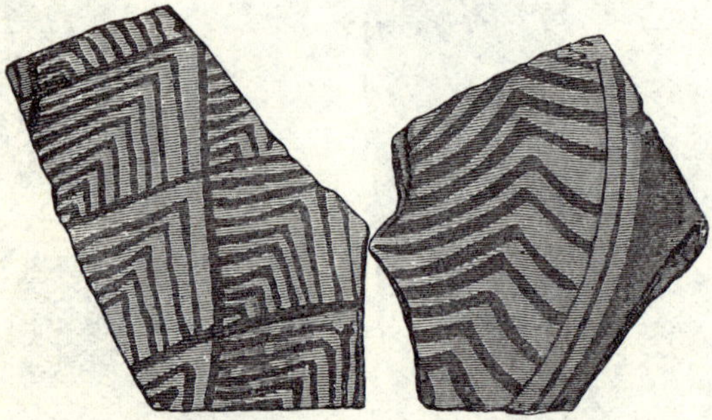

Nr. 71 und 72. (5 M.)

Nr. 68—72. Bruchstücke bemalter Vasen von Mykenae. Einige von natürlicher Grösse, andere kleiner.

Nr. 73. (2 M.)

Nr. 74. (5 M.)

Nr. 75. (2 M.)

Nr. 76. (5 M.)

Nr. 77. (5 M.)

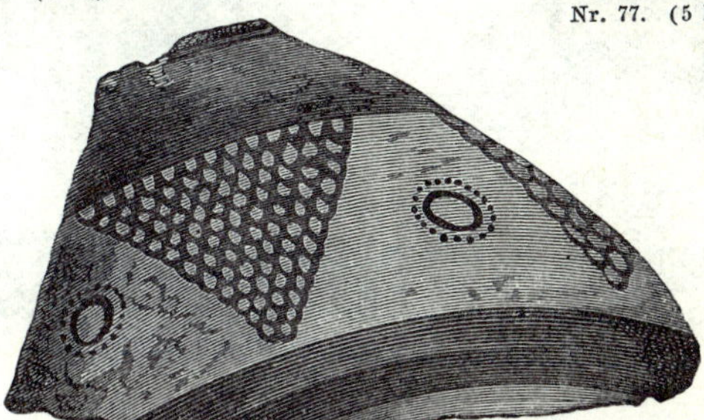

Nr. 78. (5 M.)

Nr. 73—78. Bruchstücke bemalter Vasen von Mykenae. Einige von natürlicher Grösse, andere kleiner.

Nr. 90. (4½ M.)

Nr. 91. (6 M.)

Nr. 92. (6 M.)

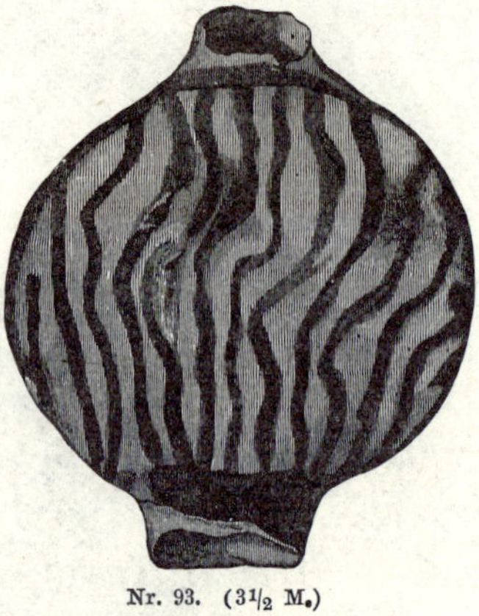

Nr. 93. (3½ M.)

Nr. 90—93. Idole von Terracotta. Natürliche Grösse.

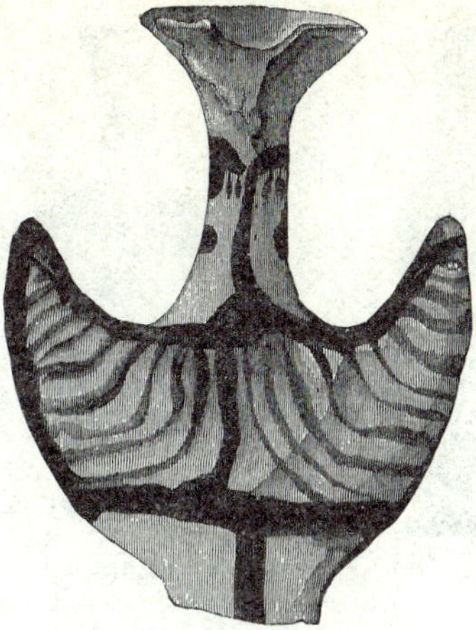

Nr. 94. (6 M.)

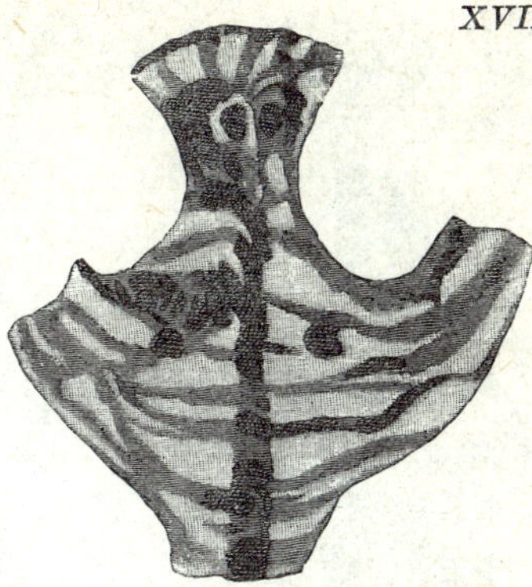

Nr. 96. (5 M.)

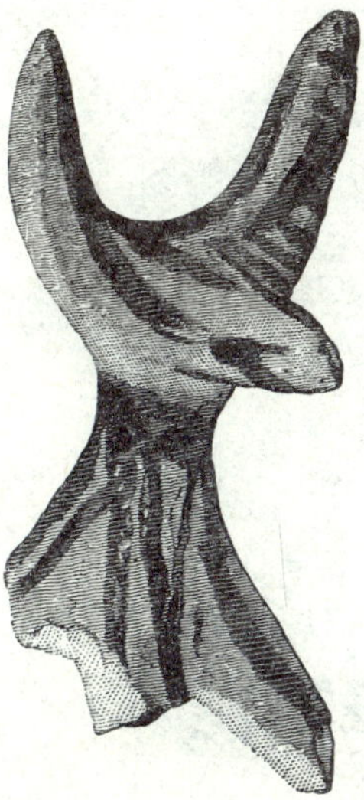

Nr. 95. (4 M.)

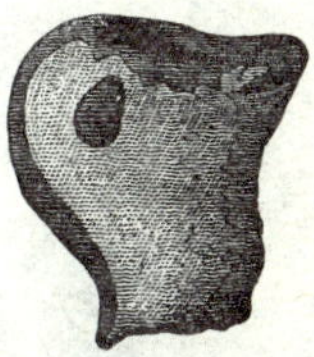

Nr. 97. (5 M.)

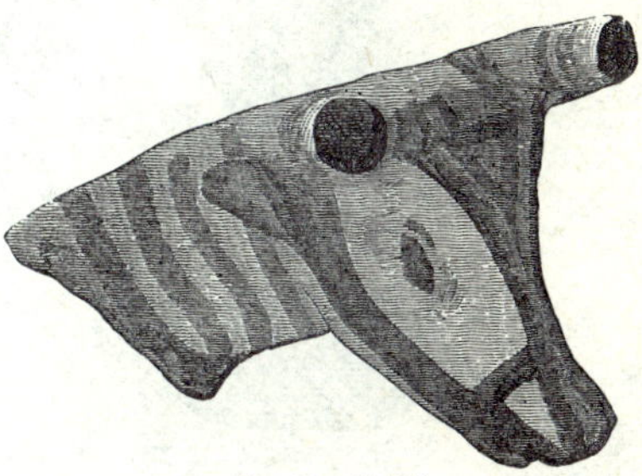

Nr. 98. (2 M.)

Nr. 94—98. Idole von Terracotta. Natürliche Grösse.

XVIII.

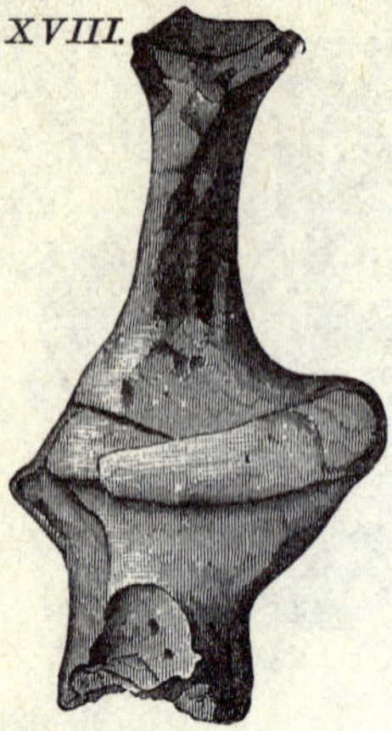

Nr. 99. (2 M.)

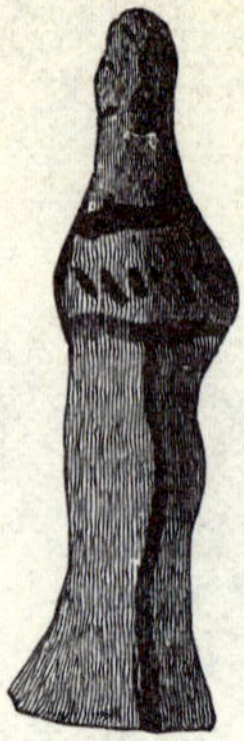

Nr. 100. (8 M.)

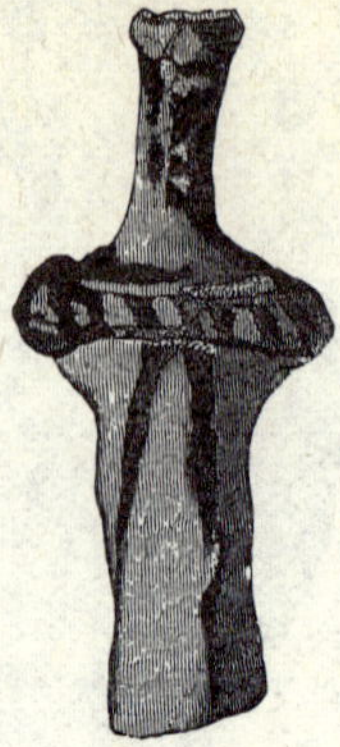

Nr. 101. (8 M.)

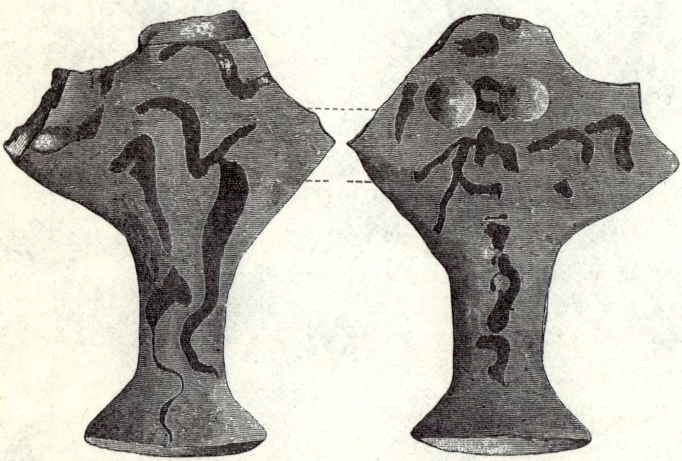

Nr. 102. (5 1/2 M.)

Nr. 99—102. Idole von Terracotta. Natürliche Grösse.

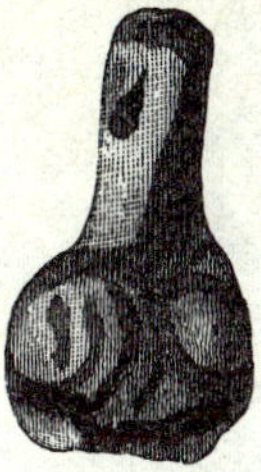

Nr. 103. (2 M.)

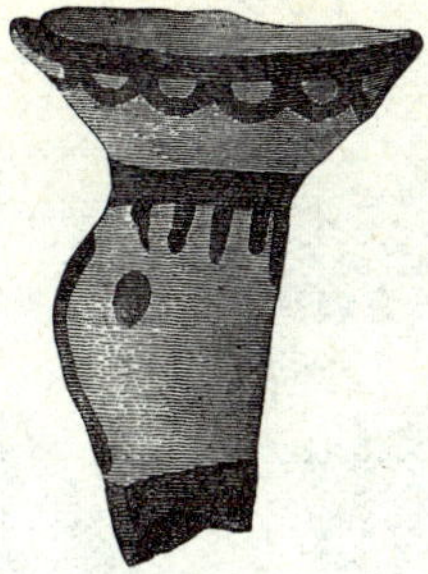

Nr. 104. (7 M.)

Nr. 105. (7 M.)

Nr. 106. (3 M.)

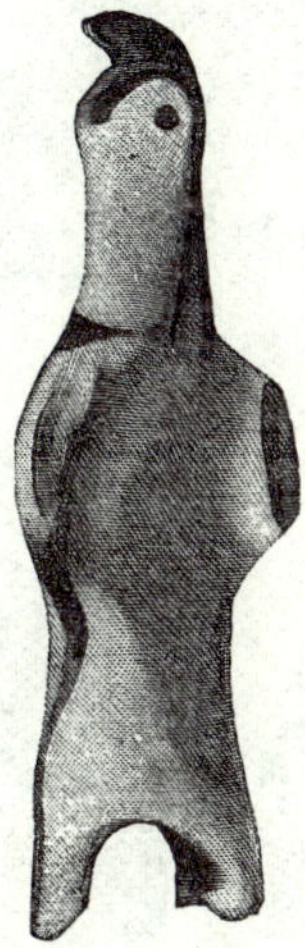

Nr 107. (2 M.)

Nr. 108. (7 M.)

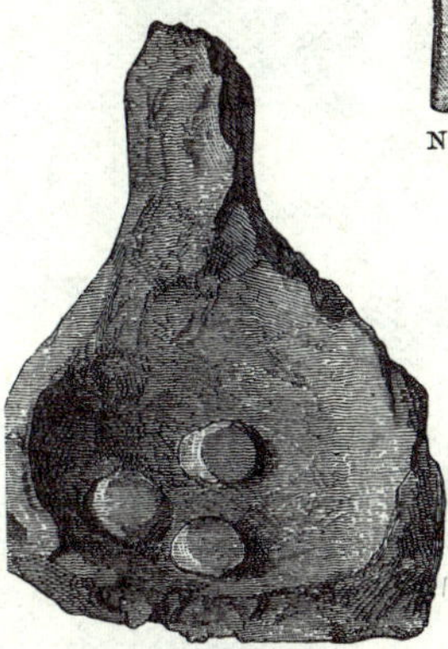

Nr. 109. (5 M.)

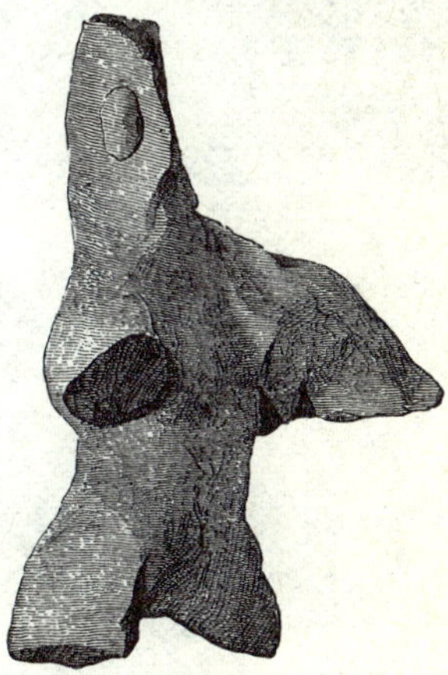

Nr. 110. (2 M.)

Nr. 103—110. Idole von Terracotta. Natürliche Grösse.

XX.

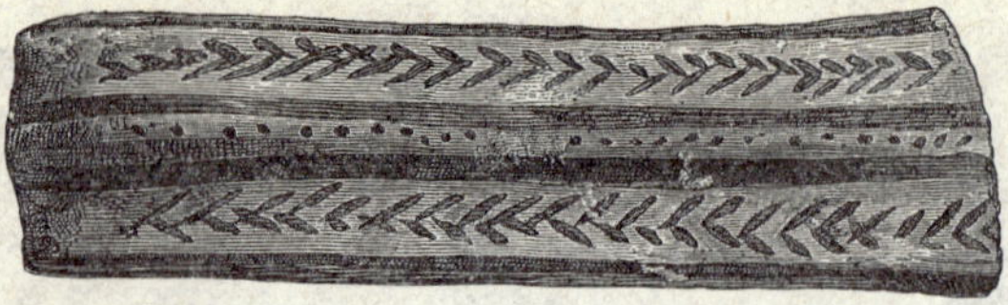

Nr. 192. (5 M.)

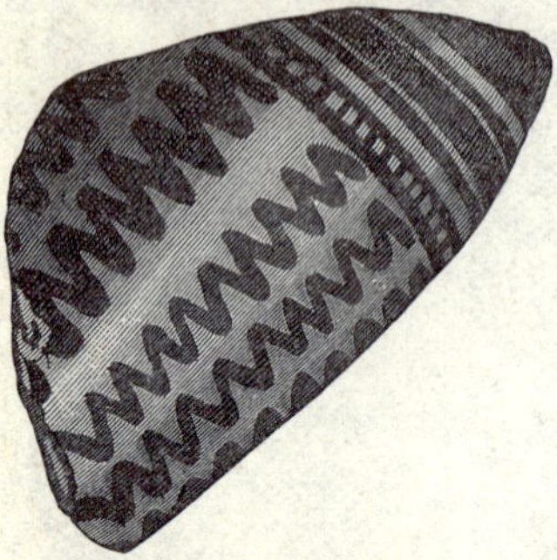

Nr. 193. (5 M.)

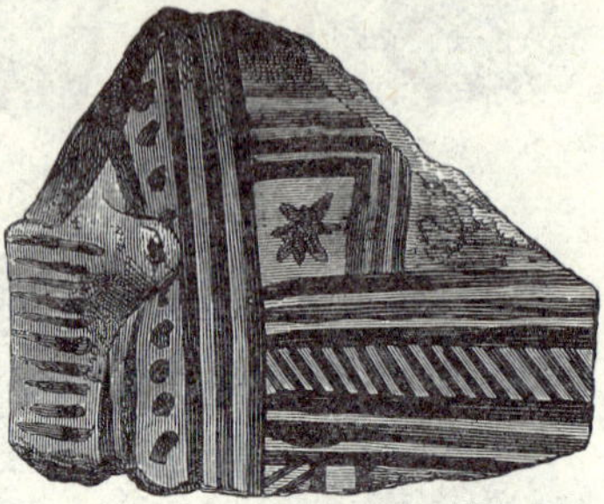

Nr. 194. (5 M.)

Nr. 195. (5 M.)

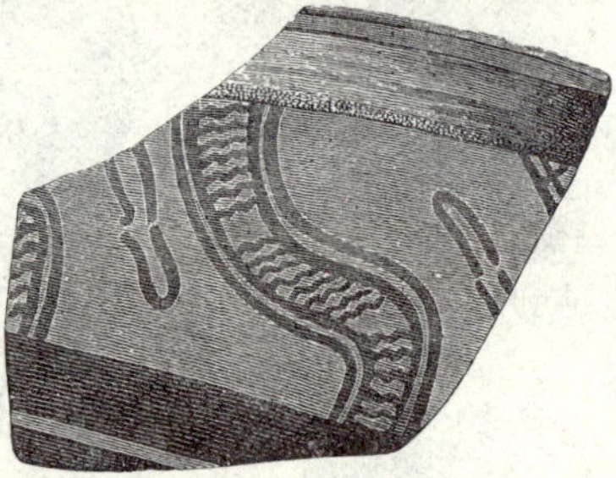

Nr. 196. (6 M.)

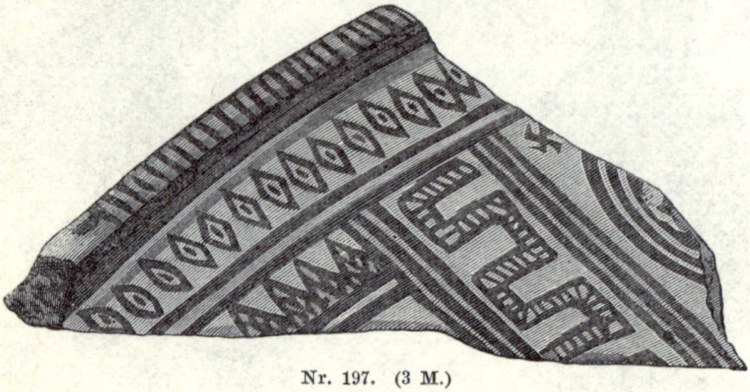

Nr. 197. (3 M.)

Nr. 192—197. Bruchstücke von bemalter Töpferwaare von dem „dromos", der zum Schatzhaus bei dem Löwenthor führt.

Nr. 198. (2 M.)

Nr. 199. (5 M.)

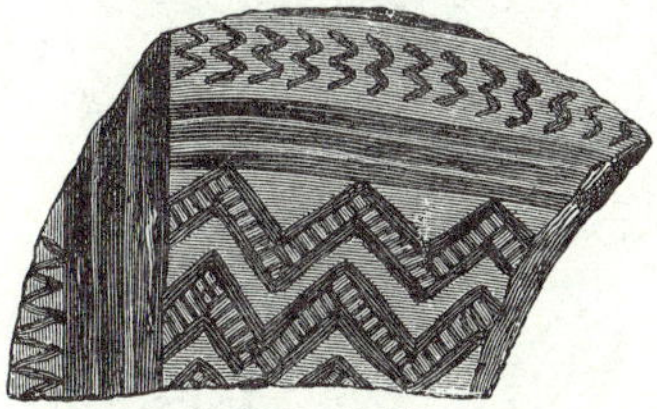

Nr. 200. (5 M.)

Nr. 201. (2 M.)

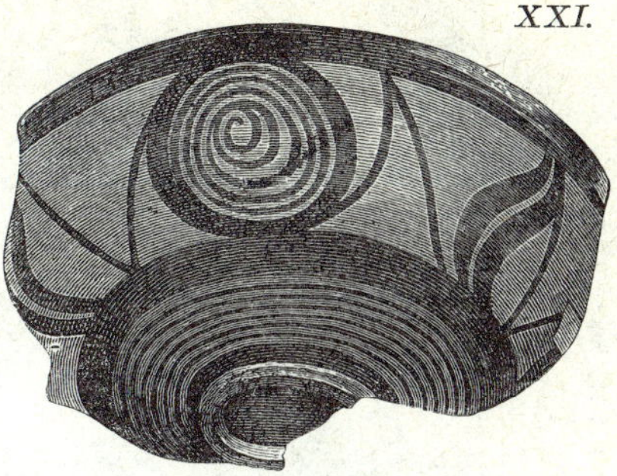

Nr. 202. (2 M.)

Nr. 203. (3 M.)

Nr. 204. (8 M.)

Nr. 198—204. Bruchstücke von bemalter Töpferwaare von dem „dromos“, der zum Schatzhaus bei dem Löwenthor führt.